I0161311

Short Stories and Novelettes

Atrpet

ՊԱՏՄՎԱԾՔՆԵՐ ԵՎ ՎԻՊԱԿՆԵՐ

ԱՏՐՊԵՏ

Short Stories and Novelettes

Copyright © 2014, Indo-European Publishing

All rights reserved.

Contact:

IndoEuropeanPublishing@gmail.com

ISNB: 978-1-60444-816-0

Պատմվածքներ և վիպակներ

© Հնդեվրոպական Հրատարակչություն, 2014

Հրատարակված է Ամերիկայի Միացյալ Նահանգներում:

Կապ`

IndoEuropeanPublishing@gmail.com

ISNB: 978-1-60444-816-0

ՏԺՎԺԻԿ

Մրանից շատ տարի առաջ Էրզրումի մեջ ապրում էին տնանկ Ներսես-ախպարն ու մեծ կարողության տեր Նիկողոս-աղան: Վերջինս Կ. Պոլսում երկար ապրած լինելով՝ լավ հունարեն գիտեր, այդ պատճառով էլ կարնեցիք նրան մյուս Նիկողոս-աղաներից զանազանելու համար Ուռում-Նիկողոս էին կանչում:

Ներսես-ախպարն էլ ժամանակին շատ հարուստ է եղել, մեծ օջախի որդի, խոսքը փաշաների, վեզիրների քով անց, բայց չարաչար ձախորդությունների է հանդիպել: Նրա ապրանքների քարավանները Կ. Պոլսի, Դամասկոսի ճանապարհների վրա ավարի են մատնվել ավազակների ձեռքը, նավերը Սև ու Միջերկրական ծովերում ծովահենների ձեռքն են անցել, ոչխարների հոտերը քշել տարել են, իսկ քաղաքում ունեցած ապրանքների մթերանոցները և հացի շտեմարանները կրակի են տվել, վառել նրա հակառակորդները: Այնպես քայքայվել էին նրա մյուլքերը, խաները, խանութները, որ բոլորի հիմքն արեգակն էր ելել, այս ու այն եկել, բռնի տիրացել ու իրենց համար կալվածներ էին շինել: Ներսես-ախպարն այնպես մոլորվել, այնպես հուսահատվել էր, որ ամեն բան՝ ապրելը, կյանքն անգամ աչքից ընկել էր, զզվել չարասիրտ դրացիներից և տանջանքով քաշքշվում էր:

Թեև փլված, խարխլած, բայց մեծության նշանները դեռ երևում էին նրա տան արտաքին տեսքից, իսկ ինքն էլ թեև հին հագուստ էր հագնում, մաշված ու մաղված, բայց ժամանակին այդ շորերն ինչ թանկագին կերպասներից կազմված լինելը հայտնապես նշմարվում էր: Նա ծերացել, կորացել, դեմքը կնճիռներով ծածկվել էր, բայց վեհ հոգին դեռ չէր կորցրել: Խեղճ էր, աղքատ էր Ներսես-ախպարը, դրացիների, բարեկամների նպաստներին կարոտ, բայց երբեք չէր մուրացել, երբեք չէր զիջել ողորմություն խնդրելու և ուրիշների մուննաթներով չէր ապրել:

Մի օր բազարում Նիկողոս-աղան մսագործի խանութի առաջ պատահեց Ներսես-ախպորն ու նրա համար տասը փարայի[1] մի ոչխարի թոքը գնելով՝ ասաց,

— Ներսես-ախպար, այս թոքն էլ դու տար ձեր տուն:

— Շնորհակալ եմ, — ասաց Ներսես-ախպարն ու թոքը մսագործի ձեռքից առնելով՝ Նիկողոս-աղայի հետ վերադարձան իրենց տները: Նիկողոս-աղան մի շախկա միս էր առել, ամբողջ դմակն էլ հետը, տվել էր ծառայի կռնակը, որ ետևից գալիս էր, իսկ Ներսես-ախպարն էլ, համեմատաբար մի քայլ ետ ընկած, հետևում էր Նիկողոս-աղային:

---

[1] Մեկ և կես կոպ.:

Երբ շուկայից դուրս եկան, Նիկողոս-աղան ասաց Ներսես-ախպորը, փորձված մարդու խրատական շեշտով.

— Գիտես, քրոջս (այսինքն՝ Ներսեսի կնոջը) ասա, թող թոքերի, սրտի ճարպերն առաջ սուր դանակով լավ մաքրե, հետո այդ ճարպը կրակի վրա սկավառակում հանդարտ հալեցնե, մի օր այդ ճարպի մեջ սպիտակ թոքերը տապկե, մյուս օրը սևը և երրորդ օրը սիրտը: Պատվիրիր, որ լավ մանրե թոքերը, թե չէ տժվժիկը համով չի լինիլ: Գիտես, Ներսես-ախպար, մենք բարեկամ ենք, այդ պատճառով բարեկամական խորհուրդ եմ տալիս: Խո տեսնում ես, թե որքան դժվար է մի բան առնելն ու տանելը: Կես կյանքդ մաշվում է, հապա որքան դժվարությամբ է մարդ տասը փարա աշխատում: Պետք է տնտեսությամբ ապրել, ատամի տակից պետք է ավելացնել, ետ ձգել: Ասա քրոջս, թող կրակը մեղմ վառե, որ ճարպը չսևանա ու չփչանա, փայտին էլ խնայողություն կլինի, կերակրի էլ համը չի կորչի, և սեղան բերելիս՝ թող ճարպը լավ քամե, պահե, որ մյուս օրվան տապկոցին բանեցնե: Դեռ եթե լավ տնտես լինի մարդուս կինը, կարգին տնարար, տժվժիկի եղն այնպես խնայողությամբ կբանացնե, օր չորրորդ օրը նրա մեջ կարողանա բիշի եփել և մանր ու խոշորին կշտացնել: Տժվժիկը շատ համով բան է, բայց հարկավոր է լավ, զգուշությամբ աղը, տաքդեղը կարգին լցնել և մեղմ կրակով տապակել: Ավելի լավ կլինի, որ սև թոքի և սպիտակ թոքի կեսերը մի օր եփե, մյուս օրը՝ մնացորդները: Որքան համով կլինի տաք-տաք մարդ փափուկ լավաշի մեջ բրդուճ անե ու խշտե: Ներսես-ախպար, երբ երևակայում ես, թուքդ չի՞ վազում...

Ներսես-ախպարը լուռումունջ հետևում էր բարերար Նիկողոս-աղային և վերջինս երբ հարցեր էր տալիս ու նրա երեսին մտիկ անում, Ներսես-ախպարը գլուխը խոնարհեցնում էր համաձայնության նշան տալու ձևով: Նիկողոս-աղան սպասում էր, որ Ներսես-ախպարը շնորհակալություն հայտնի, երախտագիտությունն արտահայտի լեզվով ու որոշ բառերով, բայց Ներսեսն ամոթից ձայնն անգամ չէր կարողանում բարձրացնել: Նիկողոս-աղան, իբր մի մեծ բարիք գործած, դարձյալ շարունակեց իր խրատական հորդորներն ու տիրական հարցերը, Ներսես-ախպոր բերանից երախտագիտության խոսքեր լսելու մտքով, բայց Ներսեսը, խորասուզված դառն մտքերով, չէր էլ ըմբռնում Նիկողոս-աղայի ասածները:

Խեղճ Ներսես, ասում էր նա իր մտքում, մի ժամանակ հարյուրավոր աղքատներ, կարոտյալներ, թշվառներ և օտարականներ քու հովանու տակ պատսպարան էին գտնում, ուտում, խմում, կշտանում, հագնվում և ծածկվում ու այնպես ճանապարհ ընկնում, հարյուրավոր կարոտյալներ գործ էին ճարում քո դռանը և ընտանիքներ ապրեցնում, ամեն մի դրացուդ, ծանոթիդ ու անծանոթիդ օգնության էիր հասնում և ոչ ոքից մի օր երախտագիտության նշան մտքովդ անգամ չէր անցնում պահանջել, իսկ այսօր Ուռում-Նիկողոսը, կարկատող Թոդորի որդին, մի թոք առնե ընտանիքդ կերակրելու համար, այդքան քարոզ կարդա գլխիդ և երախտագիտություն պահանջե...

Մինչև տուն հասնելն էլ ինչ քարոզ չկարդաց Նիկողոս-աղան Ներսես-ախպոր գլխին, ինչ խրատներ չտվեց, որ ժուժկալ լինի, քչով բավականանա, ուրիշի արած բարիքը գիտենա և ոչ ոքի երախտապարտ չմնա: Նա ասում էր անդադար.

— Ինչ մեծ բան է, որ տղայիդ ուղարկես մի օր գա մեր աթարը կտրե, խո հոգին չի դուրս գալ, ձեռները չեն չորանալ: Ես տանը մի քանի տեսակ ծառաներ ունիմ. այնքան ձրիակերներ, հացկատակներ կան, որ կարիք չունիմ ուրիշ մարդու: Բայց թող լինի, պատիվ պահելը մեծ բան է: Մի օր աղջկադ ուղարկե, թող գա մեր տախտակները լվանա, ինչ վնաս, խո մեջքը չի՞ կոտրի: Մեր տունը, խո գիտես, մի քանի տասնյակ բան անողներ, աղախիններ կան, մեր սենյակների հատակներն այնքան մաքուր և այնպես ճերմակ են, որ եղ թափես՝ կժողովվի, առանց մի հատը աղտոտելու կամ փչանալու. բայց իմ ասելը, միտքս ուրիշ է: Պատիվ պահե, որ պատիվդ բարձրանա: Եթե քո կինը մի օր գա և մեր լվացքը լվանա կամ հացը եփե, խո չի՞ մեռնի. բայց չէ որ կինս նրա պատիվը պիտի պահե, փոխադարձաբար նրա վրա իր շնորհիքը պիտի ավելացնե:

Նիկողոսը ճարպիկ մարդ էր, իսկ Կ. Պոլսում երկար ապրելով՝ լեզվել ու զելվել էր: Այնքան լեզու թափեց, որ խլացուց Ներսես-ախպորը, որ մտքում ասում էր. «Երանի այսօր քեզ պատահած չլինեի, գլուխդ ուտեր այս թոքը: Թող ընտանիքս քաղցից կոտորվեր ու դու այս թոքն ինձ չտայիր տուն տանելու»: Բայց Նիկողոսը խո մարգարե չէր, որ հասկանար Ներսես-ախպոր մտքիցն անցածն ու խոսքը փոխեր: Նա միայն մի բանի էր ձգտում, որ մարդիկ ասեն, խոսեն, թե կա-չկա Էրզրումում մի մարդ կա, այն էլ Ռուռում-Նիկողոսն է և ամենքն էլ երախտագիտությամբ խոնարհվեն նրա առաջ:

Երբ հասան Ներսես-ախպոր դռան առաջ, Նիկողոս-աղան կանգնեց ու ասաց. «Տանդ տեղը շատ լավ է եղել, բայց ափսոս որ շինողներն անտաշ, կոպիտ մարդիկ են եղել, այնպես չեն կարողացել շինել, որ դարերի դեմ կռվի»: Ուզում էր այս խոսքերով ծակծկել Ներսեսի սիրտը և իր մեծությունը, հեռատեսությունը ցույց տալ:

Երբ Ներսես-ախպարն արտորում էր տուն մտնել, Նիկողոս-աղան էլ ճար չգտավ նրան խոսեցնելու, ասաց.

— Ցանկանում եմ բարի ախորժակ, համով ուտես տժվժիկը:

— Շնորհակալ եմ, — ասաց Ներսես-ախպարը և արագ քայլերով ներս մտավ իր տունը, հազիվ ազատվելով Նիկողոս-աղայի ձեռքից:

Մեծ էր Ներսես-ախպոր ընտանիքը: Կինն արդեն թանը պատրաստել էր, ելավ տժվժիկն էլ եփեց, նստան կերան և հազիվ կշտացած՝ սեղանից բարձրացան: Մեծ տան զավակներ, տնանկացած, թանապուրով կամ տժվժիկով մի՞թե կարելի էր նրանց կշտացնել... Բայց ամեն բան համբերությամբ տանում էին, և ձայները մարդ չէր լսում:

Իրիկնադեմին, երբ ծանր քայլերով ժամի կողմն էր գնում Ներսես-ախպարը, որ դիմե իր արարչին, նրա օգնությունը և ողորմածությունը խնդրե, ճանապարհին պատահեց Նիկողոս-աղան և ասաց.

— Բարի իրիկուն, Ներսես-ախպար, քեֆդ, հալդ ինչպես է՞. ինչպես նկատում եմ՝ առույգ-առույգ ես փոխում քայլերդ, երիտասարդի ուժ ես ստացել: Ինչպե՞ս էր տժվժիկը, համո՞վ էր, կարգին տապակե՞ց քույրս...

— Շատ օրհնավոր, աղա ջան, շատ շնորհակալ եմ, տունս, բոլորս էլ շատ շնորհակալ ենք, — արագ-արագ պատասխանեց Ներսես-ախպարը, որպեսզի Նիկողոս-աղան տժվժիկի մասին խոսքը թողնե, ուրիշ բանից խոսե, որ չլինի թե ժամավորները լսեն, և նա անարգվի, պատիվը վիրավորվի:

— Երևի լավ ախորժակով ես կերել, կարծես թարմացել ես, գույնդ մինչև անգամ փոխվել է, խո աղը, տաքդեղը, տապակվածքը կարգի՞ն էր, — ասաց զվարթորեն Նիկողոս-աղան, առանց նկատողության առնելու, որ իր ձայնը փողոցից անցուդարձ անողները լսում էին, և Ներսես-ախպարը, զայրույթից կուչ եկած կարծես ուզում էր, որ գետինը ճեղքվի և ինքը մեջն ընկնի:

— Ամեն բան, ամեն ինչ կարգին էր, — ասաց կակազելով Ներսես-ախպարը, որպեսզի մի կերպ վերջ տա այդ խոսակցությանը, բայց Նիկողոս-աղան անպատճառ ուզում էր, որ այն օրվա ժամավորները բոլորն էլ լսեին, թե ինքը մի տասը փարանոց թոք է ողորմացել իր դրացուն՝ Ներսես-ախպորը:

— Ողորմած հոգի մայրս, — ասաց խոսքը շարունակելով Նիկողոս-աղան, — խիստ լավ տժվժիկ էր եփում, այնպես պատվական, որ երբ դռնով տուն էիր մտնում, նրա տապկոցի անուշ հոտից կշտանում էիր: Այնպես համեղ էր լինում, որ նրա մահից հետո կարոտ եմ մնացել մի համեղ տժվժիկի: Ափսոս հները մեռան, իրենց հետ կարգն ու սարքը գերեզման տարան: Քանի-քանի անգամներ ախորժակս գրգռվել է, սիրտս ուզել է մի համեղ տժվժիկ, բայց ե՞րբ կարող են հիմիկվաններն այնպիսի քաղցրաբույր կերակուր եփել: Բայց քույրս նորերից չէ, նա կարծում եմ, որ լավ տնարար պիտի լինի և համոզված եմ, որ քեզ այսօր անփոխարինելի պատվական տժվժիկ կերցրած է. խո սխալված չե՞մ: Հը՞, լավն էր, չէ՞, — ասաց ժամի զավթում կանգնելով Նիկողոս-աղան, աչքերն ուղղելով Ներսես-ախպոր երեսին:

— Ի՞նչպես չէ, ի՞նչպես չէ, հրաշալի էր, — ասաց Ներսես-ախպարը և շտապեց եկեղեցի: Բայց եկեղեցում փոխանակ աղոթելու, փոխանակ փառաբանելու, սկսեց զանգատվել իր տիրոջից, թե բավական չէր, որ նրան այդ վիճակի մեջ էր գցել, բավական չէր, որ այդքան զրկանքների և անարգանքների էր մատնվել, այժմ էլ տանջվում էր Նիկողոսի՝ նման մի փառասերի ճանկում:

Հետևյալ առավոտ բազար էր գնացել Ներսես-ախպարը: Սիրտը մի

ֆինջան սուրճ խմել ուզեց ու մտավ սրճարան: Կային այնպիսի բարի հոգիներ, որոնք նրա անցկացրած փառքի օրերից քաջ տեղյակ լինելով, առանց նկատելու, միայն մի ակնթարթով ղայֆաջուն իմացնում էին, որ մի ֆինջան սուրճ տա Ներսես-ախպորը: Այնպես որ, առանց մարդ իմանալու, առանց մեկի մյուսի գիտենալու, սա, նա մի-մի ֆինջան սուրճով պատվում էին տնանկին և նա, որպես իր գրպանից վճարելով, պատվավոր կերպով հեռանում էր սրճարանից: Սովորականի համաձայն, երբ սկսեց սուրճը խմել, Նիկողոս-աղան մտավ սրճարան և անմռունչ բարևելով նստավ Ներսես-ախպոր դիմաց: Ներսեսի սուրճը քթից եկավ: Նա զգաց, որ Նիկողոսը անպատճառ իր բարերարության խոսքը բանալու է, այն էլ հրապարակով: Եվ իսկապես, սուրճի ֆինջանը ձեռքին, չիբուխի ծխախոտը ծխելով՝ ասաց Նիկողոս-աղան.

— Հը, ինչպե՞ս ես, Ներսես-ախպար, երեկ լավ ախորժակով վայելեցի՞ք տժվժիկը, համո՛վ էր, հը՞: Մարդու քեֆը կգա, երբ սրտի ուզածին պես պատրաստեն կերակուրները:

— Ինչպե՞ս չէ, ինչպե՞ս չէ, — կմկմաց Ներսես-ախպարը, հուսալով, որ Նիկողոս-աղան իր պատվից կամաչե և չի պարզի թոքի պատմությունը, թեև սիրտը բորբոքումից արդեն սկսել էր արագ-արագ թրթռալ:

— Այդ ի՞նչ տժվժիկ է, — մեջ ընկավ սրճարանի հյուրերից մեկը:

— Ոչինչ, — ասաց Նիկողոս-աղան, ծանրացնելով խոսքը, — երեկ մեր մսագործի մոտ մի լավ թոքը տեսա. սիրտս ուզեց, առա, որ տուն ուղարկեմ, բայց ափսոսացի, որովհետև մեր տնեցին կարգին չի կարող ուզածս տժվժիկը եփել: Այդ մտմտուքի մեջ էի, որ պատահեց Ներսես-ախպարը, իսկույն տվի նրան: Ասի, մեկ չէ՞ մեր տուն ղրկած, ձեր տուն ղրկած: Փառք աստծու, մենք դրացիներ ենք, ջոկողություն երբեք դրել չենք իրար մեջ, «իմ ու քո» ե՞րբ է մտել մեր մեջ, ո՞վ է փնտրել: Մենակ քեֆս եկավ, ես հավատացած եմ, որ քույրս չէր փչացնի այն պատվական թոքը, կարգին բան կեփեր: Իմ ուզածն էլ այն է, որ բանը տեղն առնե ու լազաթ ունենա: Մեր տուն որ ղրկեի՝ զահրումար էր դառնալու, ո՞վ կարող էր թիքա ուտել: Լավ բանը սիրում եմ, գիտեմ, որ քույրս այնպես տապակած կլիներ, որ Ներսես-ախպարը համից, հոտից հարբած՝ մատներն էլ խածոտած կլիներ տժվժիկի պատառների հետ: Դեհ, այժմ շարունակությունը դու պատմե, Ներսես–ախպար, ես իմս պրծա:

— Էհ, ինչ պատմեմ, շնորհակալ եմ, եփեցինք, կերանք, պրծանք գնաց, — ասաց Ներսեսը կարմրելով:

— Անուշ լինի, խոսքս դրա մասին չէր: Ուզում էի իմանալ, թե կարգի՞ն էր տապակած տժվժիկը, Համո՞վ էր:

— Շատ համեղ, շատ ախորժելի, — ասաց սիրտը մորմոքելով Ներսես-ախպարը՝ ողջ անձով քրտնած, թրջված:

— Այդ հասկանում եմ, մարդ ուզածը գտնե, տեղովը, տեղակի:

Ներսես-ախպարը դուրս եկավ այլևս կիրքը չկարողանալով զսպել, բայց Նիկողոսին էլ հաճելի էր, որ ամեն տեղ տժվժիկի պատմությունը խոսվի, որտեղ որ պատահեր, ուր որ հանդիպեր, խոսքը տժվժիկի մասին պիտի բանար կամ այդ մասին պիտի տար:

— Ներսես-ախպար, հիշու՞մ ես թոքը, կամ թե՝ «ինչպե՞ս, համե՞ղ էր տժվժիկը»: Ողջ քաղաքը տժվժիկի ցավն ընկավ, Նիկողոսն ամեն տեղ պատմեց ու խոսեց:

Անցավ մի շաբաթ, մի ամիս, երեք ամիս, վեց ամիս, վերջապես տարի, բայց Նիկողոս-աղան, որտեղ պատահեր՝ պիտի հիշեցներ Ներսեսին թոքը և տժվժիկը՝ թե փողոցում, թե եկեղեցու գավթում, թե սրճարանում, թե բաղնիսում, թե հարսանիքում, թե, վերջապես, ժողովներում, այնպես որ հազար անգամ Ներսես-ախպոր քթից, պնչից դուրս եկավ Նիկողոս-աղայի գնած թոքի տժվժիկը: Էլ համբերությունը սպառած, մի օր նույն մսագործի խանութի դռան առաջ կանգնած, վերարկուի տակ մի բան թաքցրած՝ սպասում էր Ներսես-ախպարը: Դեպքն այնպես բերեց, որ Նիկողոս-աղան էլ այնտեղ եկավ իրենց ծառայի հետ միս առնելու և նկատելով Ներսես-ախպորը, ասաց.

— Ներսես-ախպար, ինչպե՞ս ես, լա՞վ ես: Հիշո՞ւմ ես այն թոքը, այն համեղ տժվժիկը...

— Ահա ա՛ռ քո թոքը և ձայնդ կտրե, — ասաց զայրացած Ներսես-ախպարը և աբբայի տակ թաքցրած թոքը դուրս հանելով, այնպես շրմփացրեց Նիկողոս–աղայի քթին, բերանին, որ վերջինս ապուշ դարձավ, տեղն ու տեղը մնաց՝ երեսը, գլխի թանկագին շալը, վիզը արյունով ներկված:

ԾՊՏՅԱԼ ՍՈՒԼԹԱՆԸ

Հարյուր ու քանի մը տարի սրանից առաջ, երբ ենիչերիների և կղերի ձեռքով գահ բարձրացավ սապատողն թուրքաց Սելիմ Գ. սուլթանը, նախորդների սովորության համաձայն իր վարժապետ խոջայի հետ ծպտած՝ դուրս եկավ Էսկիսարայ պալատից՝ մայրաքաղաքը շրջելու և հասարակության զանգատները կամ գոհունակությունները անձամբ լրտեսելու: Նա հագել էր Թեքքեի դերվիշի աղքատիկ հագուստ և գլխին ծածկել թաղիքի երկար նարնջագույն գդակ, այնպես որ ոչ ոք չէր կարող երբեք նրան հասարակ դերվիշից զանազանել: Սուլթանին առաջնորդող Խոջան էլ թեև մոլլայի կապույտ ջուպպե ուներ հագին և սպիտակ ապարոշ գլխին, բայց սա էլ իր տիրոջ սուլթանի նման շատ համեստ էր հագնված, և երկուսն էլ երկար համրիչները ձեռքներին՝ ծանր քայլերով և մեղմ խոսակցությամբ Գյուլ–Խանեի նավամատույցից նավակ նստան և, ծովի երեսին քիչ պտույտ անելուց հետո, որպես հասարակ քաղաքացիներ, դուրս եկան Պալըգ-Խանեի նավամատույցը:

Դեռ չէին մոտեցել ծպտյալները նավամատույցին, երբ հեռվից նկատեցին մի գեղեցիկ հագնված երիտասարդ, որ հսկա քայլերով նեղ փողոցից դուրս գալով՝ հասավ նավամատույց և մենակ մի նավակ վարձեց, որ նրան անցկացնե Ոսկեղջյուրի վրայով դիմացը՝ Ղալաթիա: Այնքան կոկլիկ էր այդ երիտասարդի սև սաթի նման փայլող ջուպպեն, Բուխարայի այնքան նուրբ մորթուց էր կարված ղալփաղը[2], այնպես կուրծք ու մեջքին կիպ փաթաթված էր նրա սև քիշմիրե էնթարին և սև գոտին, որ ահագին բազմության մեջ նա նկատելի էր ոչ միայն իր մաքուր ու վայելուչ հագուստով, այլ մանավանդ բարձր հասակով, վայելուչ դեմքով, լայն ուսերով ու կրծքով և կտրիճի շարժմունքով: Հազիվ քսանմեկ կամ քսան տարվան լիներ երիտասարդը. կզակի նոսր մազերը հազիվ մեկ-երկու անգամ ածիլած լինեին, իսկ սև ու կարճ բեղերը դեռ մատ բռնելու չափ չէր երկարել:

Երիտասարդը երկար ժամանակ իր վրա հառել տվեց ծպտածների խոժոռ աչքերը, որոնք ուզում էին սլաքի նման թափանցել նրա սիրտը և ծակել, բայց բազմաչարչար հայի զավակը ոչ մի զանցառություն չէր արել. բոլոր հագուստը, կապուստը, կոշիկները, կապերն ու կոճակներն անգամ թուխ, սև գույն էին կրում և հայից անբաժան սուգն արտահայտում:

— Տեսեք, լավ դիտեցեք, մատաղդ լինիմ, — ասաց Խոջան սուլթանին, — տեսեք, թե որքան ընտիր-ընտիր կերպասներ և թանկագին կտորներով է զարդարվել քյաֆիրը[3]: Սև են հագնում իբր թե օրինազանցություն չեն անում, բայց այդ քնքուշ գործվածքները միթե վայել է զիմմիին[4], կարծես պեծեր է թափվում գլխից ու վրայից:

— Ուղիղ է ասածդ, — պատասխանեց սուլթանը, — Բայց բան չի կարելի ասել. ոտից մինչև գլուխ բոլորը սև-սև կտորներով է ծածկված: Օրինազանց չէ անօրենը:

— Այդ անհավատները կողոպտում են, կեղեքում են ժողովրդին և ահագին զանձեր են դիզում: Դրանց բոլորովին խնայելու չէ...

— Առանց դրանց էլ մենք բոլորովին կաղքատանանք, կթշվառանանք: Մեր հասարակական գանձարանը դրանք են լցնողը և ալլահը դրանց մեզ շնորհել է, որ մեր մարմնավոր վայելքների համար աշխատեն: Թող լցնեն մեր գանձարանը, թող բավարարություն տան

[2] Գդակ:

[3] Անհավատ:

[4] Գույքով, կյանքով պարտական:

իսլամին, ավելացած փշրանքով էլ իրենք ապրեն, — ասաց սուլթանը և դուրս եկավ նավակից:

Նրանք անցկացան նեղ-նեղ փողոցներով և ճանապարհին Լիմոն-Իսկելեի մոտ, մի գինետան առաջից անցկացան:

Ծպտյալները նկատեցին որ ներսը՝ գինետան մեջ, հույները հարբել, երգում էին, նվագում ու պարում, նրանց բարձրացրած աղմուկն ու ժխորը տարածվել էր մինչև անգամ մոտակա բոլոր փողոցները: Սուլթանը ուշի-ուշով լսում էր Խոջայի բոլոր նկատողությունները, որ երբեք չէր դադարում իր կրոնական պարտականությունները կատարած լինելու համար հայտնել անհավատների բոլոր պակասությունները, ամենախիստ գույներով և ամենակծու ոճերով ու բառերով: Նրանք անցան Ուզուն Չարշիից, բարձրացան ահագին զառիվերը և մտան Բեզեզթան:

— Ահա իրար ետևից և մեր քաղաքի բոլոր ապականված վայրերը, — հառաչելով ասաց Խոջան և, մի քիչ խորհրդավոր կերպով լռելուց հետո, ավելացրեց.

— Գինետան զարշելի ձայները դեռ չեն հեռանում ականջիս միջից, հարբած հույների պատկերները չեն ջնջվում աչքիս առաջից:

— Գարշելի ու նողկալի տեսարան: Դրանց առաջն առնելու է, — ասաց սուլթանը մտախոհ՝ քայլերն ուղղելով դեպի Սուլթան-Բայազեթ:

— Այդ անօրեն մուրտառները իրենց գինիով ապականում են բոլոր փողոցները, փչացնում օդն ու ջուրը և իսլամի բարեշնորհ հավատացյալների կյանքը դառնացնում: Փողոցներում ամեն մի իսլամ անօրեն հարբածներին պատահելիս շունչը առնում է, հագուստը փալասներին դիպչելով պարտավորվում է բաղնիս գնալ մաքրվելու համար, գոնե կրկին անգամ լվացվելու, որ կարողանա մաքուր սրտով, խաղաղ խղճով աղոթել: Ինչպե՞ս մզկիթներում կամ իրենց խանութներում հանգիստ սրտով աղոթեն հավատացյալները, երբ փողոցներում և գինետներում հարբած անհավատները խոզի սովկալի աղաղակներ են բարձրացնում:

Իսլամի նախանձախնդիր աշակերտը՝ Խոջան, իր անվերջ չարախոսություններով խլացնում էր իր զահակալ աշակերտին և նրա սիրտը լցնում ատելության սոսկալի թույնով: Սուլթանը մտածում էր, թե ինչ դիրք բռնե: Նա գինետները չէր կարող փակել, քանի որ նրանք ահագին հարկ էին տալիս իսլամի հասարակական գանձարանին, մանավանդ որ այն ժամանակ քրիստոնյաները առանց այդ հարկը վճարելու էլ կարող էին գաղտնապես իրենց տներում կարևոր գինին և ուրիշ խմիչքները պատրաստել և հարբել: Նրանք լռելյայն անցան Սուլթան– Բայազեթի հրապարակից դեպի Ֆաթիհ-Սուլթան-Մեհմեդ և այնտեղից ուղղակի բռնեցին Էյուբի ճանապարհը: Երկար էին փողոցները և ամայի, հարյուր քայլին մի մարդու, մի խափշիկ աղախնի հազիվ էին պատահում, իսկ Խոջան ճարտարախոս էր: Նա անդադար, ջրվեժի նման թափում, պատմում էր սուլթանին առօրյա հարցերից, կատարված դեպքերից և անցյալ պատմությունից:

Նրանք մտան մի նեղ փողոց, որտեղ ո՛չ խանութ կար, ո՛չ էլ արհեստանոց, բոլորն էլ մյուսլիմ ժողովրդի բնակարաններն էին՝ աջ թե ձախ: Հեռվից նկատեցին մի սիմիտ[5] ծախող բոշնակ, որ ծանրաքայլ առաջ էր գնում և խռպոտ կանչում. սիմի՛տ, սիմի՛տ:

Բոսնիացին առանց կասկած տանելու, որ իր խզխզան ձայնը կարող էր անախորժ հնչել ծպտյալների ականջներին, վաճառքին հաճախորդ գտնելու տենչով, անդադար կրկնում էր. «Սիմի՛տ, սիմի՛տ», որպեսզի տների խորքերում գործի հետ եղող տիկինների ականջներին հասցնի իր խռպոտ ձայնը և անախորժ եղանակը, որ նրանք լսեն, դուրս գան դեպի լուսամուտները՝ սիմիտ գնելու: Ծպտյալները հեռվից դիտում էին բոշնակի բոլոր շարժումները:

Հանկարծ սիմիտչին կանգնեց, ուսից վար դրեց եռոտանին, գլխից իջեցրեց տեփուրը և դրեց եռոտանու վրա: Թրքուհին բարձրացրեց լուսամուտի փայտի մատներից հյուսված խիտ վանդակը, կիսով չափ կախվեց լուսամուտից և փղոսկրի նման ողորկ և փայլուն, ձյունի նման սպիտակ և շողշողուն մերկ բազուկը տարածեց, ձգվեց և բոշնակի ձեռքից առավ երկու սիմիտ: Այս առուտուրը այնպես բորբոքեց մոլլայի նախանձը, այնքան ատելություն աճեց նրա սրտում, որ չկարողացավ կրքերը զսպել ու ասաց կատաղաբար.

— Խո տեսա՞ք, աչքով տեսաք, մատաղդ լինիմ, թե ինչպես անհավատը ներքևից դիտում էր ու հրճվում: Ինչ աղտեղի աչքերով, գարշելի սրտով ձգտում էր այս անհավատը հարաբերության մեջ մտնել իսլամի հարեմի անարատ կնոջ հետ: Որքան խաղերով ու նազանքով էր տարածում սիմիտը ու տանջում թշվառ կնոջը:

— Կասկածը լավ բան չէ, Խոջա, իսլամին չի վայել ենթադրություններով խոսիլ, գուցե և բամբասել մի բոլորովին անմեղ կնոջ:

— Ներեցեք, — ասաց խոջան, զգալով իր սխալը, — ներեցեք, տեր իմ, որ կրոնական նախանձախնդրությունս ինձ չափազանց կուրացրեց, ես մեղքի տակ ընկա ենթադրական բամբասանքով: Բայց և այնպես սիրտս ծակվեց, կարծես մի նիզակ մխեցին այնտեղ, երբ նկատեցի, որ աչքի անմերձենալի հարեմի տիկինը լուսամուտից կռացած կես մարմնով, բաց դեմքով, կրծքով ու բազուկներով մերկացավ անօրենի աչքերին: Սա էլ փոխանակ դեմքը ծռելու, գետին նայելու, զմայլած նրա գեղով, քիչ էր մնում պատից վեր թռչի:

Նրանք առաջանալով մոտեցան բոսնիացուն, որ ստացած փողը

---

[5] Բուբլիկ:

քսակը զետեղելուց հետո տեփուրը կրկին գլխին դրեց, եռոտանին ուսերին և, շարունակելով ճանապարհը, կրկնեց նույն խռպոտ ձայնով ու եղանակով. «Սիմիտ, սիմիտ, սիմիտ»:

Սուլթանը կրկին ոտից մինչև գլուխ զննեց բոշնակին, բայց ամեն բան օրինական գտավ, բոլոր շորերը սև, բոլոր հագուստը մթին, թշվառի տանջանքն ու սուգն էին արտահայտում:

Ծպտյալները առաջանալով շարունակեցին իրենց քայլերը դեպի էյուբ և որովհետև սաստիկ հոգնած էին, մտան մի ղայֆեխանա[6]՝ թե հանգստանալու և թե ժողովրդի կարծիքները լսելու: Սրճարանատերը այս անծանոթ հաճախորդներին իսկույն աթոռ տվեց, վազեց սառը ջուր բերեց, մոտերը դրեց, որ ծարավները հագեցնեն և ինքը մոտեցավ օջախին՝ սուրճ պատրաստելու: Սրճատանը մեծ բազմություն կար. մոլլաներ, արհեստավորներ, կալվածատերեր, թաղական պաշտոնյաներ, ենիչերիներ: Բոլորն էլ անտարբեր զբաղված էին իրենց զբոսանքով, ծխում էին չիբուխ կամ նարգիլե, խմում էին սուրճ կամ օշարակ, խաղում էին նարդի, տամա կամ թուղթ և շատերն էլ ընտանեկան խոսակցությամբ էին զբաղված ու քննադատում էին առօրյա հարցեր:

— Ահա երեք օր է, — ասաց մի կալվածատեր իրեն լսողներին, — մեր սուլթանի գահ բարձրանալը (ալլահը երկարեցնե նրա կյանքը), բայց ոչ մի ձայն չլսվեց, ոչ մի գործ չտեսավ:

— Երեկ իրիկուն Թոփ-Գափու՝ մի սրճարանում նրան տեսնողներ են եղել...

— էյ, — ասաց սրճարանատերը օջախի մոտից, — դատարկախոսներ եք, ուրիշ ոչինչ: Թողեք մի հանգստանա, ծանոթանա գործերի հետ... Երեք օրվա մեջ ի՞նչ կարող էր անել...

— Ժրագլուխ և եռանդոտ մարդը հենց առաջին օրից կարող էր իր շնորհքը ցույց տալ, — ասաց մի ենիչերի, խաղը ընդմիջելով: — Մի՞թե քիչ գործեր կան մեր քաղաքում: Ահա քանի ամիս է, որ մեզ ուղտի նման խմոր են ուտացնում փռնչիները. այն էլ ի՞նչ խմոր. զարի թե՞ հաճար՝ ալլահին է խաբար:

— Այդ բոլորը կարգի կմտնի, — ասաց մի մոլլա, — եթե մեր կաշառակեր յուլեմներին (կղեր) ու ղադիներին[7] կարողանան զսպել:

— Ի՞նչ անեն յուլեմներն ու ղադիները, երբ ընդհանրապես այնպիսի շռայլություն ու փարթամություն է տիրում մեր ավազանիի ապարանքներում: Երկիրը կողոպտում են, ժողովուրդը կեղեքում, կաշիներն են պոկում, որբին ու այրուն տանջում, զրկում, որ ինչ է, իրենց հարեմները հարճով, ընդունարանները մանկլավիկներով լցնեն: Ամեն

[6] Սրճարան:

[7] Կրոնական դատավոր:

մի աչքի ընկնող պաշտոնականի տունը եթե օրական հիսուն-ութսուն ոչխար է մտնում, էլ մեզ նման աղքատն ու տնանկը որտեղից մի կտոր լեշ գտնի, որ մանր ու խոշորին կերակրե:

Ամեն կողմից վարչության դեմ տրտունջներն ու գանգատներն անպակաս էին, այնպես որ մինչև սուրճ խմելն ու հանգստանալը սրճատան հաճախորդները ապրուստի ամեն մի նյութի մասին իրենց նեղ վիճակն արտահայտեցին, նախատելով վաշխառու դատավորներին և անարժան պաշտոնակալներին: Երբ ծպտյալները պատրաստվում էին հեռանալու, նարդի խաղացողներից մեկը, խաղն ավարտելով, վեր կացավ ու հարցրեց հանդիսականներին.

— Նոր բան իմացե՞լ եք:

— Ի՞նչ, — ասացին ամեն կողմից և հայացքներն ուղղեցին:

— Բախալները իրենց դատը տարել են և դարձյալ թթու ծախելու արտոնություն են ձեռք բերել:

— Ինչպե՞ս, — կրկնեցին նորից հանդիսականները՝ ուշադրությամբ նորությունը լսելով:

— Չէ՞ որ Իսթամբուլի ղադին երեք հազար դուռուշ առնելով թթու ծախողներից, վճիռ էր տվել, որ այլևս բախալները թթու չծախեն:

— Այդ հայտնի է, երեք-չորս ամսվա պատմություն է, նորն ասա: Հետո՞:

— Բախալները հավաքվում են և հինգ հազար դուռուշ գումարելով, դիմում են նույն ղադուն, որ իրենց կրկին թույլ տա թթու ծախելու: Այդ գումարներով ղադին գրավվում է և բախալների առաջնորդին սովորեցնում, որ գնա մի քանի հղի կանայք ուղարկե իրեն՝ ղադիի մոտ գանգատվելու: Բախալները հինգ-տասը հղի կանանց սորվեցնում են, որ գնան ղադիի մոտ գանգատվեն, թե իրենք պատճառավոր են և հաճախ գիշերվա մեջ սրտերը այլևայլ թթու է ուզում: Թթուծախ ամեն թաղում չլինելով, եղածներն էլ սաստիկ հեռու լինելով, նրրանք վնասվում են, ուշքերն անցնում է և կարող են ավելի մեծ վտանգի ենթարկվել, եթե ղադին իր ապօրինի կարգադրությունը չվերցնե և թույլտվություն չտա, որ բախալներն էլ թթու ծախեն: Ղադին այդ գանգատավոր կանանց խնդիրքի համաձայն նորից վճիռ է արձակում, որ բախալներն էլ թթու են ծախելու, քանի որ բնակարաններին մոտ թթու չլինելու պատճառով կարող են վնասվել հղի կանայք ու նրանց մանուկները:

Սուլթանն այդ պատմությունը լսելով՝ զայրացած դուրս եկավ սրճատնից, և Խոջայի հետ ուղղվեցին դեպի պալատ: Դեռ շատ չէին հեռացել կյուբից և նոր էին մտել կենտրոնական քաղաքամասը, որ պատահեցին նույն սիմիտչի բոշնակին, որ առանց մտածելու անգամ, թե իր խռպոտ ձայնը կարող է աշխարհում մի որևէ անհատի զայրացնել, կանչում էր անվերջ՝ սիմի՛տ, սիմի՛տ, սիմի՛տ... Քանի կանչում էր բոշնակը, ամբողջ մարմնով դողում էր սուլթանը և երբ մոտեցան իրար սուլթանն ուշի-ուշով քննեց դրա հագուստն ու կապուստը և նկատելով սիմիտչիի չստերի վրա մի կտոր դեղնոտ տեղ, ասաց զայրացած.

— Անօրեն, մի՞ թե քեզ հայտնի չէ, որ զիմմիներդ իրավունք չունիք ուրիշ գույներով զարդարվելու: Ինչի՞ իսլամի կղերին հատուկ դեղին չստեր ես հագել:

— Խնայիր ինձ, մեղավոր եմ, դերվիշ բաբա, — ասաց դողդողալով բոշնակը, — աղքատությունից ստիպված հին կոշիկներ գնեցի ու անձամբ ներկեցի, սևացրի: Տեսեք, տեսեք, — ասաց բոշնակը կոշիկները հանելով, — արդեն բոլորովին սև է, միայն այս մատիս բռնած տեղը բաց է մնացել, չեմ նկատել, չի սևացել...

— Ձայն՛ դ, անօրեն, դեռ արդարանալ ես ուզում, — ասաց ու ետ նայելով ծպտյալ սուլթանը նշան տվեց հեռվից հետևող ենիչերիներին ու առաջ գնաց Խոջայի հետ:

Ենիչերիները իրենց տիրոջ ակնարկը նկատելուն պես, վրա հասան, բռնեցին սիմիտչիին, ցրվեցին նրա սիմիտները, ոչխարի նման գետին գլորեցին, պառկեցրին թշվառին, գլուխը կտրելով, սիմիտի տեփուրի վրա դրին, ծածկեցին մի փալասով և հետևեցին իրենց տիրոջը:

Ծպտյալները առանց ետ նայելու շարունակեցին իրենց ճանապարհը ոլոր-մոլոր, նեղ ու կեղտոտ փողոցներով, մինչև հասան կրկին Լիմոն-Իսկելեն: Այդտեղ նույն գինետնից դարձյալ գալիս էին երգի ու նվագարանի խառնաշփոթ ձայները, էլի աղմուկն ու գոռգոռոցը տարածվել էին ամեն կողմ: Երբ ծպտյալները աչքերը հառած գինետան դռան կողմը, մոտենում էին, մի բարձրահասակ, լիք-լիք հույն, ալբանական ծալովի ֆեսը գլխին՝ դուրս եկավ փողոց և հսկա քայլերով դիմեց ծպտյալների կողմը: Նեղ մայթից առաջ գալիս հույնին դիմավորեց մի մոլլա, որին հույնը ճանապարհ չտվեց, չիջավ մայթից փողոց: Անցորդ իսլամ-հոգևորականը, դիպչելով հույնին, կատաղեց և աղտեղի փողոցային հայհոյանքներով հրամայեց ռայային՝ ցած գալ մայթից և իր արբեցողի զարշահոտ շնչառությամբ, գինով ապականված փալասներով չապականել նրա անապական մարմինն ու հագուստը:

Հույնը թեև գինու ազդեցության տակ էր, բայց լինելով Արշիպելագի կղզիներից և ծովի ազատ որդիներից, չզիջեց, չուզեց լսել մոլլային: Մոլլան չապականվելու համար անճարացած ինքն իջավ մայթից և սկսեց հրապարակապես գոռալ, գրգռել ու բորբոքել իսլամ ամբոխին գանգատվելով, որ անհավատը անարգել էր իր արժանապատվությունը: Ծպտյալները անցքին ականատես լինելով, սուլթանը կրկին ետ դարձավ և պատշաճավոր նշանը տվեց իրեն հետևող ենիչերիներին, որոնք հույնին բռնեցին և քաշքաշ հրելով ու ծեծելով՝ տարան Պալըգ-Խանե: Այդտեղ ծովից դուրս բերված ձկան նման տարածեցին կղզեցուն կոճղի վրա և լայնբերան կացնով մարմնից գլուխն անջատեցին:

Դեռ հույնի գլուխը չէին վերցրել հատակից, դեռ նրա լեզուն բլբլում էր բերանում, և արյունը շատրվանի նման ցայտում էր վզից, երբ ծպտյալները հասան Պալըզ-Խանեի նավամատույցը և նշան տվին, որ իրենց նավակը մոտենա: Այդ միջոցին Ղալաթիայից նավակը ետ բերեց այն կոկլիկ և փայլուն հագնված հայ երիտասարդին, որին պատահել էին առավոտը նույն նավամատույցի վրա: Դարձյալ նույն կայտառ շարժումները, նույն քայլերը և նույն շռայլ ծախսը, սա մենակ մի նավակ էր վարձել և ետ էր դառնում: Կատաղությունից արյունով էին լցվել սուլթանի աչքերը, և նա կիրքը չկարողանալով զսպել, մոտ կանչեց երիտասարդին և զննելով նրա հագուստի երեսն ու աստառը, ներքինն ու արտաքինը, հրամայեց ոտքից սև կոշիկները հանել: Այդ ժամանակ սովորություն էր Կ. Պոլսում հիմիկվա կրկնակոշիկի փոխարեն սև կոշիկներ հագնել և տուն մտնելիս այդ կոշիկները նախասենյակներում թողնելով, ներքին մաշիկներով ներս մտնել թանկագին գորգերով և մետաքսե թավիշներով փռված, զարդարված սենյակները:

Երիտասարդը այդ հրամանը լսելուն պես՝ գունատվեց ուշքը կորցրեց, բայց բռնությամբ նրա կոշիկը հանեց մի նավաստի: Երբ ծպտյալները տեսան կարմիր մաշիկը, սուլթանը զայրալի ասաց.

— Անօրեն, քեզ ո՞վ իրավունք տվեց իսլամի բեգերին ու ամիրաներին հատուկ մաշիկներով զարդարվելու, — և ետ դառնալով երրորդ ակնարկն ուղղեց հետևող դահիճներին ու մտավ նավակ, Խոջայի հետ հեռացավ:

Դեռ ծպտյալների նավակը չէր մոտեցել Սարայ-Բուրնու պալատական նավամատույցին, երբ ենիչերիների դահիճները մտան Գյուլ-Խանեի դռնով պալատի այգին, արքունիքի Բոստանչի-Բաշիի առաջ դնելով բռշնակի տեփուրը, բացին ծածկոցը և երեք անմեղ քրիստոնյաների գլուխը հանձնելով պալատի զորքերի պահապանների առաջնորդին, ստացան իրենց վարձը՝ ինն իսթամբուլոսկի ու հեռացան:

Ճիշտ տասննութ տարի հետո, 1808 թվականին, երբ վեզիր Մուստաֆա փաշան մի օրվա մեջ պալատի նույն պարտեզում խողխողել տվեց երկու սուլթաններին՝ Սելիմ Գ-ին և Մուստաֆա Դ-ին, թուրք պատմիչը, հիշելով անցյալը՝ ավելացնում է. Ինչպես ինքը, Սելիմ Գ-ը, անգութ վարվեց գահակալության օրերում՝ անմեղ երեք քրիստոնյաների արյունը հեղելով, նույնպիսի անողորմ դահիճների ձեռքով թափվեց իր և իր եղբոր որդու արյունը միևնույն պարտեզում...

ԹՈՒԼՈՒՄԲԱՋԻՆԵՐ

Պոլսի ազգաբնակությունը գործելու մի ասպարեզ ուներ, որտեղ մարդիկ բոլորովին հավասարվում էին, որտեղ ամեն մի անհատ միևնույն իրավունքներն էր վայելում, որտեղ իրար չէին հարցնում, թե ինչ ծագումի էին պատկանում: Մշակ, արհեստավոր, վաճառական, վարժապետ, գրագետ, զինվորական, կալվածատեր, գրագիր, կրոնական, — ամենքն առանց խտրության հավաքվում էին և միասին գործի կպչում: Այդտեղ անխտիր, բոլորը հավասար ձայնով ընտրում էին իրենց առաջնորդ կամ ուրիշ գործավարներ, այդտեղ արժանավորությունը ոչ թե փողի ու գիտության, այլ ֆիզիկական ուժի, խելքի ու ժրագլխության մեջ էր կայանում: Այդ ասպարեզը թուլումբաջիությունն էր (հրշեջներ):

Թուլումբաջիությունից խույս էին տալիս վախկոտները, թուլասիրտները և անզգաները, որոնք, հայտնի բան է, քաղաքի ազգաբնակության մեծագույն տոկոսն էին կազմում և որոնցից խորշում էին, ինչպես սոփի յուլեմները[8]՝ խոզի մսից:

Թուլասիրտ քաղաքացիների թուլումբաջիներից խորշելու պատճառն այն էր, որ առաջինները իրենց աներկյուղ ընթացքով միշտ սարսափի ու սրտադողի մեջ էին թողել վերջիններին: Թուլումբաջիներն ինչպես աներկյուղ կրակն ու բոցն արհամարհելով՝ մտնում էին ծխալի տներ՝ երեխաներին, չափահասներին պառավներին դուրս բերելու, կրակից ազատելու թանկագին կահ-կարասիքը, անխնա քանդում էին հարևան տները՝ հրդեհի առաջն առնելու համար, ջրհանները շալակած կռվում էին ահեղաշունչ բոցերի հեղեղի հետ, այնպես էլ անվախ միշտ հարձակվում էին էֆենդիների, դատավորների, աղաների, ամիրաների վրա, հայհոյելով, նախատելով, ծաղրելով, պակասություններն երեսներովն էին տալիս և սպառնալիքներով ստիպում իրենց հրամանները կատարելու և հրատարակելու:

Աղաներից հալածվածը միշտ դիմում էր մի հայտնի թուլումբաջու, պարզում էր նեղությունը: Թուլումբաջին, գործին ծանոթանալուց հետո, մի օր փողոցի մի անկյունում բռնում էր աղային և ստիպում բավարարություն տալ նեղվածին: Ամիրան, մահվան երկյուղից անրճկած, կատարում էր թուլումբաջու հրամանը, մտքի մեջ հազար ու մի հայհոյանք թափելով թուլումբաջու գլխին:

Մի անգամ մի կաշառակեր դատավոր խոսք էր տվել մի վաշխառուի յուր վճիռքով խլել մի թշվառ պարտիզպանի պարտիզակը, որով կերակրում էր ինը հոգուց բաղկացած ընտանիքը: Պարտիզպանը հուսահատ ընկնում է մի ծանոթ թուլումբաջիի ոտքերը և վշտաբեկ սրտով նկարագրում իրեն սպառնացող սոսկալի վիճակը: Թուլումբաջին հետևում է դատավորին և կեսգիշերին կտրում նրա ճանապարհը: Դատավորը, հոգեառի ցլուտ, հաստապինդ բազուկների համն առած, կրկին անգամ նրան չպատահելու համար, դեռ մի գումար էլ վճռում է վաշխառուից առնել հօգուտ պարտիզպանի: Ամիրայի մեկը, որ յուր

---

[8] Խստակրոն կղերը:

բազմաթիվ ծառաների և ստրուկների վրա վստահացած արհամարհում է թուլումբաջիին, սպառնում է դեռ նրան դատաստանի կանչել: Թուլումբաջին առանց այլևայլի տալիս է կրակը այրում է ամիրայի պալատը, և օգնության հասած թուլումբաջիների խումբը ավելի հանդիսատեսի դեր է կատարում, ավարի է տալիս ամիրայի կայքը, քան թե օգնության հասնում: Այս պատճառները ամենաբռնավորներին անգամ ստիպել էին խոնարհվելու թուլումբաջիության զորության առաջ:

Կ. Պոլսում վաղ ժամանակներից մինչև վերջերս կային միայն թաղական և ընկերական՝ ենիչերությունից մնացած՝ թուլումբաջիների խմբեր, քաղաքական կամ պետական խումբ սովորաբար չի պահվել: Կ. Պոլսում պատահած զարհուրելի հրդեհների մասին տեղեկություն ունեցողը կհասկանա, որ առանց այդպիսի թաղական թուլումբաջիների խմբերի որքան դժվար կլիներ Կ. Պոլսի նման մի մեծ քաղաքում աղետների ժամանակ ազգաբնակության օգնություն հասցնելը: Նամանավանդ հին ժամանակները, երբ կատաղած ենիչերիները իրենց առաջնորդներից վրեժ լուծելու, կամքերը առաջ տանելու ուրիշ միջոց չէին գտնում, կրակի, հրդեհի օգնությանն էին դիմում: Առաջ ենիչերիներ էլ եղել են այդ խմբերում, որով թուլումբաջիության անունը պոլսեցիներին էլ ավելի սոսկումի, սարսափի և սրտադողի մեջ է թողել:

Բայց և այնպես ժողովրդի հալածված մասը՝ արհեստավոր և օրական աշխատանքով հազիվ ապրողները, փողոցներում տեփուրը գլխին ձուկ, կանաչի, միրգ, թոք, ոտ ու գլուխ ծախողները միշտ հարգել են թուլումբաջուն, անընդհատ աշխատել են նրան օգնել, միշտ ձգտել են ծրաջանությունով մտնել այդ խմբերի մեջ, որն իրենց անվերջ պաշտպան է կանգնել ամեն տեսակ աղետների ժամանակ:

Այս իսկ պատճառով ենիչերական կոտորածից հետո էլ մնացել էր և մինչև վերջերս էլ կար թաղական թուլումբաջիությունը, և բուրժուազիան արհամարհանքով օրականով ապրողներին բոլորին տալիս է «թուլումբաջի» տիտղոսը, որը կրողներն իրենց մեծ պատիվ են համարում:

Ահա այսպիսի երկու հայկական թուլումբաջիական խումբ կային 1882 թվականներին Իսկյուտարի Սելամսըզ և Ենիմեհլե թաղերում, որոնք՝ շնորհիվ իրենց առաջնորդների՝ Կաղ-Մքոյի և Կարճ-Նազարի ծրաջանության, իրենց հարևան թուրք, հույն և հրեա թուլումբաջի խմբերի նախանձն էին բորբոքում:

Կաղ-Մքոն, որ սովորական մահկանացուներից չէր, Փարիզ Լոնդոն և Ամերիկա տեսել, գլխում կուտակել էր գիտության մեծ պաշար և ս. Խաչ եկեղեցու թաղական ուսումնարանում տեսուչ էլ էր, Սելամսըզի թուլումբաջիների օջախի առաջնորդության արժանացել էր յուր մի քանի տարվա ընթացքում կատարած անթիվ զոհողություններով: Նա յուր կաղ ոտքով շատ անգամ ուսը տվել էր ջրհանի տակ և յուր երեք, վիթխարի ընկերների հետ ժամերով վազել մինչև աղետների տեղերը: Նա հաճախ կրակի բոցերի մեջ խանձել էր մազերն ու մորուքը, ծխի մեջ կուրացնելով աչքերը և շնչասպառ խեղդվելով դուրս էր բերել հրդեհված տան խորքերից երեխաներով օրոցքներ, վերմակներով փաթաթված հիվանդներ, թանկագին նկարներ, գրքեր և անփոխարինելի նյութեր: Հրդեհների ընթացքում նրա կարգադրություններն այնքան օգուտ էին բերել ազգաբնակությանը, որ սրանց համարումը Կաղ-Մքոյի մասին օրեցօր մեծացել էր, և երիտասարդությունը, նամանավանդ արհեստավոր և չքավոր դասակարգը, նրան համարյա թե պաշտում էր:

Կաղ-Մքոն ավելի խոնարհեցնում էր թե՛ հարուստներին թե՛ ծառայողներին և թե՛ ընկերակիցներին յուր չափազանց անշահասիրությունով և մանավանդ արդար վճիռներով: Թուլումբաջիները հարուստ կալվածատերերից երբեմն-երբեմն ստանում էին նվերներ, և աղետից ազատվող մեծատունները խոշոր գումարներով վարձատրում էին նրանց: Կաղ-Մքոն ոչ միայն մաս չէր առնում այդպիսի եկամուտներից, այլև կարիք չունեցողներին էլ, յուր օրինակով, ստիպում էր հրաժարվել և գումարները հավասարապես կամ արժանավորապես բաժանում էր կարոտյալների մեջ, այնպես, որ բոլոր ընկերները համոզմունքով գոհ էին մնում նրա կարգադրությունից:

Կաղ-Մքոյի ժրաջանությունով շատ մեծացավ Սելամսըզի թուլումբաջիների խումբը, և նախկին մի մաշված, անպետք ջրհանի փոխարեն չորս նոր լավ ջրհաններ ձեռք բերին՝ հրդեհի վերաբերյալ բոլոր պարագաներով: Դեռ այդ բավական չէր, Կաղ-Մքոն ասում էր, որ աշխատինք մի հարմարավոր տեղ գտնենք թաղի կենտրոնում հրշեջ գործիքների համար: Նա, մտածում էր այդ տան կողքին մի աշտարակ էլ շինել, որտեղից փոխընդփոխ հսկել և փոխանակ մունետիկի ձայնին սպասելու, իսկույն այդտեղից նշան տալ թուլումբաջիներին հրդեհվածներին օգնության հասնելու:

Կարճ-նազարը, որ նույնպես Կաղ-Մքոյի նման անձնվեր էր գործին, կառավարում էր Ենիմեհլեի թուլումբաջիների խումբը: Նա ս. Կարապետ եկեղեցու թաղական խորհրդի անդամ և «Տիեզերք» ամսաթերթի խմբագիրն էր: Կարճ Նազարը՝ հարուստ մարդու որդի լինելով և յուր ծնողներից բավական հայտնի կալվածներ ժառանգելով, ոչ միայն հանգիստ կարող էր ապրել, այլև մի ուրիշ պարապմունքով նա կարող էր դեռ մի քանի անգամ էլ բազմապատկել կարճ ժամանակամիջոցում յուր կապիտալը, բայց նա ոչ միայն հայ խմբագրի տաժանելի պաշտոնն էր ստանձնել և յուր եկամուտներով գիտնական թերթը տպում ու ցրում էր ժողովրդի մեջ ուսումը, գիտությունը, առաջադիմությունը տարածելու նպատակով, այլև յուր եկամուտներից մի մասն էլ հանում էր թշվառ ընկերակիցներին, Եվրոպայում ուսանողներին:

Կարճ-Նազարն էլ անձամբ կռվում էր աղետների ժամանակ կրակի,

ծխի, ջրի և ջրհանի հետ, ետ չէր մնում բեռնակրից, ձկնորսից, կոշկակարից և դարբնից, այնպես որ նրա արարքները Կաղ-Մքոյից ավելի նախանձելի էին հենց նրա համար, որ Կաղ-Մքոն, որպես նախկին Մշի դաշտի որդի, մանկությունից սովորած էր չարքաշության, իսկ Կարճ-Նազարը փափուկ կյանքից իջել, մտել էր թուլումբաջիների շրջանը: Երբ Կարճ-Նազարը ջրհանի խողովակը և մուշտակը ձեռքին բարձրանում էր հրդեհված տան կտուրը և հսկայի նման կանգնելով ահեղաշունչ բոցերի մեջ՝ կռվում ու խրախույս էր կարդում ընկերներին, տեսնողը չէր կարող երևակայել, որ այդ հերոսը դայակների գրկերով՝ սայլակներով ու կառքերով էր մեծացել և փափկությունների մեջ զարգացել մանուկ օրերում:

Ժողովուրդը սիրում էր երկու խմբապետներին էլ. հրդեհից նեղվածները, թշվառները, օգնության կարոտները պաշտում էին երկու խմբի բոլոր թուլումբաջիներին: Վախկոտները, հարուստները գլխները թեքում էին երկուսի էլ առաջ, երկուսին էլ օգնում էին և երկուսին էլ մտքում հայհոյում, որ իրենց քսակներից ակամա գումարներ էին դուրս քաշում և սրանցից որի մոտ որ լինեին, նրան մյուսից նախապատվություն էին տալիս: Երկու խմբերն էլ իրար հարգում, իրար օգնության հասնում էին, բայց իրար նույնպես նախանձում էլ էին: Նախանձը բարի էր, և նրանք իրար հակառակ մեծացնում էին իրենց խմբերը, ուժեղացնում էին իրենց ջրհանները և հրշեջ գործիքները օրեցօր կատարելագործված տեսակներով փոփոխում, լրացնում և աշխատում էին ավելի կազմ ու պատրաստ լինելու աղետի ժամանակ թշվառներին օգնության հառնելու դիտումով:

Կարճ-նազարի անունն ավելի հռչակվեց յուր նորակազմ խմբով և Եվրոպայից նոր բերել տված ջրհաններով ու գործիքներով այդ օրերը Արշակյան գիշերօթիկ ուսումնարանում պատահած հրդեհի դեմ կատարած հարձակումով: Այդտեղ, զարհուրելի բոցերի մեջ, այնպիսի քաջասրտությամբ շարժական սանդուխներից բարձրանում էր Կարճ-Նազարը և լուսամուտներից ներս մտնելով՝ երեխաներին գրկում իջեցնում էր փողոց, որ սքանչացնում էր հազարավոր հանդիսականներին և արտասուքները սրբում, սրտերը խաղաղեցնում թշվառ ծնողների ու հարազատների: Այդ գիշեր նրա խումբը այրվելուց ազատել էր յոթանասունուհինգ աշակերտի: Այդ գիշերվա նրա հսկայական շարժումները այնպես էին դրոշմվել ներկա եղողների սրտումն ու մտքումը, որ հավիտյան ջնջվելու չէր այդ հիշատակը նրանց հիշողություններից: Այդ հրդեհից հետո բավական նսեմացավ Կաղ-Մքոյի աստղը:

Բայց և այնպես, Կաղ-Մքոյի քունը կտրվում էր, երբ Կարճ-Նազարը իրենից վաղ էր հասնում մի հրդեհված տան օգնության: Կարճ-Նազարը նույնպես հանգստությունը կորցնում էր, երբ իրեն պատմում էին Կաղ-

Մքոյի մի նոր քաջագործությունը հրդեհի ընթացքում: Բացի այս, Սելամսըզ թաղը կպած էր Ենիմեհլեին, այնպես որ Կարճ-Նազարը և Կաղ–Մքոն Ենիմեհլեից անդամներ ունեին, և որովհետև թուլումբաջիների գործունեությունը սահմանափակված չէր միայն իրենց թաղերով, այլ ազատ, ով կարողանում էր առաջին անգամ մտնում էր հրդեհված փողոցը և գործի ձեռնամուխ լինում, մյուսն էլ հասնում էր օգնության, այդ պատճառով, անդադար մեկը մյուսից առաջնությունը խլելով, կատաղեցնում էին խմբապետներին:

Այս բարի նախանձը օրեցօր սաստկանում էր և ատելության փոխվում: Սկզբում երկուսն էլ սառնարյուն էին քննում գործը, որովհետև երկուսի նպատակն էլ միևնույնն էր, այսինքն՝ իրենց թաղեցիներին և հարևան բնակիչներին օգնության հասնել հրդեհների ժամանակ, ձգտում էին մի կերպ միանալ: Այդ բանը պահանջում էին թուլումբաջիները և նույնիսկ թաղեցիները, բայց հենց այդ միության ձգտումն էլ ավելի հեռացնում էր նրանց, որովհետև հասարակական գործը այդտեղ զոհվում էր անձնականին: Խմբապետները երկուսն էլ ցանկանում էին իրենց առաջնությունը պահպանել և այնքան մեծ էր նրանց եսը, որ նրանցից ոչ մեկը չէր կարողանում զիջանել:

Կաղ-Մքոն միշտ կրկնում էր յուր շրջանի թուլումբաջիներին.

— Եղբա՛յր, այնքա՛ն տարվա աշխատանքներս տանենք ծո՞վը թափենք: Այդ փափկասուն աղայական զավակը թուլումբաջիություն պիտի անի, մենք էլ պիտի տեսնենք: Թո՛ղ երթա իր «Տիեզերքը» խմբագրե և ոտանավորներ գրե, ի՞նչ գործ ունի կոշտ ու կոպիտ թուլումբաջիների հետ: Նա դեռ երեխա է, նրա ընկերները խակ մարդիկ են, նա իսկական հրդեհ դեռ չէ տեսել, թեթև կրակների մեջ մտնում է, զիտե, թե մեծ բան է անում: Ես համոզված եմ, որ մի օր, մի մեծ կրակի ժամանակ, իրեն անխելք ընթացքով, խումբը կրակի մեջ պիտի թողնե, գուցե ինքն էլ մեջը մնա: Ես՝ տասը տարվա մեջ պատրաստած թուլումբաջիս, չեմ կարող այդպիսի տղայական բնավորություն ունեցող մարդու հավատալ: Մեկ դուրս բեր, մեկ հաշվե տեսնենք ի՞նչ մարդիկ ունի, կամ թե քանի իսկական մարդ ունի: Հայրական կարողությունը ուտել, Եվրոպայում ուսում ստանալ և կալվածների եկամուտներով մարդիկ պահելը պապս էլ կարող է անել, թո՛ղ, թող ժողովրդականություն գտնե և ժողովրդի օգնությամբ ձեռք բերե իրեն կարևոր գործիքները, այն ժամանակ ես կխոնարհվեմ նրա առաջ, ես էլ նրան կհնազանդիմ:

— Մենք աղաների հետ գործ չունինք, ստրկանալ չգիտենք, — գոռում էին Կաղ-Մքոյի խմբի գլխավոր անդամները,— մենք ազատ-անկախ գործել ենք տարիներով և կգործենք ամենահետին մշակի, ձկնորսի ու կոշկակարի հետ իսկական թուլումբաջիները մերկ սրունքով, բոբիկ ման եկողներն են:

— Մեզ հետ է, — պատասխանում էր Կաղ-Մքոն լուրջ նայվածքով,

— թաղի բժիշկը՝ ամենքին հայտնի պրն Մսրլյանը, մեզ հետ է թաղական խորհուրդը, որը միշտ բացել է ս. Խաչ եկեղեցու ջրամբարները մեր խմբի առաջ, հրդեհների ժամանակ, մեզ հետ են երկու թաղի էլ ամենախոհուն, ամենահարուստ կալվածատերերը, որոնց հարգանքը միշտ վայելել ենք: Վերջապես, մեզ հետ են ամբոխը, արհեստավորները: Եթե այսպիսի ուժեր ունինք, մենք միշտ անկախ կարող ենք գործել և կարիք չունինք ենիմեհիլեցոց միությանը: Թող Կարճ-Նազարը մի քիչ թռչկոտի այս ու այն կողմը, մինչև որ մի քիչ թեթևանա քսակը, վերջը դարձյալ մերն է, մենք ենք հաղթանակելու, քանի որ ժողովուրդը մեր թուլումբաջիներին ավելի է սիրում:

Բայց և այնպես Կաղ-Մքոն էլ, ընկերներն էլ տեսնում էին, որ օրեցօր ավելի ու ավելի ընդարձակվում և ավելի կատարելագործված ջրհաններով պատրաստվում էր հրդեհների դեմ Կարճ-Նազարի խումբը, որի անդամների թվի մեջ մտնում էին ավելի ուժեղ, ավելի վիթխարի մարդիկ: Դեռ այս բավական չէր, Կարճ-Նազարը միացել էր Վանքի-Բաղի հույն, Գուզգունճուգի հրեա, Իջադիեի հայ, Բաղլար-Բաշիի առնավուտ թուլումբաջիների հետ, որոնք բոլորը մի առանձին հարգանքով էին վերաբերվում Կարճ-Նազարի հետ և հրդեհների ժամանակ ոչ միայն իսկությամբ օգնության էին հասնում իրար, այլև հպատակվում էին Կարճ-Նազարի կարգադրություններին: Այդ բոլորն էլ կատաղեցնում էր Կաղ-Մքոյին, նամանավանդ, որ յուր խմբից էլ մի քանի մարդիկ՝ իրեն հետ կովելով՝ արդեն թողել անցել էին Կարճ-Նազարի խումբը:

Այս միջոցներին Կ. Պոլիս էին գաղթել Մշի դաշտից երեսուն ընտանիք, որոնց աննկարագրելի թշվառ վիճակից խղճահարված՝ պատրիարքարանը կարգադրել էր, որ Ջանիկ ամիրայի շինել տված նախկին ճեմարանում, որը գտնվում էր Կարապետ եկեղեցու մոտ, տեղավորել այդ թշվառներին, մինչև մի գումար հավաքելով դրանց կրկին հայրենիք վերադարձնելը: Այս ճեմարանը, որ մի տասնյակ տարի է գոյություն չէր ունեցել և քառասունական թվականներից փակված էր, դարձել էր մի տեսակ ազգային հիվանդանոց կամ իսկ և իսկ մի տեսակ գերեզմանոց: Այդ ահագին եռահարկ շինությունից միայն չորս-հինգ սենյակ հատկացրած էր թաղի վարժարանի համար, մնացյալ մեծ մասը միշտ դատարկ էր. միայն աղետներից հետո երբեմն-երբեմն այդտեղ ժողովուրդը միառժամանակ պատսպարվում էր: Այնքան կարկատանի կարոտ էր, որ չէր կարելի այդտեղ երկար բնակվել: Մի քանի սենյակներում մշտապես ապրում էին ամենաթշվառ ընտանիքներ, մեկ-երկու սենյակ վերին հարկում թաղական խորհուրդը պատրաստել էր փիլիսոփա պ-րն Միսաքյանի համար, որը, ձլատ սեղանավորի նման, յուր անբաժան ահագին տարլեզվյան գրադարանից ոչ ինքն էր օգտվում և ոչ էլ ուրիշներին թողնում օգտվելու: Մյուս սենյակներում էլ զառամյալ անտեր մուրացիկները ժողովրդի ողորմությանը կամ մահվան հրեշտակին էին սպասում:

Մշեցիք այդ շինության մեջ զետեղվելուց հետո՝ տղամարդիկ բազար էին գնում մշակությունով, համալությունով օրական մեկ քանի սև փող ձեռք բերելու և կանայք էլ այս ու այն տան մեջ ծառայություններ կատարելով ուտելիքներ ճարելու:

Կարճ-Նազարը, որ միանգամայն ս. Կարապետ եկեղեցու թաղական խորհրդի անդամ էր, ինքն թշվառ գաղթականներին անձամբ զետեղեց ճեմարանի սենյակներում և որովհետև առաջին օրերի համար ուտելու ոչինչ չունեին, իր գրպանից վճարելով, գնեց կենսական պիտույքները: Նույն գիշերը, յուր մոտ հրավիրելով իր և իր հարևան թուլումբաջիների խմբերի առաջնորդներին, նշանավորներին, խնդրեց, որ իրեն աջակցեն մի քիչ փող հավաքելով, այդ մերկ ու առանց անկողնի մնացած թշվառների վիճակը բարվոքել: Թեև Կաղ-Մքոն էլ հրավիրված էր, բայց նա մերժեց այդ հրավերը և ինքն անձամբ իր թուլումբաջիներին հրավիրեց խորհրդի, միևնույն ճեմարանում ապաստանած տառապյալներին օգնելու համար: Այնպես որ երկու խումբն էլ միասին սկսեցին օգնության հասնել թշվառներին:

Կարճ-Նազարը, երբ հետևյալ օրն արհեստավորներ բերած կարկատել էր տալիս շինության ծակը-ծուկը, լուսամուտների փեղկերն ապակի գցելու համար և տանիքի կղմինդրը, որ չկաթե, շվարած մնաց, որ կողմը դառնում էր նորոգության կարոտ էր գտնում և երբ քննությունը վերջացրեց, ասաց իր մտքումը՝ թե ամեն կողմ փտած, խարխլած է, այնքան ծախս կգնա նորոգելու համար, որ այդ գումարով ավելի հեշտ կլինի հիմքից քանդել և նորից շինել այս ճեմարանը:

Կաղ-Մքոն նույն գիշերը, գաղթականներին հագուստ ու ճերմակեղեն բաժանելիս, որոնք հավաքել էր այդ օրը թաղեցիներից, ասաց ընկերներին.

— Ահա մի «Նոր Հայաստան», կայտառ երեխաներ, վիթխարի և հաստաբազուկ տղամարդիկ, գեղեցիկ աչքերով, կարմիր այտերով կանայք ու պառավներ, աղքատություն, մերկություն ամեն կողմ, հուսահատություն բոլորի աչքերի մեջ և սրտի խորքերում: Բայց և այնպես այս չլուտ սրունքները, այս լայն կուրծքերը, այս հաստ ոսկորները, այս պինդ ուսերը մեզ՝ թուլումբաջիներիս համար շատ նախանձելի են, ես սրանք կքաշեմ դեպի մեր ջրհանները: Հարկավոր է սրանց մարդ շինել, աներկյուղ թուլումբաջիներ, որ համարձակ մտնեն հրդեհի բոցերի մեջ:

— Դու մի՛ վախենալ, էֆենդի, համալն ու մշակը բանից չեն փախչիլ, համա դու մեզ բան տուր, — ասաց մի երիտասարդ, որ, ինչպես երևում էր, եղել էր մեծ քաղաքներում և կոնակը սովորել էր ծանր հակեր կրելու:

Կարծրամարմին մշեցիներից մի մասը մտավ Կաղ-Մքոյի խումբը,

մյուսը՝ Կարճ-Նազարի: Որովհետև այդ հայրենիքից հալածվածները երկու խմբից էլ անվերջ բարիքներ էին վայելել, այդ պատճառով դեպի երկուսն էլ տածում էին անկեղծ հարգանք: Կաղ-Մքոյի նախագուշակությունը արդարացրին ավերակ ճեմարանի թշվառ բնակիչները, և մերկասրունք իսկյուտարցի թուլումբաջիները սկսեցին հարգել իրենց վախկոտ ու անսիրտ համարած ընկերակիցներին: Մշեցի գաղթականների հրդեհների ժամանակ տարած հաղթանակներից սքանչացած՝ Կաղ-Մքոն ու Կարճ-Նազարը սկսեցին իրար ձեռքից խլել նորավարժ թուլումբաջիներին: Արդեն հարևան բոլոր թուլումբաջիների խմբերը, թեև նախանձելով, բայց անկեղծ խոստովանվում էին գաղթական թուլումբաջիների մեծ հաջողականությունները և այդ բոլորը վերագրում էին Կարճ-Նազարի ժրաջան աշխատասիրության: Կաղ-Մքոն ավելի ու ավելի կատաղում էր այդ բանը լսելով, այնպես որ նա էլ չկարողացավ զայրույթը զսպել: Մեկ անգամ նա, ս. Խաչ եկեղեցու բակում, ասաց մի պառավ կնոջ, որ Սելամսըզի թուլումբաջիներն էլ չեն օգնի նրանց, էլ հագնելիք ու վառելիք չեն տալ, քանի որ նրանց որդիքը իրենց խումբը թողնելով, անցել են Կարճ-Նազարի թուլումբաջիների շրջանը մտել:

Այս բանի վրա կատաղեց պառավը և ասաց.

— Որ էդպես է, դուք մեզի ոչ թե մեր խեղճության ու աղքատության համար է, որ օգնում եք, հապա մեր ուսերի համար: Լավ, մենք էլ չենք ուզեր ձեր օգնությունը: Սրանից հետո մենք էլ ձեր դուռը չենք գալ ողորմության, մեր դարդը կլանք, մեր ձեռքը կերկարենք Կարճ-Նազարի թուլումբաջիներին: Նրանք դեռ մարդու չեն հարցրել, թե յուր որդին ո՞ր թուլումբաջիների շարքն է:

Պառավն իր համառությունով կարողացավ դրացիներից շատերին էլ քաշել Կարճ-Նազարի կողմը: Կաղ-Մքոյի թուլումբաջիների խումբը հետզհետե թուլացավ, երբ մշեցիների մեծ մասը հեռացան: Ընկերներից մի քանիսը թեև չէին կարողանում համարձակ Կաղ-Մքոյի երեսին տալ իր բռնակալությունը, բայց կողմնակի կերպով հասկացնում էին: Հրդեհների օգնության շատերը չէին գնում, շատերը ուշանում էին, շատերն էլ նրա անտեղի նկատողություններից վրդովված՝ թողնում փախչում էին:

Ավելի խորշում էին նրանից, որ հրդեհների ժամանակ իր կատարած սխալները չէր հանձն առնում և հանցանքը ուրիշների վրա էր բարդում:

Այդ միջոցին երեք-չորս ամսով հիվանդացավ Կաղ-Մքոն և չկարողանալով դիմադրել ընկերներին, Սելամսըզի թուլումբաջիների խմբապետության պաշտոնը հանձնեց Լալ-Մարգարին, յուր ամենահպատակ ընկերոջը: Խմբապետից դժգոհ թուլումբաջիները կարծեցին, որ այժմ հնարավոր կլիներ հաշտվել Կարճ-Նազարի հետ, բայց Լալ-Մարգարը առանց Կաղ-Մքոյի խորհրդի՝ քայլ անգամ չէր առնում, այնպես որ անկողնից հրամաններ էր արձակում հիվանդ էքս-խմբապետը՝ հրդեհների ժամանակ աղետների առաջն առնելու համար: Այնպես որ այդ ժամանակները միայն անունով, չորս ջրհանով ու գործիքներով գոյությունը պահպանում էր Սելամսըզի խումբը, անդամներից ո՛րը մտել էր մոտակա ուրիշ խմբեր, ո՛րը ետ էր քաշվել, ո՛րն էլ սպասում էր, որ իրենց անփոխարինելի առաջնորդը առողջանա, որպեսզի կրկին ձեռք զարկեն գործին:

Այնինչ Կարճ-Նազարը տիրապետում էր թաղերին, զնդակի նման հասնում էր ամեն կողմ, առանց դժվարությունների հանգցնում էր հրդեհված տները, օգնում էր թշվառներին և դեպի իրեն գրավում ժողովրդի սիրտը: «Տիեզերքում, ուրիշ լրագիրներում ամեն մարդ կարդում էր նրա և նրա թուլումբաջիների քաջասրտության և արիաջանության նկարագրությունը: Ամեն մարդ ակամա խոնարհվում էր նրա հաստատակամության առաջ, և ամենքը հիանում էին նրա արիաջանությամբ: Կ. Պոլսի ամեն շրջանում, ամեն թուլումբաջիների օջախում նսեմացավ Կաղ-Մքոյի անունը, որը մի ժամանակ ամեն տեղ խոսակցության հերոս էր հանդիսացել և համարյա թե սկսեցին նրա գոյությունն անգամ մոռանալ:

Մի օր Կաղ-Մքոն, դեռ նոր կազդուրված, լրագիրներամ կարդաց հետևյալ լուրը. «Ինչպես լսում ենք, «Տիեզերք» լրագրի մեծանուն խմբագիրը, որի հերոսական արարքների մանրակրկիտ պատմությունը հանրածանոթ է Կ. Պոլսի բոլոր ընթերցող դասին, վերջերս մեկ նոր հասարակական ձեռնարկությամբ անմահացրել է իր անունն անօրինակելի անշահասիրությամբ: Պարոնը Բաղլար-բաշի ունեցած մեծ այգին և մեջը գտնված երկհարկանի աիագին տունը նվիրել է հօգուստբանոցի, որը բացել է աղետներից վնասված անտեր այրիների և որբերի համար»:

— Կովե՛ր, ոչխարնե՛ր, նա այդ անելով, ցանկանում է կուռք դառնալ ու ձեզնից պաշտվել, — ասաց կատաղած Կաղ-Մքոն, — և դուք հափշտակված դեռ խնկարկում եք այդ խորամանկ դերասանը: Այն հարստությունը, որ հայրը ձեր կռնակներով էր վաստակել, այսօր որդին հոր դիզածից չնչին մի մաս բերաններդ թափլելով, շլացնում է ձեզ և ձգտում թիկունքներիդ, վզերիդ վրա բարձրանալ: Այդ միջոցին ցրվիչը դուռը բացեց և մի համար «Արևելք» տալով՝ արագ-արագ մյուս լրագիրների անունները արտասանեց.

— Լրագիր այսօրվա — «Հայրենիք», «Մասիս», «Մանզումե», «Թերջիմանի-էֆքյար», «Մեճմուա», «Փունջ», «Արևելյան մամուլ», «Լա թուրքի», «Սթամբուլ», «Ֆար դը Բոսֆոր», «Վաքըթ», «Հագիգաթ»...

— Պետք չէ, Պողոս աղբար, պետք չէ:

— Թուլումբաջիների համար հետաքրքիր լուր կա «Ֆար դը Բոսֆորի» մեջ:

— Ուղի՞ղ, տեսնենք: Ցրվիչը տվեց ու հեռացավ: Կաղ-Մքոն սկսեց աչքից անցացնել «Արևելք»-ը: Հանկարծ առավ և մռնչելով հետևյալ տողերը կարդաց.

«Ամսիս 29-ին Գատը-գյուղի հույն և հայ թուլումբաջիների իրենց Իսկյուտարի արհեստակիցների պատվին տված ճաշկերույթին «Տիեզերք» լրագրի մեծիարգո խմբագիրը այն խնդրելով մի ճառ խոսեց, որը ժամից ավելի տևեց: Ճառախոսն իրեն նյութ ընտրած էր՝ մի կապով միացնեք Կ. Պոլսի բոլոր թուլումբաջիների խմբերը, որպեսզի հարկին, մեծամեծ աղետների ժամանակ, կարողանան զորեղ ուժով դիմադրել: Մեծ ոգևորությամբ և ծափահարություններով ընդունվեց ճառը և միաձայն վճռեցին. հաջորդ ամսի մեկին հավաքվել դարձյալ Գատը-գյուղ՝ ծրագիր կազմելու նպատակով»:

— Դարձյալ մի նոր խա՜ղ, դարձյալ աչքակապություն:

Օ՜հ, օ՜հ, օ՜հ, կաշառակուլ խմբագիրներ, կույր առաջնորդներ, փառաբանեցեք, հռչակեցեք, կուրացրե՜ք ամբոխը,-ասաց մռնչելով Կաղ-Մքոն, նստեց ու բացեց «Ֆար դը Բոսֆոր»-ը: Աչքը այս ու այն կողմ թարթելուց հետո միևնույն լուրը կարդաց, ավելի ընդարձակ: Քիչ հետո գրիչը վեր առավ և մի հրավիրագիր գրեց ժողովի համար, որի տակը մի տասն անուն նշանակելուց հետո սկսեց մտածել: Նա տատանվում էր և չէր իմանում էլ ո՞ւմ կանչել: Գրիչը դնում էր թղթի վրա և վերցնում: Վերջապես նա մի վաթսուն, յոթանասուն անուն գրեց և վարձատան ծառային տալով պատվիրեց, որ մինչև իրիկուն ամենքին տանի, ստորագրել տա, կամ հայտնե, որպեսզի անպատճառ գիշերը ժողովի գան:

Իրիկվան ժամը ութին ամենից առաջ ժողով եկավ Լալ-Մարգարը: Կաղ-Մքոն սպասում էր անհամբեր, ականջ էր դնում, բայց ո՛չ եկող կար, ո՛չ էլ դուռը բախող: Վերջապես ժամը իննի մոտերը եկան Մարտիրոսն ու Մանուկը: Կաղ–Մքոն կատաղել էր, չէր իմանում ինչ խոսքերով հայհոյի դավաճան ընկերներին: Եկավ ծառան էլ, տվեց հրավիրագիրը Կաղ-Մքոյին, որը մի քանի ածականներով ճամփեց նրան ու ներս մտնելով՝ սկսեց աչքի անցկացնել հրավիրվածների անունների դիմաց գրվածները, «չեմ կարող գար», «տանը հիվանդ ունիմ», «ինձ մի սպասեք», «ես հուսահատված եմ ձեր բռնակալությունից», «լսեցի», «ուրիշ տեղ խոսք եմ տված վաղորոք» և այլն, և այլն...

Կաղ-Մքոն կատաղությունից փետում էր գլխի մազերը և կրծում պեխերի ծայրը:

— Կարծում եմ ժամանակն է, արդեն ժամը տասնի մոտ է, — ասաց Լալ-Մարգարը, — կարող ենք ժողովը բաց անել:

— Չորս հոգով ի՞նչ ժողով եք բաց անելու, — ասաց Մանուկը, — հետաձգենք երեք օր և աշխատենք, որ անդամներից գոնե մի քան-երեսունն հոգի գան: Ինչի՞ է նման չորս հոգու ժողովը, լսողները ինչ կասեն, այնպես գործ բռնենք, որ նշանակություն ունենա և չասեն ինչ որ մտածել են այն էլ վճռել են:

— Ո՛չ, Մանո՛ւկ, ո՛չ, չարժե այդ մարդիկը ժողովի հրավիրել: Ավելի լավ է մեն-մենակ մնալ, քիչ ուժով գործել, քան թե այնպիսի մարդկանցով շրջապատվել, որոնք, արտաքին փայլից շլանալով, պատրաստ են դավաճանելու:

— Ես համոզված եմ, որ մեր ժողովը թեև քչվոր, բայց օրինավոր է, քանի որ մենք մեր թաղեցիների, մեր դրացիների բարիքը մտածելու համար ենք հավաքված և աղետների առաջը առնելն է մեր նպատակը: Կույր է ամբոխը, կույր են մեր թուլումբաջի ընկերները, որոնք թողնում են իրենց թաղի թուլումբաջիների դրոշակը և անցնում ուրիշների կողմը: Բայց մենք էլ չենք կարող կուրանալ և թողնել այս սուրբ գործը: Իմ հիվանդության ժամանակ թուլացել էր մեր գործը, այժմ ես առողջ եմ, կկպչեմ գործին, հույս ունիմ, որ շուտով մենք դարձյալ կզորեղանանք և անպատճառ կհաղթանակենք: Ժամը արդեն տասն էլ անցավ, ավելորդ խոսակցությունը թողնենք, անցնենք գործին:

— Պարոններ, — ասաց Լալ-Մարգարը լուրջ կերպարանք տալով իր դեմքին, — մեր խմբապետն արդեն կազդուրվել է, ես խնդրում եմ, որ ինձ ժամանակավորապես հանձնված պաշտոնը ետ առնելով, դարձնեք նրան: Ես պատրաստ եմ միշտ...

— Խնդրում եմ, խնդրեմ, պ. Մարգար, այդ հարցն առաջ բերելու ժամանակ չէ, մի՞թե այդ բանը կարևորագույնն է մեր այս գիշերվա գործի համար: Դու կամ ես, մի՞թե միևնույնը չէ, մեզ համար գործն է կարևոր և ոչ թե գործող անունները: Այդ հարցը դնելն ես ավելորդ եմ համարում բացակա ընկերների իրավունքները չբռնաբարելու համար: Գուցե մեզնից մի ուրիշ արժանավորը կգտնեն:

— Բայց ձեր անունը, ձեր անունը նորից ուժ կտա խմբին, — ասաց Լալ-Մարգարը, իսկ Կաղ-Մքոն դարձյալ խոսքը կտրեց.

— Անուններին նշանակություն մի տաք, պարոններ, ես գործի մեջն եմ, այդ արդեն բավական է, խմբապետ, թե ջրկիր, այդ միևնույնն է:

— Առայժմ մնա այդ ընտրությունը, — ասաց Մանուկը և հարցը վերջացրեց:

— Չգիտեմ ինչպես բացատրել ընկերների վարմունքը, մեր սրտակիցներն անգամ փայլում են այսօր իրենց բացակայությամբ: Նշանակում է մենք ընկերներ չենք ունեցել, այլ բախտախնդիրներ, որոնք միայն անձնական փայլի կամ շահի համար են մեզ շրջապատած եղել: Այս բանը թեև հուսահատական է երևում ձեզ, բայց ինձ համար մի ուրախալի երևույթ է. ես արդեն շատ վաղ հասա այն եզրակացության, որ ամենախիստ ընտրություն պետք է անել ընկերների մեջ, թող փոքր լինենք թվով, բայց մեծ՝ սրտով ու հոգվով: Մեզ ընկեր և համախոհ կարծածները շլացած Կարճ-Նազարի էֆեկտներից, թուլացան, հեռացան և այսօր նրա հետ ժողովված են Գատը-գյուղում, հույների, հրեաների, ալբանացիների, նույնիսկ թուրքերի հետ և ծափահարում են նրան: Գործի պաշտողներ չէին նրանք, կուռք պաշտելով էլ թող մեռնին: Ահա թե ուր են, ահա թե ինչի մեր ժողովն այսքան սահմանափակ է:

— Յանղուն վար, յանղուն վար[9] , — սկսեցին պոռալ փողոցում:

— Մարտիրոս, իջիր, իմացիր որտեղ է, — ասաց Կաղ-Մքոն:

Փողոցներում գոռում էր մունետիկը և անցնում:

— Ճեմարանում կրակ է ընկել և սոսկալի կերպով տարածվել, — ասաց հևալով Մարգարը, սանդուխներից բարձրանալով:

— Գնանք, գնանք, — ասաց Մանուկը:

— Ո՞ւր եք գնում, ո՞ւր եք վազում, — ասաց զայրալի Կաղ-Մքոն:

— Երթանք մի քանի մարդ կանչենք ու թուլումբաներն առնենք, հասնինք:

— Լավ է, տեղդ ծանր կեցիր, հիմի Կարճ-Նազարի տղերքն ամեն կողմից թափված կլինին: Նրանք մշեցիների, ձկնորսների հետ իրենց թաղի մեջ չեն թողնիլ, որ դուք երեք հոգով քաջագործություն անեք: Ձեր օգնության կարոտ չեն:

— Բայց և այնպես...

— Մարգար ախպար, թե՛ զ երթանք, դուռը բաց, թուլումբաները տուր, մեր տղերքը, մեր ճվերը, մեր մանր ու խոշորը վառվեցան:

— Տղա Գալո, այդ որտե՞ղ է ձեր ռեիս[10] Կոլոտ-Նազարը: ո՞ւր են ձեր թուլումբաջիները, — ասաց Կաղ-Մքոն:

— Վալլահ, վարժապետ, չեմ գիտեր: Այդ խոսքերի վախտը չէ, երթանք, թուլումբաները տվեք, տղերքը ժամի բակում ձեզ սպասում են: Թե՛ զ, թե՛ զ: Նազար էֆենդին, ասում են, Ղադիքյո է գնացել, ուռմըների հետ խորհրդի, բալնիքներն էլ նրա ընկերների ձեռին են: Արեք երթանք, ճամփեն կխոսինք: Թե՛ զ արեք, շտապեցե՛ք, կոտորվեցինք, կրակը տունն առեր, ու բոցավառվում է ողջ Ճեմարանը:

— Ահա, տեսա՞ք ձեր ռեիս, մեզ թողիք, գնացիք, հիմի էլ մեր ումուդին մնացիք: Մենք մարդ չունինք, ի՞նչ անենք ինչպե՞ս անենք:

— Վարժապետ, թեզ արեք, մեր քյուլֆաթը հիմա խորովավ, մեր մարդիկը հազիր են, նրանք կանեն, ինչ որ պետք է: Հազար հեղ ասի, — Նազար էֆենդի, Մքո վարժապետ, այդ թուլումբաներից մեկն այնտեղ թողեք, ամմա ո՞վ է լսողը: Ղոջա Ճեմարան է, ինչ խանի-խարաբա է, հազար ծակ ունի, մեկ քյունջը չէի՞ք կարող տեղավորել: Նա գնացել է Ենիմեհլեի էն ծայրը, սա Սելամսըզի մեջ, հիմա նեղ փողոցներից մենք ինչպե՞ս անցկացնենք թուլումբաները ու հասնենք մեր քյուլֆաթն ազատենք: Ամմա, մեզ մարդու տեղ դնող չկա, մեր ուսերն են պետք, ոչ թե մենք...

---

[9] Հրդեհ կա:

[10] Խմբապետ:

— Եսն էլ կասեն Կոլոտ-Նազարի մարդիկը հանգցրին կրակը, — ասաց Կաղ-Մքոն:

— Աստծո սիրուն, վարժապետ, ես կպոռամ, որ Կաղ– Մքոյի թուլումբաներով, Կաղ-Մքոն մարեց, կրակը: Երթանք, երթանք:

Սկսեցին բոլորը միասին վազել: Բայց մինչև դռների փականքները բաց անելը, մինչև գործիքների տալը, մինչև հորերից ջուր քաշելը՝ ճեմարանի կրակը սաստկացավ և էլ հանգցնելու հնար չեղավ:

Հին շինություն, ներքին հարկի աղյուսի պատից մինչև կտուրի կղմինդրը շինված էր մարխոտ չամ փայտից, որը չորացել էր և այրվում էր վառոդի նման: Մինչև ս. Խաչ եկեղեցու բակից թուլումբաները փոխադրեցին ճեմարանի բակը, մինչև Գատը-գյուղից իմացան ու օգնության հասան Կարճ-Նազարի մարդիկը, շինությունը մոխիր դարձավ, և միջի բնակիչների մեծ մասը խանձվեցան այդ մոխրի կույտի տակ:

1892 թ

ՄԱՐԴԱՎԱՐԻ ՀԱՑ ՈՒՏԵԼ

— Ազիզ սահաբ, — ասաց վաճառականն իր օտար հյուրին, որը նվիրական Քեր-Բելա քաղաքից դուրս էր եկել իր հետևորդների մեջ շրջագայելու, անձամբ վերստուգելու նրանց կենցաղը, — կյանքումս երբեք աղոթքից ու ծոմից ետ չեմ մնացել, ուխտագնացությունս ինչպես Քյաբե, նույնպես Մեշեդ ու Նեջեֆ կատարել եմ, վաստակիս տասներորդը ամեն տարի հասցրել եմ ուր հարկն է, որ արժանավոր աղքատներին բաժանեն, զավակներիս դաստիարակել եմ ջերմեռանդության ոգով, ինքս երբեք օրինազանցության մեջ չեմ գտնվել, ոչ մի գործով էլ դատավորների դռները ոչ մաշել եմ, ոչ էլ կանչվել, ասա, խնդրում եմ, ես կարո՞ղ եմ իսկապես մյուսլիմ համարվել, թե դեռ պակասություն ունեմ:

— Ի՞նչ ասեմ, եղբա՛յր, դու ուզում ես մյուսլիմ համարվել, բայց ոչ միայն հավատացյալի պարտականություններից բոլորովին անտեղյակ ես, այլ հավատացյալին վայել հաց ուտել անգամ չգիտես:

Հյուրընկալը ընկավ խոր տխրության մեջ: Նա, որ ամբողջ քսան տարի այդ սահաբի[11] միջոցով յուր վաստակի տասներորդը՝ տարեկան 2

[11] Տեր:

— 3 հազար, ցրվել էր կարոտյալներին, որպեսզի ալլահի պատվերը կատարած լինի, հանկարծ այնպիսի տգետ և պակասավոր էր հայտարարվում իր դենպետից, որի արդարադատության և կատարելության մասին ոչ մի կասկած չէր կարող ունենալ: Այս նկատողությունը խոր թախիծի մեջ սուզեց բարեպաշտ հաշունն, և նա ամբողջ քառորդ ժամ չկարողացավ լեզուն բաց անել և երկու խոսքով մի հարց առաջադրել դենպետին:

Երբ մտավոր հույզերից սթափվեց, նորից հարց տվեց հաջին.

— Ազիզ սահաբ, ի՞նչ պակասություն ունիմ, որ ասում եք, թե օրինավոր կերպով հաց ուտել անգամ չգիտեմ:

— Ասա՛, խնդրում եմ, ինչպե՞ս եք սեղան բազմում:

— Նախ հարցնում եմ զավակներիս միջոցով իրենց մորից, թե արդյոք կերակուրը պատրա՞ստ է: Երբ դրական պատասխան եմ ստանում, առաջարկում եմ սենյակը մաքրել սփռոցը փռել գորգի վրա, սեղանը զարդարել աղով, հացով, կանաչով և խորտիկներով, ալլահի տվածից ոչ մի զրկողության չեմ դատապարտում անձս և ընտանիքս: Ապա լվացվում եմ. բոլորս մաքրված նստում ենք սեղանի, «Բիսմիլլահ» [12] ասում ու կտրում ենք հացը և սկսում ճաշը կամ ընթրիքը: Աշխատում ենք ոչ շորերս, ոչ էլ սեղանի փռոցները և կամ հացի մանրուքը չլափոտել:

— Վե՞րջը, — հարցրեց հյուրը:

— Վերջը ավելացածով կշտացնում ենք մեր բոլոր ծառայողներին և աղախիններին, որոնց երբեք չենք զրկում որևէ բաժնից, ինչ որ աչքերը տեսել է սեղանի վրա:

— Վե՞րջը:

— Նորից լվացվում ենք, ալլահին փառք տալիս, ծխում ենք կալիոններս և հետևում մեր գործերին:

— Տեսա՞ր, որ «մարդավարի հաց ուտել» անգամ չգիտես, ես որ ասացի, մի՞թե կարծում էիր, թե ես ուզեցի քեզ անտեղի վրդովել:

— Ուրեմն, Ազիզ սահաբ, խնդրում եմ ինձ ասեք, թե ինչ պակասություն ունինք, որ կարողանանք ուղղվել: Մեզ ավանդվածները կատարելապես գործադրում ենք, էլ ինչ որ չգիտենք, խնդրեմ սովորեցնեք:

— Սեղան նստելուց առաջ պետք է ընկղմվել մտավոր աշխարհը և խղճին հարց տալ, թե արդյոք որևէ մերձավորի կամ հեռավորի խո չե՞ք զրկել: Պետք է անկեղծությամբ խորհել, թե ձեզնից զրկանքի մատնվածը քաղցի, ծարավի, մերկության և ցրտի խո չէր դատապարտված, սրտով, հոգով խո զանգատ չի բարձրացնում դեպի արարիչը ձեր դեմ կրած զրկանքների, տանջանքների մեջ: Այն հացին, պանրին, մսին, մրգին ձեռ

[12] Աստծու անունով:

տալուց առաջ պետք է ներքին աշխարհի խղճին հարց տալ, թե արդյոք դրանց տերերի վարձը ամբողջությամբ վճարել ես, այդ վճարածդ դրամը քո հալալ ճակատիդ աշխատանքով ես ձեռք բերել, թե այդ դրամի մեջ ուրիշի քրտինքի մաս կա: Ահա թե աղոթքից, լվացումից և ձևականությունից առաջ ինչ պարտականություն ունիս խղճիդ հետ վճռելու, որ ապա կարողանաս սեղանին մոտենալ: Իսկապես իսլամի ամենագլխավոր պարտքն է, որ նախ զրկանքների մատնվածներին, ով ուզում է թող լինի, իսլամ թե ոչ-իսլամ, վերադարձնե կատարելապես իրեն չպատկանածը, որ ապա կարողանա արդարադատի վայել բարեխղճությամբ սեղան նստել: Իսկ քանի որ այս չես կատարել մինչև օրս, ես քո սեղանին չեմ կարող մասնակցել:

Ասաց ու հեռացավ արդարադատ հյուրը, խռովելով հյուրընկալի սիրտն ու հոգին:

1909 թ.

ԾՈՄԱԲԱՑԻՆ

(Պատկեր)

Ծոմապահության [13] ամսի 15-ին Հաջի Ալի Հարիրֆրուշը (բեհեզավաճառ) խոսք էր առել Քեր-Բելայից եկած դենպետից յուր տունը այցելելու և միասին ծոմաբացին ընթրելու: Վաճառականը անչափ ուրախացել էր, որ շիաների երկրպագության արժանացած մյուջթեհիդը խոստացել էր նրա տանը ընթրիքի բազմելով բախտավորեցնել:

Ահա այս պատճառով հաջին լավ պատրաստություն էր տեսել և իր աչքի ընկնող դրացիներին, մրցակիցներին և բարեկամներին հրավիրել էր նույն իրիկուն ներկա գտնվելու իր տանը և սրբակրոն հոր օրհնություններին ու բարոյական վսեմ հորդորներին մասնակցելու:

Արևը մայր մտնելուց մի ժամ առաջ բոլոր հրավիրյալները ներկայացել էին հարգևորի տունը և անհամբեր սպասում էին դենպետի գալուն, որի տանից ճանապարհի ընկնելու լուրը արդեն հասցրել էին արագավազ լրաբերները: Եկավ վերջապես դենպետն էլ, հրավիրյալները պարտեզի ծաղկանոցից անցան թեներին [14] և ծնկների վրա կարգով

[13] Ռամազան:

[14] Մեծ սրահը:

չոքեցին սրահի չորս կողմը փռված մինդարների վրա, որոնք ծածկված էին ընտիր գորգերով:

Երբ սկսեց չորս բոլորի հրավիրյալների վիճակից հարցուփորձ անել մեծ դենպետը, սենյակի մեջ այնպիսի լռություն տիրեց, որ օդի մեջ թռչկոտող ճանճերի ձայնն անգամ այնպես աղմկալի էր թվում, որ տանտերը մտորում էր մի կերպ դուրս վանել դրանց, որ չխանգարեն բարձրագույն հյուրին: Բայց ճանճերը խո չէ՞ին կարող մտնել տանտիրոջ հոգեկան աշխարհը, չվրդովել հյուրընկալին և նրա բարեկամներին:

Այդ միջոցին մոտի ընդարձակ սրահում պատրաստում էին սեղանը, որտեղ սպասավորները ամենայն զգուշությամբ և ճաշակով դասավորում էին կերակուրները: Սուփրի ծայրերին ութ սինի փլավ ու չլավ էր դրած, բոլորն էլ զանազան համեմունքներով, իսկ մեջտեղը շարած էին որսի, գառի, հավի մսերից, կաթնեղեն, քաղցրեղեն և ուրիշ կերակուրներ: Խոշոր, հախճապակե բաղիաներով շարած էր օշարակը, որոնց մեջ լցրած էր շիմշատից շինած գեղեցիկ շերեփներ: Մրգերը իրենց վառվռուն գույնով հրապուրում էին աչքերը, կերակուրները իրենց քաղցր բույրով գրգռում ախորժակը:

Երբ արևը մտավ հորիզոնից, դենպետը, արևամուտի աղոթքի ժամանակը հասած համարելով, զննեց կողմնացույցը և կամենում էր աղոթքի կանգնել: Հանկարծ պարտեզի դռնից աղմկելով ներս մտավ մի պառավ թրքուհի, ոտից մինչև գլուխ չարսավում փաթաթված, ձեռքում աղերսագիր և ուղղվեց դեպի թենեբիի լայն բաց լուսամուտը:

Թեև տանտիրոջ ծառաները շատ աշխատեցին, որ արգելեն պառավին խնդիրը ներկայացնելու, բայց մեծ մյուջթեհիդի հավատարիմը նրանց առաջը կտրեց ասելով.

— Արդարադատության դուռը ոչ մի բռպե չի կարելի փակել: Խնդրատուի առաջ միշտ բաց են դատարանի դռները:

Կինը ներկայացրեց խնդիրը, որը թենեբիից դենպետն առավ ասելով.

— Աղոթելուց առաջ անհրաժեշտ է հուզվածների ու բորբոքվածների բողոքը լսել:

Հանդիսականները անմռունչ լսում ու զննում էին իրենց դենպետի խոսքն ու արարքը, որը ակնոցն ուղղեց և սկսեց կարդալ խնդիրը:

— Ինչո՞վ ես հաստատում, որ այս տունը քոնն է, խանում, — հարցրեց դենպետը:

— Թեև մարդու չեմ հավատացել իմ կապալես, բայց ձեզ վրա լիովին վստահ եմ, կարդացեք, սահաբ, — ասաց ու ծոցից դուրս հանելով կալվածագիրը, հանձնեց դենպետին:

Մյուջթեհիդը կարդաց կալվածագիրը, զննեց կնիքները և հարցրեց մոտը նստած մյուջթեհիդից, թե կնիքն ու ստորագրությունը ծանո՞թ են նրան:

— Ծանոթ է. Հաջի Միրզա-Բաղր աղայի ձեռագիրն է, — պատասխանեց կղերականը:
— Հաջի-Ալի, առաջ արի տեսնենք, թե ինչ է ասում այս կինը, որ տեր է կանգնել քո այս բնակարանին և ինձ զգուշացնում է չաղոթել իր տան մեջ առանց իր համաձայնության:
— Սահաբ, — ասաց դենպետի առաջը չոքելով տանտերը, — ահա երեսուն տարի է, որ իմ ձեռքին է այս տունը, և ես գնել եմ Դալալ-Բաշուց:
— Ուրեմն այս տները շինել է Դալալ-Բաշի՞ն:
— Այո, բայց ես նրանից գնել եմ և թղթերս վավերացրել են բոլոր հայտնի մյուջթեհիդները:
— Տեսնեմ թղթերդ, — ասաց դենպետը:
Հաջի-Ալին երբ ներս գնաց թղթերը բերելու, թրքուհին ասաց,
— Սահաբ, երբ ամուսինս վալիահիթը կանչել էր, նա վախենալով, որ իրեն կարող են կողոպտել, անմիջապես գնացինք մյուջթեհիդի մոտ, և ինձ ծախեց տները, որ ապահովե վտանգից: Բանտում Դալալ-Բաշուն այնքան տանջել տվեց վալիահիթը, մինչև ստիպեց տունը ծախել և յոթ հազար թուման տուգանք վճարել: Թեև ամուսինս շատ դիմադրեց, բայց տանջանքի տակ անճարացած զիջավ և յոթ ամիս հետո մի երկրորդ կապալե տվեց Հաջի-Ալիին, իսկ այս անիրավը բռնության ենթարկվածից հափշտակողի նման գրավեց կայքը և տիրացավ:
— Բանտից դուրս եկա՞վ Դալալ-Բաշին:
— Ոչ, այնտեղ նրան թունավորեցին:
Այս ժամանակ ներս եկավ Հաջի-Ալին և իր կալվածագիրը ներկայացրեց դենպետին:
— Սահաբ, բացի այս կապալագիրը, ինքը վալիահիթը և շահը հաստատել են իմ դոկումենտներս:
— Աղբ են կերել շահը և վալիահիթը, նրանց ի՞նչ գործն է արդարադատությունը: Այս կինը այս տունը քեզանից յոթն ամիս առաջ գնել է իր ամուսնուց, սիդան կարդացվել է, նրա սեփականությունն է:
— Սահաբ, ես ի՞նչ մեղք ունիմ, երբ ինձ խաբել են. երկրորդ կապալե են տվել, ես վալիահիթի ստիպմամբ եմ գնել այս տունը, Դալալ-Բաշու խնդիրքով նրան ազատել եմ քսան հազար թումանի պարտքից:
— Լսիր, բռնակալների մասին խոսելն ավելորդ է: Տունը այս կնոջն է, և երեսուն տարվա ընթացքում այս տան մեջ կատարած աղոթքներդ, տված ողորմությունդ, բաժանածդ բարիքները, բոլորը զուր են անցել, քանի որ տանտիրոջ կամքի հակառակ նստել ես այս տանը և նրան հոգեպես տանջել: Այս տան մեջ կատարված բոլոր ամուսնությունները պոռնկության է փոխարկվել և ծնվածները պոռնկորդի են դարձել: Այստեղ ոչ միայն աղոթելը, ընթրելը հարամ է, այլ նստելն ու խոսելն էլ հանցանք: Ես այլևս չեմ կարող մնալ հափշտակիչի տանը:
— Սահաբ, ինչպես որ հրամայես, ես պատրաստ եմ կատարելու,

տունը ես նրան կդարձնեմ անմիջապես, — ասաց գունատված Հաջի-Ալին:

— Բայց քո երեսուն տարվան կյանքը այնպես ապականված է, որ ոչ միայն տունը, այլ կնոջ կրած բոլոր զրկանքները մինչև չդարձնես, չես կարող փրկվել:

— Պատրաստ եմ, սահաբ, միայն թե իմ հարկս մի խայտառակեք:

— Երբ բոլոր խոստացածդ կկատարես, այն ժամանակ կմտնեմ քո հարկը քեզ մխիթարելու, իսկ այսօր առանց այս կնոջ հաճության չեմ կարող մնալ այս տանը, — ասաց, վեր կացավ դենպետը և ուղղվեց դեպի փողոց:

Բոլոր հանդիսականները նրան հետևեցին: Հաջի-Ալին կաթվածահար ընկավ և դարձրեց տները Դալալ-Բաշու կնոջը:

1909 թ.

ԵՐԱԽՏԻՔ

(Պատմած)

Ամբողջ Թավրիզը մեծ իրարանցումի մեջ էր, ամեն կողմից ժողովուրդը դիմում էր դեպի փողոց, որտեղից անց էին կացնելու դահիճները քյալբալա Ղասըմին և Թոփ-Խանեի հրապարակն էին տանելու, որպեսզի մյուջթեհիդի վճիռը գործադրեին: Էլ հասակավոր, երիտասարդ թե երեխա, կին, պառավ թե աղջիկ, ամենքը շտապ-շտապ Թավրիզի նեղ-նեղ փողոցներից անցնելով, դիմում էին մյուջթեհիդի բնակարանի շրջապատի նեղ-նեղ փողոցները և այդ նեղլիկ անցքերում, որոնց միջով չորս-հինգ մարդ կշտեկուշտ չէին քայլել, ամբոխի ահավոր բազմությունը դժվրտում էր իր բազմազան դասերով և խայտաբղետ տարազներով:

Ժխորը այնպես էր տարածվել օդի մեջ, որ կողք-կողքի կանգնած մարդիկ իրար չէին կարողանում լսել, երկու խոսք իմանալու համար ականջ խլացնելու աստիճանի պետք էր ճվալ:

Ամառային տաք օր էր, թեև մութ փողոցների թանձր կամարակապ ծածկույթներից արևի ճառագայթները չէին կարող ներս թափանցել, բայց աղբերով, կեղտոտություններով նեխված փողոցներում արդեն այնպիսի գարշահոտություն էր տիրում, օդն այնպես էր թանձրացել և տոթը սաստկացել, որ ժողովուրդը, բավականություն չստանալով, ծանրությամբ էր շնչում: Թեև ամեն կողմ բարձրահասակ, առույգ, առողջ ու պնդակազմ մարդիկ էին երևում, բայց այդ ապականված մթնոլորտում իրար հրելով, հրմշտելով այնպես էին կարմրել, որ կարծես այտերը, ճակատները բոցավառվում էին, քրտինքները անվերջ քունքերից, ծնծրակներից ու ճակատներից գլորվում էին, և գոլորշին աննկատ բարձրանում էր նրանց գլխից:

Հանկարծ մի սեիդ ձիավորված դուրս եկավ մյուջթեհիդի բնակարանից և սկսեց գոռալ. — Ճանապարհ բացե՛ք, բացվե՛ք, ճանապարհ տվեք: — Ամբոխն սկսեց քամու թեքած ցորենի ցողունների նման պառկել՝ սեիդին հետևող ձիավորներին ճանապարհ տալու համար, իրար ետ-ետ էին վռնդում այնպես, որ կարծես ձիավորները շոգենավի նման ծովը ճեղքելով առաջ էին գնում, իսկ ամբոխը ետ-ետ տատանվելով ալիքների նման պատերին էր խփվում:

Այդ հրմշտկոցն ավելի սաստկացավ. իրար սղմրտելուց և կոխկրտելուց թեև վայնասունն ու ճիչերը էլ ավելի սաստկացրին ժխորը, բայց ժողովուրդը առանց ուշք դարձնելու այդ աղաղակներին, բոլորի աչքերը հառած էին մյուջթեհիդի բնակարանի դռանը և սպասում էին անհամբեր, որ տեսնեն ոճրագործ քյալբալա Ղասըմին դուրս գալիս:

Թեև երկու-երեք խումբ ձիավորված սեիդներ դուրս եկան կրոնապետի ապարանքից, դիմեցին Թոփ-Խանե ու վերադարձան, բայց դեռ չարագործին դուրս չէին բերում իր որջից: Թեև մի քանի անգամ նաիբ-յուլ-հաքիմից մարդ եկավ մյուջթեհիդից խնդրելու, որ չարագործին կառավարության հանձնեն, որ նա պատիժը գործադրել տա, բայց ձեռնունայն հեռացան, շերիաթի պաշտոնյան չէր զիջանում, որ գործին միջամտի դիվանը: Երկինքը իր հայտնություններով հպատակների (իսլամ) դատն ու դատաստանը հանձնել էր կրոնի պաշտոնականին, որի արարքը չէր կարող աշխարհային որևէ վարչության կամայականության ենթարկվել:

— Ախար, ի՞նչ է պատահել, — հարցրեց մի ծերունի, խառնված բազմության մեջ, իրեն խոսակից մուսուլմանին, — ի՞նչ մեղք է գործել քյալբալա Ղասըմը, որ մյուջթեհիդի պատուհասին է արժանացել:

— Էլ ի՞նչ պիտի աներ, — պատասխանեց խոսակիցը, — Փողոցի մեջ լույս ցերեկով այնպես է ծեծել մի սեիդի, որ ոչ միայն փակեղն է գլորել գետին, երեսն արյունել, այլ մինչև անգամ վերարկուն է պատռել:

— Մի՞թե, մի՞թե... — ասաց ծերունին մտախոհ զարմանք արտահայտելով: Ապա քիչ հետո կրկին հարցրեց. — Արդյոք ի՞նչն է ստիպել, որ քյալբալան այդ մարգարեի տոհմիկի վրա ձեռք է բարձրացրել:

— Պատճառը իսկապես հայտնի չէ, բայց ասում են, իբր թե սեիդը սուտ վկայություն է տվել Ղասըմի դեմ և ահագին տուգանքի ենթարկել:

— Եվ դրա համար ի՞նչ պատիժ է սահմանել մյուջթեհիդը:

— Դեռ որոշ հայտնի չէ, բայց ասում են թևն են կտրելու:

— Բայց եթե իսկապես սեիդն է մեղավորը, — սա հոգին սևացրել, կաշառվել և սուտ վկայություն է տվել, — մի՞թե անարդար չի լինիլ Ղասըմի պատիժը, մի՞թե ներողամտության չի արժանանալ...

— Ի՞նչ եք ասում, ապազադ բարի լինի, ծերուկ, աշխարհի չնչին բանի համար մի՞թե կարելի է մարգարեի տոհմիկների վրա ձեռք բարձրացնել։ Մի՞թե պետք չէ կտրել, դեն գցել այդպիսի կեղտոտ դաստակը։

— Ձեր ասածը զուտ ճշմարտություն է, — վրա բերեց ծերուկը կրոնամոլ ընդդիմախոսին հանդարտեցնելու համար, — - բայց հակառակն եմ ասում, եթե իսկապես սեիդը սուտ է վկայել որով տանջել, կրակի մեջ է գցել Ղասմին ինչ պետք է անել։ Գուցե այդպիսի սուտ վկայողը երբեք չի կարող մարգարեի սերունդից լինել, նա կեղծ տոհմիկներից է, որոնք հազար սուտը մի բիստիով7 են վկայում։

— Թե սուտ է վկայել սեիդը, այդ մեր գործը չէ, թող նա պատասխան տա երկնավոր թագավորին, իսկ եթե կեղծ տոհմիկ է, այդ մասին էլ թող նրա հոգին քաշե պատիժն ու տանջվի, ինձ ինչ... Բայց լռիր, թող, ինձ հանգիստ թող, ահա դուրս են բերում չարագործին։

Այդ միջոցին քյալբալա Ղասըմին դուրս բերին մյուջթեհիդի տանից, ոտքերը շղթայած, դաստակները թևակապում զետեղված։ Երկու անութների տակից մի հաստ պարանով նրան կապել էին, որի երկու ծայրերը երկու ձիավոր սեիդներ բռնած տանում էին երկու կողքից։ Հետևից, առջևից մի քանի տասնյակ հետի մոլեգնած սեիդներ և ախունդներ էին շրջապատել և ահագին աղմուկով առաջ էին գնում։ Ամբոխը իր նախատինքով, թքով ու կնճիռներով նրան ընդունեց և առաջնորդեց գեպի Թոփ-Խանե, իսկ Ղասըմը այդ սոսկալի դրությամբ, համր քայլերով առաջ էր գնում ժողովրդի միջով։ Դատապարտյալը վշտաբեկ առաջ գնալիս աչքերը վեր անգամ չէր կարողանում բարձրացնել, մռայլ դեմքով, գետնին նայելով, առանց ուշք դարձնելու իրեն դեմ տեղացող սոսկալի հայհոյանքներին, քայլերը փոխում էր առաջ ու առաջ։

Այդ պահուն ձիավորված և ծառաների ընկերակցությամբ կողքի փողոցից անցնում էր Թաջիր Միր-Մուրթուզան, որը Թավրիզի մեջ անվանի հարուստ վաճառական էր, անհամար գանձեր ուներ, մեծամեծ կալվածներ և անթիվ գյուղեր։ Սա իր բազմաթիվ ծանոթների, իր հարստության և գանձերի երկրպագուների շնորհիվ միշտ մտքից անցածը, ցանկացածը գլուխ էր բերել։ Միր-Մուրթուզան այնպիսի դիրք էր ստեղծել իր անբավ գանձերով, որ նրա խնդիրքը ինչպես շահի պալատում, այնպես էլ դենպետների դռներում երբեք չէր մերժվել։ Նա Ղասըմին շատ լավ էր ճանաչում, այդ քանքան փորող արհեստավորը նրա համար շատ ջրանցքներ էր փորել, սարերից, ձորերից անցկացրել, նրա կալվածները, հանդերն ու այգեստանները ջրելու միջոց էր տվել և ամայի անապատները դրախտի վերածելու հնարներն էր գտել: Շնորհիվ իր սրամտության, տաղանդի, կորովամտության և անխոնջ աշխատության, Միր-Մուրթուզայի կայքերի եկամուտները ոչ թե կրկնապատկվել, այլ քառապատկվել էին, իսկ Միր-Մուրթազան դեռ շատ կարիք ուներ, Ղասըմը նրա համար հարկավոր մարդ էր: Բայց որովհետև Միր-Մուրթուզան, ինչպես սովորաբար բոլոր հարուստները և կալվածատերերը, անչափ ագահ էր և սարսափելի ժլատ, միշտ խոստացածից շատ չնչին վարձով էր Ղասըմի հաշիվները փակել, ուստի Ղասըմը ոչ միայն նրան վիրավորելով հեռացել էր, այլ մինչև անգամ այս նեղ օրումն էլ չէր դիմել մեծատան օգնությանը:

Այդ սոսկալի թափորը տեսնելուց հետո, Միր-Մուրթուզան գործի մանրամասնությունների մասին իր սպասավորներից կարևոր տեղեկություններ իմանալուց հետո մտածեց ինքն իրեն, թե Ղասըմը իրեն կարևոր անձ էր, դրան այնպիսի մի փորձանքից, մի պատուհասից ազատելով, կարող էր ընդմիշտ ստրկացնել, ցմահ պարտավորեցնել և դրա ձեռքով իր կալվածները ծաղկեցնել: Ուստի առանց ժամավաճառ լինելու, ձիու սանձը թեքեց, գլուխն ուղղեց մյուշթեհիդի տան կողմը և շտապեցրեց, որ կարողանա մտադրությունը կատարել:

Մյուջթեհիդը մի բարի մարդ էր, ամեն գործ ծանրությամբ ու մանրազննությամբ քննող: Միանգամայն Միր-Մուրթուզային չհնազանդելու առիթ չուներ, քանի որ վերջինս էլ, ճշմարիտ հավատացյալների նման, ամեն տարի իր եկամուտների տասներորդը և աղքատների բաժինը այս դենպետի ձեռքով էր բաժանել տալիս կարոտյալներին: Ինքն էլ ճշմարիտ հավատացյալի, ջերմեռանդ տոհմիկի և պարտաճանաչ մուսուլմանի համբավ ուներ, ուստի դենպետը հավատաց իր ծխական վաճառականի խոսքերին:

— Ղասըմը ազնիվ մարդ է, — ասում էր կալվածատերը, — իսկ նրա հակառակորդը խաբեբա, կեղծավոր, խարդախ և սուտ վկա: Մինչև անգամ բաքիների մեջ են նրան տեսել քանի՛-քանի՛ անգամ իմ ծառաները: Այդ փուչ խաբեբան, իսկապես, արժանի էր դրանից էլ սոսկալի անարգանքի ու ծեծի, քանի որ ես համոզված եմ և գիտեմ, որ նա պարզ ճշմարտության հակառակ էր վկայել, և Ղասըմը անճարացած ստիպվել էր այդ քայլն անելու...

Միր-Մուրթուզան այնպիսի ճարտարությամբ խոսեցավ, որ մյուջթեհիդը համոզվեց և իսկույն իր մերձավորներից մեկի ձեռքով մի հրաման գրեց, կնքեց, տվեց, որ գնա, անմիջապես հասնի և Ղասըմին ետ բերի իրեն բնակարանը, որպեսզի գործը կրկին քննելով, հաստատ համոզմունք կազմե, որ ապազայում պարտավոր չմնա խղճի դեմ:

Այսպես էլ եղավ: Անմիջապես մյոլջթեհիդի հրամանը հասավ, և դահիճը, երբ արդեն կացինն էր սրում, որ բարձրացնե ու կտրե կոճղի վրա դրված-կապված Ղասըմի թեև, մյուջթեհիդի գործակալի ձայնը նրան կաշկանդեց և դատապարտյալին ետ տարան որտեղից որ բերել էին:

Միր-Մուրթուզան այնքան խոսեցավ և այնպիսի ցուցումներ տվեց, որ Ղասըմին մինչև հետը տանելու հրամանը չառավ, դուրս չեկավ մյուջթեհիդի ապարանքից:

Ղասըմը, որ մի այսպիսի բարեպատեհ պաշտպանության բոլորովին հույս չուներ, անչափ շնորհակալությամբ բաժանվեց Միր-Մուրթուզայից և դիմեց իր տունը, անհուն ուրախության մեջ զեղելով իր կնոջը, մորը, զավակներին և արյունակիցներին, որոնք սրա ձերբակալված օրից սուգի և թախիծի մեջ ընկած, ողբում էին իրենց սոսկալի վիճակը:

Բայց քյալբալա Ղասըմին, որը շատ լավ ուսումնասիրած էր հարուստ վաճառականի հոգեկան աշխարհը, անչափ տարօրինակ թվաց Միր-Մուրթուզայի վերաբերմունքը և նա խրվեց խոր մտածությունների մեջ, թե արդյոք ինչ բանն ստիպեց կալվածատիրոջը՝ իրեն պաշտպան հանդիսանալ, նամանավանդ որ ինքը նրան վշտացնելով հեռացած էր: Ղասըմը գիտեր, որ Միր-Մուրթուզան օգուտ չսպասած գործի համար չէր զիջանիլ այդպիսի նեղություն հանձն առնել և այնքան թախանձանքով ու երաշխավորությամբ իրեն փրկել:

Մի քանի օրից Ղասըմը կրկին կպավ իր գործին, սկսեց ման գալ կալվածատերերի դռները, որ գործ գտնի և քիչ թե շատ փող ձեռք գցե իր բազմաթիվ ընտանիքը կերակրելու համար: Նա, ինչպես ասացինք, հայտնի քանքան փորող էր և ազատ ժամանակ չուներ, իսկ այս գործի մեջ արդար դուրս գալով այնպես հռչակ ստացավ, որ մեծամեծները, կալվածատերերը իրենց բոլոր գործերը նրան էին հանձնում, այնպես էր, ինչպես ասում են, «էլ գլուխը քորելու ժամանակ չուներ», առավոտից մինչև իրիկուն, գիշերն անգամ գետնիտակ, խլուրդի նման, փորում էր ու ծածկվում և սարերի լանջով հուրը պատեցնելով, ոլորելով հասցնում էր այս ու այն խանի-խավանի կալվածները:

Բայց շաբաթական մի կամ երկու անգամ անպատճառ նա այցելում էր իր բարերարին՝ նրա ապարանքում, այնպես որ աղոթատան նման էր դարձել Ղասըմի համար Միր-Մուրթուզայի թանաբին. ազատ ժամանակ գտնելուն պես գնում, չոքում էր նա բարերարի դիմաց, լսում նրա հրամանները կամ խրատները, պատմում էր նրան անկեղծությամբ իր գլխին պատահած առօրյա արկածները, մի խոսքով սիրտը բացել, դրել էր նրա ոտքերի տակ: Դեռ այդ բավական չէ, Ղասըմը Միր-Մուրթուզայի կալվածների վերաբերյալ բոլոր խորհուրդները ոչ միայն առանց վարձի էր գնում, զննում ու տալիս, քանքանները համարյա թե առանց վարձի էր փորում, դեռ մշակներին տալիս էր սովորական վարձազգնի կեսից էլ պակաս և ամեն կերպ աշխատում էր նրա շահերը կարելի եղածին չափ պաշտպանել, իրեն հանձնարարված գործերն ամենաբարեխղճաբար կատարել:

Բայց Միր-Մուրթուզան այս բոլորից չբավականանալով, ամեն մի

առիթը պատահած ժամանակ, առանձնակի, թե հասարակության առաջ, միշտ կրկնում էր.

— Ապերախտ մի լինիր Ղասըմ, գիտես, որ եթե ես չլինեի, այդ դաղող ձեռքդ կտրած էին, որի ցավից եթե չմեռնեիր, պատերի տակ նստկան մուրացկան պիտ դառնայիր:

— Անչափ շնորհապարտ եմ, — միշտ կրկնում էր վշտացած սրտով Ղասըմը, — քու հովանին միայն ինձ փրկեց, քու ողորմությամբ եմ միայն ապրում, ընտանիքս կերակրում: Մինչ ի մահ քու երախտիքը ես չեմ կարող մոռանալ, դու միայն քեզ ու տոհմիդ հատուկ ադայությունով ինձ փրկեցիր, ինձ ազատեցիր սոսկալի վիճակից:

Բայց Միր-Մուրթուզան, իր հին սովորության համաձայն, երբեմն այնպիսի պարտավորություններ էր դնում Ղասըմի վզին, որ վերջինս, եթե գրաստ անգամ լիներ, դարձյալ կմտածեր, որ վաճառականը չարաչար հարստահարում էր իր երախտագիտությունը: Բայց որովհետև միտքը դրել էր թևը կտրելուց ազատողին պարտավոր չմնալու, նրա անվերջ մուննաթներին վերջ տալու և բարիքը փոխարինելու համար կատարել նրա պահանջները, մինչև նրա ինքնաբերաբար բավականություն ստանալը, ուստի գլուխը կախ զցած իրեն և ընտանիքը զրկանքների ենթարկած, բոլոր ուժը կենտրոնացրած, արյուն-քրտինքով տանջվում էր ու աշխատում Միր–Մուրթուզայի կալվածներում:

Մինչև անգամ այնքան անբարեխիղճ էր կալվածատերը, որ Ղասըմի ձեռքի տակ բանող գործավորներից ամենահետնյալ մշակի կեսի չափովն էլ չէր մտածում Ղասըմին բավականացնել, այնպես որ խղճալին պարտավորված էր լինում երբեմն-երբեմն կողմնակի կալվածատերերից Պարսկաստանին հատուկ քառասուն-հիսուն տոկոսով փող փոխ առնել ընտանիքը քաղցից փրկելու համար: Եվ եթե այս պարտքի վճարման համար մի երկու օրով ուրիշի կալվածներն էր կարգի բերում, նրանց քանքաններն էր վարել տալիս, Միր-Մուրթուզան նրան կանչել տալով, ասում էր հանդիմանությամբ.

— Երախտամոռ, թողել իմ գործերս, ձգել ես երեսի վրա իմ կալվածներս, գնացել աշխատում ես այն մարդկանց գործերում, որոնք քեզանից երես թեքեցին, երբ դահիճը ձեռքդ էր կտրելու:

— Ախր, աղա ջան, դուրբան, — ասում էր Ղասըմը հանգստությամբ, — ներեցեք համարձակությանս, մեր տանը ութ-տասը բերան կա, որ առավոտ–իրիկուն հաց են ուզում, դրանց մարմինները ծածկելու համար հագուստ է պետք: Ես ձեր գործերը կարգի դրած միայն հեռանում եմ, այնպես որ իմ բացակայությանս առաջ են տանում գործը բանվորներս և եթե ինձ պետք են ունենում, կանչում են: Իմ գնալովս ոչ միայն գործերիդ վնաս չի հասնում, այլ ես միջոց եմ գտնում ընտանիքիս կարիքները հոգալու և ձեզ այդ նեղությունից ազատելու:

— Էհ, մի արդարանալ, պատճառաբանություններ մի գտնիլ, —

ասում էր ագահ կալվածատերը: — Վարձ չես ստանում, դրա համար ես փախչում: Քանի-քանի անգամ առաջարկել եմ, որ վարձ չես առնում, խո ես մեղք չունի՞մ: Լավ է, լավ, թող հավաքվի քո վարձը ինձ մոտ, միանգամից այնպես բան անեմ, որ դու մարդ դառնաս, — ասում էր Միր-Մուրթուզան, բան չհասկանալ ձևանալով և կարծում էր, որ իր տված հույսի քամիներով կարողանում էր խաբել Ղասըմին:

Իսկ Ղասըմը չարատանջ կյանքը մի կերպ քարշ էր տալիս, Միր-Մուրթուզայի փրկած թևը չխնայելով նրա գործերում բանեցնելու:

Տարեցտարի ահագին հարստություն էր ձեռք բերում հարուստ վաճառականը և ձեռն անցած գումարով նորանոր գյուղեր էր գնում ու ընդարձակում իր կալվածները և Ղասըմի գործի ասպարեզը: Միր-Մուրթուզան քառասուն տարվա մեջ հորից ժառանգած չորս գյուղերի թիվը քառասուն անգամ բազմապատկել էր, այնպես որ հարյուր վաթսուն գյուղի մեջ ապրող այնքան հազարավոր շինականները, էրիկմարդ, կին, տղա, աղջիկ, բոլորը միասին աշխատում էին, տարվա չորս եղանակներում տանջվում, երկիր մշակում, այգիները, պարտեզները և հանդերը պարարտացնում, խնամում, ջրում, ցանում ու քաղում իրենց մշակած ահավոր հողերի բոլոր բերքը, կիսում կալվածատիրոջ հետ:

Անկուշտ կալվածատերը, որ հարյուր-հազարավոր խալվարներով ցորենը ամբարում ծախում էր, բրինձը շտեմարանում մաքրել տալիս և հեռու աշխարհներ ուղարկելով ահավոր գումարներ էր ստանում, չորացած միրգը, նուշը, չամիչը, ծիրանն ու սալորը Թավրիզի հայ վաճառականների վրա իր տեղում ծախում, ոսկին ու արծաթը քաշում էր իր սնդուկը, այդ անչափ գումարներով չկշտանալով, ոչ միայն կալվածների բարիքից տափերի ջրերը կարգի բերող մշակի՝ Ղասըմի տունը մի ջվալ ցորեն, մի բուռ բրինձ չէր ուղարկում կամ մի քանի շահի սև փող չէր տալիս, այլ իրաններին էլ չէր թողնում շռայլելու: Խելք ու միտքը տվել էր կայքերը շատացնելուն, եկամուտները ամբողջապես նորանոր կալվածների էր հատկացնում և երազում էր ամբողջ Ատրպատականի գյուղերին տիրել և մի օր նրա տերը դառնալ:

Իսկ Ղասըմը առանց ծախվելու ստրկացել էր և գլուխը քաշ արած Միր-Մուրթուզայի գնած նորանոր կալվածների քանքաններն էր կարգի բերում ոչ միայն առանց վարձի, այլ մինչև անգամ գոհունակության էլ չէր արժանանում: Դեռևս բարերար կալվածատերը տեղի անտեղի չէր մոռանում ամեն դեպքում նրան հիշեցնել, սիրտը ծակելով և կյանքը դառնացնելով, որ Ղասըմի թևը, հետևաբար և կյանքը ինքն էր փրկել, նա պարտական էր իրեն:

Ամբողջ տասը տարի Միր-Մուրթուզայի համար աշխատեց, հուսալով, որ վերջապես այդ անխիղճ արարածի սիրտը կհազեցնե և կբավականացնե, բայց զուր անցան Ղասըմի ցանքերը: Սա ամեն տեսակ դառնություն, նախատինք, զըրկանք սիրով տարավ, որ փոխարինե թևը կտրելուց ազատողի բարիքը, իսկ բարերարը փոխանակ բավարարվելու, օրեցօր գործերը ծանրացնում էր և ավելի պահանջող դառնում:

Միր-Մուրթուզան մի ընդարձակ կալվածք էր ձեռք բերել առնելիքի մեջ, որի անջրդի տափաստանները անապատի տեսք ունեին: Շատ անգամ Ղասըմի հետ նրանք այդ կալվածքի համար հատուկ Թավրիզից երկու օրվա ճանապարհ էին գնացել, ամեն մի անգամին երեք-չորս օրով ման էին եկել այդ կալվածքի սահմանները, բայց ջուրը բերելու հնար չէին գտել: Երևում էր, որ ժամանակին այդտեղ բնակություն եղել էր, հետևաբար պետք է որ ջուր էլ ունենար, բայց դարեր էին անցել, երկիրը անմարդացել, անապատ էր դարձել և ով կարող էր գուշակել, որ որտեղից էին ջուրը անցկացրել, տարել: Բայց այնպես լավ հողեր ուներ այդ անապատը, այնպիսի դիրք, որ եթե հնարավոր լիներ ջրել, մի քանի հազար մարդու կերակրելուց ջոկ, տիրոջը ահագին գումար տալուց հետո, այնպիսի հազվագյուտ բերքեր կարելի էր առաջացնել այդտեղ, որ իսկապես անապատը կարելի էր դրախտի փոխարկել: Այս պարագան կտրել էր Միր-Մուրթուզայի դադարումը, նա գիշեր-ցերեկ խելքը, միտքը կենտրոնացած մտածում էր այդ կալվածքի մասին:

Երկար խորհելուց հետո Ղասըմը կալվածատիրոջը խորհուրդ տվեց, որ սահմանակից լեռնային գյուղը գնե, որի սարերի լանջերում կարելի է ջուր գտնել և ցած բերելով անջրդի անապատը կենդանացնել: Միր-Մուրթուզան հավանեց այդ խորհուրդը, լսեց Ղասըմին և գնեց սահմանակից լեռնային գյուղը: Բայց այս գյուղի ջրերը հազիվ իր հողերին էին բավականություն տալիս, այնպես որ Ղասըմի անընդհատ ջանքերն ու աշխատությունները անպտուղ մնացին:

Ագահ կալվածատերը այնքան ման էր եկել Ղասըմի հետ, որ ինքն էլ արդեն քիչ թե շատ հասկանում էր. նա նկատեց, որ վերջին անգամ գնած լեռնային գյուղի սահմանակից մի Շահզադի կալվածք շատ մեծ ջուր է պարունակում, որը գյուղացիների բոլոր մշակությունները ջրելուց հետո Շահզադի ահավոր այգեստաններին, մարգաստաններին և նոր տնկած անտառներին էլ բավականություն էր տալիս: Այդ ջրերի ակունքներն այնքան մոտ էին Միր-Մուրթուզայի նոր գնած լեռնային գյուղին, որ եթե Ղասըմը ցանկանար, մի քանի գաղտնի քանքաններ վարեր, կարող էր Շահզադի կալվածքի ջրերը ակունքներից նրանց կեսը աննկատելի կերպով քաշել, դարձնել, իջեցնել դաշտը և իր բարերարի անապատը կենդանացնել:

Միր-Մուրթուզան, երբ երկար-բարակ քննեց և ըմբռնեց, որ կարելի է այդ կերպով իր ամայի երկիրը բնակության հարմարեցնել, սկսեց այլևայլ ձևերով, անուղղակի դարձվածներով հասկացնել Ղասըմին, որ սկսի այդ ջրերի՝ դեպ իր կալվածները դարձնելու հնարների մասին խորհել: Իսկ Ղասըմը ցույց տալով, թե իբր չի ըմբռնում բարերարի խորհրդավոր ակնարկները, ասում էր.

— Աղա, քեզ մատաղ, ի՞նչ նշանակություն ունի քեզ համար փողը, տուր քսան հազար, քսանհինգ հազար թուման և գնիր Շահզադի կալվածքը, արա՛, ինչպես որ կկամենաս:

Բայց Միր-Մուրթուզան արդեն վաղ էր փորձել. Շահզադեն հիսուն հազար թումանով էլ չէր ծախի իր կայքը: Նա հույս ուներ, թե նոր տնկած անտառը, որ արդեն տասը տարվան էր և հարյուր-հազարից ավելի բարդի էր բովանդակում, արդեն տասը տարուց հետո իրեն հարյուր հազար թումանից ավելի օգուտ կտար, էլ ինչի էր ծախում:

Այս բոլորը աչքի առաջ բերելով, Միր-Մուրթուզան հաշվում էր, որ եթե հնար գտներ և իր կալվածքը կարողանար մի կերպ ջրել, նա տարեկան քսան-երեսուն հազար թումանից ավելի եկամուտ կունենար, ուստի վառված սրտով, առիթը պատահած ժամանակ, սուր-սուր սլաքներով խայթում էր Ղասըմի սիրտը, որ նրան ամաչեցնե, թուլացնե, ստիպե և պարտավորեցնե, որ նա սկսի դարանավոր քանքաններ փորելու, որով համոզված էր բարերարը, թե նպատակին կհասնի: Իսկ Ղասըմը սաստիկ էր բորբոքվում ու կատաղում, երբ նկատում էր, թե հեռվից-հեռու, զարտուղի ճանապարհներով դեպի ուր էր մղում նրան իր ազատարարը:

Վերջապես համբերությունը կտրված, մի օր Միր-Մուրթուզան իր թանաբու մոտի սենյակը կանչել տվեց Ղասըմին, որոնք կես արշին բարձրությամբ պատուհաններով բաժանված էին իրարից: Կալվածատիրոջ թանաբին լցված էր բազմությամբ, որոնք շատ ցածր ձայնով իրար հետ մեծ ակնածությամբ խոսակցում էին տանտիրոջ մասին: Երբ Ղասըմը մոտեցավ այն պատուհանին, որտեղ նստած էր Միր-Մուրթուզան, վերջինս նշան արավ, որ չոքի, և երկուսը սկսեցին իրար ականջում պատուհանի միջով իրար հետ այնպես ցածր խոսել, որ հանդիսականներից մարդ բան չէր կարող լսել: Երբ Ղասըմը մոտ հրավիրվեց, նա արդեն իսկույն ըմբռնեց, թե բարերարը մի ինչ-որ ծանր առաջարկություն էր անելու: Թեև դժկամած, բայց անճարացած մոտեցել, չոքել էր նրա առաջ խոստովանորդու նման և լսում էր հրամանները:

— Ճա՛ր չկա, — ասաց Միր-Մուրթուզան Ղասըմին, — քանի մարդի մեջ գցեցի, որքան մեծ գումար խոստացա, հնար չգտա, Շահզադան չի ծախում կալվածքը, իսկ մեր հողերը այնպես անջրդի, անապատ թողնելը մեղք է: Քեզանից է կախված ամեն բան, որ ուզենաս կկենդանացնես, դրախտի կվերածես մեր անապատը, այն ժամանակ գուցե Շահզադան էլ խոնարհի ու ծախե իր գյուղը, այդ մեր սահմանակից կալվածքը:

Ղասըմը այս առաջարկությունը լսելով, աչքերը չռեց, հառեց ազատչի աչքերին և այնպիսի դաժան հայացքով զննեց, որ նույնիսկ ազահի սրտի խորքերը թափանցեց, կարդաց. այնպես որ նա մոլորվեց, մի քանի վայրկյան անշարժ մնաց: Բայց իր արհեստի մեջ տոկուն վաճառականը շուտով ուշքը հավաքեց ու ավելացրեց.

— Ի՞նչ ես աչքերիս մեջ նայում, ի՞նչ ես մտածում կամ ինչի՞ ես զարմանում: Մի՞թե ես իրավունք չունիմ իմ կալվածներիս մեջ ջուր որոնելու, իմ հողերս բարեկարգելու, քանքաններ փորելու...

— Ունիս, քեզ մարդ ոչինչ չի ասում դրա համար, բայց քո բոլոր հողերդ այնպես ենք քննել ու քրքրել, որ դու էլ համոզված ես ինձ հետ, որ այնտեղ ջուր չկա: Իսկ Շահզադի քանքանների հոսանքների հակառակ քանքան փորելիս ոչ թե նոր ջուր ենք գտնելու, այլ նրա ջուրը պիտի կիսենք-գողանանք...

— Մի՞թե մենք էլ նրա նման իրավունք չունինք սարի ջրից օգտվելու:

— Բայց մեր սահմանի սարերը ջուր չունին, նրա սարի կողքը որ փորես՝ մեր կողմը ջուր դարձյալ չի գալ:

— Եթե դու ուզենաս, կգա՛:

— Ուրեմն գողությո՞ւն անեմ. նրա աղբյուրների ջրերը կտրեմ, բերեմ քո կալվածները ջրեմ, — ասաց ձայնը բարձրացնելով Ղասըմը:

— Այդպե՞ս ես խոսում ազատարարիդ հետ, այդպե՞ս ես պատասխանում, ա՞յդ ձևո՞վ ես փոխարինում բարիքը, ապերախտ, — ասաց ձայնը նույնպես բարձրացնելով Միր-Մուրթուզան:

— Ինձ էլ պետք չէ քո ազատած թևը, — ասաց զայրացած Ղասըմը, — եթե նրան այնքան պարտավոր եմ ստորացնելու, որ քեզ համար գողություններ էլ անե, ես ինքս կկտրեմ, կկտրեմ այն թևը, որ դու ազատեցիր, — ասաց կատաղած Ղասըմը և ձախ թևը պատուհանի գոգը դնելով, ինչպես մի ժամանակ դահիճը կոճղին էր կապել, որ կտրե, հանեց աջ ձեռքով դաշույնը և մի հարվածով կտրեց, արյունլվա թաթը շպրտեց բարերարի երեսին ու շարունակեց.

«Այդ էլ ինձ պետք չէ, վեր առ, ոչ էլ քո մուննաթը: Երանի թե տասը տարի առաջ դահիճը կտրեր և այնքան ժամանակ պարտավորված չլինեի քեզ ծառայելու: Մի՞թե պահելու համար ես այնքան էլ չեմ կարող ստորանալ, որ ուրիշի կալվածների ջրերը գողանամ, քո հողերդ իջեցնեմ, նրա այգիների և անտառների մատղաշ ծառերը չորացնեմ...

Արյունը սկսեց շատրվանի նման ցատկոտել և ներկել Միր-Մուրթուզայի դեմքն ու մորուքը, ապարոշն ու շապիկը, թիկնոցն ու բազմոցը, բեհեզի և գորգի փռվածքը: Հանդիսականները ափիբերան պապանձվեցան, ոչ ոք սիրտ չարավ մի սրբիչ բերել և կապել կտրված թևը և արյան հոսման առաջն առնել:

1899 թ.

ԳՈՂԱՎՈՐՆԵՐ

(վիպակ)

Սամաթավա ամառանոցի հյուրպատոսարանի հյուրասենյակում երբ տեղավորվեցանք, բոլոր սպասավորները մեզ թողին առանձին ու հեռացան, որ ձիերը դարմանեն, մեզ համար կերակուր պատրաստեն: Մի քիչ լուռ հանգստանալուց հետո, երբ չէի կարողանում աչքիս առաջից հեռացնել քյուֆթերի սոսկալի պատկերը և նրանց խեղդուկ ձայնը չէր թողել ականջներիս դժժոցը, դարձա ռաիընկերիս և հարցրի.

— Մի՞թե չի կարելի, որ հիվանդանոցներ հիմնեք, անկելանոցներ շինել տաք և այդ թշվառներին խնամեք, քան թե վերվարեք ամայի հեղեղատները:

— Ինչի՞ չի կարելի, բայց ո՞վ անի, — ասաց հառաչելով Միրզա-Մեհիթին և նստած տեղը դիրք բռնեց ինչ-որ մի բան պատմելու:

Ես ուշքս կենտրոնացրի խոսակցիս դեմքի խորշոմների վրա, որոնք աստիճանաբար խստանում, կնճռվում էին: Պետք է ասել, որ Միրզա-Մեհիթին շուշեցի էր, ժամանակին ավարտել էր գավառական վարժարանը: Սա ոչ միայն ռուսերեն գիտեր, իր խնդիրները անձամբ էր գրում, այլ բավական ծանոթություն ուներ աշխարհագրությունից, պատմությունից, բնական գիտություններից և շատ անգամ խոսակցությունը համեմում էր Գրիբոեդովից, Կռիլովից, Պուշկինից ու Լերմոնտովից սովորած ոտանավորներով ու առածներով: Այս պատճառով Միրզա-Մեհիթիին սիրել էին բոլոր հյուպատոսները, և նա արժանավայել դիրք էր գրավել ամենքի մոտ: Քիչ մտածելուց հետո նա կրկնեց.

— Մի դեռահաս կին և իր ծծկեր աղջիկը իրենց խղճության պատճառով մի տարի առաջ մեր թաղից արտաքսվեցան: Մի աննման գեղանի աղջիկ էր մայրը, որը ամբողջ Թավրիզում նմանը քիչ ուներ: Եթե լավ ուշք դարձնեիին, ախտաժետի վիճակումն էլ նա դարձյալ լիովին չէր կորցրել իր բնատուր կազմի գեղը: Այնպիսի հասակ ուներ, այնպիսի մազեր, որ հազարավոր կույսերի մեջ դժվար էր հավասարը գտնել, Այնպիսի նուրբ մորթ ուներ, այնպես վառվում էին նրա դեմքն ու շրթունքները, որ գրավում էր ամեն տեսնողի:

Միակ պակասությունն այն էր, որ տնանկի աղջիկ էր: Հայրը և եղբայրները փչացրել էին պապական մեծ կարողությունը: Չքավորությունից ընկճված եղբայրները գնացել էին Ռուսաստանի խորքերը և էլ չէին վերադարձել, իսկ անգործ մնացած հայրը ամբողջ քսան տարի տնից ծախել ու կերել էր եղած-չեղածը: Սրանք նուխեցի էին, Թավրիզ գաղթելուց հետո կորցրել էին իրենց նախկին փառքը և օտար քաղաքում մերձավոր ազգականներ չունեին, որ աղջիկը կարողանային ամուսնացնել: Մեր սովորությունը գիտես, ընդհանրապես զարմիկներն[15] են մեր մեջ իրար առնում, օտարներից միայն հարճ ենք վերցնում:

Այս աղջիկը տանը մնաց մինչև 18 տարեկան հասակը: Այս տարիքումն է միայն կուսական աղջիկը կատարելապես կազդուրվում և հասնում վարդային գեղի: Բայց թուրքը այդ բանը քիչ էր հասկանում, նա որոնում էր մատաղահաս, 10 — 12 տարեկան աղջիկ: Սրա անունը Քաղիջե էր և ամբողջ թաղում հայտնի էր «Քաղիջե-բեյում» անունով, քանի որ նրա ծնողները բեյի ծագում ունեին: Քաղիջեն այդ 18 տարվան հասակում մնացած էր համարվում, ոչ մի կարգին ուզող չուներ: Ծնողները թեև չքավոր էին, բայց դեռ չէին կորցրել նախկին մեծատան մեծասրտությունը: Նրանք դեռ հույս ունեին, թե Նուխուց իրենց հարազատներից որևէ տղա անշուշտ կգա իր զարմուհուն կին առնելու:

Աղքատի հույսերը հազարից մի անգամ չեն կատարվում: Հարուստ ժամանակները իրենց ազգականներից շատերի առաջարկը մերժել էին, իսկ իրենք աղքատանալուց հետո փոխադարձաբար նրանք էլ սրանց երես էին թեքել: Բավական չէր չքավորության տառապանքը՝ սրանց տանջում էր աղջկա ապագայի մտորումները: Ոչ միայն Թավրիզի շեն տներից ոչ ոք նրանց հետ չէր մտերմանում, այլ նույնիսկ աղքատները խույս էին տալիս սրանց հետ ծանոթանալուց: Չախորդ մարդուց սատանան էլ երես է թեքում:

Քաղիջեի ծնողներին այն աստիճանի էր ճնշել չքավորությունը, որ նրանք Նուխուց բերած բոլոր զարդերը ծախելուց հետո սկսել էին տան կահ-կարասիներից ավելորդներն էլ ծախել ու ծախսել: Ամեն զրկանք կրել, բայց ձայները դուրս չէին հանել: Հերիք չէր իրենց ներքին տանջանքը, ծանոթներն էլ այնպես էին ձևացնում, իբր թե տեղյակ չէին նրանց ներքին վիճակին:

Թավրիզի յոթանասունհինգ հազար ընտանիք բնակչությունից միայն մի բարեկամ էր մնացել նուխեցիներին. դա էլ սափրիչ Հյուսեյնի որդին՝ Իմամ-Ղուլին էր: Բայց ոչ նուխեցիները և ոչ էլ Քաղիջեն չէին ընդունում այդ բարեկամին, քանի որ վերջինն էլ աղքատ և մի հասարակ սափրիչի աշակերտ էր: Մանավանդ որ հույս չէին տածում, թե Իմամ-Ղուլին կկարողանա ճարպիկ մարդ դառնալ և ընտանիք պահել:

Իմամ-Ղուլին մանուկ հասակից ընկերակցել և հավանել էր Քաղիջեին: Դեռ այն ժամանակից որոշել էր ամուսնանալ նրա հետ: Բայց Քաղիջեն միշտ նրան հակառակել էր, քանի որ սափրիչի որդին միշտ ցնցոտիներով էր կյանքը վարել և միջոց չէր ունեցել արտաքին փայլով

[15] cousin

գրավել սիրած աղջկա սիրտը: Իմամ-Ղուլին, համառած, անպայման վճռել էր ամուսնանալ Քաղիջեի հետ և այս նպատակին հասնելու համար յոթ տարի անվերջ ընկել էր սիրած աղջկա ետևից, նրան համոզելու, գրավելու և տիրելու հույսով:

Սկզբներում Քաղիջեն միշտ նախատել, անարգել և վանել էր մոտից Իմամ — Ղուլիին, մերժել էր նրա առաջարկած ամեն մի նվերը: Սափրիչի որդու ամեն մի Ժպտին արհամարհանքով և ծամածռությամբ էր պատասխանել: Այնքան անտարբեր էր Քաղիջեն դեպի Իմամ-Ղուլին, որ վերջինիս հուսահատեցնելու և խելագարեցնելու աստիճանին էր հասցրել:

Իմամ-Ղուլին ոչ միայն մեզ դրացի էր, այլև վերջին կնոջս քեռորդին էր: Սա հաճախ գալիս էր մեր տուն և մորաքրոջը պատմում էր գլխի անցքերը, հոգու վշտերը՝ նրանից մխիթարվելու հույսով, այնպես որ ինձանից ծածկածը մորաքրոջն էր հայտնում, նրանից պահածը ինձ էր պարզում:

Իմամ-Ղուլին խելացնոր չէր, բայց սերը նրան գժվացրել էր: Ամբողջ կյանքը Քաղիջեի շուրջն էր անցկացնում: Ամառանային մի գիշեր, երբ ծառերի պտուղները կարմրել հասել էին, երբ ծիրանը աչք էր պարուրում և սիրտ գրավում, երբ խաղողի թափանցիկ սպիտակ ու սև ողկույզները ախորժակ էին բորբոքում, երբ ջերմությունից ամենքը սենյակներից դուրս էին թափվել, կտուրներին կամ բակերում էին պառկում, Քաղիջեի զառամյալ ծնողները իրենց տան գավթում գլորվել քնել էին, իսկ արյունը բորբոքված, ջերը գրգռված թշվառ աղջիկը բարձրացել էր ծիրանի ծառի ճղներին, թե չորացած բերանի ծարավն էր հագեցնում ջրալի դեղձիկներով և թե աչքը կտուրից դուրս ցցած զննում ու դիտում էր ինչպես աստղալից երկինքը, նույնպես և Այնալ-Զեյնալի կատարն ու նրա լանջերին տարածված հազարավոր բնակարանների լուսամուտներից ցոլացած ճրագները:

Իմամ-Ղուլին, որ բլբուլի նման հսկում էր իր կոկոն Քաղիջեի բացվելուն, երբ աղիողորմ ձայնով երգում էր նրա սերն ու գեղը, վարսերն ու ունքերը, աչքերն ու այտերը, թիկունքն ու կուրծքը, սիրուհուն ծառի ճղների մեջ նկատելուն պես օձի նման սողաց, անցավ պատից և ծառին փաթաթվելով բարձրացավ ու հասավ, գրկեց նրան այն րոպեին, երբ կույսը իր դժգույն մտքերով տարված, մտածել էր տխուր ապագան և հուզված թմրել էր ճղների մեջ տարածված:

Այս գրկախառնությունն ու համբույրը մի այնպիսի բերկրալի հաճույք և հրապույր պատճառեց, որ թմբիրից սթափված օրիորդը չուզեց մի վայրկյան զրկվել այդ քաղցր վայելքից և թույլ տվեց, որ ավելի պինդ հպի Իմամ-Ղուլիի աղվամազոտ դեմքը և բոցավառ շրթունքները իր եղնիկի երկար վզին ու փղոսկրի նման ողորկ կզակներին: Մի քանի րոպեի այդ գրկախառնությունն այնպես հարբեցրեց ու գինովցրեց նրանց, որ նրանք ազատ ու սիրահոժար համբույրներ փոխանակեցին և խոստացան իրար սիրել ու միմիայն իրար համար ապրել ցմահ:

Ամբողջ ամառը, մինչև աշնան սկիզբը ամեն իրիկուն սիրահարները իրենց ծնողներից ծածուկ շարունակեցին այս հարաբերությունը, առանց համարձակվելու արկածները հաղորդել իրենց ծնողներին: Մանավանդ, ինչպես ձեզ էլ հայտնի է, այսպիսի սիրային հարաբերությունները, սիրահարությունները իսլամի մեջ խստիվ արգելված է և չարաչար պատժվում է, այդ պատճառով էլ նրանք անչափ գաղտնի պահելու պարտավորված էին: նույնիսկ Իմամ-Ղուլին չէր հայտնել ծնողներին, հարազատներին, սպասելով գործի որևէ բարեբախտ վախճանին:

Այս լռությունը սիրահարներին կործանեց:

Որպեսզի սիրահարները իրենց փափագին հասնին, որպեսզի կարողանան ընկճել Քաղիջեի գոռոզ ծնողների համառությունը, վճռեցին, որ Իմամ-Ղուլին գնա, պանդխտե և փող վաստակած վերադառնա Թավրիզ, վաճառական դառնա և ապա ամուսնանան: Այս վճռի վրա Իմամ-Ղուլին նույն աշնանը թողեց Թավրիզը և գնաց Բաքու, առանց մարդու հայտնելու իր սրտի գաղտնիքը և այնտեղ մնաց մոտ երեք տարի: Այնպես էր կորցրել նա իր հետքը, որ ոչ ծնողները, ոչ բարեկամները, ոչ էլ նույնիսկ Քաղիջեն տեղեկություն չունեին նրանից: Ատրպատականից տարեկան հիսուն հազար մարդ է պանդխտում դեպի Կովկաս ու Ռուսաստան, որոնցից մի տոկոսը այլևս երբեք չի վերադառնում իր ծննդավայրը, մեռնում են, կորչում են, կրոնափոխ են լինում, կամ դիրք ու գործ են ստեղծում իրենց համար և էլ չեն վերադառնում:

Երբ բոլորովին տեղեկություն չկարողացանք առնել Իմամ–Ղուլիից, այն աստիճանի հուսահատվեցանք, որ ենթադրեցինք, թե նա հավիտյան կորավ:

Իմամ–Ղուլին մի ուրիշ հորեղբայր ուներ, նա էլ սափրիչ էր, Աշրաֆ անունով: Որքան որ աղքատ էր Իմամ-Ղուլիի հայրը, այնքան էլ հարուստ էր սափրիչ Աշրաֆը, որը 10 — 15 տարուց ի վեր այլևս արհեստը թողել, կալվածային հասույթով էր ապրում: Այդ աշնանը Աշրաֆի որդին՝ Քերիմ-խանը, վերադարձավ Եվրոպայից և իջավ հոր տունը: Քերիմը մանուկ հասակից իր գեղեցկությամբ և ընդունակություններով հաճելի էր դարձել շրջապատողներին: Նա իր բնատուր տաղանդով հասել էր բարձր աստիճանների և հարստության: Քերիմը 12 — 14 տարեկան մոլլայի մոտ աշակերտ եղած ժամանակ մեծ ընդունակություն էր ցույց տվել, այնպես որ 14 տարվան գրագիր էր մտել Հաջիոֆների մոտ: Այնքան արագ և գեղեցիկ գրում էր թղթակցությունները՝ հատուկ ոճով, այնպես դյուրությամբ լուծում էր թվաբանական լուրջ և բարդ տոկոսային խնդիրներ, որ նույն տարին Քերիմին Թիֆլիզի վաճառատուն փոխադրեցին ամսական 30 ռուբլի ռոճիկով, բացի բնակարան, ապրուստ և հագնելիքը:

Թիֆլիզում Քերիմը ամբողջ ռոճիկը հատկացրեց երկու ուսուցչի, որոնք մի տարվան մեջ նրան սովորեցրին ռուսերեն և ֆրանսերեն: Լեզուների հետ նա սովորեց գրահաշիվ, պատմություն, աշխարհագրություն: Երկու տարվան մեջ Քերիմն այնքան առաջ գնաց, որ ոչ միայն խոսում, գրում էր ֆրանսերեն և ռուսերեն, այլև լայն հայացք ուներ մարդկային քաղաքակրթության մասին:

Այն ժամանակի Թիֆլիզի Պարսկաստանի գեներալ կոնսուլը Հաջիոֆի մոտից հանեց Քերիմին, տարավ իր մոտ քարտուղար նշանակեց՝ ամսական ութսուն ռուբլի վճարով: Թե ինչպես են կողոպտում համշարիներին պասպորտի պատճառով Պարսկաստանի կոնսուլները, ձեզ հայտնի է, իսկ Քերիմը նորանոր կեղեքումների դաս էր տալիս իր վարպետներին: Այնքան աչք մտավ Քերիմը, որ երբ կոնսուլը Պետերբուրգի դեսպան գնաց, շահից խնդրեց, որ Քերիմին Թիֆլիզի կոնսուլ նշանակե խանի ու սերթիբի աստիճանի բարձրացնելով:

Քերիմ-Խանը 11 տարի վարեց Թիֆլիզի կոնսուլի պաշտոնը և միլիոն թուման փող դիզեց բանկը: Հարստությունը հիմնավորվելուց հետո դեսպան նշանակվեց՝ նախ Պետերբուրգ, ապա Բեռլին, Լոնդոն և Հռոմ: Մեծ վեզիրը ագահ, Քերիմ-խանը ճարպիկ, Քերիմին բարձրից ցած էին գլորում, որպեսզի կողոպտեն, նա էլ սուտ էշ ձևանալով, սիրահոժար գլորվում էր, որտեղ որ հրամայում էին: Վերջապես նրան Բուխարեստ փոխադրեցին, որտեղից Աթենք մեկնելու հրամանը որ ստացավ, հիվանդության պատրվակով խնդրեց իրեն թույլ տալ ծննդավայրը վերադառնալու, հանգստանալու և հորը տեսնելու:

Սափրիչ Աշրաֆը որդու փողերով վաղուց մեր թաղում քառասուն ավերակ տներ էր գնել և մի մեծ ապարանք կառուցել: Էլ այգի, էլ ջրաղաց, կրպակ, բաղնիք, գյուղեր, ա՛մեն ինչ ձեռք էր բերել և ապրում էր խանավայել կյանքով: Էլ քաչալ սափրիչ չէր, ամենքը Աշրաֆ աղա էին կանչում, որը դռանը քսան ծառա և քառասուն հարճ ուներ:

Քերիմ-խանը ապրեց հոր տանը մի քանի ամիս: Սա Թիֆլիզում մի վրացի կին էր առել, երեխա ուներ, ապահարզան էր տվել, ապահովել, այնտեղ էլ թողել ու գնացել էր Պետերբուրգ: Այդտեղ էլ մի ֆին աղջիկ էր առել, ապահովել, թողել գնացել էր Լոնդոն: Այսպես ամեն մի քաղաքում կին ու զավակներ էր թողել և հեռացել:

Թեև ամեն մի քաղաքում հատուկ կին էր պահում, բայց մի պարկ գարի երբեք չէր կարող հագեցնել այդ անկուշտ ջորուն: Ինչպես անհնար է պարկով գարին մի ժամում համրել, այդպես էլ անհնար էր Քերիմ-խանի ճանկած կիների թիվը որոշել: Այս պատճառով էլ նա շարունակ սեռական ախտերի մեջ բորբոքվում էր, փողն ու բժիշկները չէին օգնում: Ինչպես ասում են՝ ապականությունը արյունից մկաններին, ոսկորներին ու ողնուղեղներին էր հասել:

Իմամ-Ղուլիի հեռանալուց հետո, Թավրիզ հասնելու երկրորդ օրը

պատշգամբից թե կտուրից Քերիմ-խանը տեսնում է նուխեցու հասած ու կազդուրված աղջկան՝ Քաղիջեին: Իսկույն խնդրակ է ուղարկում, Քաղիջեին կին է ուզում հազար թուման քյաբինով: Աղջիկը հասած, ծնողները չքավոր, անմիջապես առաջարկը ընդունում են և նույն գիշերը թաղի ախունդը սղան՝ ամուսնության դաշինքի աղոթքը կարդում և կնքում է քյաբինի թղթերը: Հենց նույն գիշերը Քաղիջեն մտնում է Քերիմ-խանի կանանոցը և հագուրդ է տալիս նրա կրքերին: Մեծ բախտի, հարստության, կերուխումի, հագուստի, կապուստի, զարդարանքի է հասնում, բայց ափսոս որ մի ամիս չանցած թե հղիանում և թե դողով վարակվում է Քաղիջեն, այն էլ ամենախիստ բորբոքումով:

Մի-երկու ամսի ընթացքում Քերիմ-խանը աղքատ դրացիներից տասնչորս աղջիկ էր սղա արել և կանանոցը լցրել, այնպես որ Քաղիջեի բորբոքումները նրան այնքան էլ չէր հետաքրքրում: Թշվառ Քաղիջեն այս սոսկալի վերքերից ոչ միայն վշտահեղձ էր եղել, այլ ամոթից նույնիսկ հարազատներին չէր համարձակվել հայտնելու իր ցավը, որը օրեցօր տարածվում էր ամբողջ մարմնի վրա: Ոսկի, մարգարիտ ու գոհար զարդերի հետ Քաղիջեն մսի վրա կրում էր ալ ու կարմիր վերքեր, որոնց ծայրերին շողակի նման փայլում էին ժահրակալած խոցերը: Ճշմարիտ է, Քերիմ-խանը հագցրել էր Քաղիջեին ընտիր քաթանի շապիկներ, բայց այդ բոլորն ամեն օր վերքերից ապականվում էին, թոռոմացնելով նրա չքնաղ մարմինը:

Վերջապես սաղրազամի խնդիրներից դրդված Նասր-էդ–Դին շահը Քերիմ-խանին Թեհրան կանչեց, որպեսզի կողոպտի: Սափրիչի որդին պարտավորված բոլոր հարճերին ապահարզան տվեց, վճարեց քյաբինները, իրենց ծնողների տունը դարձրեց խոստանալով ողջ վերադարձին նրանց կրկին իր տունը տանել, ապա մեկնեց դեպի մայրաքաղաք, որ եթե այնտեղ կյանքը կարճեն, տանը նստած հարճերը հորն ու եղբայրներին նեղություն չպատճառեն, ժառանգությունից քառորդ բաժին չպահանջեն:

Աղքատ ծնողների համար վայնասուն էր այդ օրը, երբ աղջիկները իրենց կապոցները դուլամների շալակը տված, մի-մի քսակ դրամով տուն վերադարձան: Բայց ինչ կարող էին անել, իսլամի կարգն էր, օրինական բոլոր ձևականությունները կատարված և քյաբինների մեջ նշանակված ապահարզանի դրամներն էլ ամբողջապես հանձնված էր արձակված կիներին:

Քաղիջեն հրեշտակային տիպով, անմեղ, ձյունի նման մաքուր, ցողի նման վճիտ դուրս էր եկել հոր տանից, վերադարձավ խոցոտ մարմնով, ապականված արյունով ու սրտով: Նրան խաբել կին էր ուզել, բայց կաշառված ախունդը նենգել հարճի սղա էր կարդացել: Հազար թուման քյաբինի փոխարեն հազար ղռան էր գրել անօրեն ախունդը: Խեղճ կինը թագուհի մտել, որպես աղախին դուրս էր շպրտվել: Տուն վերադառնալուց հետո բոլորովին դառնացավ Քաղիջեի կյանքը: Նա զգաց, թե ինչ անդառնալի կերպով կորցրել էր իր խաղաղությունն ու թունավորել էր կյանքը: Հայրենի բնակարանը, որ մանկության դրախտն էր, պատանության տանջարանը, այդ օրվանից դարձավ իր դժոխքը: Քաղիջեն ու ծնողները դառն կերպով ողբացին սև օրը, սգացին, բայց անօգուտ: Անմեղությունը, սրբությունը կորել էր, արտասուքով չէր կարելի ետ գնել: Դեռ ականջիս մեջն է ծերունի դրացուս խոսքերը, որը կնճռելով թորշոմած ճակատը, դարձավ դեպի կինն ու աղջիկը և ասաց.

— Փառք ալլահին մենք մուսուլման ենք, ինչի անօրեն ու հայհոյող ենք դարձել: Ինչ որ ճակատագրված է, հնազանդ ենք: Չենք կարող վերին կամեցողության ընդդիմանալ: Ո՞վ կարող է ամենակարողի կամքին հակառակել: Մուսուլմանի անօրենից առավելությունն այն է, որ կյանքի մեջ քաջությամբ պիտի դիմավորե և հպատակվի Բարձրագույնի կամքին: Չէ որ ամեն բան նախախնամությունն է տնօրինել:

— Մի՞թե ալլահին հաճելի էր, — ասաց պառավը բորբոքված, — որ կաթի նման անարատ աղջիկս տանեին և ժահրոտած վերադարձնեին: Մի՞թե լված բան է, որ հազար թուման քյաբին խոստանա և այսօր նենգված թղթով հազար դռան տա հղի կնոջ ձեռքը և տուն ճամփե: Մի՞թե շերիաթը թույլ է տալիս այս անգթությունները: Մի՞թե կարելի է հղի կնոջն ապահարզան տալ:

— Ասա, կնիկ, մեղա, ասա՝ հաշա ալլահի շերիաթը ոչ մի անգթություն չի թույլ տալ: Ալլահի շերիաթը սուրբ է: Շերիաթն ի՞նչ անե, երբ ախունդը իր մի քանի դռան վարձի կաշառքի համար ստել է, նենգել է, ամուսնության դաշնագիրը խարդախել ու փոխել է: Այս կեղծիքները ինչի՞ պիտի անարգեն շերիաթը, որը այդ խարդախներին ուղղելու համար է երկիր իջել:

— Մի՞թե ալլահի կամքն էր, նախախնամությունն էր սահմանել, այ մարդ, որ սափրիչ Աշրաֆի լակոտը հարյուր հազարներ թալանե, Թավրիզ վերադառնա մեզ խաբե: Մի՞թե այսպիսի զարշելի արկածներ բյուրավոր դարեր առաջ նախասահմանել էր ալլահը, որպեսզի տանջի ինձ, իմ անմեղ Քաղիջեիս և ո՞ր հանցանքներիս համար:

— Այ կին, ասա՝ հաշա, ասա՝ մեղա, մի մեղանչիլ, մի հուսահատվիլ, մի հայհոյիլ և մի անօրինանալ: Այո՛, այդ բոլորը մեր ճակատին գրված էր, մենք պիտի քաշեինք և այսօր պարտավոր ենք լռությամբ և համբերությամբ տանել: Դու կարծում ես, որ մեղք չունիս, բայց հենց այս րոպեին քո շրթունքներից օձեր ու կարիճներ են թափվում, որոնք այնտեղ բույն էին դրել ու զարգացել: Ասա մեղա՛, ա՛յ բեյնամազի[16] աղջիկ:

Ամբողջ օրերով ու շաբաթներով վիճում էին ամուսինները կինը

---

[16] Տխմար,չաղոթող

նախատում էր անարդար նախախնամությունը, իսկ մարդը՝ կնոջ անհավատությունը: Եվ այս տխուր ու մռայլ օրերի մեջ այլևայլ սափրիչներ, դեղատուրներ և հմայողներ ամեն օր իրենց հաբերով, մահլամներով և հմայիլներով հարստահարում էին Քաղիջեի տուն բերած աղքատ քսակը, որը երկար չդիմացավ, յոթ ամսից դատարկվեց:

Բավական չէր այդ սոսկալի վիճակը, Քաղիջեն էլ ազատվեց, աղջիկ բերեց, բոլորովին հար և նման մորը, նույնիսկ հիվանդությունն էլ ժառանգած: Մինչ այդ զառամյալները ողբում էին իրենց աղջկան, նրա մանուկը սուգը կրկնապատկեց: Հետզհետե ծախվեցան Քաղիջեի զարդերը, ինչպես ծախվել էին մոր երբեմնի օժիտի գոհարները և կերպասները: Այս տանջանքներին չդիմացան զառամյալները, իրար ետևից ընկան մեռան:

Քաղիջեն այնքան նեղը մնաց, որ պարտավորված գրավ դրեց հայրենի տունը ծնողներին թաղելու և ուրիշ ծախսերը ծածկելու համար արած պարտքը վճարելու: Չքավորությունը, անտերությունը այնպես ճնշեցին, որ ախտաժետ կինը հայրենի տան հետ կորցրեց քիթը, ջղերը քաշվեցան, աչքերը մսակալվեցան, կողը և կոկորդը ծակվեց, այլանդակվեցավ:

Մի առավոտ թաղեցիները հավաքվեցան և մեծ աղմուկով ստիպեցին Քաղիջեին թողնել թաղը, դուրս գալ քաղաքից և բնակություն հաստատել քյուֆթերի այրերում:

— Մեզ, մեր զավակներին կվարակե այս գարշելին, — աղաղակում էին բոլորը:

Արդեն տանը բան չէր թողել թշվառ կինը, պղնձեղեն, բրդեղեն, կավեղեն, փայտեղեն, ամեն բան ծախել, գրավ դրել ու կերել էր: Մի սև չարսավ գլխին գցած, մի աղտեղի վերմակի մեջ աղջկան փաթաթած դուրս եկավ հոր տանից, որը գրավ վերցնողը եկել էր տիրելու: Ամբոխն այնպես էր գազանացել, որ Քաղիջեի ողբը, արտասուքը, թախանձը ներգործություն չունեցան:

— Կորի՛ր, գնա՛ դժոխքը, — գոռում էին պառավներն ու ծերերը:

— Աներևութացի՛ր, անհետացի՛ր, — աղաղակում էին ջահելները:

Քաղիջեն, սարսափահար, արյունակալած աչքերը մոտեցրեց հայրենի դռան շրջանակին, համբուրեց փեղկերը, ախերը, թակն ու փակը, հառաչեց ու ասաց ողբագին.

— Կերթա՛մ, կերթա՛մ, դրացինե՛ր, անգութ հարևաններ, ապառաժ այրերն ինձ գերեզման ու պատսպարան կտան, որ հանգչեմ:

Չարաճճի լաճերը, ստահակ պատանիները Քաղիջեին հետևեցին մինչև Սահաբ-Դիվանի այգին: Թշվառ կինը սավանում փաթաթած, վերմակի մեջ բալուլած տարեկան մանկիկը գրկած, ձեռքին մի թիթեղյա ջրաման՝ կամաց-կամաց դողդողալով բարձրացավ դարիվերը, իջավ հեղեղատ և մտավ առաջին պատահած այրը, որի բնիկ քյուֆթը երեք օր առաջ մեռել չորցել, անթաղ մնացել և գազանների կեր էր դարձել:

Հայտնի բան է, մթության մեջ Քաղիջեն չէր էլ նկատել իր նախորդի ոսկորների մանրուքը, որոնք մնացել էին գազանների ճաշից հետո: Այնտեղ նա տեղավորեց իր մանուկին, նստավ այրի մուտքին հանգստանալու: Այդ օրվանից որջը դարձավ նրա «կենդանի գերեզմանը»:

«Բայց ո՞ւր մնաց քո ազգական Իմամ-Ղուլին, լավ թե նա թողեց, որ իր սիրասուն Քաղիջեն այդ օրն ընկնիր:

Ոչ միայն Քաղիջեն ոչինչ չէր պատմել իրենց սիրո մասին ծնողներին, այլ սիրուհուն տված խոստման համաձայն Իմամ-Ղուլին էլ ոչինչ չէր հայտնել ազգականներին: Նրանց իրար տված խոստման մասին բան չգիտեր ոչ ոք: Միայն Քաղիջեն Իմամ-Ղուլիին հավատացրել էր, որ ինքը մարդու չի գնալ, բացի նրանից, և փոխադարձաբար պահանջել էր, որ Իմամ-Ղուլին թողնե սափրիչությունը և մի այնպիսի գործ բռնե, որ կարողանա դիրք վաստակել և ծնողների հաճությունն ստանալ: Այս պայմանն այնպես էր ընկճել Իմամ-Ղուլիին, որ սա ածելիները, հայելի, սանր, բոլոր գործիքները ծախել և վճռել էր հարուստ տուն վերադառնալ:

Ամբողջ երեք տարի Իմամ-Ղուլին ամեն ճիգ գործ դնելով, Բաքվում երեք հազար թուման էր աշխատել, որով շաքար ու նավթ գնելով, վերադարձել էր, որ վաճառականությամբ պարապի, տուն գնե, կահավորե և ամուսնանա իր սիրած Քաղիջեի հետ: Թավրիզ հասնելուց հետո, երբ իմացավ հորեղբոր որդու արարքը, Քաղիջեի թաղից արտաքսվելը, քիչ մնաց որ Իմամ-Ղուլին խելագարվի:

Ամբողջ տասն օր նա ո՛չ խանութ վարձեց, ո՛չ տուն կահավորեց, ո՛չ էլ խելամտությամբ գործին հետևեց: Բերած ապրանքը շատ չնչին օգուտով մաքսատան մեջ ծախեց վաճառականներին, դրամագլուխը հանձնեց սեղանավորի և սկսեց թափ առնել քաղաքում խելացնորի նման:

Իմամ-Ղուլիի հայրը արդեն մեռած էր: Նա եղբայր չուներ, այնպես որ քենիս անճարացած անընդհատ ինձ թախանձում էր հետևել իր միակ որդուն՝ տան նեցուկին, որ չլինի թե գլխին փորձանք գա: Կնոջս թախանձանքից դրդված, անճարացած հետամտում էի նրան, որ հաճախ կորչում և ժամերով չէր վերադառնում: Իմամ-Ղուլին այնպես էր հետքը կորցնում, այնպես էր հրապարակ գալիս, որ ոչ ոք չէր կարողանում գուշակել, թե նա ուր էր առանձնանում:

Երբեմն Իմամ-Ղուլիին գտնում էինք մզկիթում, ուր ժամերով նստում քարոզ էր լսում և վիճաբանում էր ախունդների հետ: Երբեմն նա գնում էր ուխտատեղիները, բարձրանում էր Այնալ-Զեյնալի գագաթը, գնում էր Լալա գյուղը՝ բանջարեղեն ուտելու կամ որևէ թաղի թեյարաններում լսում էր դարվիշների նկարագրությունները: Ոչ մի գիշեր ժամանակին տուն չէր գալ, միշտ անորոշ ժամին մտնում էր անկողին քնելու և հաճախ առավոտ արշալույսին աներևութանում էր:

Տան ծախսը շատ չափավոր կերպով էր կատարում: Երբեմն Իմամ-Ղուլին աղքատ քույրերին օգնության էր հասնում, նրանց համար հագուստի կտոր, կոշիկ էր գնում, նրանց երեխաներին նույնպես հագցնում էր: Երբեք մորը չէր վշտացրել, բայց և ոչ մի օր կարգին հետը նստել, խոսել, խորհրդակցել չէր. հին ընկերներից խույս էր տալիս, ծածկվում էր:

Մորը և հարազատներին տանջում էր այն միտքը, թե Իմամ-Ղուլին ո՞ւր էր առանձնանում երկար ժամեր, նույնիսկ գիշերներն էլ աներևութանում էր: Դարձյալ մայրը գտավ որդու հետքը: Նա մի օր վաղ, արտասուքն աչքերին մոտեցավ ինձ և ասաց.

— Իմամ-Ղուլիիս այս գիշեր գնացի և գտա քյուֆթերի մեջ, նուխեցիների աղջկա այրում, որտեղ նրան պառկեցրել ու ամբողջ մարմնին դեղ էր քսում:

Ես մնացի շվարած, այլևս բացատրություն պահանջելս ավելորդ էր: Պարզ էր, որ Իմամ-Ղուլիի սերը չէր հանգել: Ո՛չ երեք տարվան բացակայությունը, ո՛չ Քաղիջեի ամուսնությունը, ո՛չ թշվառ կնոջ այլանդակությունը, զավակը, ոչինչ և ոչինչ չէին սառեցրել նրա սերը: Ես զգացի, թե Իմամ-Ղուլին ինչպես էր բոցակալված այդ սուրբ սիրով և ինչպես տանջվում ու տապակվում էր: Ի՞նչ կարելի էր անել, ինչո՞վ սառեցնել և ուշքի բերել այդ դեռահաս մարդուն, որը անդունդի բերան, ապառաժների ծայրին կանգնած մտածում էր գլորվել ու հավիտյան կորչել:

— Աղա Միրզա, — ասաց դարաքաշ մայրը արտասուքն աչքերին, — զավակս ձեռքիցս գնում է, դու, միայն դու կարող ես նրան փրկել: Իմամ-Ղուլիս բացի քեզնից ոչ ոքի չի լսիլ, քեզնից ջոկ տեր չունի: Արա ինչ որ հարկավոր է, պառավիս ազատիր այս սոսկալի դժոխքից:

— Ի՞նչ կարող եմ անել, քույր, ես ինչ անեմ, երբ նրա հոգին ու զգացմունքները կապվել են Քաղիջեի հետ:

— Նրան դներն են կապել, նրան կախարդել են, աղա Միրզա, նրան պետք է փրկես: Ահա քառասուն օր է, թուղթ ու գիր անել տվի, եղեգի, թասի աշել տվի, դերվիշի, քեշիշի մոտ անդամ գնացի, անօգուտ:

— Քույր, նախ քեզ խորհուրդս այս է, որ համբերես: Ամենևին որդուդ հետ այս մասին չխոսես: Ոչ ոք չիմանա, որ դու նրան տեսել ես, այրում՝ քյուֆթի մոտ: Ես կաշխատեմ և հույսս մեծ է, գուցե նրան խելքի բերեմ և ազատեմ:

— Ես քո խոսքից չեմ դուրս գալ, բայց քո էլ օձիքը չեմ բաց թողնիլ: Ահա եկել ու կպել եմ փեշիդ, էլ դու գիտես, — ասաց ու բռնեց աբայիս փեշն ու համբուրեց:

Այն իրիկունը գործս կարգի դնելուց, ընթրելուց հետո կնոջս ասի, թե մզկիթ պիտի երթամ, գուցե ուշ տուն դառնամ, բանալիքն առա, դուրս եկա: Նախ մոտեցա քենուս դռանը և իմացա, որ Իմամ-Ղուլին տանը չէ:

Ապա կամաց-կամաց ճանապարհ ընկա դեպի Խալաթ-Փուշանի հեղեղատը:

Գիշեր էր: Լուսնյակը երկնքումը ամբողջապես կանգնած էր: Աշնան պարզ ու զով գիշեր էր: Զեփյուռը Սահանդից մեղմ փչում էր, և կյանքը հանգստացած էր ամեն կողմ: Խիավանից անցնելիս շատ քիչ մարդու պատահեցի: Միայն ջորեպաններն անվերջ իրենց քարավանի հետ սովորական զանգակների ղողանջյունով առաջ էին գնում: Կամ գյուղացիները մեկ-մեկ ձիավորված վերադառնում էին մոտակա գյուղերը:

Մի ժամից հետո հասա Քաղիջեի այրի մոտ և հանդարտ քայլերով մոտեցա: Այրը ճանապարհից 8-10 քայլ հեռու էր, բերանն էլ ապառաժի ծերպով պաշտպանված: Քան քայլ հեռավորությամբ նստած չիբուխս լցրի, սկսա ծխել և մտածել, թե ինչ ընթացքով մոտենում սիրահարներին, որ կարողանում երկուսին էլ տրամադրել խորհուրդս լսելու և ետ մնալու իրենց կործանիչ մտքից: Հազարավոր մտքեր անցան գլխիցս, որոնք բոլորն էլ ապարդյուն թվեցան: Վերջապես որոշեցի մոտենալ և բախտին թողնել հետևանքը:

Երբ այրի բերանի ծերպին մոտեցա, ականջիս հասան խոսակցության ձայները: Զգուշությամբ քարի վրա նստա աննկատելի կերպով և սկսեցի լսել:

— Ղալի ջան, — ասաց Քաղիջեն, — զուր է քո տանջանքը, ինձ հեքիմներն ասացին, թե ցավս անբուժելի է:

— Այո, բայց այդ քո հեքիմները իրենք բան չգիտեն. ես ինգլիզի դոկտորին եմ բերում քեզ դեղ տալու: Նա խաբեբա չէ և եթե հույս չունենա, չի էլ գալ: Էղքոքն ասաց, որ մինչև երեք ամիս ես Քաղիջեի բոլոր վերքերը կբուժեմ: էղքոքը շահի բժիշկն է, նա ուղարկել է Թեհրանից, որ վալիահիթին ամորձիքների հիվանդությունից ազատե:

— Կուզե թող երկնքից իջած լինի, հոգիս, — ասաց հառաչելով Քաղիջեն, — ես համոզված եմ, որ էլ ինձ փրկություն չկա: Դու մի քիչ մկան դեղ բեր ես ուտեմ, դու էլ հույսդ կտրիր, ազատվիր, գնա գլուխդ ճարը տես, կարգվիր...

— Ես որ կարգվել ուզենայի, էլ Բաքվից ինչի՞ կգայի Թավրիզ. գո՞րծս էր պակաս, փողս էր պակաս, թե պատիվս: Այնպես աղջիկներ ինձ առաջարկեցին, որ ամեն մեկը հետը տասնյակ հազարով փող, օժիտ և հող ունեին, բայց ես ուխտել էի ապրել միմիայն Քաղիջեիս բախտավորացնելու համար:

— Քաղիջեդ ընկավ, մեռավ, չկա: Քերիմը նրան ողջ-ողջ գլորեց հորը, թաղեց վերջացավ: Դու ինչի՞ ես մեռելի ետևից ընկել: Մի՞թե գերեզմաններից կարելի է դիակ հանել և նրա հետ ապրել: Գնա՛, հոգիս, գնա՛ և մոռացիր ինձ այնպես, ինչպես ես քեզ աղքատ վիճակումդ մերժեցի և հարձ գնացի հարուստ հորեղբոր որդուդ՝ Քերիմ -խան ավազակապետին:

— Դու մեղք չունիս, այդ ես համոզված եմ: Եթե ես Թավրիզ լինեի, Քերիմ չէ, Նասր-էդ-Դին շահն էլ չէր կարող քեզ իմ ճանկից հանել: Ես գնացի, երեք տարի մնացի, դու հուսահատվեցար, ծնողներդ էլ սև փողի համար քեզ տարան, ծախեցին...

— Եթե ես քեզ նման հաստատակամ լինեի, ծնողներս ինձ ստիպել չէին կարող: Հորեղբորորդուդ գոհարն ու մարգարիտը, ոսկին ու մետաքսը, ուղարկած սնդուսն ու թավիշը ինձ խաբեցին, և ես ծնողներիս ասացի, թե կերթամ Քերիմենց տունը և գնացի իմ հոժար կամքով:

— Հայտնի բան է, այնքա՜ն սոված օրեր էիր անցկացրել, այնքա՜ն հագուստի ու զարդի կարոտ էիր քաշել, որ պիտի խաբվեիր: Բայց եթե ես մոտդ լինեի, այն ախտաժետր չէր կարող քեզ ճանկել, վարակել և այս վիճակին թողնել ու փախչել:

— Ես ասում եմ, որ էլ էդքոքին չբերես, ես այլևս կարողություն չունեմ նրա դեղերը քսվելու, տաք անկողնում պառկելու և նրա պատվիրած կերակուրներն ընդունելու:

— Այդ քու կամքից չի կախված, սիրելիս, ահա փափուկ դոշակ, բարձ ու վերմակ եմ բերել քեզ համար: Կարպետ եմ գնել, պառկիր, և ես դեղերդ քսեմ: Ուտելիք, ինչ որ հարկավոր է, ես կբերեմ ամեն օր: Մի ամիս որ համբերես, բոլոր վերքերդ կլավանան, և դու կազատվես այս դժոխային որջից: Ես խոսեցա վերզիացիների հետ, նրանք իրենց գյուղում մի տուն են ծախում ինձ և քեզ էլ այնտեղ պիտի ընդունեն: Այնտեղ էլ կան քյուֆթեր, բայց դեղ են արել, առողջացել և ապրում են: Դու էլ կլավանաս և այնտեղ կապրես մի ժամանակ, մինչև բոլորովին առողջանալդ:

— Ես ապրել չեմ ուզում, Ղուլի, ես մեռնելու եմ, ես երբեք չեմ կարող առողջանալ, հասկանո՞ւմ ես: Ջուր հույսերով դու քեզ մի խաբիր: Գնա՛, տար անկողինը և կարպետը: Գիշերս գողերը կգան այդ բոլորը կքաշեն ու կտանեն: Դեռ դրանց համար գուցե մեզ էլ սպանեն:

— Թող տանեն, էլի կգնեմ: Մի՛ վախենալ, թանկագին բան չեմ առել: Ձեր հին կարպետը և մորդ դոշակն ու վերմակը, որ գրավ էիք դրել բախալ Ամոյի մոտ, նրանից գնեցի: Ամենքը վախենում էին, թե հիվանդի ապրանք է, վարակված և ձեռք չէին տալիս: Նա էլ աժան տվեց, այդ բոլորին հինգ ղռան եմ տվել:

— Ես երեք ղռանի էի գրավ դրել, էլի երկու ղռան շահել է: Միևնույն է, տար, մի ուրիշի կբաշխես, ինձ պետք չէ, հասկանո՞ւմ ես, գիշերս կգան ու կտանեն:

— Լսի՛ր, դու հնազանդի՛ր: Ես փռել եմ կարպետն ու դոշակը. դու վեր կաց պառկիր, այս դեղով պիտի օծեմ ամբողջ մարմինդ:

— Գնա՛, կյանքդ սիրես, Ղուլի, գնա՛, չեմ ուզում, մեղք ես: Ես վարակվեցի, նեխվեցի, դու ինչ մեղք ունիս, եկել ինձ կպել ես, ուզում ես դեղ անել, վարակվե՞ս: Չեմ թողնի. գնա՛, գնա՛, հեռացիր:

— Անկարելի բան է: Մի ամիս, միայն մի ամիս եթե այս դեղերը շարունակ քսես, դու էլ կառողջանաս: Իսկ իմ մասին մի մտածիր: Ես սափրիչի տղա եմ, քանիր չգիտեմ: Բժիշկն ինձ սովորեցրել է ամեն միջոցներ, որ թե քեզ դեղ անեմ և թե չվարակվեմ: Մի՛ վախենալ, ես չեմ եկել վարակվելու, այլ հասել եմ քեզ փրկելու:

— Մի՛ պնդիր, Ղուլի, — ասաց Քաղիջեն:

— Վե՛ր կաց, եթե խիղճ ունիս, եթե սիրում ես մեր երանելի անցյալն ու բախտավոր գիշերները, ինձ մի տանջիր: Վե՛ր կաց, պառկիր:

— Անօգուտ է, հոգիս, վտանգավոր է...

— Դու սխալվում ես, — ասաց Իմամ-Ղուլին, պառկեցրեց ախտաժետին, թևերը ետ դարձուց և դեղի շշի բերանը բացեց ու սկսեց թանձր ասվի կտորներով օծել ու շփել հիվանդի ամբողջ մարմինը:

Միաժամանակ դադարեց խոսակցությունը, միայն լսում էի մանուկի խռկոցի ձայնը և Իմամ-Ղուլիի ձեռքերի շփոցից երբեմն-երբեմն առաջացած աղմուկը: Ես այնպես էի նստել, որ ոչ այրից և ոչ էլ ճանապարհից անցնողները կարող էին ինձ տեսնել, այնինչ ես տեսնում էի երկու կողմն էլ ինչ որ կատարվում էր: Քարավաններն անվերջ անցնում էին. ուղտեր, ջորիներ, ձիեր և էշեր իրենց ջորեպաններով: Անվերջ աղմկում, խոսում էին, բայց ոչ ոք չէր խանգարում ինչպես ինձ, նույնպես Իմամ-Ղուլիին, որը քրտնաթոր ճակատով, կիսով չափ կռացած, Քաղիջեի անկողնի մոտ չոքած անվերջ դեղերը քսում և շփում էր:

— Բավական է, հոգի՛ս, հերիք է, Ղուլի, — մրմնջում էր Քաղիջեն:

— Հիմա կպրծնեմ, իսկույն, — արձագանք էր տալիս տնքալով Իմամ-Ղուլին և շարունակում էր գործը:

Այնքան տրորեց ու շփեց ախտաժետին, որ նա թմրեց ու քնեցավ: Իմամ-Ղուլին նրա վրան ծածկելուց հետո զգուշությամբ երեխային էլ բերեց մոր մոտ, նրա մարմինն էլ օծեց, տրորեց, շփեց առանց քնից սթափեցնելու և մոր կողքին զետեղելուց հետո դուրս եկավ այրից: Փշրված տախտակի կտորներով փակեց դուռը, մեծ-մեծ քարերով ամրացուց և կամաց-կամաց իջավ, անցավ դեպի քանքանի բերանը՝ լվացվելու:

Ես զգուշությամբ իջա և գնացի ճանապարհի կողքին գտնված պարտեզի խրճիթի առաջ նստա: Շունը սկսեց պարտեզի մեջ ոռնալ ու հաչել: Ես չիբուխս լցրի ու սկսեցի ծխել առանց ուշք դարձնելու բարձրացած աղմուկին: Աչքս մթնումը չռած անհամբեր սպասում էի Իմամ-կուլիի գալուն: Մտքումս ծրագրում էի, թե ինչ հառաջաբանով սկսեմ հորդորներս: Երկրորդ անգամ չիբուխս լցրի և ծխեցի, վերջապես եկավ, Իմամ-Ղուլին աբայի թևերը հագած, փեշերը քաշած, հանդարտ ու մեղմ քայլերով: Երևի քրտնած էր և վախենում էր ցրտահարից:

Ես ոտքի ելա և ուղի ընկա ծխացնելով չիբուխս: Իմամ–Ղուլին

առանց դանդաղելու եկավ հասավ ինձ և սովորական բարև տվեց: Բարևը որ ընդունեցի, նա ձայնիցս ճանաչեց և ցնցված կանգ առավ ու ասաց.

— Աղա Միրզա, դու այս ժամին այստեղ ի՞նչ գործ ունիս:

— Իմամ-Ղուլի, — պատասխանեցի, — դու որտե՞ղ էիր, ի՞նչ գործ ունեիր քյուֆթի մոտ:

Մի րոպե երկուսս էլ կանգ առած իրար նայեցանք: Իմամ–Ղուլին պաղած մնաց: Այնպես որ ես պարտավորվեցի նորից կրկնելու.

— Ախար այս ժամին դու տնից ինչի՞ ես բացակայում, որ ես էլ պարտավորված լինեմ քեզ որոնելու:

— Դու իմ ետևիցս եկել, ինձ հետամտե՞լ ես:

— Ո՛չ, դու կեսօրից աներևութացել էիր, իսկ ես ընթրիքից հետո եկա քեզ գտնելու: Երանի համբերությանդ, բայց անխելք ես, չես մտածում, որ կարող ես դու էլ վարակվել: Մի՞թե չգիտես, որ քյուֆթն անբուժելի է: Ինչի՞ ես կյանքդ զոհում մի մեռածի համար: Մեռելների համար չեն զոհվում:

— Ի՞նչ անեմ, աղա Միրզա, քանի որ սիրտս չի դադարում: Ամբողջ տասներկու տարի ես ապրել եմ երևակայությամբ թե իրականությամբ Քաղիջեի հետ, այժմ այնպիսի մի բաց է մնացել սրտումս, որ ոչնչով չեմ կարողանում լցնել:

— Մեռել է, մեռելին խո չե՞ս կարող հարություն տալ, — ասացի հուզված:

— Այդ մտքի հետ չեմ կարողանում հաշտվել, թե նա կարող է մեռնել: Մանավանդ որ դոկտոր Էդքոքը խոստանում է բուժել:

— Ջուր բան է, դոքտորը փողիդ հավասին դեղեր է տալիս, քեզ մխիթարում և հուսադրում է, բայց ինքդ էլ համոզված ես, որ անբուժելի է:

— Ո՛չ, Միրզա, արդեն զգալի փոփոխություն եմ նկատում մի շաբաթվան մեջ: Եթե մի ամիս շարունակեմ, բոլոր վերքերը կծակվեն և կկարողանա հանգիստ մանգալ ու տեսնել:

— Դրանից ի՞նչ օգուտ, դու Քաղիջեի տանջանքն ես երկարում: Նրա խոցերը կարող ես բուժել, բայց նրա արյունը, ջղերը, մկանները, մինչև իսկ ոսկորները ապականված են: Նա չի կարող վերածնվել:

— Ես գիտեմ, որ նա այլևս չի կարող ինձ կին դառնալ, բայց նրա շունչը, խոսակցությունը, կենդանությունը մասամբ կծածկեն սրտիս բացը, և ես մխիթարված կլինեմ:

— Բավակա՛ն է, տհաս մտքերդ մի արտահայտիր գոնե ուրիշին: Մտածիր, որ մենք կռապաշտ չենք, չենք կարող ալլահի կամքի դեմ կռվել: Բախտը չէր կամեցել, որ դու Քաղիջեի հետ ապրես, ինչպե՞ս կարող ես ճակատագիրդ փոխել: Նա մեռավ և թաղվեցավ, գերեզմանում երկու տարուց ի վեր թաղված մեռելը նեխված կլինի, նրա ոսկորտիքին ձեռք տալը մեղք է, ոճիր է:

— Սեպիր թե նրա ոսկորտիքը հանել եմ, որ Քեր-Բելա տանեմ, մեծ Իմամի մարտիրոսված հողում թաղելու:

— Այս տասնհինգ օրը ինչքան որ զբաղեցար այդ դիակի հետ, բավական համարիր և Քաղիջեի խոսքը լսելով, նրանից ձեռք քաշիր, ազատվիր: Եկ, գիշերս քեզ նշանեմ, մի աղջիկ ուզենք, ամուսնացիր, և նա Քաղիջեի բաց թողած տեղը կլցնե:

— Ոչինչ, ոչինչ չի կարող լցնել: Այն իմ երազներս, իմ ձգտումներս, բոլորը կործանվեցան ու ցնդեցին: Կյանքն առանց Քաղիջեի խավարել է ինձ համար: Ես պետք է բուժեմ նրան, որ ինքս էլ ապրեմ, եթե ոչ, առանց Քաղիջեի ես կյանք չունիմ: Ես նրան կտանեմ Թիֆլիզ, Խարկով և մեծ բժիշկներին կհանձնեմ, որ բուժեն:

— Նա ճանապարհին շնչասպառ կլինի, նրան չես կարող մինչև Արաքսի ափը հասցնել:

— Ես էլ Արաքսը կգլորվեմ, և երկուսս էլ կազատվենք այս դառն աշխարհից:

— Վա՛խ, վա՛խ, վա՛խ, — ասացի քմծիծաղով, — դուք որ մեռնիք ու խեղդվիք, աշխարհ կկործանվի: Բավական է տխմար ու տհաս դուրս տաս, վերջ տուր այդ ցնորքին և հաշտվիր այն կյանքի հետ, որ ամբողջ աշխարհը վարում է:

— Անհաշտները չեն կարող զիջանել ու ընկճվել այս աղտեղության մեջ: Ավելի ուրախությամբ ես կշփեմ ու կտրորեմ քյուֆթի ապականված մարմինը, նրան բուժելու հույսով, քան թե կգնամ, կբարեկամանամ այն ապականված բարքերի հետ, որոնք աղքատ ժամանակս ինձ անասունից չէին զանազանում, իսկ այսօր չորս բոլորս են ման գալիս, գրպանումս ոսկի տեսնելով:

— Ախր, չէ որ Քաղիջեդ էլ այդպես վարվեց, քանի որ աղքատ էիր, քեզնից երես էր թեքում, գնաց ախտաժետ Քերիմին առավ ոսկու փայլից շլացած...

— Ո՛չ, նա ինձ սիրում էր հոգով, նա ինձ կյանք և հույս էր ներշնչում: Նա ինձ խրախուսեց գնալ Բաքու փող աշխատել և վերադառնալով կոտրել իր ծնողների տխմար փառասիրությունը: Բայց ի՛նչ օգուտ, որ մինչև վերադարձս Քերիմը սպանեց կյանքս ու ծրագիրներս կործանեց:

Հետևյալ օրը Իմամ-Ղուլին գնաց ու վարձեց այն պարտեզի խրճիթը, որը Քաղիջեի որջից ընդամենը քառասուն քայլ հեռավորության վրա էր: Կահավորեց, մի վերզիացի կին վարձեց, որ խնամե հիվանդին և ամեն օր կանոնավոր կերպով դեղ, ուտելիք և կարևոր իրեր տանում էր Քաղիջեի համար: Այլևս առանց քաշվելու ինձնից, մորից ու դրացիներից, նա համարյա թե օրվա մեծ մասը անց էր կացնում քյուֆթի մոտ և անձամբ նրան խնամում:

Համարյա ամիս ու կես ամեն օր դեղ էր տանում, և շաբաթական երկու անգամ Էդքոքը ու մի անգամ էլ ամերիկացի բժշկուհին այցելում էին հիվանդին, ստանում իրենց վարձը և գնում դեղերը ուղարկում: Մինչև անգամ Իմամ-Ղուլին իր անկողինն էլ տարավ և շատ գիշեր այնտեղ էր քնում: Խրատ,հորդոր, մոր աղերսը, քույրերի արտասուքը, մորաքրոջ նախատինքը ոչ մի ներգործություն չունեցան, անդրդվելի մնաց:

Քաղիջեն գրեթե ամեն օր աղերսում և ստիպում էր, որ իրեն թողնի, հեռանա, վախենում էր, որ վարակի Իմամ-Ղուլիին, բայց նա համառացած չէր հեռանում և ամենայն եռանդով տքնում էր առողջացնել ախտաժետին: Բայց բոլոր միջոցները զուր անցան, մինչև իսկ վերքերը սկսեցին բորբոքվիլ: Այս սոսկալի տանջանքների մեջ Քաղիջեն ամեն րոպե մահ էլ խնդրում, իսկ անողորմ հոգեառը փոխանակ գոսացած մարմնից բաժանելու վերջին շունչը, իր անգութ մանգաղով կոկոն ու նորաբաց ծաղիկներ էր քաղում:

Քաղիջեն զգալով, որ չպիտի կարողանա խնդիրքով, աղերսով ու փաղաքշանքով իրենից հեռացնել Իմամ-Ղուլիին, սկսեց նրա հետ վատ վարվել: Նախատում էր ինչպես նրա հորեղբորորդուն, նույնպես և իրեն: Ոչ միայն որևէ քաղցր խոսք չէր արտասանում, այլ անվերջ հառաչում և նզովում էր սափրիչների տոհմը, ոչ միայն բերած կերակուրը չէր ուտում, այլ երեսն էր թեքում նրանից, փախչում վարձած բնակարանը և գնում գլորվում էր իր որջը: Վիրատապ կինը մի օր ինձ ասաց առանձնության մեջ.

— Աղա Միրզա՛, խելք դիր Ղուլիի գլուխը, զգուշացրու. ես սարսափում եմ, երբ մտածում եմ, որ նա կարող է վարակվել: Ես տանջվեցի, բավական է, նա ինչի՞ է գլորվում այս ապականության մեջ: Ամեն միջոցի դիմեցի, որ նրան զզվեցնեմ ու փախցնեմ, ճարս կտրվեց: Անգամ հետը չեմ խոսում, հարցերին չեմ պատասխանում, հնար չկա, ինձնից չի պոկ գալիս: Ախար մեղք է, ախար խեղճ է, ջահել է, ինչի՞ իմ օրս ընկնի: Ինձ այս օրը գցողի հոգին այնպես խոցոտի, ինչպես խոցոտվել է իմ մարմինս վերքերով:

— Ոչ ոքի չի լսում, քո սերը նրա սրտում պատրույգ է դարձել ու կյանքը վառում է, Քաղիջե, էլի դու պիտի մի հնարով նրան քեզնից հեռացնես, — ասացի ու հեռացա:

Քաղիջեն խռովեց ու հեռացավ իր այրը, վերջնականապես վճռելով չընդունել ոչ Իմամ-Ղուլիին, ոչ էլ Էդքոքի դեղերը և մեռնել՝ Իմամ-Ղուլիին փրկելու համար:

Երբ Քաղիջեի համառությունը չկարողացավ կոտրել, երբ զգաց Իմամ-Ղուլին, թե անհնար է այլևս նրա համառությունը կոտրել, նա էլ վճռեց մտքում վերջ տալ իր կյանքին: Ինչքան խոսեցա, խնդրեցի, հորդորեցի, որ ամուսնացնեմ, հնար չեղավ, Քաղիջեից հետո էլ ուրիշ կին չուզեցավ առնել: Լավ գործեր ցույց տվի, որտեղերից կարող էր օգտվել, հանձն չառավ:

— Ես ապրուստ ունիմ, — ասաց մի օր վշտացած, — փողի պետք չունիմ: Փող վաստակելու ճանապարհին էլ գիտեմ, առաջնորդի կարիք չունիմ: Ի՞նչ եմ անում գործն ու փողը, երբ հոգիս հիվանդ է, սիրտս դատարկ, աչքերս մթնակալած, զանգումս փոթորիկ: Ախ, Քերիմ, Քերիմ...

Վերջապես վճռեց Բաքու վերադառնալ: Բերած երեք հազար թումանից մի հազարը ծախսել էր երեք ամսում: Քիչ բան թողեց մորը, տունը լցրեց, կով, ոչխար առավ, որ մայրը կթե ու ապրի, ինքը գնաց Բաքու:

Բայց Բաքու չէր կարողացել ապրել, ուղղակի անցել էր Թեհրան: Այդտեղ հետամտել էր հորեղբորորդուն՝ Քերիմին, որպեսզի սրտի մաղձը, հոգու վիշտը թափի: Անակնկալ, փողոցում սկսել էր հայհոյել ու նախատել, նրա դիմակը պատռելով, պատանեկությունից մինչև այդ օրը կատարած բոլոր լրբությունները, անառակությունները և գազանությունները երեսին էր տվել թուք ու մրով: Քերիմը սարսափահար երբ տքնել էր փախչել, նրա դուլամներից մեկը ատրճանակի գնդակով վիրավորել էր Իմամ-Ղուլիին:

Թեև ազատվեց Իմամ–Ղուլին, բայց արյունահեղությունը էժան չնստեց Քերիմի վրա, նա դատից ու դատաստանից ազատվելու համար քանիհինգ տարվան մեջ ժողոված կանխիկ դրամները, որոնք եվրոպական բանկերումն էր պահում, տվեց սադրազամին, որ Շահի սիրտը շահե, իրեն ազատե: Դրանից հետո ահա ութ-ինն ամիս է, որ Քերիմին չեն թողնում Թեհրանից: Ինչպես լսեցի, նրան Կ. Պոլսի դեսպան են նշանակել, շուտով պիտի դա հորը տեսնելու և այստեղից մեկնելու դեպի Բոսֆոր:

— Ուրեմն նուխեցիների աղջկան վիճակված չի եղել բախտավոր օր տեսնելու:

— Գաղթականին ո՞վ կթողնե, որ աչք բանա, — ասաց Միրզա Մեհթին: Եթե նրանք իրենց տեղից չշարժվեին, այս թշվառության չէին մատնվիր:

— Մի՞թե ամբողջ Թավրիզը գաղթական է, որ ամենքի տունն էլ թշվառություն կա:

— Այդ էլ ուղիղ է, այո՛, ամենքս էլ գաղթական ենք: Կյանքի մեջ ո՞վ է տեսել, որ մարդ որևէ վիշտ չունենա, վիճակից գոհ լինի: Ամեն հարկի տակ վիշտը մի կերպարանքով է մտնում, բայց գաղթականի տունը՝ խոժոռ դեմքով:

— Խոժոռ դեմքով և կնճիռներով, — ասացի, ու լռեցինք:

Արդեն սեղանը պատրաստ էր, և մենք հացի նստանք: Անմռունչ երկուսս էլ ուտում և մտովի երևակայում էինք այն բոլոր տեսարանների մասին, ինչ-որ անցել էր Քաղիջեի և սափրիչների որդիների հետ: Մի ժամից ավելի տևեց մեր ճաշը, բայց ոչ մի խոսք չկարողացանք փոխանակել: Սեղաններս էլ շատ ճոխ էին, ինչպես թվում էր՝ կոնսուլի խոհարարը միշտ էր գտել մեզ սիրաշահելու, որ լավ անամ[17] ստանա: Մանավանդ որ այդ օրը պարսիկ մեծամեծները այցելության միանգամայն ճաշի հյուր էին եկել կոնսուլին, այնպես որ ծառայողների վրա կոնտրոլ չկար:

Պարտեզի վերնի տան դահլիճում հրճվում էին տնատերն ու հյուրերը, առանց մտքերից անգամ անցկացնելու, թե գրասենյակի մոտի այցելուների սենյակներում հպատակներն էլ ընկերակցում էին իրենց սեղանին ծառաների միջոցով: Երբ Միրզա-Մեհթին ճաշից հետո լվացվեց, ասաց,

— Այսպես է աշխարհիս բանը, ամեն մարդ, ամեն մի հնարավոր առիթից տքնում է օգտվել: Էլ ինչի ենք մեղադրում Քերիմ-խանին, որ կողոպտել է ժողովրդին: Մենք էլ միշտ տվինք խոհարարին գողանալու տիրոջից և մեզ էժան կշտացնելու այդ գողացածով:

— Ուրեմն այս բոլորը կոնսուլի խոհարարի՞ց եկավ:

— Այսպիսի կերակուր ծառաները չէին կարող եփել, — ասաց Միրզա-Մեհթին, ատամները քչփորելով:

— Եթե ես գիտենայի, ձեռ չէի մեկնիլ...

— Շատ հարկավոր է, կտաներ մեր վճարածի կես գնով կծախեր գյուղացիներին: Այդ կերակուրները պիտի թռչեին, մենք չգնեինք, գնորդներ շատ: Ահա այս չարագործությունն է, որ զարգացնում է ոճրագործությունները: Շուտով և շատ քանակով հարստանալու համար մարդիկ ինչեր չեն կատարում:

Մինչև ժամի վեցը մնացինք այցելության սենյակում: Երբ դուրս եկանք Թավրիզ վերադառնալու, հեռվից երևեցան հյուրատուսարանի խան-հյուրերը, որոնց ճանապարհ էին դնում կոնսուլն ու իր երկսեռ զավակները: Մինչ պարսիկ սպասավորները կառքերի ձիերն էին լծում, կոնսուլատի ախոռապաններն էլ մեր ձիերը սանձեցին ու դուրս քաշեցին:

Երբ մեր ձիերը աշտանակած դուրս էինք գալու, Միրզա-Մեհթին ասաց.

— Լավ նայիր այն բարակ ու բարձրահասակ պաշտոնակալին, դա է Քերիմ-խանը: Փուչը անձայն ու ծպտյալ քաղաք է մտել, որ կրկին Իմամ-Ղուլիի հարձակմանը չենթարկվի:

Այս խոսքերն ինձ ստիպեցին մի լավ զննելու տխուր հերոսին, որը սափրիչի կրպակից դեսպանության և պրինցության էր հասել: Նույնիսկ վերջերքը արքայական տան փեսա էր դարձել Թեհրանում: Երբ հյուրատուսարանի գավթի դռնից դուրս եկանք, ռահընկերիցս հարցրի.

— Ինչո՞վ վերջացավ Իմամ-Ղուլիի վիճակը:

— Թավրիզից հեռանալուց երեք ամիս հետո Իմամ-Ղուլին կրկին

---

[17] Վարձ:

վերադարձավ ծննդավայրը՝ աջ ոտքով կաղալով, գնդակի վերքը դեռ կատարելապես չէր առողջացել, և նա անութափայտով էր ման գալիս: Նրան դեպի Թավրիզ չէր ձգել ոչ բարեկամների ու ընկերների սերը, նա չէր կարողացել առանց Քաղիջեի ապրել, նա եկել էր անշուշտ իր նշանածին առողջացնելու կամ նրա հետ մեռնելու:

Թավրիզ հասնելուն պես գնաց Վարզիե գյուղում մի տուն վարձեց, կահավորեց և եկավ բռնությամբ Քաղիջեին ու աղջկան վերցրեց, տարավ գյուղ: Դարձյալ սկսվեցին դեղերը, բժիշկ Էդքոքի և բժշկուհի Վանգուդի այցելությունները: Քաղաքից ուտելիք, դեղ և կարևոր պետքերը անձամբ տանում էր Իմամ-Ղուլին և գիշերներն էլ այնտեղ էր ապրում: Ոչ միայն վարզիացի աղախին էր վարձել իրենց խնամելու համար, այլ մինչև անգամ մայրը գնաց գյուղ, որպեսզի որդու վերքը անձամբ խնամի և զգուշացնի, որ նա չվարակվի:

Քաղիջեն սկզբում շատ էր հակառակվել Իմամ-Ղուլիին և տքնել էր չգնալ գյուղ, բայց երբ նկատել էր, որ իր սիրած մարդը անդառնալի կերպով վճռել էր կյանքին վերջ տալ, եթե իրեն չհետևեր նշանածը, զիջել էր: Ամեն օր անձամբ հսկում էր Իմամ-Ղուլին, որ բժշկի պատվիրած ժամերին դեղերը տան հիվանդին, օծեն ու շփեն, ինչպես որ պատվիրում էին: Բայց զուր, մի քանի օր դեղերը օգնում, նպաստում էին առողջանալու, ապա ավելի ևս բորբոքում: Իմամ-Ղուլին լիահույս պնդում և ստիպում էր անվերջ շարունակել: Քաղիջեն, որպեսզի ինքը պատճառ չդառնա սիրականի գլխին մի փորձանք հասնելուն, լռելյայն տանում էր ամեն տանջանք և թողնում, որ իրեն դարմանեն:

Բայց երկու ամիս չանցած ձանձրացան բոլորն էլ: Ոչ ոք չէր ուզում շարունակել այդ սոսկալի կյանքը, բացի Իմամ–Ղուլիից, որը պահանջում էր անընդհատ շարունակել և հետևել եվրոպական բժիշկների խորհուրդներին: Երբ ձանձրությունը հասավ գագաթնակետին, մի օր Քաղիջեն խնդրեց սկեսուրից, որ մի քիչ մկնդեղ բերե, իրեն տա ուտելու, ազատվելու տանջանքներից և ազատելու Իմամ-Ղուլիին փորձանքից ու մտորումներից: Հայտնի բան է, քեռիս սկզբում սոսկում է այդ դժոխային մտքից, տատանվում է, հանդիմանում է Քաղիջեին, չի լսում մի շաբաթ, բայց վերջիվերջո համակերպվում է ախտաժետի հետ:

— Անա, — ասել է մի օր Քաղիջեն սկեսուրին, — ես համոզված եմ, որ առողջանալիք չունիմ, վերջիվերջո մեռնելու եմ, բայց չեմ ուզում, որ դու, որդիդ վարակվեք կամ նույնիսկ ինձ համար տանջվիք: Ինչ որ ձեզ չարչարեցի բավական է, խիղճս էլ սիրտս կրծում է փոխադարձաբար ամեն ժամ: Այս պատճառով աղաչում եմ, գնա բազար մի կտոր մկնդեղ բեր, ես կուտեմ ու ձեզ կազատեմ: Միևնույնը չէ՞ այսօր եմ մեռել, թե մի տարի հետո: Ինչ օգուտ իմ ապրելուց, երբ ես ոչ միայն ոչ մի հաճույք ու վայելք չեմ զգալու այս կյանքից, այլև միմիայն վիշտ ու հառաչ պիտի պատճառեմ քեզ ու որդուդ: Երդվեցնում եմ քեզ զավակիդ արևով, եթե սիրում ես Իմամ-Ղուլիիդ, եթե թանկ է քեզ համար միակիդ կյանքը, գնա բեր և ազատվենք:

Այնքան հորդոր էր կարդացել, այնքան թախանձել, որ թշվառ կինը մի կերպ որդուն փրկելու հույսով իջել էր քաղաք, մի մսխալ արսենիկ առել ու դարձել էր գյուղ: Բայց ճանապարհին խղճահարվել էր, սոսկացել էր իր արարմունքից, սարսափել էր մարդասպանության պատճառ դառնալու մտքից ու թափել էր: Տուն դառնալուց հետո երբ պատմել էր արածը Քաղիջեին, վերջինս այնպես ողբագին թախանձել էր, որ խեղճ պառավը պարտավորված ետ էր դարձել, ժողովել էր ու տուն տարել թափած արսենիկը: Բայց որպեսզի շատ տանջելուց և շուտ սպանելուց զգուշանա, ուրիշներին կասկածի տեղիք չտա, ժողոված արսենիկը, որի մի մասը թափված տեղը փչացել էր, հինգ մասի է բաժանում և մի մասն է տալիս ախտաժետին:

Քաղիջեն ուրախությամբ կուլ է տալիս թույնը և կրկնում է սկեսուրին.

— Ուրախությամբ ես կուլ կտամ այս թույնը, որպեսզի ազատվեմ ֆրանգների տված դեղերից, որոնք թույնից ավելի աղու են:

Հայտնի բան է, Իմամ-Ղուլին ոչինչ չի իմանում այս մասին. երբեք էլ չի կարողանում կասկածել, թե նշանածը թույն է ընդունել: Երկու ժամ հետո Քաղիջեն խիստ տաքության է ենթարկվում, որին հետևում է սաստիկ քրտինք: Մինչ հարս ու սկեսուր սպասում էին մոտալուտ մահվան տագնապներին, անուշ քուն է գալիս Քաղիջեի վրա և այնպես խոր նիրհում, որ տասներկու ժամ է տևում: Ծծկեր երեխան, որ պառկեցրած էր մոր մոտ, ագահաբար սկսում է ծծել մոր կաթը: Փորը լավ կշտանալուց հետո նա էլ քնում է անդորր կերպով, խաղաղ քրտինքով:

Հետևյալ օրը արևագալին, երբ զարթնում է Քաղիջեն, իրեն ավելի լավ է զգում, քան էդքոքի դեղերից հետո: Քենիս նկատում է, որ արսենիկից հետո երեխան ավելի կայտառ է դարձել, քան առաջ էր: Քաղիջեն մնում է շվարած: Նա, որ մահ էր որոնում, մահը նրանից փախչում էր: Ամբողջ մի շաբաթ Քաղիջեն քնում է լավ քրտնած և զարթնում է օրեցօր զվարթ: Վերքերը քիչ-քիչ սկսում են չորանալ և լավանալ, իսկ աղջիկը բոլորովին կայտառանում է:

Գալիս է բժիշկ էդքոքը և հիվանդին քննելուց հետո սկսում է հուսադրել, պարծենալով իբր թե իր դեղերը օգնել են և գողավորն սկսել է արդեն ապաքինվել: Այնպես է ուրախանում էդքոքը, որ անմիջապես իր կառքը վերադարձնում է քաղաք բժշկուհուն բերելու: Երկու բժիշկները ամբողջ մի ժամ քննում են հիվանդին, վիճում են իրենց լեզվով, հարցեր են տալիս, բայց չեն կարողանում ըմբռնել, թե ինչից է առաջացել այդ անակնկալ բժշկությունը: Հայտնի բան է քենիս ու Քաղիջեն երկուղից ոչինչ չեն հայտնում բժիշկներին:

Քաղիջեի ապաքինության հակումը մեծ ուրախություն է պատճառում Իմամ-Ղուլիին, որը ավելի եռանդով շարունակել է տալիս դեղերը: Քաղիջեն դարձյալ հուսահատ ապաքինվելու գաղափարից, թեև խնդրում է քենուցս իրեն քիչ էլ տալ այդ դեղից, բայց նա խսպառ մերժում է: Միայն թե մի քիչ արսենիկ փշրում, խառնում է այն օծանելիքի մեջ, որով ամեն օր օծում էին հիվանդին, հուսալով, որ դա կարող է օգնել: Տասնհինգ օր շարունակելով այդ դեղերը, Քաղիջեի քաշված մկաններն այնպես են արձակվում, մսակալած աչքերն այնպես են բացվում, որ նա ոչ միայն ազատ ման է գալիս, այլև տեսնում է ամեն բան և վերակենդանանում է:

Իմամ-Ղուլիի ուրախությանն էլ սահման չկար: Ամեն օր բժիշկները այցելում էին Վերզիա, հրճվում իրենց առողջացրած հիվանդով, մանավանդ նրա մանկիկով, որը այդ ամսում սկսեց արդեն ման գալ:

Երկու ամիս հետո առանց անութափայտի Իմամ-Ղուլին իջավ քաղաք, ետ գնեց նուխեցու տունը գրավականից, կահավորեց, սարքեց և այնտեղ փոխադրեց Քաղիջեին, երեխային և իր մորը: Քաղիջեի կոկորդի ու կողի ծակվածները առողջացան, նրա արյունը մաքրվեց ապականությունից, միայն փլած քիթը մնաց, որը թեև էդքոքն ուզեց կտրել և նորը փակցնել, բայց Քաղիջեն չհամաձայնեց:

— Թող այդ նշանը ցմահ դեմքիս մեջտեղը մնա, որ հիշեմ, թե ես որքան ստորացա, որ թողի Իմամ-Ղուլիիս և հրապուրվեցի Քերիմի ոսկիներով ու զոհարներով:

Իմամ-Ղուլին ամուսնացավ իր սիրած կնոջ հետ և այժմ Թավրիզում առևտրով է զբաղված: Նա, որ իր եռանդով ազատեց Քաղիջեին այն դժոխային կյանքից ու գերեզմանից, ինչի չի կարելի ազատել այս գողավորներին, եթե քաղաքի ազգաբնակչությունը այդ ցանկանա և միջոցներ չխնայե կարգին հիվանդանոց ու անկելանոց կանգնելու:

1911 թ.

ԲԵՐՄԱՅԻ ԱՌԱՔԵԼԸ

1870 թվականի աշնան մեջ քաղցր եղանակներ էին: Երկրամշակը յուր աշխատության պտուղն էր հնձում, բերքն ու բարիքն էր տուն կրում, ձմեռվա պաշարը դիզում և պատրաստվում բքաբեր ձմռան: Այգեկութի առատ հնձից ուրախացած, մշակը կայտառանում էր, շիրան ու պտուղները իշով ու ձիով տուն կրելով: Մի օր, իրիկնադեմին, վերջալույսի ժամանակ մի դեռահաս երիտասարդ բարձրանում էր Էշկինարի ձորից դեպի Արդանուշի բերդը: Մռայլ էր երիտասարդի դեմքը և կարծես չէր ուզում աչքերը շուրջն ածել ու դիտել բարեզեղուն այգեստաններն ու անդաստանները, որոնք իրենց գեղեցիկ տեսարաններով, գույնզգույն պտուղներով և անուշահոտ բուրումներով գրավում էին անցորդի սիրտը: Նա անդադար հառաչում էր և ոլոր-մոլոր, համընթաց քայլերով բարձրանում այդ դիք դարիվերը: Վերջապես նա Ծայգի դռնից մտավ բերդը և անմիջապես ուղղվեց իրենց տան կողմը: Ներս մտավ առանց բարևելու և երբ երիտասարդը տատանվեց նստելիս, նրա մայրը որդու մոլորված շարժումները նկատելով ասաց.

— Առաքե՛լ, որդի՛, որտե՞ղ էիր մինչև հիմի:

— Քիչ լեղուտ գնեցի, — ասաց կակազելով երիտասարդը և ավելացրեց, — Էշկինարից եմ գալիս: Ապսպրեցի, որ քիչ կորկոտցու և բլղուրցու ճերմակ հատիկ ուղարկեն տուն:

— Դադրել ես, որդի, նստի՛ր, ոտքերդ տարածի՛ր, քիչ հանգստացիր:

Բերսան դառնալով հարսի կողմը, ավելացրեց.

— Սառա՛, քիչ ջուր բե՛ր, Առաքելս թող լվացվի:

— Չեմ ուզում, — ասաց Առաքելը, — ջուր պետք չէ, Բերսա՛, դու նստիր:

Մայրը մոտեցավ և բազմոցի ծայրին նստեց որդու մոտ մտախոհ, ձեռքով որդու ճակատը շոյելով:

— Որդի՛, գլուխդ խո չի՞ ցավում, մի դարդ խո չունի՞ս, — ասաց վշտաբեկ մայրը, սրտատրոփ զննելով որդու դիմագծերի արտահայտությունները:

— Բան չկա, Բերսա՛, ոչինչ չունիմ, — պատասխանեց հանդարտությամբ Առաքելը:

— Մի ցավ ունիս, մի վիշտ ունիս, Առաքել, և ումնի՞ց ես ծածկում:

— Ոչինչ չունիմ, թաքցնելու բան չկա, բայց...

— Էլ ի՞նչ բայց, ասա ու մի՛ սիրտս հատցնիլ:

— Փողերս հատավ... ես եմ ու այս ոսկի ու կեսը, — ասաց Առաքելը, ցույց տալով քսակի որքը, որը ժամանակից շատ վաղ դատարկվել էր:

— Ի՞նչ անենք, որդի՛, — ասաց սրտի խորքից մի աղեկեզ հառաչանք բաց թողնելով Բերսան, — մեր ճակատին էլ աստված երևի այդ է գրել: Մի կտոր հող չունինք, ո՛չ այգի, ո՛չ արտ, ո՛չ էլ մի խարխուլ խանութ: Քսան տարի առաջ հայրդ էլ քեզ նման կարզվեց, երեք ամիս ամբողջապես քովս չկեցավ, գնա՛ց, կորավ, էլ չվերադարձավ...

Բերսայի աչքերը ցոլացին, արտասուքի մի քանի խոշոր կաթիլներ նրա այտերի վրայից գլորվեցին: Նա ակամա ընդհատեց յուր խոսքը, բայց քիչ հետո հերոսաբար զսպեց կրքերը, սիրտը պնդացրեց ու շարունակեց.

— Բրիշակ դառնա այդ Սթամբոլն իրեն մեծ իմամի գլխին, որ աշխարհքն ազատվի: Տարին քանիները պիտի երթան ու չվերադառնան: Քանդվի, կործանվի ու չքանա Իսթամբոլն էլ, իրեն ոսկին էլ, որ քանդեց ու ավերեց մեր տներն ու բները: Ի՞նչ ասեմ, որդի՛, «մի՛ երթալ» չեմ կարող ասել, քանի որ քաղցած չենք կարող ապրել, ուրիշի դռան վրա մի հույս չենք կարող կապել: «Բարով երթաս» էլ ի՞նչ սրտով ասեմ:

Մի փոքր ժամանակ մթնշող սենյակում լռություն տիրեց, մայր ու որդի, առանց իրար դեմքերը զննել կարողանալու, խորասուզվեցան դառն մտքերի անհատակ անդունդը: Բայց Բերսան, կրկին ուշքը հավաքած, խզեց լռությունը և որդուն հույս տալու, քաջալերելու համար ավելացրեց.

— Որդի՛, ի՞նչ անենք, ինչի՞ ես այդքան մտածում, մեր տղերանց վիճակն այս է, որ գնան, վաստակեն պանդխտության մեջ, տուն բերեն և ուտեն: Գնա՛, աստված քեզ հետ, բայց...

— Էլ ի՞նչ բայց... քաջա՛ն, կերթամ էլ, կգամ էլ և հույս ունիմ, որ այս անգամ այնպես գամ, որ էլ հավիտյան կարիք չզգամ նորից պանդխտելու: Ես խո էլ խամ չե՞մ, յոթ տարի կեցել եմ, սովորել ու փորձվել: Այժմ ո՞վ ասես ինձ լավ ռոճիկով խոհարար չի պահի Բեյ-օղլիում: Շատ, շատ, եթե չորս հինգ տարի Սթամբոլ մնամ, այնպես ետ կդառնամ, որ էլ բոլորովին ապահովված կլինինք և մինչև մահ իրարից բաժանվելու կարիք չենք ունենալ:

— Տանը խոսք տալը արժեք չունի, բանը մտադրածը գործադրելու մեջն է: Մոր ու կնոջ մոտ մեծամտելու չէ, այլ հեռանալուց հետո մտքից հանելու չէ ընտանիքն ու օջախը հավիտյան: Ինչ ասեմ, որդիս, մեկ գնացիր յոթ տարի մնացիր, հիմի որ գնաս քանի՞ տարուց պիտի վերադառնաս, այդ միայն տերը գիտե: Դրսի մարդը ի՞նչ գիտե, բայց դու իմ ներքին բոլոր դարդերը երեք տարեկան հասակից զգացել ես ու քաշել, քեզ խո կրկնել պե՞տք չէ: Բեմուրադ հորդ ճանապարհը սպասելով, քեզ հետ ամառ-ձմեռ սրա-նրա մանածն եմ մանել, մանուսան գործել, հազիվ ցամաք հաց ճարել ու ապրել... Բայց էլ ծնկներումս ճար չկա, թևերումս ուժ չմնաց, սիրտս էլ մաշվել, մարմաշի պես բարակել է, դիմանալու հալ չէ մնացել: Չորս-հինգ տարի՛ ... ասելը շատ հեշտ է, բայց դիմանալը տաժանելի: Գնա, ճար չունինք: Առաքել ջան, պիտի երթաս, բայց մի մոռանալ մեր անցյալը... Խղճմտանքդ զարթուն պահե, գութ ունեցիր մանավանդ այս կնոջդ վրա, որի արյունը մտար, որը քեզ շուտով մի զավակ է տալու: Այն, ինչ որ ես եմ քաշել, աստված ո՛չ անե, ո՛չ թե Սառաս, այլ թշնամիս անգամ չքաշե: Այն, ինչ որ դու ես կրել քու մատղաշ օրերում, չլինի թե մեզ երեսի վրա թողնես, որ քու ապազա զավակն էլ կրե:

— Քաջա՛ն, դու անհանգիստ մի՛ լինիր, հակառակը մի՛ մտածիլ: Այդ քարոզները քեզանից շատ վաղ եմ լսել: Ինքդ էլ համոզված ես, որ քու որդին երբեք չի կարող այն մեր քաշած դառն օրերը մոռանալ ու նույն սոսկալի վիճակին մատնել յուր սիրասուն մորը և դեռափիթիթ կնոջը: Միայն ինձ համար մի նպատակ ունիմ, որոշ և պարզ, այդ նպատակիս հասնելն էլ դժվար չէ ինձ համար: Սթամբոլում մի համեստ դրամագլուխ կազմելն ու վերադառնալը ծանր գործ չէ ինձ նման աշխատող մի արհեստավորի համար: Ինձ ոչ հազար է պետք, ոչ էլ հարյուր հազար, մի-երկու հարյուր լիրան անվերջանալի դրամագլուխ է մեզ նման մի համեստ ընտանիքի համար:

— Գնա՛, որդի՛ս, մի՛ վհատիր, գնա գործիդ, խիղճդ զարթուն պահիր ու միշտ հիշիր մանկական օրերիդ դառնությունները...

Մի-երկու օրից, արդեն ճանապարհի բոլոր պատրաստությունները տեսած, ուղի ընկավ Առաքելը: Նրան ուղեկցեցին կինը, մայրը, զոքանչը և խաչեղբայրը՝ Սրապիոնենց Պապոն: Փոքրիկ պայուսակը ուսին գցած, մի մահակ էլ ձեռին զնում էր Առաքելը, ջանալով որքան կարող էր ուրախ ու զվարթ դեմքով անջատվել սիրելիներից: Բերսան նույնպես պահպանում էր կեղծ ժպիտը, իսկ Սառան տրտում էր, թախծալի դեմքով: Օրն ամպամած էր, աշնան տխրաշունչ քամին փչում էր, ծառերի տերևները օդի մեջ ծածանվելով թափվում էին, գետինը ծածկված էր բոցակիզված, դեղնած խոտերով, որոնք քամու՝հետ սփռվում էին օդի մեջ: Հազիվ թե մի հարյուր քայլ բերդից հեռացել էին, Բերսան ետ դարձավ և ասաց.

— Խնամի Մարթա՛, Սառա՛, աղջիկս, բավական է, ետ դարձեք, գնացեք տուն: Մենք էլ շուտով կգանք:

Մի վերջին համբույր ևս տվին Մարթան ու Սառան Առաքելին, արտասվալի աչքերով, անմռունչ տուն դարձան: Երբ քիչ էլ առաջ գնացին, Առաքելը դեմքը շուռ տվեց բերդի կողմը, մի դառնաշունչ հառաչանք արձակեց անզգայաբար և մոլեգնած քայլերով շարունակեց իր ուղին, Սույոլի արտերի կողքերով: Բերսան այնքան խորասուզված էր բաժանման դառն մտքերով, որ ոչինչ չնկատեց, իսկ Պապոն այնպես ձևացրեց, որ իբր թե չտեսավ ու անցավ:

Երեքով ճանապարհները անմռունչ շարունակեցին մինչև Կտրած ապառաժը, որտեղ Բերսան կանգնեց բարի չու մաղթելու յուր որդուն: Դարձյալ համբուրվեցին մայր ու որդի, և Բերսան չկարողացավ զսպել իր արտասուքը, որ գլորվում է յուր չորացած այտերից, ինչպես ապառաժի երեսից սահում են իրար հետևից հալված ձյունի կաթիլները: Մռայլ էր և Առաքելը, հոգով տխրած, բայց մայրը նրան մանկությունից այնպես էր վարժեցրել տոկալու, որ բոլոր ճիգովը ջղերը սանձած, անզգա, անկենդան ձևացած, սպասում էր մորից բաժանվելու վայրկյանին: Չէր ուզում երիտասարդը, որ այդ վերջին րոպեում յուր որևէ անզգույշ բորբոքումով, փղձկել ու մղկտացնել մոր սիրտը, որն ինքնըստինքյան մորմոքումից ժայթքելու պատրաստ էր: Բայց ուժերն սպառվեցին, և ջղերի լարերը կտրատվեցին, մայրն էլ, որդին էլ հեկեկացին, գրկվեցին ու չէին կարողանում բաժանվել: Լեզուները չէին շարժվում, մթնած աչքերը չէին տեսնում իրար դեմքերի, մկանների արտահայտությունները, բայց իրար սրտերի միջից անցածները զգում էին: Կարող էին նրանք երկար ժամանակ այդ դրության մեջ մնալ, եթե Պապոն, որ նվազ չէր զգացված այդ պատկերով, սրտակտուր ձայնով նրանց չհիշեցներ, որ բաժանվելու ժամանակն է:

— Քեզ էլի ի՞նչ պատահեց, Բերսա՛, — ասաց Պապոն վշտաբեկ տիկնոջ թևից բռնելով, — նոր տեսածդ է, մի՞թե հարազատներիցդ այս առաջին անգամն է, որ բաժանվում ես: Առաքելի այս ճանապարհից տուն գալուց քանի՞ օր է անցել, որ դու այդպես շուտ մոռացար և այսպես խիստ ընկճվեցար: Գնա՛, Առաքել ջան, տերը քեզ հետ: Մեր վիճակն էլ այս է: Թե որ տունը նստիս, ո՞վ պիտի կերակրե քու ընտանիքը: Գնա՛ բարով, վաստակիր խերով, ետ դարձիր հազար բարով:

— Ստեղծողիդ եմ քեզ հանձնում, որդի՛ս, — ասաց Բերսան ետ դառնալով:

— Պապո ապար, դուն ու քու հոգիդ, դրանք քեզ ամանաթ: Դու գիտես, էլ ի՞նչ ասեմ, — ասաց վերջին անգամ լցված սրտով Առաքելը և երեսը դարձրեց դեպի յուր ճանապարհը:

— Բարի ճանապարհ, բարով հասնիս, դու հոգս մի անիլ, — ասաց առանց ետ նայելու Պապոն և պառավի հետ շարունակեց յուր քայլերը դեպի բերդը:

Ցուպը ձեռքին, մեծ-մեծ քայլերով իջնում էր դեպի ձորերը Առաքելը, մտազբաղ և մռայլ, երբեմն-երբեմն ետ դարձնելով գլուխը դեպի բերդը և սրտի խորքերից ծանր ու բոցակեզ հառաչելով: Արևը թեև բավական բարձրացել էր հորիզոնից, բայց ոչ մի նեղություն չէր պատճառում հետի ճանապարհորդի, քանի որ անտառներն ու այգեստանները նրա ուղին հովանավորում էին: Երբ դուրս եկավ ձորից ու ծառաստաններից, անցավ Արդանուչի վտակը, անպաճույճ ու անհովանի զառիվերով սկսեց բարձրանալ կիզիչ արևի ճառագայթների տակով, կամաց-կամաց սիրտը պատած թուխ-մութ պատկերները անհետացան, չիջավ հոգու փոթորիկը, դադարեցան հառաչանքները: Երբ նեղ ձորից դուրս գալով Շավշեթի գետափում Առաքելի աչքերի առաջ լայնացավ հորիզոնը, երևցան հեռուն՝ Խարխանի անտառները, օձապտույտ, ահեղընթաց Ճորոխի հորձանքները, մշտադալար ձիթենիի այգեստանները, կապուտակ երկնակամարը և նրա մեջ տարածված արծաթափայլ, բամբականման, քուլա-քուլա ամպիկները իրենց սքանչելի ծփանքով: Բնության այդ զվարթագույն պատկերներով Առաքելի սիրտը, աչքերը գրավվեցին, այնպիսի նոր-նոր հույսեր ծնվեցան նրա սրտի խորքերում և ուղեղում, որ նա, առժամանակյա անջատման բոլոր ցավերը մոռացած, լիահույս վստահ հաջողությունների մասին, ավելի թռչկոտելով, քան թե քայլելով ձգվում էր դեպի յուր նպատակակետը:

Ետինքին հասավ Կամուրջի գլուխը՝ Կորձուլ: Խառնաշփոթ երազներով անցկացրեց գիշերը և արշալույսին նավակ նստելով, բազմաթիվ ընկերներով հետևյալ իրիկնադեմին հասան Բաթում: Առանց ժամավաճառ լինելու, գնաց ու մուրհակ տվեց սիմսար Կարապետին՝ երեք լիրայի, երեք ամիս ժամանակի, որով տոմսակ գնեց ու ճանապարհ ընկավ ռուսական ընկերության Ալեքսանդր II շոգենավով դեպի Կ. Պոլիս:

Ուղիղ է, այդ փոխառինության համար մի լիրա տոկոս էր տալու Առաքելը, բայց նրա ուրախությանը չափ չկար շոգենավի մեջ: Պարզ լուսնկա գիշեր էր, և խաղաղ ծովը նմանում էր հայելու, որի մեջ լողանում էին լուսինն ու աստղերը: Մինչև կեսգիշեր Առաքելը դիտում էր, թե ինչպես յոնուզ-ձկները նավի քթի հետ մրցում էին և խայտալով առաջ-առաջ սլանում, կարծես նրանք էլ իրեն հետ Կ. Պոլիս էին գնում, նրանք էլ բախտ որոնելու էին դիմում: Լուսնի ճառագայթները սփռված մակարթափ ծովի երեսին, բոլոր պար բռնողների նման, հանդարտ ծփանքով ցոլում էին անվերջ ծածանումներով և ինքը լուսինը, կարծես նախանձելով ձկների վիճակից, իջել էր ծովի խորքերը լողալու, զովանալու և թարմանալու: Այս տեսարանը հետզհետե խորասուզեց Առաքելին տխուր մտքերի մեջ, ինքն էլ լուսնի նման գոնե շքով ընկավ յուր հայրենի օջախը, յուր սիրելիների գիրկը և երևակայական օդային համբույրներով սկսեց զովացնել յուր սիրտը, հոգին: Բայց Առաքելը լուսնի նման երկնքի վերնահարկերում թռչկոտելու հարմար թևեր չուներ, որ կարողանար դիտել յուր հայրենի օջախը եթերի բարձունքից, զննել յուր պաշտելիները...

Առաքելի Կ. Պոլիս հասնելուց արդեն երեք ամիս անցել էր: Նա գալուն պես Շիշմանի տունը մտել էր խոհարար, ամսական երկու լիրայով: Անմիջապես շոգենավի տոմսակի պարտքը վճարելուց հետո մի լիրա էլ տուն էր փոխադրել, որպեսզի մայրն ու կինը կարոտություն չքաշեն: Ինքը անձնական ծախսեր չուներ, յուր պարոնի տան մեջ ուտում, ծխում, լվացվում, տիրոջ հին շորերը հագնում և բոլոր կարիքները հոգացվում էին: Իսկ շռայլությունը ընտանիքից հեռացած պանդխտին սազ չէր գալ, նամանավանդ Առաքելին, որ փարայի դադրը շատ լավ գիտեր, քանի որ օրական տասնվեց ժամ խոհանոցի ճենճերում, ճթրտան ածուխի օջախի առաջ և դրանից բարձրացած կյանք մաշող ծխի ու գազերի մեջ տապակվելով էր ձեռք բերում այդ փարաները: Նա արդեն հիմք դրել էր ստացած գումարները տնտեսելու և երկու լիրա Ղալաթիայում մի հայտնի սարրաֆի տվել էր վեց տոկոսով, խոստանալով ամեն ամիս նրան հանձնել լիովին յուր ռոճիկը և ձեռքն ընկածները:

Ձմեռ էր, բայց ո՛չ թե Հայաստանի բուքն ու բորանը: Փորլասը [18] ձյան հատիկները խփում էր փողոցներից անցուդարձողների երեսին, թրջում դեմքերն ու ձեռքերը և կարմրացնում այտերն ուականջները: Պերայի

[18] Ջեփյուռ:

փողոցները անտանելի ցեխոտ էին, քանի որ եկած ձյունը իսկույն հալվում և խառնվում էր մայթերի և սալահատակների վրա գտնված փոշիների մեջ: Հարուստների և տաք հագնվածների համար մեծ զվարճություն էր կառքերով կամ հետի փողոցներում զբոսնելն ու չափչփելը: Նրանց իրանները ամեն կերպով պաշտպանված էին ցրտից, խոնավությունից և ցեխից, իսկ կերած յուղալի ու ճարպալի խորտիկները մարսելու համար կարևոր էր այդ զբոսանքը, մանավանդ զվարթացուցիչ ու կազդուրիչ: Ցուրտ քամին, ձյան հատիկները թարմացնում էին նրանց և անհետացնում ոգելից խմիչքների գոլորշին նրանց մարմնից:

Բայց այդպես չէր աղքատի համար, պանդխտի համար, որն ամառվան վերարկուի մեջն էր ձմեռն էլ, որի կոշիկների ծակոտիներից երևում էին մերկ մատները և մաշված թևերի միջից՝ արմունկները: Նա դեռ հաճախ ենթակա էր հարուստին ճանապարհ տալու համար նեղլիկ մայթերից իջնել ցեխալի փողոցները և մինչև սրունքները լողալ տիղմերի մեջ:

Դեռ այդ հերիք չէ, էֆենդիների և բեյերի կառքերի, ձիաների և անիվների բարձրացրած տիղը ցայտելով, գլխից դարիվար ապականում էր ցնցոտիների մեջ կոլոլվածներին: Այսպես ցեխոտված ու ցրտից ամբողջ մարմնով դողդղալով, Առաքելի հայրենակից Պեխքեյենց Պոտոն զարկեց Շիշմանների դուռը. Առաքելը նրան իսկույն խոհանոց տարավ և օջախի մոտ մի իսկեմլու[19] վրա նստեցնելով, ասաց.

— Պոտո՛, դու տաքցիր, մինչև ես տեսնեմ դուդուն[20] ի՞նչ է ասում:

— Գնա՛ ոոցով, տեղավորվեց օջախի առաջ:

Մի հավաքածու էր ներկայացնում Պոտոն յուր հագուստով, գդակը՝ թուրքի, փուշին՝ պարսկի, վերարկուն՝ ֆրանսիացու, ձիկվեն ու շալվարը լազի, չստերը հայի ու զբունը՛ քրդի: Բայց բոլոր հագուստը մաշված ու մաղված էր, այնպես որ խոնավությունն ու ցուրտը անարգել թափանցում էին նրա շորերի ամեն կողմից, և թշվառ Պոտոն սրսփում էր ու ցնցվում ամբողջ մարմնով: Առաքելը վերադարձավ և հայրենակցին հանգստացնելու համար կրկնեց.

— Պոտո, դուդուն կերակուր ուզեց, ես նրանց հաց պիտի տամ, դու հանգիստ տաքցիր, մինչև ես գործս կարգի դնեմ:

— Լա՛վ, բանիդ աշե՛, — ասաց կզակը դողդողացնելով Պոտոն, — քեզի գիր ունիմ, բայց հետո, հետո: Ձեռքս չի բռնում, որ ծոցիցս դուրս հանեմ:

Առաքելը արդեն չլսեց Պոտոյի խոսքերը, նա պահարանները բաց անում, խփում էր, զանազան նյութեր էր առնում, այս կողմ, այն կողմ թռչկոտում, կարգի բերում յուր կերակուրները: Մի քանի րոպեից եկավ

---

[19] Աթոռ:

[20] Տիկին:

աղախինը, մատուցարանները ձեռքին, հետզհետե սկսեց կերակուրների հոտը բուրել: Պոտոյի դատարկ ստամոքսը բորբոքվեց և, ախորժակը գրգռված աչքը չռեց նրանց վրա, բայց Առաքելն այնքան զբաղված էր, որ այդ շարժումները չնկատեց անգամ: Նա անդադար ձգվում էր այս ու այն կողմ և կարգի բերում ամեն բան, որ չլինի թե պակասավոր գտնվի և խոսք գա վրան: Պոտոն տաքացավ, չորացավ և թմրած տեղից բերանի ջրերը վազելով, զննում է այն բոլոր համեղ պատառները, որոնք իրար ետևից Առաքելը լցնելով պնակները, դարսելով մատուցարանները, աղախնի ձեռքով վեր էր ուղարկում:

— Պոտո ջա՛ն, քիչ էլ համբերի՛ր, ահա՛ պրծա, մնաց միայն պաղպաղակը, — ասաց դարձյալ Առաքելը, մաքրելով հախճապակե պնակները: Երբ այդ էլ վերջացրեց, մի աթոռ առավ, նստավ յուր սեղանի առաջ և ծխատուփը գրպանից հանելով ասաց. — Պոտո ջա՛ն, չտաքցա՞ր, հերիք այդ մախրոցի մոտ նստիս: Արի քովս պատմե տեսնենք ի՞նչ կա, ի՞նչ չկա: Արի քովս, շունչ առնեմ, մի սիգարս ծխեմ, մենք էլ հաց ուտենք: Լավ որ եկար. մինակ հաց ուտելը անդուր բան է:

Պոտոն մոտեցավ և, ծոցից նամակը հանելով, տվեց Առաքելին, որը հասցեն նկատելուն պես ճանաչեց յուր հոգեկցի Սառայի ձեռագիրը: Առաքելը չկարողացավ համբերել, սիգարը վար դրեց և սկսեց կարդալ: Կարդաց ու հուզվեցավ և դառն մտքերի մեջ խորասուզվեցավ, այնպես որ կիսակարդալ ծոցը դրեց կնոջ գիրը, ծխելը շարունակելով: Հեշտ չէր Առաքելի նման կակազելով կարդացողի համար չորս երեսը գրված մի նամակ կարդալը, այն էլ թերուս, մի անվարժ կնոջ ձեռքով գրված:

— Պոտո՛, դու քաղցած կլինիս, — ասաց քիչ հետո Առաքելը, — հացներս ուտենք, ես գիշերս կկարդամ այս նամակը:

Ու նստան հացի: Ի՞նչ կխնայեր հայրենակիցը երկրացուն, մանավանդ՝ էֆենդիի անհաշիվ պահարաններից:

Գիշեր էր, մեջ գիշերի մոտ: Առաքելը, առանձնացած յուր խոհանոցում սեղանի առաջ, կանթեղի աղոտ լույսի տակ, կարդում էր կակազելով յուր ստացած նամակը: Կարդում էր նամակը և անվերջ արտասվում: Խմում էր անդադար և հառաչում հորթը կորցրած կովի նման: Ընդարձակ չէր Սառայի գրած նամակը, բայց բովանդակությունը ծովեր կլցներ, ցամաքներ կծածկեր: Ամեն մի բառ, ամեն մի նախադասություն գրերով մտածելու առիթ էր սիրտ ունեցող, զգացման տեր մարդու համար: Նա ո՛չ հաց էր ուզում Առաքելից, ո՛չ էլ հալավ, կյանք էր պահանջում, հոգի էր ուզում, իրեն էր կանչում... Մեծ ուրախություն էր ավետել Սառան Առաքելին, նա ազատվել էր և մի առույգ զավակ ծնել նրա համար, որին պապի անունով Լևոն էին անվանել: Բայց այդ ավետիսը ավելի շատ արտասուք խլեց գորովալի հոր սրտից, քան թե բոլոր վշտերը, որ նկարագրել էր թշվառ Սառան:

Այնպես բորբոքվել, այնպես էր հուզվել Առաքելը, որ մոռացել էր,

թուլացել մնացել և չէր լսում զանգահարությունները: Հանկարծ աղախինը ներս եկավ և տեսնելով նրան սեղանի առաջ անզգայացած, ապուշ կտրած, գլուխը թևերին հենած, կամացուկ սկսեց կանչել.

— Առաքե՛լ, Առաքե՛լ, գառնուկ, դուդուն ընթրիք է ուզում:

Սթափվեցավ Առաքելը և իսկույն նամակը ծոցը դնելով, խրտնած եղնիկի նման մոռացավ ամեն ցավ, սկսեց վազել այս ու այն կողմը և կարգի բերել ամեն բան: Կերակուրները նա ժամանակին խնամքով պատրաստել էր, սպասում էր հրամանի, որ ներս տա: Ամեն ցավ, ամեն վիշտ ու հոգ Առաքելը պարտավորված էր թաղել, սպանել յուր սրտի խորքերում և հանձն առած պարտականությունները ճշտությամբ կատարել: Ամեն մի սխալի, ամեն մի թեթև անճշտության համար նա պարտավորված էր անարգանքներ ու լուտանքներ լսել, սպառնալիքների տոկալ, թե ինչ է ամսական մի չնչին գումար էր ստանալու, մի գումար, որն ապրեցնելու, կենդանացնելու էր յուր ընտանիքը, մի գումար, որից մտածում էր մի փոքրիկ կապիտալ կազմել և հայրենիք վերադառնալով, մի գործ սկսել և ընտանիքի մոտ, հայրենի հարկի տակ կերակրել յուր գերդաստանը:

Այսպես, արշալույսից մինչև կեսգիշեր, երբեմն սրանից էլ մի երկու ժամ անց, Առաքելը խոհանոցում կենդանի թաղված շրջելու էր, վազելու էր դես, դեն և ժամերով ձեռքերն ու երեսը խորովելու էր կրակի առաջ, որպեսզի յուր տերերին հաճոյանա, նրանց աչքը մտնի և նրանց կոպեկներին արժանանա: Իսկ Առաքելը մի այնպիսի նպատակ ուներ, մի այնպիսի ուխտ էր դրած, որ տոկունությամբ տանում էր ամեն բան, համբերում էր եզի նման և քաշում այն ծանր լուծը, որը դրել էին նրա ուսին շիշմանները և տանում ինչպես հրամայում էին յուր կամապաշտ դուդուները:

Այս վարմունքով այնպես գրավեց Առաքելը տերերին, որ նրանք վեց ամիս հետո, նրա ռոճիկը, առանց Առաքելի պահանջելուն, ավելացրին մի լիրայով, որով նա արդեն անվանի խոհարարների շարքն անցավ: Առաքելը խրախուսված այդ հավելումով, սկսեց ավելի լուրջ կերպով զբաղվել յուր արհեստով, այնպես որ նա միշտ փորձեր էր անում կատարելագործելու յուր գիտեցածը և նորից սովորածները: Երկու տարին չլրացած արդեն նրա ռոճիկը բարձրացրին չորս լիրայի:

Մեծ մխիթարություն էր Առաքելի համար ստացած ռոճիկը, որը օրեցօր աճում էր սեղանավորի մոտ: Նա արդեն վաթսուն լիրա ուներ, մի գումար, որը մեծ հույս էր արդանուչեցու համար: Այդ գումարով Առաքելը կարող էր մի փոքրիկ գործ սկսել և կատարյալ ապրուստ ձեռք բերել Գյոլայի քրդերի կամ Շավշեթի թուրքմանների մեջ: Բայց քիչ խորը մտածելուց հետո վճռում էր դեռ միառժամանակ էլի մնալ, կապիտալը հասցնել մի հարյուր լիրայի կամ մի քիչ էլ դրանից ավելի ու այնպես հեռանալ:

Սեղանավորից ստացած տոկոսը և տանտերերից տոների առթիվ կամ մեծ հրավերներին ստացած նվերները կազմում էին տարեկան մոտավորապես տասնհինգ ոսկի: Այս գումարը արդեն բավական էր Առաքելի տան ապրուստին: Դեռ այդ գումարից տալիս էին ոչ միայն խարաջն ու բեդելեթը, այլ մինչև անգամ տարեկան մի-մի ձեռք հալավ էին կարում: Երրորդ տարին լրանալիս, արդեն հարյուր ոսկի ուներ Առաքելը սեղանավորի մոտ: Նա կնոջ ու որդու համար բավական բան ու ման արած պատրաստվում էր տուն վերադառնալ: Արդեն այդ օրերը Ագանուշից եկել էր յուր կնքահայրը՝ Պապո ապարը, և ստիպում էր, որ ձեռք քաշե Պոլսից, պատրաստվի իրեն հետ տուն վերադառնալու:

Առաքելը յուր միտքը հայտնեց տիրոջը, որպեսզի նա ուրիշ խոհարար վարձե իրեն տեղ: Բայց երբ տիկիններն այդ բանը լսեցին, հակառակվեցան Առաքելի մտադրության և չէին թողնում շեմքից անգամ դուրս գալու: Շատ ընդդիմացավ Առաքելը բայց չկարողացավ օձիքն ազատել Շիշմանների ձեռքից: Ընդհակառակը, սրանք ռոճիկը հինգ լիրայի բարձրացնելով, Առաքելից երկու տարով ևս մնալու խոստումն առին: Առաքելը մտածեց, որ երկու տարվա ընթացքում կկարողանա ևս մի հարյուր լիրա ավելի տնտեսել, երկու հարյուր լիրա կապիտալով հայրենիք վերադառնալ և առաջնակարգ հարուստների դասն անցնել յուր ծննդավայրում: Այդ գումարը շլացուց Առաքելին, և նա զիջավ մի երկու տարի ևս տոկալու: Խեղճ խոհարարը էլի մի քանի կտոր փալաս ու մետաղ գնեց և ավելացնելով առաջվա գնածների վրա, ուղարկեց խաչեղբոր Պապոյի հետ յուր կնոջն ու մորը, դրանցով խաբելու, միանգամայն խոստանալով մի տարուց հետո անպատճառ վերադառնալ հայրենիք: Տարիները սահում էին, իսկ Առաքելը չէր կարողանում բաժանվել Շիշմանների ոսկիներից կամ ավելի ճիշտը կապիտալը մեծացնելու տենչից...

Մեծ իրարանցում կար Շիշմանների տանը: Երկու վերին հարկերը հարսանիքին հատուկ լուսավորված էին: Շքեղ երեկույթ էր և Պերայի beau monde-ը Շիշմանների տանն էր: Պարում էին, թռչկոտում էին, դաշնամուրի ձայնը և ուրախ քրքիջներն ամբողջ թաղում դղրդյուն էին բարձրացրել: Փողոցի դուռը բաց էր: Գավթում և բակում ծառաները ղժվրտում էին, պարտեզում հանդիսականները ծառերի, տակ և քյոշքերում զբոսնում: Կառքերն ու սեթիաները դռանը՝ փողոցում շարված և սենեկապաններն ու աղախինները սանդուխներից անդադար բարձրանում, իջնում էին: Աշնանային պարզ մթնկա գիշեր էր, և երկինքը բազմաթիվ աստղերով զարդարված: Պարող երիտասարդները իրենց անգաժների հետ: Պարամիջոցներում զույգ-զույգ իջնում էին տան գույնզգույն լապտերներով զարդարած պարտեզը, պաղպաղակ ընդունելու և բլղակներ վայելելու: Տան տիկիններն ու օրիորդները այս կողմ, այն կողմ էին դառնում, վազում և ցրված հրավիրյալներին պատվում, հյուրասիրում: Աղախինները, որոնց թիվը այդ գիշեր սովորականից տասնապատիկն անցել էր, մի ակնթարթում կատարում էին տիրուհիների հրամանները: Մատակարարը մառանից անընդհատ ափսեներով խմիչք ու մրգեղեն էր դուրս տալիս և քաղցրեղենների անուշ բուրմունքով գրգռում հրավիրյալների ախորժակը: Պարերգերն ածում էին դաշնամուրի վրա չորս ձեռքով, ջութակի օգնությամբ, իսկ խաղամիջոցում թուրքական երաժշտական խումբը զբաղեցնում էր հասարակությանը պարտեզի մեջ յուր երգերով և նվագածությամբ: Այդ միաձայն մեղեդին գրգռում էր ջղերը, մորմոքեցնում սրտերը, մանավանդ ալկոհոլի ազդեցության տակ ընկածներին:

Բազմամբոխ հրավիրյալները բաղկացած էին Պերայի զանազան դասերից՝ թե՛ ֆինանսական աշխարհից և թե՛ ինտելիգենցիայից: Այդտեղ կային նաև մի քանի իսլամ պաշտոնականներ իրենց եվրոպական տարազներով զարդարված կանանց հետ, որոնք շատ ախորժում էին քրիստոնյա երիտասարդների հետ պարելուց: Երիտասարդների և հասած օրիորդների թիվն անչափ էր: Սրանք իրար խաբելու համար միջոցների մեջ ընտրություն անգամ չէին անում: Բայց տարաբախտաբար ծերունիներն էին հրճվում, բերկրում օրիորդների գեղեցկությամբ և ձգտում նրանց իրենց ոսկե ցանցերի մեջ գլորելու, իսկ առույգ երիտասարդների սրտում միայն մատաղահաս, բայց հասակավոր ամուսիններ ունեցող տիկիններն էին տեղ բռնել:

Հրավիրյալների մեջ բոլոր երիտասարդների աչքը շլացրել ու գրավել էր տիկին Լելեն Գալֆայանը, որը գեղեցկությամբ երեկույթի թագուհին էր: Տիկինը հազիվ քսանհինգ տարվան լիներ և թեև երեք զավակի մայր էր, բայց տասնվեց տարվան օրիորդի նման զողտրիկ և անմեղ ժպիտներով էր պատասխանում ամեն մի սրտաբուխ կայտառ հայացքի: Տիկինը ամուսնացած էր Տիրան բեյ Գալֆայանի հետ, որը նախկին մայր սուլթանի առաջին ճարտարապետի թոռն էր և պապից մեծամեծ կալվածներ ժառանգած՝ ահավոր հարստության տեր: Տիրան բեյը թեև քառասուն տարեկան հասակումն էր ամուսնացել, բայց ժիր էր և պարապում էր մանուֆակտուրայի առևտրով ու մեծ կապեր ուներ Մանչեստրի ֆիրմաների հետ: Բեյը, որ մի քանի հասակակիցների հետ թղթախաղով էր զբաղված, ոսկիներ էր ցրվում իրեն շրջապատող պաշտոնականներին ու փաստաբաններին, աչքը չէր հեռացնում նույնպես պարողներից, մանավանդ յուր կնոջ պարընկերներից: Բայց Միհդատ բեյը, որ Կ. Պոլսե վաճառականական դատարանի անդամն էր, առանց շուրջը նայելու ամեն կերպ աշխատում էր հաճոյանալ մատաղահաս տիկնոջը: Հելենը հրճվում էր Միհդատի սեթևեթներով և մի քանի անգամ նրա թևը մտած իջավ պարտեզ, և քյոշքերի մեջ զովացած ու շիկնած վերադարձան պարահանդես:

Այս բանը այնքան վրդովեց Տիրան բեյին, որ ուշքը կորցրած,

անընդհատ տարվում էր: Վերջապես համբերությունը սպառված, թողեց թղթախաղը և կնոջը մոտենալով, ասաց մեղմորեն.

— Հելե՛ն, գնա՛նք, քեֆս քիչ ավերվեց:

— Ի՞նչ ունիս, հոգյակս, — մի այնպես քաղցր արտասանությամբ և հաճոյալի հայացքով ասաց Հելենը, որ Տիրանը մոլորվեցավ, ցրվեց նրա ժանտ նախանձը, կասկածները և կակազելով ասաց.

— Չգիտեմ, սիրտս սանկ...

— Գնա՛նք, գնանք, — ասաց Հելենը սրտաբաբախ տոնով, երբ նրանց մոտենալով տան տիկինը, ասաց.

— Ինչո՞վ կարող եմ ձեզ հյուրասիրել:

— Շնորհակալ եմ, տիկին, — պատասխանեց Հելենը հոգատար դեմքով, — բեյս քիչ քեֆ չունի, ներեցեք, որ պարտավորված ենք ձեր գրավիչ երեկույթից շուտ զրկվելու...

— Խնդրում եմ, չթողնել մեզ, արդեն ժամանակն է, մի-մի ղադայիֆ ուտենք և որդուս կենացը խմեցեք: Հինգ րոպե հետո լրանալու է նրա ծննդյան երեսունհինգ ամյակը...

— Ուրախությամբ, — ասաց Տիրան բեյը և դառնալով կնոջը, ավելացրեց. — Մի քառորդ ժամ ևս կարող ենք մնալ, — ու բազմոցի վրա տեղավորվեցավ:

— Ղադայիֆ–ղայմաղ, — ձայն տվեց տիկինը, — լիկյո՛ր, շամպայն, — և աղախինները իսկույն սկսեցին այդ բաժանել: Ամեն կողմից կանչում էին. կեցցե՛ Մազլում բեյը, կեցցե Շիշման տոհմի կորյունը:

— Վերջին կադրիլը, զույգե՛ր, զույգե՛ր, առաջ, — ձայն տվեց պարի առաջնորդողը, և Միհդատ էֆենդին կրկին չոքեց Հելենի առաջ ու խնդրեց պարել: Աղմուկն ու աղաղակը, պարողների ոտնաձայնն ու դաշնամուրի եղանակները կենդանացրին երեկույթը, և Տիրան բեյը պարտավորված կրկին նստավ թղթախաղի: Միհդատ էֆենդին հանգամանքից օգտվելով, կրկին թևն առաջարկեց Հելենին, և միասին իջան պարտեզ: Անկյունի քյոշքում տեղավորված պաղպաղակ պահանջեցին և սկսեցին առանձնության մեջ սրտի զգացումները իրար պարզել: Առաքելը, որ մինչև այդ ժամանակ խոհանոցի բոլոր գործերը կարգի բերելով էր զբաղված, քրտնաթոր իրանով, կիսով չափ դուրս երկնցավ խոհանոցի լուսամուտից զովանալու և լսելով հոմանիների սիրազեղուն բացատրությունները, ակամա նրանց ականջ դրեց բորբոքված սրտով:

— Շատ նախանձոտն է ամուսինդ, եռ է գալիս, երբ նկատում է, որ դուք քաղցր ժպիտով եք ինձ մոտենում: Ճշմարիտ, ինձ հաճելի չէ, որ ձեզ վրա նկատողություն անե, իմ պատճառով իրար մեջ տարաձայնություններ ունենաք, բայց սիրտս, զգացումներս դու խո՛ գիտե՞ս, որ չեմ կարող սանձել...

— Ես չեմ էլ ցանկալ, որ սանձես, դու անհոգ կեցի՛ր, դու

թույլատրի՛ր ջղերիդ սանձարձակ գործելու, ինձ թո՛ղ, որ ես կարգադրեմ մնացյալը: Նրան մի հայացքով, մի բառով կարող եմ խաղաղեցնել:

Հանկարծ տիկինը հրամայեց ընթրիք տալ: Աղախինները մտան խոհանոց: Այս ու այն կողմից բան էին պահանջում, իսկ Առաքելը չէր երևում:

— Առաքե՛լ, Առաքե՛լ, — կանչեցին, որը սթափված ներս ընկավ և սկսեց կերակուրները կարգավորել ու ներս տալ, բայց նա այնպես հուզված ու մոլորված էր, որ շփոթվում էր, խառնվում...

Ընթրիքից հետո Մազլում բեյը, երբ ճանապարհ դրեց յուր հյուրերին, կանչեց Առաքելին յուր մոտ և ասաց զայրալի.

— Առաքե՛լ, ի՞նչը քեզ ստիպեց այդպես անարգելու իմ հյուրերին, այդ ինչպիսի կերակուրներ տվիր:

Երբ խեղճ խոհարարը լռել էր, չէր իմանում ի՛նչ պատասխանել, բեյը անարգական խոսքերով հանդիմանում էր նրա վարմունքը, Առաքելը, ճարահատ, գրպանից հանեց տանից ստացած հետևյալ նամակը և հանձնելով բեյին, ասաց.

— Ես մոլորված էի, ես այլևս չեմ կարող ծառայել, պարտականություններս ճշտությամբ կատարել:

Մազլում բեյը կարդաց հետևյալ նամակը, որ գրել էր Սառան Առաքելին.

«Իմ անգին թագ ու պսակ՝ Առաքել ջա՛ն.

«Չգիտեմ, գիրս որտեղի՞ց սկսեմ, ի՛նչ գրեմ, քանի որ թուղթն ու գիրը քո սիրտը չի կակղացնում, քու հոգին չի բորբոքում, խելքդ, միտքդ տվել ես ժանտ ոսկուն, կպել ես Սթամբոլին, մտահան արել քու տունն ու քու տեղը, քու մորն ու քու պապերի գերեզմանը, քու կնոջն ու քու մատաղ որդուն: Երեք տարով գնացիր, ահա յոթը տարին բոլորեց, ութերորդի մեջ մտավ: Դու գութ չունի՞ս, դու սիրտ չունի՞ս, դու հոգս չունի՞ս... Ի՞նչ անեմ, թե շատ փող ես բերելու և այնպես տուն դառնալու: Ինչի՞ս է պետք քու ժանգոտ ոսկին, որ ինձ ո՛չ կթարմացնե, ո՛չ կառողջացնե, ո՛չ էլ մի օրով կյանքս կերկարե: Թո՛ղ քիչ ունենամ, թո՛ղ ցամաք հացով փորս կշտացնեմ, թո՛ղ իմ գործած կտավով ու մանուսով իրանս ծածկեմ, միայն թե դու տանդ գլխին կենաս, ես էլ քու շվաքի տակ գործեմ: Դու որ քովս լինիս, ես էլ բանի պետք չեմ ունենալ:

«Անտոն ապարի հետ ուղարկածդ դութնին, ալաջան ու ջանֆեսը հասավ, դրի սնդուկս առանց ծալքերը բանալու, ձևելու ու կտրելու, առաջվա ղրկածներիդ մոտ: Ինչի՞ս են պետք թանկագին կերպասները, ատլասն ու դիպակը, շալն ու մետաքսը, քանի որ սիրտս, հոգիս սգի ու շիվանի մեջն են: Հորս տնից բերածս ջեհեզը դեռ չէ մաշած, քու կտրել տված կապան ու ջիվբեն թևս անցկացնելու սիրտ չունիմ, էլ տարոց տարի ղրկածներդ կարեմ, ի՛նչ անեմ... ո՞ւմ համար հագնեմ... Երբ սրտիցս արյուն է գնում, երբ աչքերս չեն բացվում, չորս բոլորիս հազված, զուգված ջուխտակներին տեսնելու, երբ ականջներս ծակվում, խլանում են դրացիներիս պարի, երգի ու հրճվանքի ձայներից, որոնք քչովշատով բոլորված կյանք են վարում իրար գրկում: Ես ի՛նչ հավասով էլ զուգվիմ, զարդարվիմ ու նոր-նոր հալավ կարեմ, երբ հները հագնելու ու մաշելու առիթ չունիմ, միջոց չունիմ... Քեզ գրում եմ, թե հին Սառադ էլ չէ մնացել, հալվել, մաշվել, կես է եղել, դու, բուրդ ու բամբակ ականջներդ խրած, ոչինչ չես ուզում իմանալ և գուցե գիրս էլ, նամակներս էլ չես կարդում, դեն ես շպրտում... Անցածները, աստվածածնի տոնին, Թագուհի հորքուրանցդ գնացինք: Կապույտ ջիվբես էի հագել: Գիտե՞ս, միտքդ է, որ վրաս չէր գալիս... Լոնիս գիրկս առի և ջիվբես երկուսիս վրա կոճկեցի... Ի՞նչ գրեմ, քանի որ այս բոլորը քեզի ջրի ձայնի պես է գալիս:

«Երևի սպասում ես, որ Լոնս մեծանա ու գա քեզի տուն բերի, բայց այդ բանը դժվար թե տեսնես: Խեղճ երեխաս որբի նման անհայր մեծացավ, և երբ դրացիների զավակները վայելում են իրենց հայրերու գուրգուրանքը, նա զմայլում է, սիրտը լցված վազում է տուն, լացակումած կամ մամի գիրկն ընկնում կամ իմ և լեզուն բռնված մի բառ չի կարողանում խոսել: Դու այդ մարդը չէիր, Առաքել, քեզ ի՞նչ եղավ, ինչպե՛ս քար ու ապառաժ դարձավ քու սիրտը: Քեզ թուղթ ու գիր արի՞ն, թալիսմով կապեցի՞ն, սերդ գրավեցի՞ն... Եթե ինձ չես խղճա, գոնե զավակիդ խղճա, այս անմեղ երեխային, որը հայրական զգվանքի կարոտ է քաշում, որը փողոցում որբի կերպարանքով է թափառում...

«Բայց ես ո՞ւմն եմ գրում այս տողերը, զուր չէ՞, որ մաշում եմ սիրտս, հոգիս, աչքերս և ինձ ուտում, քրքրում: Ի՞նչ ազդեցություն ունեցան իմ այնքան գրերս, որ սրանով կարողանամ քեզ գութ ներշնչել և դեպի հայրենիք քաշել: Միևնույն բանն է, ինչ որ գրեմ, ես հավատացած եմ, որ պիտի զգես նույնպես առաջդ վառված խոհանոցի օջախը, գուցե առանց իսկ վրան մի հայացք գցելու: Բայց պարտքս կատարած լինելու ցանկությամբ, մաշվիլս, քրքրվիլս, հալվիլս, աչքիս չի երևում: Կրկնում եմ, քառապատկում եմ նախորդ գրածներս, ես ձեռքից ելա, էլ ուժ չունիմ դիմանալու: Ականջիդ բուրդը հանի՛ր, Առաքե՛լ, ինձ անդանակ մի՛ մորթիլ, տուն արի՛, ետ դարձիր, տիրություն արա քու զավակիդ, քու մորդ:

«Խեղճ պառավս՝ մայրդ, արդեն զլզլել է: Տարիքը շատ չէ, բայց տանջանքները, դու խո՛ լավ գիտես, ցեցի նման նրան կերել են ու մաղել, ծակծկել են ու թողել: Արի կատարի՛ր նրա փափագը և քեզ տեսնելով, գուցե քիչ սիրտ առնե, զորանա և մի քանի տարով կյանքը երկարի: Մի՛ դատարկ խոստումներով մեր սրտերը բորբոքիլ, խոսքդ, խոստումդ կատարիր տղամարդու պես: Քանի՞ մեզ վրա ծիծաղեցնես մեր չարակամներին: Ահա չորս տարի է շարունակ նամակներով և ճամփորդներով մեզ խաբխբում ես «կգամ, գալիս եմ, այս տարի, այս աշուն, գալ ամսին», որով ավելի ու ավելի բորբոքում ես մեր սրտերը:

«Անտոն ապարի հետ մի հայելի էիր ուղարկել, երանի ճանապարհին ջարդված լիներ, ծովն ընկներ և տուն չհասներ: Խաթվեցա, մեջն աշեցի: Սառաղ ձեռքիցդ գնացել է, ոչ գույնն է մնացել, ոչ կյանքը, այլ չոր ոսկոր ու մաշկ: Ես կարճ գրեցի, դու շատ իմացիր:

«Ոչ փողդ ենք ուզում, ո՛չ հալավ, միայն քու ներկայությունդ կարող է մեզ կյանք տալ: Ի՛նչ գրեմ, Սթամբոլը բրիշակ դառնա, քար քարի վրա չմնա, որ դու էլ անճարացած տուն դառնաս և խաղաղի աշխարհքը:

«Է՛լ ո՛չ գիրդ է պետք, ո՛չ խաբար, թե մեզ սիրում ես, թե մեզ համար բաբախում է քու սիրտը, ինքդ ընկիր ճանապարհ, արի խնդա, խնդացուր, աչքերիս արտասուքը ցամքեցուր:

«Քո կողակից և աղախին Սառա»:

Շիշման Մազուտ բեյը այնքան վրդովվեց այս նամակից և այնպես զգացվեց, որ բորբոքված ասաց.

— Այսօր անմիջապես պատրաստությունդ տես և ճանապարհ ընկիր: Գնա, երեք ամիս կեցի՛ր ու էլի վերադարձիր: Ամեն երկու տարին մի անգամ երեք ամսով քեզ արձակուրդ սրանից հետո:

Առաքելը լուռ, շրթունքներն անգամ չշարժեց: Շիշմանը շարունակեց.

— Մի՞թե դու կարգված ես եղել, ո՞ւմ մտքից կանցներ: Դու մեր տունը գալիս մազ, մորուք անգամ չունեիր, ո՞վ կարող էր երևակայել, որ դու հայր ես:

Առաքելը անմիջապես պատրաստություն տեսավ ճանապարհ ընկնելու: Նա իջավ Ղալաթիա, սեղանավորից յուր դրամագլուխը տոկոսիքով ստացավ, որը մի պատկառելի կապիտալ էր մի խեղճ գավառացու համար երեք հարյուր հիսուն լիրա: Փողը գրպանը դնելով, անցավ կամուրջից, գնաց Սթամբոլ: Մտավ Ուզուն-Չարչու փողոցը, Ջիլիֆտար խանի մեջ գտավ հայրենակից Պողոս աղային սենյակում և երկար-բարակ ձևական, սովորական խոսակցություններից հետո ասաց.

— Գիտե՞ս ինչի եմ եկել, աղա:

— Ի՞նչ ունիս, Առաքել, ինչի՞ պարզ չես խոսում:

— Տուն պիտի երթամ:

— Քամի ես բաց թողնում, յոթ տարի է պիտի երթաս, բայց դեռ Շիշմանների խոհանոցից չկարողացար բաժանվել:

— Ի՞նչ անեի, խո դատարկ չէի՞ կարող դառնալ: Այսօր հաշիվս կտրեցի և մտադիր եմ մեկ-երկու օրից ճանապարհ ընկնել:

— Լա՛վ, շատ ուրախ եմ:

— Մի քանի լիրա փող ունիմ, ուզում եմ ապրանք առնել, աղա՛, ի՞նչ խորհուրդդ կտաս:

— Շատ լավ կլինի, փող տանելուն՝ ապրանք տար, ամենաքիչը տասը տոկոս կաշխատիս: Որքա՞ն փող ունիս:

— Մեկ-երկու հարյուր ոսկու չափ:

— Լա՛վ, շատ լավ, անչափ ուրախ եմ: Բայց, տո՛, ուրիշներից ես իմացել եմ, որ հինգ հարյուր ոսկու չափ փող ունիս...

— Դարապ խոսքեր են, կլինի մոտ երեք հարյուր ոսկի...

— Այդ էլ մեծ գումար է: Ի՞նչ ես ուզում առնել...

— Դու ավելի լավը գիտես, աղա՛, այնպես բան առնենք, որ շահվիմ: Ես առևտուրից հասկացողություն չունիմ, ձեզ վրա հույս դրած եկել եմ, դու իմ տերս ես, արա՛, ինչպես կամենում ես...

— Լա՛վ, դու նոր պիտի սկսես առևտուր: Այնպես ապրանք առնենք, որ քիչ շահի, բայց գետին չմնա, հաճախորդը միշտ քու ետևից ման գա: Կտավ և չիթ առ: Թե ուրիշ բան էլ կուզես առնել, քի՛չ առ:

— Դո՛ւ գիտես, — ասաց Առաքելը և լռեց: Քիչ հետո ասաց Պողոս աղան.

— Ուզում ես, գնանք, քիչ վաճառանոցները ման գանք, տեսնենք, գուցե մի պատեհ դեպքի հանդիպինք:

— Գնանք, եթե կբարեհաճիք, — ասաց Առաքելը, և կեսօրից մի ժամ առաջ մտան վաճառանոցները, մինչև իրիկուն ման եկան: Պողոս աղան ամեն տեղ ծանոթացնում էր յուր հայրենակից նոր բազիրգյանին վաճառականների հետ և ամեն միջոց գործ էր դնում, որ այնպես արժան գնե ապրանքը, որ ժամանակին հայրենակիցը միշտ գոհունակությամբ հիշե յուր սկսնակը և միշտ հրճվանքով մտաբերե այդ օրերը:

Աշուն էր, հոկտեմբերի սկզբներում, ապրանքների մեծ պահանջ կար, և վաճառականները երկու-երեք տոկոս վրադիրով էին ծախում: Պողոս աղան ամեն ջանք գործ էր դնում, որ յուր նախորդ պարտիայով գնած ապրանքներից մի բան պակասով գներ, որ Արդանուչում հաշվեցուցակները համեմատության դնելիս կասկածանքի չենթարկվի Առաքելը, բայց չէր հաջողվում, նազով էին ծախում վաճառականները:

Իրիկնադեմին նրանք մտան Գալֆայան Տիրան բեյի վաճառանոցը: Ապրանքի տեսակները լավ զննելուց և բավարար գտնելուց հետո սկսեցին սակարկել: Այդտեղ համեմատաբար մատչելի էին գները, այնպես որ վճռեցին առևտուրը Գալֆյանի վաճառանոցում կատարել: Պողոս աղան Առաքելի հետ մտավ Տիրան բեյի գրասենյակը և իրար հետ սովորական հարց ու բարևները անելուց հետո ասաց.

— Բե՛յ, հայրենակիցս նոր է սկսում առևտուր, այնպես որ այս առաջի քայլում սրան ամեն տեսակ զիջումներ հարկավոր է անել: Գների մեջ սովորականից շատ ավելի զիջողություն եմ պահանջում:

— Գիտեք, աղա, որ որքան նեղությամբ է այժմ ապրանք ձեռք բերվում: Առաջներս աշուն է, պահանջը այս տարի սովորականից կրկնապատկված է: Դուք խո ամեն բան գիտե՞ք:

— Ինչ ուզում եք ասեք, բե՛յ, միայն թե իմ առած գնից մինչև մի զգալի տոկոս չպակասեցնեք, ապրանքը վերցնելու չեմ: Այս էլ գիտցիր, որ փողերը կանխիկ է և անմիջապես վճարելի:

Կանխիկ բառը Տիրան բեյին բորբոքեց, և նա ներքին հուզմունքը առանց արտահայտելու ասաց.

— Աղա, դուք գիտեք, որ ձեզանից բան չեմ խնայիլ, բայց ձեզ տված գնից...

— Ես չեմ ցավիր, պիտի երեք տոկոս զեղչես իմ խաթեր համար: Այս բարեկամս նոր է առևտուր սկսում և ինձ է դիմել: Թող սա էլ քեզ հաճախորդ դառնա և այն օգուտը, որից այսօր զրկվելու ես, ապագայում կստանաս:

— Թող քու քեֆդ չկոտրվի, ինչպես ուզում ես այնպես վճարիր:

— Իմ գնած ապրանքի գնից պիտի երեք տոկոս զեղչես և վեց ամսական էլ տոկոսը:

— Գոնե մեծ գումարի խո չէ՞ գնելու:

— Ոչ, մի երեք հարյուր լիրայի:

— Ո՜չինչ, այդպիսի մի գումարում ես մեծ կորուստ ունենալու չեմ և քեզ նման բարեկամի սիրտը չեմ կոտրիլ: Մանավանդ որ նոր հաճախորդ եմ գտնելու: Թող ապրանքը ջոկե տանե, ես կասեմ գործակատարին, որ քեզ տրված գներով նշանակեն, իսկ զիջումը անձամբ կանեմ, թո՛ղ օրինակ չդառնա ուրիշներին:

— Շնորհակալ ենք, — պատասխանեցին Պողոս աղան և Առաքելը:

Երբ դուրս էին գնալու, ասաց Տիրան բեյը.

— Եթե փողը ձեզ մոտ է, վճարեցեք անմիջապես, խնդրում եմ: Բանկ Օտոման փող եմ ուղարկելու, քանի դեռ չի մթնել:

Առաքելը վճարեց երեք հարյուր լիրա և գնացին մթերանոցը ապրանքները ջոկելու: Բայց արդեն մութն ընկավ, չկարողացավ ընտրած ապրանքները հակ կապել տալով, դուրս հանել մթերանոցից: Ցուցակ, ամեն բան պատրաստվեց, բայց քանի որ մշակները չկարողացան հակերը կապել, թողին մթերանոցում՝ հետևյալ առավոտ տանելու մտքով: Առաքելը այդ հաջող առևտրից ավելի ուրախացած և տուն վերադառնալու սիրելիներին տեսնելու բերկրալի մտքով բորբոքված, այդ գիշեր Պողոս աղայի սենյակում անվերջ երազներով լուսացրեց: Արշալույսին վեր կացավ Առաքելը, լվացվեց ու պատրաստվեց գործի գնալու: Կ. Պոլսում ապրած յոթ տարին այնքան երկար չէր թվացել իրեն, որքան այդ մի գիշերը: Մտածում էր այդ օրն իսկ մի քանի բան ևս առնել ու շոգենավ մտնելով, երեկոյան դեմ ճանապարհ ընկնել դեպի Բաթում:

Կեսգիշերին, Կ. Պոլսի վաճառականական ատյանից պաշտոնյաներ գալով, Տիրան բեյ Գալֆայանի վաճառատունը, մթերանոցը և բոլոր ապրանքները կնքեցին, չթողնելով Առաքելի գնած ապրանքն անգամ հակերի վերածելու և դուրս հանելու մթերանոցից: Առավոտ վաղ, երբ Առաքելը անհամբերությամբ շոգենավի ապրանքներ հանձնող մակլերի հետ գնաց Գալֆայանի վաճառատունը և դռները կնքված գտավ, մնացին շվարած: Մշակները իսկույն նրանց շրջապատեցին, հայտնեցին, որ

Տիրան բեյը սնանկացել էր և դատաստանական պաշտոնակալները չէին թույլ տվել, որ նրա հակերը կապեն, դուրս հանեն մթերանոցից: Այս լուրը Առաքելին բոլորովին մոլորեցրեց, և նա խելագարի նման դիմեց Ջիլիֆթար խան՝ հայրենակցի մոտ: Երբ մի քանի կիսակտոր խոսքերով պատմեց հանգամանքները, Պողոս աղան ասաց նրան քաջալերելով.

— Քեզ ի՞նչ, դու ինչի՞ ես վրդովվում: Խո քու ապրանքդ կուլ տալու չէ՞ Տիրան բեյը կամ մի ուրիշը: Այսօր կամ շատ-շատ վաղը քու ապրանքը քեզ կհանձնեն:

Թեև այս խոսքերը այնքան էլ մեծ հույս չներշնչեցին Առաքելին, բայց նա ասաց մոլորված.

— Այսօրվա շոգենավից եթե ետ ընկնեմ, մի շաբաթ ավել զուր սպասելու եմ:

— Կարող ես ավստրիական Լոյդ ընկերության շոգենավով էլ գնալ, — ասաց Պողոս աղան, սառնասրտությունը պահելով յուր հայրենակցի մոտ:

Բայց զուր, ո՛չ այդ օրը, ո՛չ երկրորդ օրը, ոչ էլ մի շաբաթ հետո հնար գտան դուրս բերելու այդ ապրանքները մթերանոցից: Տիրան բեյը ինքն էլ շատ աշխատեցավ, ամեն կողմ դիմեց, բայց պարտատերերը ապրանքը բռնել տվողները զիջում չարին, իսկ դատարանը առանց վճիռ կայացնելու, հակառակ պահանջատերերի կամքին, չէր կարող մի բան դուրս բերել մթերանոցից: Ճարը հասավ, Առաքելը մի փաստաբան բռնեց: Փաստաբանն էլ շատ վեր-վար ընկավ, բայց վերջապես պատասխանեց, թե պետք է սպասել մինչև դատարանի վճիռ կայացնելը: Իսկ թե ե՛րբ էին վճիռ կայացնելու, այդ էլ ալլահին էր խաբար...

Առաքելը հուսահատվեցավ: Ո՛չ փաստաբանը, ո՛չ Պողոս աղան, ո՛չ էլ յուր տերը՝ Շիշման Մազուտ բեյը, ո՛չ էլ նույնիսկ Տիրան բեյը հնար գտան նրան ապրանքը հանձնելու: Ամենքը երկդիմի պատասխաններով և խոստումներով երկար ժամանակ Առաքելին հուսադրելուց հետո վերջապես խոստովանեցան, որ անհնար էր ապրանքները դուրս բերել մթերանոցից, Գալֆայան պահանջատերերի իշխանության տակից, մինչև գործի վերջնական վճիռը: Երբ ճարը կտրվեց, Մազուտ բեյը մի օր ասաց.

— Առաքել, գնա՛ և խնդրի՛ Հելեն խանումից, գուցե նա մի ճար գտնե:

— Ինչպե՞ս, բե՛յ, ես գնամ Հելեն խանումից ողորմություն խնդրե՞մ...

— Ո՛չ, գործը պատմիր և փողերդ խնդրիր:

— Իմ փողս խնդրեմ... բայց ինչո՞ւ... Այն էլ Հելենից... Չէ՞ որ ես փողի պահանջ չունիմ, այլ ինձ գնածս ապրանքն են ետ դարձնելու: Եթե փողի պահանջ հայտնեմ, ես էլ ապրանքը գրավողների դասը կանցնիմ և այն ժամանակ ինձ էլ նրանց հետ հինգ կամ տասը տոկոսով կկամենան բավականացնել ու ճանապարհել:

— Դու գործի հանգամանքը պատմիր Հելեն խանումին, նա կարգի

կդնե: Ես հավատացած եմ, որ նա այնքան բարի է, որ երբ իմանա քու վիճակը, յուր միջոցներից քեզ կբավականացնե:

— Լավ է, իմ յոթ տարվան զառն աշխատությամբ դատածս, խոհանոցի ճենճերի մեջ, վառարանի դիմաց, խորովվելով ու տապակվելով վաստակածս, անդադար վազելով, անքուն, հոգնած, քրտնաթոր շահածս դրամը նրա ամուսինը խաբեությամբ ձեռքիցս խլե, կնոջ սնդուկը լցնե, կեղծ կալվածագրերով ամբողջ անշարժ կայքը կնոջ անվան վրա դարձնե, հազարներով, ոսկով ու գոհարով կնոջ արկղները լցնե, և ես իմ դառն տանջանքով ձեռք բերածս, իմ ընտանիքիս միակ հույսն ու կյանքը կազմող դրամագլուխս զնամ նրա կնոջ ոտքերը ընկնելով ողորմություն խնդրեմ...

— Տե՛ս, մեկ տե՛ս այս գավառացի լեռնականին, որքա՛ն զոռոզն է եղել... որքան մեծասիրտ... — ասաց մրմնջալով Մազուտ բեյը, — որ խնդրես, քեզնից ի՞նչ կպակսի...

— Ներեցե՛ք, բե՛յ, ո՛չ զոռոզ եմ, ո՛չ էլ մեծասիրտ, այլ սոսկ մշակ: Գոռոզն ու մեծասիրտը, գլուխը քաշ զգած, յոթ տարի ձեր խոհանոցում անմռունչ չէր տքնիլ: Եթե ձեզ նման հարուստներ չենք, բայց ստրուկ էլ չենք ծնված: Մենք էլ մեզ համար մարդ ենք, պատիվ, զգացմունք ունինք: Ի՞նչ անենք, որ խոհարարությամբ կամ սենեկապանությամբ ենք մեր հացը ճարում, դա կարծում եմ ամոթ չէ, բայց մուրալու երբե՛ք չենք կարող զիջանիլ: Ես իմ այս դրամագլուխը, դու ինքդ լավ գիտես, որ մեծ տանջանքով, ամբողջ կյանքս ծյուրելու գնով, բայց ազնիվ միջոցով եմ ձեռք բերել: Յոթ տարի ձեր դռանը գլուխս կախած, ընտանիքիս և զավակիս կարոտով տոչորված, ամեն տեսակ զրկանք տանելով եմ գումարել, որ ինչ է՝ տուն վերադառնամ և խաղաղեցնեմ ալեծուփ ընտանեկան կյանքս, ամոքեմ նրա վշտերը և կորցրած առողջությունս դարմանեմ, կազդուրվիմ: Ասե՛ք, խնդրում եմ, մի՞թե կարող եմ ես, քանյոթերորդ տարիքումս, այսքան մազերիս մեջ սպիտակ ընկնելուց հետո, ձեռքերս և սրունքներս այսպես դողալուց հետո դարձյալ ծառայել, դարձյալ ծծել խոհանոցի ածուխի այն սոսկալի գազերը, ճենճահոտերը և տոկալ... Ասացե՛ք, այսպես քայքայված առողջությամբ, ընտանիքիս կարոտովը բորբոքված, ես ի՞նչ միջոցի դիմեմ, ի՞նչ անեմ, որ ապրիմ և ապրեցնեմ գերդաստանս, սրբեմ թշվառներիս արտասուքը... Այս ի՞նչ անի՛րավություն է...

— Փորձանք է, Առաքե՛լ, պատահմունք է, պետք չէ դժգոհիլ, հնարը գտնելու է, փողերդ ետ բերելու ճարը մտածելու է: Լավ, որ դու ինքդ ես, նկարագրում վիճակդ: Ի՛նչ մեծ կորուստ կունենաս, եթե ընտանիքդ, կյանքդ փրկելու համար գնաս, զիջանիս և խնդրես ծածկաբար Հելեն խանումից, որ քեզ ազատե այս ծանր վիճակից: Չե՞ս ուզում, ես կգնամ, ես կխնդրեմ, նա անչա՛փ բարի է, որ մի ճար կգտնե:

«Անչափ բա՛րի է»... իմ փողերս իրիկնադեմին մարդը խաբեությամբ

ձեռքիցս կորզե, տանե կնոջ սնդուկը լցնե, որն արդեն բռնված և գտնվում է պահանջատերերի իշխանության տակ, իսկ ես գնամ նրանից իմ փողերս որպես ողորմություն ետ խնդրեմ... Բե՜յ, բե՜յ, ինչե՞ր եք ասում, մի կնոջ սնդուկից քանի հազար լիրա էլ դուրս գա... Քու բարի Հելեն խանումի սնդուկում այդքան փող ո՞վ դրեց... Մի՞թե նա հոր տնից ժառանգություն էր բերել այդ ոսկիները: Եվ դուք ասում եք «այդ փորձանք է, այդ պատահմունք է»: — Ո՜չ, ո՜չ, գողություն է, հափշտակություն է, սարի ավազակներն ավելի ազնիվ են վարվում... Տիրան բեյը բոլոր կալվածագրերը, պապենական ժառանգած բոլոր կայքերը դարձնե յուր անբարոյական կնոջ անունով, սրան-նրան թալանե, խաբե, փողերը կորզե, լցնե կնոջ սնդուկը, և ես աչքիս լույսի, առողջությանս և քայքայված կյանքիս գնով ձեռք բերած կարողությունս գնամ գողակցից ողորմություն ետ խնդրեմ...

— Այդ դեռ հարց է, թե Հելեն խանումը գողակից է, կամ մաս ունի պահած յուր ամուսնի կարողությունից... Ես հավատացած եմ, որ նա անչափ բարի է...

— Հապա ո՞վ տվեց այն կարողությունը Հելեն խանումին, որտեղի՞ց էր այն ահավոր գումարը, որ դատարանը բռնեց նրա սնդուկում...

Առաքելը հաստատապես համոզված էր, թե Տիրան բեյը իրեն գիտությամբ է կողոպտել, և այնպես տանջվում էր այս մտքով, որ մի ամսի ընթացքում բոլորովին այլակերպվել էր: Օրեցօր, ժամից-ժամ, մազերի և պեխերի մեջ նորանոր սպիտակներ էին ցցվում և զգալի կերպով հալվում, մաշվում ու նիհարում էր: Ո՜չ կանոնավոր քուն ուներ և ո՜չ ախորժակ: Պողոս աղայի սենյակում, թե պատահում էր ճաշի, ընթրիքի ուտում էր, թե ո՜չ, մտքովն անգամ քաղց չէր անցնում, սովածություն չէր զգում: Առավոտները վաղ վեր էր կենում և վազում էր դատարանների մոտերը գտնված սրճարանները, որտեղ տասը փարա վճարելով, մի դայֆա էր խմում և ժամերով նստում, ծխում ու մտածում:

Այդպիսի դայֆաններում էին հավաքվում բոլոր գանգատավորները և այդտեղ էին խորհրդակցում փաստաբանները իրենց կլիենտների հետ, մինչև դատավորների հավաքվելը և դատաստան սկսիլը: Որքան վշտացյալների էր պատահում այդ դռներում Առաքելը, այնքան սաստկանում էին յուր վշտերը: Կային այնպիսի թշվառներ, որոնք տասնյակ տարիներով սպասել էին իրենց գործերի վճռին, բայց դեռ ոչ միայն արդարադատության, այլ մինչև անգամ վերջնական վճռի չէին արժանացել: Այդ անգործ, աշխատությունից ձեռք քաշած թշվառների հուսահատ հառաչները, բարակացավի ենթարկված թոքերն ու քսակները, պատռտած, յուղոտած հագուստները և ծակծկված կոշիկները, ֆեսերը Առաքելին այնպես վատ էին ազդում, որ նա մոլեգնած, շատ անգամ փակում էր աչքերը չտեսնելու, խփում էր ականջները չլսելու համար: Բայց օրեցօր Առաքելն էլ նրանց հետ հալվելով, հալվում, մաշվում էր և յուր թշվառության անդունդը ավելի տսկալի, ավելի խոր, անհատակ էր երևում:

Տիրան բեյի վրա պահանջք ունեին ընդհանրապես մեծ կապիտալիստները, Մանչեստրի, Լիվրպուլի, Դրեզդենի գործարանատերերը: Այդինի, Անգյուրիի և Ադանայի բրդի, բամբակի, քիթրայի, գդտորի վաճառականները և կալվածատերերը, բայց մանր-մունր պահանջատերեր էլ շատ կային: Միայն Առաքելը չէր նրա թշվառ զոհը, այդպիսի փոքրիկ դրամատերեր շատ կային, որոնք ինչ-ինչ ապազայի հույսերով իրենց տնտեսած գումարները պահ էին տվել սրա դրամարկղը և այսօր Առաքելի հետ սգում էին:

— Մարգարե չես, բայց գուշակություններդ ուղիղ են, Առաքե՛լ, — ասաց մի օր սրճարան մտնելով Առաքելի թշվառ ընկերներից մեկը, որը նույնպես հարյուր քսան լիրա պահ էր տված Տիրան բեյի գրասենյակում, — Մարգարն ու Մարտիկը գնացել, լիզել են Հելեն խանումի կոշիկների գարշապարը և տասնական ոսկի ստանալով, փակել իրենց հաշիվները:

— Մինաս աղբա՛ր, չասի՞, որ նրանք ստորաքարշ անասուններ են, նրանք ցածհոգի, լղպոր տղուններ են, որ կարող են ամեն ինչ մրոտել, աղտեղել: Նրանք, որ այնպես գոռում-գոչում, պոռնկի նման արտասվում էին, զգում էի, որ մեզ դավաճանելու էին...

— Փողերն ստացել են ու իրիկունն իսկույն ճանապարհ ընկել:

— Իբրև թե մենք ընտանիք, զավակներ, սիրելիներ չունենք, մենք պարտեզում աճած խոտեր ենք... Մենք էլ կարոտ ենք քաշում, տապակվում ենք, բայց գործը...

— Հարյուրհիսունական լիրան տասնական լիրայով մի–մի բիլեթով են վերջացրել...

— Գոնե գային, մարդ երեսներին երկու խոսք գոնե ասեր, սիրտը հովացներ, հետո էլի երթային... Այդպիսի ընկեր լքողներն են մարդու հուսահատեցնում, ապա թե ոչ, ինչի՞ Տիրան բեյերն ու Հելեն լրբերը պիտի կարողանան մեր դառն աշխատանքով ձեռք բերածը կուլ տալ: Բայց ոչինչ, ով ուզում է հրաժարվի, ես իմ մի փարայից հրաժարվողը չեմ, թե մինչև անգամ դրա համար զոհվելու էլ լինիմ...

— Արդար քրտինքի աշխատանքով վաստակված չէ եղել նրանց փողերը, ապա թե ոչ, ո՞վ կհամաձայնի տարիներով, դառն տանջանքով դատած հարյուր հիսուն լիրայի փոխարեն տասը լիրայով բավականանալ... Ղայֆաջի, նարգիլես շուտ լից, — ասաց Մինասը, սրճարանի բազմոցի վրա տեղավորվելով և թիկունքը պատին հենելով:

— Այսօր նորից բացատրություններ է պահանջելու դատարանի միջոցով մեր փաստաբանը Տիրան բեյից: Նրա առնելիքների ցուցակների մեջ ահագին զեղծումներ է գտել: Այնպիսի խարդախություններ, որոնցով կարելի է Տիրանի նենգավոր սնանկությունը ապացուցանել...

— Մի՛ հավատալ այդ փաստաբաններին, — ասաց Առաքելը, —

այնպես են հավատացնում, վստահեցնում մարդու, որ կուրացնում և կողոպտում են, իսկ ատյան մտնելիս շվարեցնում թողնում...

— Չէ՛, այս մարդը գործին լավ է կպել: Ցուցակներից գտել է, որ Գալֆայանը ապառիկ ապրանքներ է բաց թողել ոչ միայն Սըվազի, Էրզրումի, Դիարբեքիրի, Մոլսուլի, Հալեբի, Բաղդադի և մինչև անգամ Հեքյարի, Արաբիայի հեռավոր Հեջազի ու Եմենի վիլայեթների վաճառականներին, այլ մինչև անգամ Պարսկաստանի, Կովկասի վաճառականներին ու վերջինների վրա մեծ գումարով պահանջք է մնացել, այնպես որ սնանկության գլխավոր պատճառը այդ ապառիկներն են եղել: Բայց բանից դուրս է գալիս, որ այդ բոլոր անվանված վաճառականները, որոնք երբեք ապառիկ ապրանք չեն տարել Գալֆայանից, երևակայական են, գոյություն չունին և դրանք ստեղծվել են միայն Տիրան բեյի փաստաբանի գրչով և ուղեղով, կեղծված տոմարների մեջ:

«Մինարեն գողացողը կանխապես պատյանը պատրաստում է», — ասում է առածը, զուր բաներ են դրանք, դրանցով գործը կարգի չի գալ: Էգուց Գալֆայանը զանազան քաղաքներից և երկրներից վկայականներ բերել կտա, որոնցով կհաստատե, թե կային այդպիսի վաճառականներ, բայց կողոպրտվեցան, սպանվեցան, սնանկացան, մեռան և այլն, և այլն, և ցեղերն էլ բնաջինջ եղան: Ո՞վ ժամանակ և միջոց ունի, որ երկրից երկիր ման գա և հաստատե, որ այդ երկրների վարչական ատյաններից հաստատված և տրված այդ վկայականները շինծու են և դրանք կաշառքով կամ խաթեր համար են պատրաստված: Դու ասա՛, պիտի կարողանա՞ն այն լիրբ Հելենի անունով հաստատված կայքերը խլել և բաժանել պահանջատերերի մեջ: Ահա՛ թե որտեղից մենք կարող ենք փրկություն հուսալ...

— Լավ ես ասում, թե կալվածաթղթերը կարողանան ջրել: Նենգավորը ութ տարվան ընթացքում մաս-մաս այլևայլ ձևերով, դարձվածներով կամաց-կամաց դարձրել է այդ կալվածները իրեն կնոջ անվան, այնպես որ դժվար թե...

— Ավելի վատ, ուրեմն նա ութ-տասը տարի է ծրագրում է կողոպտել սրան-նրան, սզացնել և օրական հացի կարոտ թողնել թշվառներին...

Պարտատերերի պահանջի համեմատ, Տիրան բեյի ո՛չ միայն տունը-տեղը, կնոջ սենյակները և սնդուկները ցուցակագրվեցան, գրավվեցան և երաշխավորության հանձնվեցան, այլ մինչև անգամ կնոջ անունով հաստատված բոլոր կալվածների եկամուտները առժամանակ գրավվեցան, մինչև գործի քննության ավարտը և վաճառականական դատարանի վճիռ կայացնելը:

Երկու հարյուր հիսուն հազար լիրայով էր սնանկացել Տիրան բեյը, իսկ այդ գումարի դիմաց նա ուներ միայն յուր վաճառատան և մթերանոցների ապրանքները՝ մոտավորապես հիսուն հազար լիրայի:

Այդ ապրանքը աճուրդով ծախելիս կամ վաճառականների մեջ բաժանելիս հազիվ երեսուն հազար լիրա բռներ, որովհետև, մինչև գործի ավարտը, ապրանքը կտրորվեր, կփչանար և մոդայից կընկներ: Այդ բոլորը աչքի առաջ ունենալով պարտատերերը մտածում էին փոխանակ իրենց պահանջից տասը կամ տասնևմեկ տոկոս ստանալու, այդ ստացվելիք գումարով փաստաբաններ վարձել, դատավորներին կաշառել և ամեն միջոց գործ դնելով, խլել Հելենից այն կալվածները, որոնք նենգությամբ Տիրան բեյից անցել էին գեղանի խանումի տիրապետության: Նրանք վճռել էին, որ եթե չկարողանային էլ խլել, գոնե մի լավ խայտառակել Գալֆայաններին:

Երեսուն կտոր մեծ կալված էր ժառանգել Տիրան բեյը յուր հորից, որոնք գտնվում էին Պերայում, Ղալաթիայում , Սթամբոլ-Բեզեզթան, Յալիներ, Բեյուք-Դերե, Մեծ կղզի և ուրիշ տեղեր՝ մոտավորապես հարյուր հիսուն հազար լիրա արժողությամբ: Այդ կալվածները տարեկան բերում էին ոչ պակաս տասներկու հազար լիրա և Կ. Պոլսի աչքի ընկնող հայտնի տեղերում էին գտնվում: Տիրան բեյը յոթ-ութ տարվա ընթացքում կամաց-կամաց այդ կալվածներից մի քանիսը նախ ծախել էր յուր ծառաներին կամ բարեկամներին նենգությամբ և ապա նրանցից ետ գնել էր յուր կինը՝ Հելենը, այնպես որ օրենքի առաջ սա այդ բոլոր կալվածների օրինական տերն էր դարձել: Դեռ այդ հերիք չէ, Տիրան բեյի նստած տունն անգամ հաստատված էր Հելեն խանումի անունով, այնպես որ Տիրան բեյը յուր կնոջ տանն էր ապրում:

Թեև օրինազանցություն էր Հելեն խանումի անունով հաստատված կալվածների եկամուտները գրավելը, տան կահ-կարասիները ցուցակագրելը, տիկնոջ սնդուկի մեջ գտնված փողերը, գոհարեղենը կնքելով դատարան բերելը, բայց թուրքերի Կ. Պոլսի վաճառականական դատարանը պարտավորված էր զիջանիլ անգլիական, ֆրանսիական և ավստրիական կոնսուլների պահանջներին, որոնց հպատակները մեծամեծ վնասի ու կորուստի էին ենթարկվել Գալֆայանի սնանկությունից: Բայց Գալֆայանին և Հելենին ոչ մի անհանգստություն չէր պատճառում այդ բոլորը, քանի որ նրանք համոզված էին, որ և ոչ մի աշխարհի կամ պետության օրենք ուժ չուներ խլելու Հելեն խանումի կալվածները, սրա սեփականությունները և բաժանելու նրա ամուսնի պարտատերերի մեջ: Անհատական սեփականության օրենքները չէին զիջանիլ և թույլատրել, որ ոտնակոխ լինի դարերով սրբագործված այդ օրենքը: Թե՛ դատավորները և թե՛ փաստաբանները վստահեցնում էին, թե նրանք ոչինչ տուժելու չէին, բացի ժամանակի կորստից և սնանկի անվանարկությունից: Իսկ այդ կեղծ սնանկի տիտղոսն էլ մեծ կորուստ չէր նախկին որմնադրի և ապա մայր սուլթանի ճարտարապետի թոռի համար, քանի որ յուր գողացած փողով և կարողությունով միշտ կարող էր շլացնել իրեն շրջապատող հասարակությանը, որոնք ո՛չ միայն ուշք չէին դարձնելու այդ ստորության, այլ շուտով էլ մոռանալու էին այս տխուր միջադեպը: Մանավանդ որ փաստաբանների պատրաստած կեղծ վաճառական տոմարներով արդարանալու էր Տիրան բեյը ուրիշների գումարները նենգությունով յուրացնելու համար, իսկ դատարանով արդարացած սնանկը ամաչելու ի՞նչ կարիք կարող է ունենալ:

Առաքելը այդ բոլորը ուշի-ուշով քննեց, Գալֆայանի ամեն մի գործակատարից ու բարեկամից ծանոթացավ գործի մանրամասնությունների հետ և իմացավ, թե ի՞նչ ճարպկությունով Տիրան բեյը կարողացել էր ութ-տասը տարվան ընթացքում, ուրիշների դատած ու հավաքած գումարները առատապես շռայլելուց, փչացնելուց հետո, մոտ երկու հարյուր հազար լիրա էլ քաղել և իրեն նենգ սնանկ հրապարակել: Նույնպես զգացել էր, որ պահանջատերերի փաստաբանները ոչինչ չպիտի կարողանային շահել դատավարությունով, քանի որ սեփականության հիմունքների վրա կազմված բոլոր օրենքներն ու կարգերը պաշտպանելու էին նենգավոր սնանկին և նրա անբարոյական կնոջը պիտի ետ դարձնեին Գալֆայանի պապի շինել տված բոլոր կալվածքները: Բայց և այնպես հույսի մի աղոտ նշույլ ստիպում էր Առաքելին հետևել գործի ընթացքին և սպասել դատավարության վախճանին:

Օրեր և ամիսներ անցան, անձրևաշատ աշնանը հաջորդեց ցրտաշունչ ձմեռը իրեն փոթիասով և սպիտակ սավանով, որը երկար հյուր չմնաց Կ. Պոլսում: Սրանց հաջորդեց դալարագեղ գարունը, որը յուր քաղցր բուրմունքով զարդարեց Կ. Պոլիսը շրջապատող դաշտերն ու բլուրները, ամեն կողմի այգիները հարսի նման ծաղիկներով ու տերևներով պճնվեցան, և վարդի թփերի միջից սկսեցին երգել սոխակները: Ամեն կողմ նոր գարունը նոր կյանք էր սփռում և ամեն մի բուռ հող ծլեցնում, բողբոջում, և դուրս էր ժայթքում երկրի սրտից բյուր բարիք: Բնությունը անդադար շարունակում էր յուր դերը, բեղմնավորում, աճեցնում, հասցնում, չորացնում և գետին թափելով ապականում, փտեցնում...

Այդ բոլորը մոռացնել էր տալիս մարդկանց ցրտաշունչ ձմեռը, դառնագին օրերը և սրտաճմլիկ ցավերը, բայց Առաքելի աչքերը չէին բացվում, չէր նկատում այս քաղցր բարիքների այլակերպությունները: Նրա մայրը, կինը, բալիկը մնացել էին անտեր, անտիրական և ո՞վ է իմանում, գուցե և քաղցած ու տկլոր: Ձմեռը նա յուր կնոջից երեք նամակ էր ստացել և ոչ մեկին պատասխանելու ո՛չ սիրտ ուներ, ո՛չ քաջություն: Կինն ու մայրը լսել էին Առաքելի գլխին եկած դժբախտությունը, խորհուրդ էին տվել թքել այդ գումարի վրա և վերադառնալ իրենց մոտ, բայց ո՛չ մի ազդեցություն չէր ունեցել Սառայի աղերսանքը, Առաքելի սիրտը չէր փափկել... Սա մտածում էր կամ փողերը ստանալ և կամ վրեժը լուծել...

— Օ՜հ, այս ի՜նչ տսկալի վիճակ է, այս իմ անողորմ բախտը... Պապը որմնադրությամբ Բաբերդից Կ. Պոլիս տրեխով զա, ձեռքի տակ բանացրած քարտաշների և մշակների օրականներից խուզելով, խուզելով հազարներ դիզե և այս կալվածները թոռին թողնե, որ սա էլ շրջապատող հասարակության մոտ վարկ ունենա, կողոպտե այդ հասարակության թշվառ անհատներին և հարյուր հազարները դիզե, անպատիժ, արդարացած ու սզացնե հազարավոր անհատներ... Տիրան բե՜յ, իշխա՜ն, վսեմաշո՜ւք... չեն ասում, գո՜ղ, ավազա՜կ, հափշտակող զազան, — ասում էր դառնացած սրտով Առաքելը և հառաչում աղիողորմ ձայնով:

Մայիսի միջերքում նշանակված էր Գալֆայանի սնանկության դատավարության օրը: Առավոտ վաղ բոլոր պահանջատերերը կամ նրանց ներկայացուցիչները փաստաբանների հետ հավաքվել էին Այա-Սոֆիայի մոտ գտնված Թիջարեթ մեջլիսի (վաճառականական դատարան) մեծ դահլիճում և իրար հետ միտք էին փոխանակում: Ամեն մի փաստաբան յուր ձեռք բերած փաստերն էր ընկերակիցներին հայտնում և նրանց խորհուրդը լսում: Պահանջատերերն էլ, ճաշի նստած տիկնոջ բերանին ու աչքերին նայող շների նման, դիտում էին իրենց փաստաբանների շրթունքների ամեն մի շարժումները և ուշի-ուշով լսում արտասանած խոսքերը:

Դեռ ո՜չ դատավորներն էին հավաքված, ո՜չ էլ պատասխանատուները իրենց փաստաբաններով, բայց դատավարական սրահի բազմոցների վրա տեղ էին բռնել Կ. Պոլսի երկսեռ հասարակության հետաքրքիր ներկայացուցիչները: Ղարագյոզի տեսարաններին վազեվազ հաճախող հանդիսատես–խանումները իրար ետևից շտապում էին տեղ բռնելու և լսելու Հելեն խանումի դատավարությունը և դրա վախճանը: Դեռ սանդուխների տակ հանդիսականները պարտավոր են իրենց կրկնակոշիկները, հովանոցները, մահակները և վերարկուները պահ տալ դռնապահներին և սրանցից համարներ ստանալով կանխիկ վճարել դրանց վարձքը՝ քսանական փարա:

Նրբասրահում պտղեղեն, մրգեղեն, քաղցրեղեն և շաքարեղեն ծախողները անցուդարձ անողներին քծնանքով առաջարկում էին իրենց վաճառքները: Կարկանդակ ծախողները իրենց եռոտանիներով ուշադրություն էին գրավում, օշարակ և ջուր ծախողները պատրաստի բաժակները մեկնում էին դեպի այս ու այն անցորդը: Այնպես որ, եթե մինչև կեսգիշեր տևեր դատավարությունը, հանդիսականները քաղցն ու ծարավը հագեցնելու համար նեղություն չէին կրի: Հարկավոր էր միայն քսակների բերանները բանալ և մի քանի սև փող ցրել այս ու այն կողմը:

Մեծ աղմուկ էր տիրում նրբասենյակում, ամեն կողմ խումբ-խումբ հավաքված վիճում էին կամ դրա հարյուր քայլից ավելի երկայնությամբ ճեմելով՝ խոսակցում: Այդ աղմուկը երբեմն-երբեմն ընդհատվում էր պաշտոնականների և դատավորների ելումուտի ժամանակ և իսկույն շարունակվում: Մինչև դատավորների հավաքվելը, դատաստանասրահը ամբողջապես լցվել էր հանդիսականներով, այնպես որ ծառաները պարտավորվեցին օդը մաքրելու համար հրապարակին նայող լուսամուտների վարագույրները վերցնել և փեղկերը բանալ:

Երբ դատավորներն եկան և անցան իրենց խորհրդարանը, իսկույն լուր տարածվեց, որ դատաստանին նախագահելու է Միհդատ էֆենդին, Հելեն խանումի հոմանին և երեկույթների պարընկերը: Կոնսուլների թարգմանները եկել էին և իրենց որոշ աթոռները գրավել դատավորների աթոռների ետևը, պատերի տակ: Թեև մի քանի անգամ այդ թարգմանները դուրս եկան այս ու այն եվրոպացի կամ օտարական պահանջատերերի հարցերին բավականություն տալու, բայց հնար չգտան Միհդատ էֆենդիին մի կերպ հեռացնելու նախագահի աթոռից: Եկան նույնպես Տիրան բեյի և Հելեն խանումի փաստաբանները և իրարից հեռու մեկ-մեկի հակառակ դիրք բռնեցին:

Այդ բոլորը Առաքելին այնպես էր թվում, իբր թե թատերաբեմի վրա ներկայացումներ էին տալու: Առաքելը նախապես ամեն գործ լուծված և վերջացած էր համարում: Նա լուռումունջ աչքերը երբեմն այս, երբեմն այն կողմը ձգելով, դիտում էր և անշարժ պղլում, մնում: Հավատացած էր, որ իրենց բոլոր բողոքները և արդար պահանջները մերժվելու էին: Պահանջատերերին բաժին էր պահված միայն Գալֆայանի վաճառատան մնացորդ ապրանքը, որից դատավորները պահանջատերերին տասը տոկոս վճարելով, փակելու էին հաշիվները և կատակախաղը ավարտելու: Այս մտքերով խորասուզված, Առաքելը մինչև անգամ չէր էլ ըմբռնում շուրջը բոլորածների խոսակցությունները:

Երբ արդեն հանդիսատեսները րոպե առ րոպե սպասում էին դատավորների բեմ բարձրանալուն, դատասրահի դուռը բացվեցավ, և Հելեն խանումը ամուսնի թևը մտած ներս եկավ, այցելության դուրս եկած մի տիկնոջ նման պճնված մետաքսեղենների մեջ շողշղալով: Աղախինը նրանց հետևում էր ձեռքին բռնած eau-de-Cologne-ի շիշը, զանազան շալերով և թաշկինակներով: Մարդ ու կին առաջ գնացին, և յուրաքանչյուրը յուր փաստաբանի կողքին տեղ բռնեց, նստելով չոր, տախտակե բազմոցի վրա: Աղախինը թեև անմիջապես տեղ գտավ հանդիսականների կողքին, բայց մի քանի անգամ պարտավորվեց տիկնոջ ակնարկին հետևելով նրան մոտենալ, ինչ-ինչ իրեր առնել ու տալ:

Տիկին Հելենը այդ օրվա հերոսն էր, հանդիսականների աչքերը, կարճատեսների դիտակները ուղղված էին նրա կողմը. Մարդիկ նրա գեղեցկությունով, կորովամտությունով, վայելուչ շարժումներով, առնացի քաջասրտությունով և նազենի հայացքներով էին գրավված, իսկ տիկինները՝ նրա արդուզարդով, շրջազգեստի, ժապավենների, դանտելների, օղերի, մանյակների, ձեռնոցների մանրամասնություններով: Նախանձոտ կանանց սիրտը ավելի ծակում էր Հելենի այն խորամանկ և ճարպիկ խաղը, որով ոչ միայն գրավել էր իր ամուսնի ահագին կալվածներն ու կարողությունը, այլ մինչև անգամ շշմեցրել էր ողջ Կ. Պոլսի հասարակությանը:

Հելենը, նկատելով իրեն վրա սևեռված հայացքները, բոլոր ճիգով աշխատում էր, ճարպիկ դերասանուհու նման, արտաքին շարժումներով զբաղեցնել հասարակությանը, և նա այնքան ձիրք ուներ, որ կարող էր մտադրածը գործադրել: Նա այնպես դիրք էր բռնել, որ իբր չէր էլ նկատում, որ իրենով զբաղվողներ կային դատաստանասրահում և ողբերգակ երգչուհու նման գլուխը ուսերի վրա այնպես էր տատանում, որ կարծես վշտից տանջանքի ալիքների վրա ցնցվում և տարուբերվում էր:

Առաքելը, որ աչքից չէր փախցնում Հելենի ամեն մի շարժումը, իսկույն հիշեց Շիշմանի պարահանդեսի զարդին, որը պարտեզի քյոշքի մեջ պաղպաղակ էր վայելում Միհդատի հետ, այրված սրտի բաբախումները հանգստացնելու տենդով, թեև Միհդատի սիրաբուխ ճոռոմաբանություններով և կիզիչ համբույրներով ավելի ու ավելի արծարծվում էին նրա իրանի և երակների մեջ բորբոքումները: Այդ տեսարանը Առաքելին մտքով առաջնորդեց բոլոր այն վայրերը, որտեղ պատահել էր գեղանի Հելենին նրա անթիվ երկրպագուների շրջաններում և խորասուզվեց զարհուրելի մտքերի անսահման օվկիանում:

Դատավորների հանկարծակի մուտքը դատասրահի բեմը սթափեցրեց Առաքելին:

Դատավորների երևալուն պես լռություն տիրեց, և ամեն հայացք ուղղվեց նրանց կողմը, ուշադրությունները ամփոփած լռելյայն լսում էին բոլոր հանդիսականները: Բայց նախագահի սովորական քննությունը, սկզբնական դատավարության արձանագրության երկար ու բարակ ընթերցանությունը ձանձրացուցիչ էին մինչ այնքան, որ դատավոր-անդամները, քարտուղարն անգամ, մոռացած իրենց դերը, ստեպ իրենց հայացքը մեկնում էին Տիրան բեյի, մանավանդ Հելեն խանումի վրա, այնպես որ ավելի զբաղված էին գեղանի տիկնոջ հրապույրով և չէին էլ ըմբռնում ընթերցանության բովանդակությունը:

Միհդատ էֆենդին անդադար հանդարտ սրտով կարդում էր երկար ու ձիգ արձանագրությունները, Գալֆայանի սնանկության պատմությունը և այն հանգամանքները, որոնք առաջացրել էին Տիրան բեյի առևտրական տան ձախորդությունը: Երբեմն-երբեմն, ընդհատելով ընթերցանությունը, Միհդատ էֆենդին թեքում էր գլուխը աջ ու ձախ, իբրև թե հարցնում էր ընկերակիցներին, «կարդա՞լ և այսինչ արձանագրությունը», որին իսկույն մեքենաբար պատասխանում էին շփոթված ընկերակիցները, կիսաթափ իրենց ուշաթափությունից, «բելի էֆենդիմ, էվետ էֆենդիմ» (հրամմեր եք, այո՛):

Միհդատ էֆենդին, «ղասաբի» նման սառնասիրտ, առանց ուշք դարձնելու քերթված անասունի դիակին, անդամահատում էր միսը և դասավորում այս ու այն կողմը, այնպես որ նրա կարդացած արձանագրությունները, բացատրությունները և քննությունները կանխապես հայտնի լինելով հանդիսատես հասարակությանը, նրա տաղտուկը բերեց: Ամենքի ուշադրությունը դարձյալ կենտրոնացավ Հելեն խանումի վրա, որը թեև դիակնացած դիրքով, բայց պարբերական հառաչանքներով և ցնցումներով, դերասանական նրբությամբ քաշում էր իր կողմը բոլորի հայացքները և այնպես էր ձևացնում, որ իբր այդ բոլոր հոգեկան տանջանքները առաջանում էին սառնասիրտ նախագահի զրպարտություններով լի արձանագրությունների ընթերցումից: Նստած տեղում Հելենը երբեմն մեռելի դեմք և գույն էր ստանում, երբեմն բորբոքվում, շանթի նման կարմրում էր, այն աստիճան, որ կարծես աչքերից պեծեր էին ցայտում և երեսը ցոլում էր բոցափայլ շողքով: Երբեմն էլ արհամարհական ծիծաղով ժպտում էր այնքան նազենի, այնպես գողտրիկ, որ տասնչորս տարվան անմեղ կույսի տիպար էր ընդունում և իրեն դիտող աչքերին խոնարհելու, ակամա ծնրադրելու ստիպում...

Ընթերցանության ավարտումից հետո, երբ պահանջատերերը պնդեցին իրենց փաստաբանների խնդրագրերով պահանջված քննությունները կատարելու, Միհդատ էֆենդին նախ գրավոր փաստերը պահանջեց և ապա վկաներին դատաստանասրահից հեռացնելով, սկսեց մեկ-մեկ վերջինների ցուցումները արձանագրել, փաստաբանների տված հարցերի հետ: Կողմերի վկաներն ու վկայագրերը հերքում էին իրար ցուցումները, դատավորներին մնաց միայն գրավոր փաստերի և գոյություն ունեցող օրենքների հիման վրա կայացնել իրենց վճիռը: Բայց որովհետև դատ վարողների մեծագույն մասը օտարականներ էին և ապելիացիայի իրավունքից զրկված, ուստի դատավորներն ամեն տեսակ նրբությամբ հետևում էին գործի մանրամասնությունների մեջ թափանցելու և ոչ մի կետ անուշադիր չէին բաց թողնում, որպեսզի կոնսուլների թարգմանների բողոքին առիթ չմնար:

Պահանջատերերի փաստաբանները աշխատեցան և իրենց ճառերով ուզեցին ապացուցանել, որ Տիրան բեյը երկար տարիների ընթացքում մտադրած է եղել կանխապես սնանկանալ և պարբերաբար բոլոր գործերին այնպիսի ընթացք է տվել, որ կարողանա ժամանակին արդարանալ: Այս բանի գլխավոր ապացույցը կալվածների կնոջ անվան դարձնելու կետն էին մատնացույց անում: Այդ բանը հերքեց Տիրան բեյի փաստաբանը, ապացուցանելով, որ Տիրան բեյը յուր ինչ-ինչ վճարումները բանկ Օտոմանին և Կրեդի-Լիոնեին լրացնելու համար պարտավորված էր եղել, այն էլ պակաս գնով, ծախել յուր կալվածները, որպեսզի կարողանար պատիվը պաշտպանել եվրոպական գործարանատերերի մոտ և գործերը շարունակելով կարգի բերել: Տիրան բեյի փաստաբանը ներկայացրեց վկայականներ, որոնք ստացված էին վերև հիշված բանկերից և ցույց էին տալիս ժամանակին նրա մեծաքանակ վճարումները, որով պահանջատերերի ենթադրական մեղադրանքները հերքեց, և դատավորները խոնարհեցան հավատ ընծայելու դրական փաստերին, որոնք վավերացված էին դարձյալ օտարականների վարկավոր հիմնարկություններից:

Վերջապես փաստաբաններից մեկը, պատշաճության սահմանից դուրս գալով և ընդունված դատաստանական համեստության քողը պատռելով, սկսեց այնպիսի հարցերի քննության մեջ մտնել, որոնք խավարի անդնդում գործվածները լույս աշխարհ էին կամենում դուրս բերել և որոնց լուծումը առևտրական դատարանի իրավասության սահմանից դուրս էր: Դատավորները երբ ցանկացան սանձել փաստաբանի նկարագրությունները, կյանքի մութ խավարի այս ու այն կողմը տարածումները, նա առանց քաշվելու, առանց տատանվելու դարձավ ժողովրդի կողմը և ասաց բողոքելով.

— Էֆենդինե՛ր, խանումնե՛ր, ժողովրդին կողոպտում են, նրա հավատքը դեպի չարը գործադրելով, տարիների ընթացքում կյանքի գնով տնտեսածները խլում են ձեռքից, և երբ ուզում է փաստաբանը բացատրել և չարագործի դիմակը պատռելով մերկացնել նրան, ցույց տալ գազանական ժանիքները, մատնել արդարադատության ձեռքը, մեր դատավորները նեղանում են, ձանձրանում են լսելուց և շտապեցնում...

— Ներեցե՛ք, մյուսյու, մենք չենք շտապեցնում, — ասաց ժպտալով Միհդատ էֆենդին, որի ժպիտը ավելի ժահրալի էր, քան թե օձի թույնը, — այլ խնդրում ենք, որ առանց դուրս գալու ներկա սնանկության գործի սահմանից, դուք տաք մեզ ձեր բացատրությունները:

— Ներեցե՛ք, դատավոր էֆենդիներ, — շարունակեց փաստաբանը անվրդով, — իմ պարտքս է այն բոլոր պարագաները նկարագրել, որոնք պիտի ձեզ պարզեն իրերի դրությունը և պատկերացնեն ճշմարտությունը, որպեսզի դուք մի անսխալ համոզմունք կազմելով, տաք արդար վճիռ, որին սպասում են, եթե ոչ եվրոպացի գործարանատերերը, վաճառականները, բանկիրները, այլ այն թշվառները, որոնք իրենց տարիներով, հազար մի տանջանքներով տնտեսածները, իրենց կյանքի միակ կենսատու հյութը և փրկությունը կորցնելու են, կործանվելու են, եթե արդեն իսկ կործանված չեն: Ես այդ սնանկությունը մի ճարտար խաղ եմ համարում, որի դերակատարները ներկայումս ծիծաղում են արդարադատության վրա, մեզ վրա, ձեզ վրա, ծաղրում այս բոլոր ձևականությունները և կատակերգությունները, որոնք իրենց հեղինակությունն են համարում: Մի՛ վրդովվեք իմ այս խոսքերից, մի՛ ցնցվեք այս լոկ բառերից, թո՛ղ ձեր պատվազգացությունը չբորբոքվի այս չնչին հարձակողական լեզվիս բառերից, որին թույն են մատակարարում, աղու են տալիս թվարկյալներիս սոսկալի վիճակը, այլ սոսկացել՝ մակաբերելով թվարկյալներիս և նրանց ընտանիքի ապազան, ձեր վճիռը տալուց հետո: Գիտե՛ք, որ այդ բոլոր անհատները մի-մի ընտանիքի սյուներն են, մի-մի խումբ մարդիկ սնուցանողներն են, մի-մի տան նեցուկներն են և եթե դրանց կոտրենք, շպրտենք, կործանելու ենք ամբողջ ընտանիքներ: Երբե՛ք ես չէի կարող մտքիցս անցկացնել, որ թշվառացնեի, անբախտացնեի, անվանարկեի մի անհատ, թե ինչ է պիտի շենացնեի մի քանի տներ, պիտի փրկեի մի քանի ընտանիքներ, կուզե աշխարհներ: Բայց իմ աչքիս առաջ ես պարզ տեսնում եմ, որ նենգությամբ, նախամտածված չարությամբ կողոպտված են այս մարդիկ, չարամտությամբ և կանխապատրաստությամբ սարքված է Գալֆայանի սնանկությունը...

«Ասացե՛ք, խնդրում եմ, ո՞վ է Տիրան բեյը, ո՞վ է Հելեն խանումը: Մի՞թե միևնույն ընտանիքի երկու կողմի պատերը կամ երկու սյուները չեն կազմում, մի՞թե մի կապով չեն կապված երկուսն էլ: Եթե Հելեն խանումը այնքան գումար ուներ, որ կարողանար գնել Տիրանի կալվածները, ինչո՞ւ այդ փողով նա չէր օգնում յուր ամուսնին, ինչի՞ էր թողնում այդ կալվածները ծախելու կամ ինչի՞ ուղղակի ինքը չէր գնում, այլ նախ մի գործակալի, մի բարեկամի էր ծախվում այդ կայքերը, ապա նրանցից գնում էր տիկինը: Ինչի՞ էր թողնում Տիրան բեյը կամ Հելեն խանումը ավելորդ ծախսեր անելու, պակաս գներով ծախելու կամ կալվածական թղթերի հաստատության համար կրկնակի վճարումներ անելու: Եթե խորը դատե՛ք, արդարությունը ինքն իրեն կներկայանա ձեր աչքերին: Մի՞թե այս կետերը ձեր սրտերում կասկածներ չեն ծնեցնում:

«Կամ թե որտեղի՞ց այնքան մեծ-մեծ գումարներ մի տիկնոջ, որը յուր ծնողներից, բացի յուր բնական գեղեցկությունն ու ձիրքը, ոչինչ չէ ժառանգել և անձամբ որևէ առևտրական գործ չէ վարել: Ասացե՛ք, խնդրում եմ, պարբերաբար, տարեցտարի որտեղի՞ց էր ճարում Հելեն խանումը այն գումարները, որոնցով ետ էր գնում ամուսնի կալվածները»:

— Ի՞նչ եք պատասխանում այս հարցերին, խանո՛ւմ, — – ասաց նախագահը՝ Միհդատ էֆենդին, — ո՞վ տվեց ձեզ այնքան փող, որ այդ կալվածները գնելուց հետո ձեր սնդուկից էլ դուրս եկավ նս քսան հազար լիրա:

— Ինչի՞ եք ինձ հարցնում, րեիս[21] էֆենդի՛, — ասաց Հելեն խանումը,

[21] Նախագահ:

գլուխը բարձրացնելով և հայացքը հառելով նրա աչքերին, — ի՞նչի դուք անցյալ երեկո ինձ երկու հարյուր լիրա էիք ուղարկել... Ի՞նչ իրավունքով եք դուք միջամտում իմ անձնական և ներքին գործերի մեջ...

Նախագահը մոլորվեցավ...

Հելեն խանումն այս խոսքերը դողդողալով արտասանելուց հետո ջղաձգորեն ցնցումներ արավ, աչքերը ոլորեց, չռեց, չորս կողմը զննեց, կրկին կամաց փակեց և տատանվելով ուշաթափված ընկավ բազմոցի տախտակի վրա: Երբ ջղաձգությունը նկատեց հույն աղախինը, իսկույն թռավ, մոտեցավ յուր տիկնոջը, բռնեց և չթողեց, որ գլորվի, ընկնի հատակի վրա:

Տիրան բեյը հետևեց աղախնին քիչ թույլ շարժումներով, իսկ հեռվից տան էսկուլապը՝ յուր հաստ փորով ճեղքելով ամբոխը, արտորալով հասավ օգնության յուր պացիենտին: Ժողովուրդն արդեն այնպես աղմուկ բարձրացրեց, որ ոչինչ չէր լսում, իսկ դատավորներն այդ խառնաշփոթին վերջ տալու համար իսկույն հինգ րոպեով դատավարությունը ընդհատեցին և առանձնացան իրենց խորհրդարանում՝ ծխելու, հանգստանալու:

Հասարակությունը մոռացավ դատավարությունը, նա հետաքրքրվում էր, թե ինչ հետևանք ունեցավ Հելեն խանումի ուշագնացությունը: Ամեն մարդ հետամտում էր տեսնելու այդ րոպեին նրա դեմքի այլակերպումն ու արտահայտությունը: Բժիշկը զանազան հոտեր էր շնչել տալիս, աղախինը, տիկնոջը յուր կրծքի վրա հանգստացրած, նրա թիկունքը բազուկներով գրկել էր, որ չգլորվի: Տիրան բեյը, ձեռքերը բռնած, առաջը չոքած, կրկնում էր. հոգի՛ս, հոգյա՛կս, սթափվի՛ր, հանգստացի՛ր, աչքերդ բա՛ց, ների՛ր դահիճիդ, որ քեզ այսքան տանջանքների մատնեց:

— Ջո՛ւր, մի բաժակ սառը ջուր, կամ մի կտոր ձյուն, — գոռում էր բժիշկը, քանդելով Հելենի կրծքի կոճակները:

Իսկ հասարակությունը խռնված, իրար գլուխ էր կոտրում, որ կարողանար անցքի մանրամասնություններին ականատես լինել: Ամենայն հետամտությամբ դիտում էին տիկնոջ շարժումները և ոչ մի ցնցում աչքից բաց չէին թողնում, կարծես Հելենը բեմական դերակատար լիներ: Ջուրը բերեցին, սառույցը տվին, բժիշկը կատարեց յուր պաշտոնը, և ուշագնացը սթափվեցավ: Այնքան կենդանի անցան այդ սթափման վայրկյանները, այնքան բնական, որ մի քանի գեղարվեստի սիրահարներ անզգայաբար ծափահարեցին, մեծ ուրախություն պատճառելով տիկնոջը:

Դատավարությունը շարունակվեց, և Հելեն խանումի փաստաբանը մի երկար ճառով ապացուցեց, որ իրավունք չունի առևտրական դատարանը քննել, թե ինչ միջոցով է ձեռք բերել Հելենը յուր անձնական-սեփական կարողությունը: Այս հարցը մի այնպիսի խնդիր է, որի քննությունը կապ չունի Տիրան բեյի սնանկության գործի հետ: Մանավանդ որ բոլորովին մի միություն չեն կազմում Տիրան բեյն ու Հելենը, այլ երկու, քանի որ կարող է նրանցից մեկը մեռնել և մյուսը գուցե շատ ու շատ ապրել կամ մի ուրիշ անձնավորության հետ ամուսնանալ: Մինչև անգամ կարող են ապահարզանով բաժանվել և նորանոր ամուսնություններ կազմել: Փաստաբանը կարճ, բայց օրենքների և մինչև անգամ շերիաթի հատվածների վրա կանգ առնելով, պնդեց, որ Հելենի բոլոր կալվածները, զարդերը և շորերի ու փոխնորդի սնդուկներից դուրս բերված փողերն ու գոհարները անմիջապես վերադարձնեն տիկնոջը:

Դատավորները երկու կողմից վերջին խոսքերը լսելուց հետո հեռացան իրենց խորհրդարանը՝ վճիռը կայացնելու: Հանդիսականները սրտատրոփ սպասում էին վճռի ընթերցանությանը: Փաստաբանները նրբանցքում ման էին գալիս ծխելով, մռայլ դեմքով և իրար ծուռ-ծուռ հայացքներով չափչփելով: Դատասրահից ոչ ոք դուրս չէր գալիս, որպեսզի տեղ չգրավեին ուրիշները և իրենք չզրկվեին կոմեդիայի վերջին տեսարանից: Հելեն խանումը, ամուսնի թևը մտած, գնաց քովի սենյակներից մեկը քիչ հանգստանալու, իսկ Առաքելը մեքենաբար, աչքը հառած փողոցում, սրճարանի առաջ դառն քրտինքով ողողված փայտահատի վրա, խորասուզվել էր կրկին տխուր մտքերի մեջ:

Ամեն կողմից ծիծաղում, քրքջում էին, ամեն մարդ յուր կարծիքն էր հայտնում դատավարության մասին և ամեն մեկը յուր եզրակացությունն անում: Բայց ընդհանուր կարծիքն այն էր, որ գործը վճռվելու էր ի օգուտ Գալֆայանի և Հելեն խանումի, քանի որ բոլորի կարծիքով և համոզմունքով աշխարհիս կարգն ու օրենքը դրանց կողմն էր: Երկու ժամից հետո դատավորները ներս եկան և կարդացին իրենց որոշումը, որով Հելեն խանումի ինչքը գրավելու և պահանջատերերի մեջ բաժանելու խնդիրը մերժեցին: Որոշեցին աճուրդով ծախել Տիրան բեյի վաճառանոցի ապրանքը և գումարը բաժանել պահանջատերերի մեջ: Տիրան բեյին էլ ճանաչեցին պատվավոր սնանկ:

Վճիռը վերջնական էր օտարահպատակների համար:

Այս ավետիսը այնպես կայտառացրեց Հելենին, որ նա անմիջապես մտավ ամուսնի թևը, դուրս գնաց:

— Բե՛յ խանո՛ւմ, — ասաց նախագահը, — խնդրում եմ մի քանի րոպեով սպասել: Նախ ստորագրեցեք վճիռը և ապա ձեզ բարի ճանապարհ:

Մինչ այդ Առաքելը՝ վերջին հույսն էլ կտրած, մոլեգնած դուրս եկավ, իջավ փողոց, սկսեց զննել շուրջը և Գալֆայանի կառքը: Նա վայրկենաբար կայացրեց յուր վճիռը և որոշ դիրք բռնեց: Ամբոխը ցած իջավ դատարանից և սկսեց ցրվել: Դատարանի դռնից իրար հրելով էին դուրս գալիս, ամեն դուրս եկողի հրապարակի մեջ կանգնեցնում էին ծանոթները և հարցեր տալիս գործի վախճանի մասին:

Առաքելը աչքը չռած դիտում էր բակից ներս, սանդուխներից ներքև իջնողներին և ուշի-ուշով զննում ամեն բան: Վերջապես իջան և Գալֆայանները: Առաքելը տեղից ցատկեց, առավ փայտահատի կացինը կոճղի վրայից, մոտեցավ Գալֆայանների կառքին: Երբ Հելեն խանումը կառք բարձրացավ ամուսնի և աղախնի օգնությամբ, ու Տիրան բեյը ուզում էր կնոջ քովը տեղ բռնել, Առաքելը կացնի մի հարվածով փշրեց սնանկացածի գանգը:

Վայնասուն բարձրացավ ամբոխի մեջ, ամեն մարդ գոռալով սկսեց փախչել, սարսափ տիրեց ամեն կողմ: Տիրան բեյը շնչասպառ տեղից տեղ ընկավ:

Առաքելը, ճեղքելով ամբոխը, կացինը ձեռին մտավ դատարան և չորս կողմը սարսափ տարածելով, բարձրացավ սանդուխներից, մտավ վաճառականական դատարանի նախագահի գրասենյակը և կացինը ցույց տալով, ասաց Միհդատ էֆենդիին.

— Սրանով փշրեցի Տիրան բեյի գանգը: Խնդրում եմ սրանից հետո ինչպես ուզում եք վճռեցեք...

Ամբողջ Կ. Պոլիսը դղրդացրեց Տիրան բեյի մահը, ամեն անկյուն խոսում էին այս մասին: Եթե կային հինգ-տասը անիծողներ Առաքելին, հազարավոր օրհնողներ էլ կային, որոնք սրտի խորքերից հառաչելով, ցանկանում էին տեսնել այդ թշվառին, երկու խոսքով մխիթարել, մինչև իսկ համբուրել և զգվել: Տիրան բեյի սնանկությունը մի քանի տասնյակ առաքելների տունն էր կործանել, իսկ Տիրան բեյի նման սնանկների թիվը Կ. Պոլսում օրեցօր աճում էր: Առաքելի հանդուգն արարքը որքա՛ն վշտացած հոգիներ էր մխիթարել, որքա՛ն հուսահատ և հացի կարոտ ընտանիքների սիրտն էր ամոքել: Փայտահատի կացինը ինչպիսի՜ սարսափ էր սփռել այն նենգամիտների սրտում, որոնք պատրաստվում էին Տիրան բեյին հետևել իրենց կանխապես մտածված տոմարներով և փաստաթղթերով:

Բայց Առաքելը անմռունչ նստած էր Կ. Պոլսի խոնավ բանտերից մեկում շղթայակապ, նիհարած, մեռելային հանգստության մեջ: Քննիչներին նա բացատրություն չէր տվել, ոչ ոքի չէր պարզել յուր վիշտը և միայն ամեն տեղ ասել էր, թե ինքն է սպանել այն նենգավոր սնանկին, որը յուր երեք հարյուր լիրան հափշտակել էր: Առաքելի տերերը և տիրուհիները վկայել էին, որ նա անչափ համեստ, բարեսիրտ, ծայրահեղ ճշտասեր և ազնիվ մարդ էր: Իսկ բժիշկները մատնացույց էին արել նրա խելագարության նշանների վրա: Եվ, իսկապես, Առաքելը դուրս էր եկել յուր սովորական դրությունից:

Քրեական դատարանը չպարտավորեցրեց Առաքելին երկար տանջվելու բանտի որջերում: Եղեռնագործությունից չորս ամիս չանցած պիտի քննվեր նրա գործը: Առաքելի նախկին փաստաբանը հանձն էր առել նրան պաշտպանել և ազատել: Առաքելի հայրենակիցները գրեթե բոլորն էլ իրենց պահանջքի տասներորդ մասը ստանալով, վերջացրել էին գործերը և ամեն մեկը մի կողմ էր հեռացել յուր ընտանիքի պարենը ճարելու: Միայն Մինասը երբեմն-երբեմն նրա համար տնական կերակուրներ էր տանում բանտ:

Դատավարության օրը հավաքվել էին փաստաբանները եղեռնադատ ատյանի նրբասենյակում, որը առևտրական դատարանի վերին հարկումն էր գտնվում: Այդտեղ էին և ոճրագործները, միայն իրենց հատուկ սենյակում, որի դուռը բաց էր: Նրանց մեջ մի անկյունում նստած էր Առաքելը անդորր և անվրդով: Փաստաբան Հակոբ էֆենդին մոտեցավ կալանավորների դռանը և Առաքելին մոտ կանչելով, ասաց.

— Էլ բան ունի՞ս ասելու:

— Ո՜չ, միայն թե ես ձեր ծրագիրը չեմ ընդունում: Թո՜ղ ինձ պատժեն, կախեն, ես ապրել չեմ կարող, այս կյանքը այլևս ուժ չունիմ կրելու:

— Հանգստացի՜ր, մի՜ բորբոքվիր, մի՜ ցնցվիր, մտածի՜ր, որ կին ունիս, մայր, զավակ, դրանք բոլորը քեզ են սպասում:

— Էլ թող ինձ չսպասեն, էլ ես նրանց ինչի՞ն եմ պետք: Կարողությունս, հարստությունս կողոպտեցին, առողջությունս, ուժս և տոկունությունս խլեցին, այժմ այս տկար մարմնով ես նրանց բեռ դառնա՞մ... Գնամ պառկե՞մ, տքամ ու տանջվե՞մ... Կինս, մայրս, զավակս առավոտից մինչև իրիկուն չարչարվեն և հա՞ց ճարեն իրենց անդամալույծի համար: Իմ գոյությամբ, անպետք կյանքովս նրանց դարաքաշ և ողբալի կյա՞նքն էլ դառնացնեմ, թունավորեմ: Ո՜չ, Հակոբ էֆենդի՜, ավելի լավ է ինձ կախեն, ինձ գլխատեն, ինձ բզկտեն ու մահացնեն Կ. Պոլսում, իմ ոսկորներս այստեղի շները կրծոտեն, ծովի ձկներին կեր թափեն, թող հայրենի գերեզմանին անգամ չարժանանա դիակս և արտասուք չքաղե իմ մոր, կնոջ առանց այն էլ չորացած աչքերի աղբերակից:

— Առաքե՜լ, մի՜ հուսահատվիլ, մի՜ այդպես ընկճվիլ, դու այն հերոսը չե՞ս, որ ողջ Կ. Պոլիսը դղրդացրիր քու արարքով: Ինչի՞ ես հուսակտուր մնացել...

— Էֆենդի՜, էֆենդի՜, եթե գիտենայիք քաղցածության դառնությունը, եթե զգայիք մերկության կսկիծը, եթե երևակայել կարողանայիք կարիքի մորմոքը, աղքատության և չքավորության սարսափը, այն էլ մեր թշվառների մեջ, ուր գազանաբար մտրակում է հարկահանը տուգանքը պահանջելիս, հարկի փոխարեն կնոջ վրայից հագուստն է հանում, օջախի վրայից կաթսան է տանում, թոնրի երեսից խաչերկաթն է քաշում և պղինձը շուռ տալով, թշվառի կրակն է հանգցնում, բանտի խորքերումն է փտեցնում, և ծաղր ու ծանակ շինում մարդու նախանձոտ և արհամարհող դրացու աչքերի առաջ, այն ժամանակ այդ առաջարկը ինձ չէի՜ք անիլ: Եթե երբևիցե մակաբերել կարողանայիք, թե ի՜նչ արհամարհանքի, նախատինքի, ծաղր ու ծանակի է մատնված մեր երկրում չքավորությունը, եթե գաղափար կարողանայիք կազմել, թե ի՛նչ զրկանքների, կողոպուտների և ավարի է մատնված յուր դրացիներից չքավորի աշխատանքը մեր երկրում, դուք երբե՛ք չէիք ցանկանալ ինձ հանգստաբեր մահձի ճիրաններից ազատել և հավիտենական խաղաղությունից զրկել: Երբե՛ք, երբե՛ք դատարկ գրպաններով, ձեռքերս կրծքիս ծալած, իմ քայլերս չեմ ուղղիլ դեպի իմ տունս, այն էլ այս կմախքիս հետ, — ասաց Առաքելը վշտացած, երկու ձեռքերով կողերն այնպես պինդ սեղմելով, որ կարծես ցանկանում էր փշրել և վերջ տալ յուր բազմատանջ կյանքին:

Մռայլեց Հակոբ էֆենդիի դեմքը, չգիտեր, թե ինչ խոսեր, ինչ պատասխաներ: Ցավում էր, որ յուր թևարկյալը այդպես հաստատ վճռել էր կյանքից ձեռք քաշել: Նա միայն դիտում էր Առաքելին, նրա ձևերը, շարժումները, դիմագծերը, գունափոխությունը, դիտում ու հառաչում:

— Էֆենդի՛, էֆենդի՛, ինձ մի՛ տանջի, դաժիճ մի՛ դառնա: Այս վիճակի մեջ ինձ ապրելու ստիպելը ամենամեծ ոճրագործությունն է: Մի՞թե դու չգիտես, որ դատարկ գրպանը, անգործ ձեռքը ատելի է, անտանելի ամենամերձավորներին, սիրելիներին անգամ: Մի՛ կարծիր, որ միայն Կ. Պոլսում է բարոյականությունն ընկել, մի՛ կարծիր, որ անսիրտ, անխիղճ հարազատները միայն մայրաքաղաքներում են կուտակվել, ո՛չ, ո՛չ, ամեն տեղ, ամեն երկրում մարդիկ միատեսակ են: Միայն երկու օր կարելի է թշվառին կարեկցել, երրորդ օրը երես կդարձնեն, մահ կխնդրեն, չոռին ու գրողին կտան անպետք մարդու: Խնդրում եմ, աղաչում եմ, թողե՛ք, թույլ տվեք, թող ինձ մահվան դատապարտեն, սպանեն, որ ապրելուց, տանջանքից ազատվեմ...

— Տեսնենք, — ասաց հուսահատ փաստաբանը և հեռացավ:

Դատավորները դեռ դատաստանասրահը չմտած ներս տարան նախ և առաջ Առաքելին: Փաստաբանները նույնպես ներս գնացին: Առաքելը մեղավորներին հատուկ նստարանի վրա նստած էր, երկու հրացանակիր զինվոր կանգնած էին նրա երկու կողքին: Դատաստանասրահում գրեթե հանդիսատեսներ չկային, ո՞վ պիտի հետաքրքրվեր մի դուրսեցու վիճակով, որի գոյությունն ու մահը Կ. Պոլսեցու աչքում մի մրջյունից ավելի արժեք չունի:

— Գիտե՞ս ինչ կա, — ասաց փաստաբաններից մեկը Առաքելի փաստաբանին խոսքն ուղղելով, — մարգարեությունդ կատարվում է: Այս իրիկուն Միհդատ էֆենդին պսակվում Հելեն խանումի հետ:

— Մի՞թե, այսքան էլ շո՞ւտ, հազիվ չորս ամիս անցած լինի նրա մարդու սպանվելու օրից:

— Այո, արդեն ամեն պատրաստություն տեսնված է և գիշերս պաշտոնապես Միհդատ էֆենդին տիրելու է Տիրան բեյի գեղանի կնոջը և սրա հետ կալվածներին...

— Ահա՛ մեր օրենքները, ահա աշխարհի կարգերը: Բայց որ մարդիկ

չեն սթափվում, — ասաց զայրացած Հակոբ էֆենդին, աչքերը ուղղելով Առաքելի կողմը, որը ուշադրությամբ լսում էր նրանց խոսակցությունները:

— Անիրավը զրկեց այնքան թշվառներին, աղքատներին և երբ կողոպտած գանձերով երազում էր բարեբաստիկ կյանք վարել, բարեբախտ ժամեր անցկացնել, պատվի, անվան, խղճի հետ կյանքն էլ զոհեց: Իսկ այժմ ովքեր են լափելու, շռայլելու և փչացնելու այն գանձերը, որոնք հազարավոր թշվառների դառն դատումով, աղի արտասուքով և արյան գնով էին հավաքվել, բարդվել և բազմացել...

Հակոբ էֆենդին տխրեց ու ավելի դառն մտածությունների մեջ ընկավ այս խոսքերից հետո: Մանավանդ որ նկատեց, թե ինչ սոսկալի ազդեցություն ներգործեց ընկերակցի պատմությունը յուր թևարկյալի սրտում: Նա լուռ խորասուզվեց յուր երևակայությունների մեջ, իսկ ընկերն անուշադիր, բորբոքված սրտով շարունակում էր.

— Ահա՛ և մեր դատավորները: Ես չէի հավատում քու կանխատեսությանը, եթե այժմ քիչ առաջ երթամ և ասեմ, թե Հելենը շատ ուրախացավ Տիրան բեյի սպանման համար, մի՛ խնդաք ինձ վրա, ինձ մի՛ ծաղրեք և մի՛ զարմանաք, թե ավելացնեմ, որ եթե Առաքելը չսպաներ Տիրան բեյին, Հելենը նրան կամ սպանել տալու էր և կամ լքանելով փախչելու յուր հոմանու հետ:

Միառժամանակ լռեց փաստաբանն էլ, նկատելով Հակոբ էֆենդիի հուզմունքը, որը աստիճանաբար սաստկանում էր: Հենց այդ միջոցին ներս մտավ Միհդատ էֆենդին, թևն առած Հելեն խանումին: Տիկինը հրավիրված էր թե՛ որպես վկա, թե՛ որպես դատախազ յուր ամուսնու կողմից, որի որբերի խնամակալն էր: Չուշացան նս դատավորները, նրանք էլ իրենց տեղը բռնեցին:

Երկար քննությունների և վկաների հարցաքննության կարիք չկար, մեղավորն ինքը խոստովանում էր հանցանքը, և դատավորներն էլ երկու վկա ունեին, որոնք տեսել և հաստատում էին ոճրագործի խոսքերը. Հելեն խանումը և փայտահատը: Փայտահատը գուցե չգար էլ վկայության, եթե ժամանակին յուր կացինը իրեն վերադարձրած լինեին, նա ավելի յուր կացնով, քան թե Տիրան բեյի սպանողի հարցովն էր հետաքրքրվում: Դատավորները մի քանի խոսքով գործին ավարտ տալուց հետո խոսք տվին Հակոբ էֆենդիին, որ պաշտպանե յուր թևարկյալ եղեռնագործին:

Հակոբ էֆենդին շատ երկար չխոսեց, սիրտ չուներ և ո՛չ էլ ուժ: Մանավանդ, որ Առաքելն էլ ընդմիջում էր նրա ճառը և փաստաբանի ապացուցածի հակառակը պնդում: Փաստաբանը նախ հայտնեց, թե ինչ հոգեկան դրության մեջ էր Առաքելը ոճիրը գործելուց առաջ և նույն պահին: Նկարագրեց, թե յոթ տարով հեռացած ընտանիքից, գիշեր-ցերեկ տքնելով դիզած կարողությունից Առաքելը հանկարծակի զրկվելով, երբ դատարանի արձակած վճռով նկատեց, որ անդառնալի կերպով կորցրեց յուր կապիտալը, նա մոլորվեց և մինչև անգամ այդ իսկ ժամում խելագարվեց: Առաքելը սպանեց Տիրան բեյին խելացնոր վիճակում և ամեն մի մահկանացու մի այդպիսի կորուստից հետո կասկած չկա, որ կարող է ենթարկվել այդ վիճակին: Իսկ խելագարի արարքը, դատավորներից հայտնի է, թե պատժի չի ենթարկվում:

Հելեն խանումը հրաժարվեց Առաքելի դեմ դատախազ կանգնելու իրավունքից:

Դատավորներն առանձնացան և մի ժամից հետո վճիռը դուրս բերին: Նրանք որոշել էին և վճռել դուրս բերել բանտից, ազատել շղթաներից Առաքելին և ուղարկել փրկիչ գժանոցը: Փաստաբանի խնդիրքի համաձայն, իսկույն արձակեցին Առաքելի շղթաները և մի թուղթ սկսեցին գրել պատրիարքարան, որ անմիջապես Առաքելին ուղարկեն գժանոց և հավիտյան այնտեղից դուրս չթողնեն:

Այդ վճիռը նույնպես Առաքելի կամքի հակառակ տրվեց, ինչպես նախորդ վճիռը, որով Հելենը ընդմիշտ տիրել էր ամուսնի պապական կալվածներին, բայց ուժ չուներ, առաջը չէր կարող առնել, քանի որ նրա խոսքերը, որպես խելագարի, դատավորները լսել անգամ չէին կամենում: Կողքի սենյակում, երբ քարտուղարն ու ոստիկանական պաշտոնյան հրամանագրով էին զբաղված, Առաքելը սրունքներից քանդված շղթան վեր առավ, դուրս թռավ, հասավ Միհդատ էֆենդիի ետևից և մի հուժկու հարվածով յուր չորս ամիս կրած շղթաներով փշրեց սրա էլ գանգը: Երբ ոստիկանները և զինվորները Առաքելի ետևից վազում էին, որ բռնեն, Առաքելը երրորդ հարկի սանդուխների գլխի լուսամուտի պատուհանը բարձրացավ և ինքն իրեն գցեց դատարանի գավիթը տասնևհինգ կանգուն բարձրությունից:

Գավթում, սալահատակի վրա, Առաքելը ընկած տեղը փշրված մնաց, հոգին ավանդած: Ոստիկանությունը Առաքելի փոխարեն նրա ոսկորները մի կառքի մեջ դրին և ուղարկեցին պատրիարքարան, որտեղից տարին գերեզմանոց և թաղեցին դարսեցիների շարքում:

Հելենը մեծ ուրախություն զգաց, որ ազատվեց Միհդատի ճիրաններից: Նա այժմ անկախ ու ազատ կյանք է վարում, յուրաքանչյուր տարի ճանապարհորդություններ կատարելով դեպի արևմուտք յուր զավակների ուսուցիչների հետ, որոնց շուտ-շուտ փոփոխում է:

Թեև անպատմելի և աննկարագրելի տանջանքներ քաշեցին հարս և սկեսուր՝ Բերսան ու Սառան, բայց ուխտեցին այլևս իրենց զավակին՝ Լևոնին պանդխտության չուղարկել: Բարեբախտաբար վրա հասավ 1877 — 78 թվականի պատերազմը, ազատվեց Արդանուչի բերդը իսլամի խալիֆաթի լծից և Լևոնը այժմ գաղթական իսլամներից մի լավ ագարակ գնած, պարտիզպանությամբ և այգեպանությամբ է պարապում: Նա այժմ լավ պլանտացիա ունի և ծխախոտ է ստանում ահագին քանակությամբ, այնպես որ վարդի պես ընտանիք է պահում:

ՈՐԴԵՍԵՐ ՀԱՅՐԸ

(վիպակ)

Աբդուլ-Հյուսեյնը մի կարճահասակ մարդ էր, որը վաթսունին մոտ տարիք ուներ: Թեև ալեորված չէր, կուզը դուրս չէր ցցված, դեմքը կնճիռներով չէր այլանդակված, բայց տարիքը նրան հաղթել էր, նա երիտասարդության թարմության հետ ուժն էլ կորցրել էր: Թեև մազն ու մորուսն սպիտակել էին, բայց նա այնպիսի հմտությամբ սև էր ներկում, որ ոչ ոք չէր կարող նկատել, թե նրա մազերը գունավորված էին: Սև ունքերի տակ այնպիսի խոշոր աչքեր ուներ, այնպիսի ճոխ ընչացք, որ կարող էր հրապուրել ամեն մի դեռահաս աղջկա:

Հարուստ էր Աբդուլ-Հյուսեյնը, լավ կալվածներ, առատ եկամուտ, բավականին էլ կանխիկ դրամագլուխ ուներ, բայց զավակները չէին թողնում, որ խեղճ մարդը հաճույքով կյանք վարե: Ամեն գույքի բացարձակ տերն ինքն էր, իր ողջության ժամանակ որդիները կամ որևէ ուրիշը իրավունք չունեին առանց նրա թույլտվության այդ գույքից օգտվելու, բայց Աբդուլ-Հյուսեյնը իր չորս որդիներին կրթելու նպատակով իր գրասենյակի, դրամարկղի, ելումուտքի բոլոր բանալիներն ու մատյանները նրանց էր հանձնել և ինքն էլ չորս բոլորները պտտվում էր, որպեսզի նրանց գործերի կառավարելը սովորեցնի, ղեկավարության վարժեցնի, որ իր մահվանից հետո նրանք անվարժությունից չկործանվեն:

Թեև ամբողջ գույքը հանձնել էր չորս որդիներին, որքան էլ որ ամեն բան նրանց ձեռքովն էր կատարել տալիս, բայց նա վերահսկիչի պաշտոնը ձեռքից չէր բաց թողել: Ամեն օր զնում էր գրասենյակ, զննում էր մատյանները, կարդում և կնքում էր թղթակցությունները, խուզարկում էր դրամարկղը, վաճառատան ապրանքները և քննում ամեն մի պատահական նամակ ու մուրհակ: Այդ բոլորը անում էր միմիայն զավակներին ցույց տալու, թե ինչպես ինքը սիրում է գործը, որպեսզի նրանց մեջ ավելի արծարծե աշխատությունը սիրելու եռանդը:

Աբդուլ-Հյուսեյնը մետաքսի վալայի (քալակյիե) գործարան ուներ: Նա Ռաշտից բերել էր տալիս մետաքսը, Թավրիզում զանազան չափի քառակուսի գլխակապեր, ծածկոցներ, վերմակի երեսներ էր գործել տալիս: Ապա հանձնում էր ներկարարներին, որոնք ձեռնակար գույնզգույն ծաղիկներ էին բանում, ներկում ու պատրաստի ապրանքը վերադարձնում էին: Աբդուլ-Հյուսեյնի գործարանում մշտական քառասուն հոգի բանում էին, իսկ ներկարարներից էլ 8 — 10 մարդ նրա տված գործով ընտանիք էին պահում: Այս գործով Աբդուլ–Հյուսեյնը ոչ միայն իր ընտանիքն էր պահում, այլև հիսուն ընտանիքի ապրուստին հնարավորություն էր տալիս իր վաճառատնով: Աբդուլ-Հյուսեյնի ընտանիքն ու բանվորների ընտանիքը նահապետական սովորությամբ շաղկապված էին իրար հետ և ամենքի միակ ձգտումն այն էր, որ այնպիսի գեղեցիկ ապրանք դուրս բերեն, այնքան աժան նստեցնեն, որ մրցակիցներին հաղթեն և միշտ շուկային տիրեն:

Աբդուլ-Հյուսեյնը ամբողջ կանխիկ դրամագլուխը հատկացնում էր մետաքսի, երբ ապրանքի գինը կոտրվում էր: Նա միշտ իր պահեստում երկու տարվան գործին բավականացնող մետաքս էր ամբարում: Եթե մետաքսը անհաջող տարիներում թանկանում էր, Աբդուլ-Հյուսեյնի գործարանը ոչ միայն աշխատությունները չէր դադարեցնում, այլ անզգալի կերպով անգամ չէր բարձրացնում ապրանքի գինը, որպեսզի չկորցնե իր հին հաճախորդներին:

Աբդուլ-Հյուսեյնը թեև այնքան սիրում էր իր բանվորներին, սիրված ու հարգված էր նրանցից, բայց որպես հեռատես վաճառական և գործարանատեր, նա իր որդիներից մեծին սովորեցրել էր վալան նկարել և ներկել, երկրորդին՝ մետաքսը հինել ու գործել, երրորդին հարթել ու փոքրին նկարչություն էր սովորեցրել, որպեսզի նորանոր ծաղիկների դաջեր փորագրե և վալաների ծաղիկների ձևն ու տեսակը տարեցտարի փոփոխե ու կատարելության հասցնե:

Այսպես հիմնավորած գործով Աբդուլ-Հյուսեյնը այնպիսի բարեկեցիկ վիճակ էր ստեղծել, որ դրացիների նախանձի առարկա էր դարձել: Ամեն մի մրցակից իր տանը հորդոր խոսելիս օրինակ էր բերում Աբդուլ-Հյուսեյնին և նրա զավակներին, որոնք մի-մի անխոնջ ու անվեհեր զինվորի նման առաջ էին վարում իրենց հայրական վաճառատան գործերը:

Աբդուլ-Հյուսեյնը մի կին էր առել, որը նրան տվել էր չորս որդի և չորս էլ աղջիկ: Նա իր չորս աղջիկներին ամուսնացրել էր իր գործարանի աչքի ընկնող հմուտ վարպետներին, որպեսզի նրանց բոլորովին կապե իր գործի հետ: Զավակներին էլ ամուսնացրել էր բանվորների աղջիկների և քույրերի հետ: Պետք է ասած, որ Աբդուլ-Հյուսեյնի գործի մեջ աշխատող բանվոր, վարպետ, բոլորն էլ նուխեցի գաղթականներ էին, որոնք բոլորն էլ իրար հետ մերձավոր ազգականներ էին կամ Աբդուլ-Հյուսեյնի հայրական ու մայրական ցեղակիցներ կամ նրա կնոջ հարազատները:

Աբդուլ-Հյուսեյնի կինը մեռավ, երբ նա դեռ չէր անցկացրել իր վաթսուներորդ տարին: Ծերուկը այնքան սիրում էր զավակներին ու թոռներին, որ երկրորդ կին չորոնեց, չուզեց խորթ մայր բերել տուն, հարամ անել իր սերնդի կյանքը: Նա միայն մտածում էր զավակների ապագայի և իր վաճառատան շարունակության մասին: Չէր ցանկանում մի այնպիսի գործ բռնել, որ տան քայքայման պատճառ դառնա:

Նա աղջիկներին ամուսնացնելիս իր կարողությունից նրանց հասանելի բաժինը շերիաթի ցուցման համաձայն հանել, հատկացրել, տվել և ձեռքերից էլ թուղթ էր առել, որ ապագային եղբայրների գլխին փորձանք չդառնան և գործերի անհաջողության առիթ չլինեն: Որպես ճշմարիտ հավատացյալ, երկրպագու իսլամի վարդապետության, միշտ տքնել էր արդարություն պահպանել: Ամեն տարի օգուտի տասներորդը բաժանել էր աղքատներին և չէր զրկել որևէ մշակի, բանվորի նրանց հետ խոսված, որոշված վարձից:

Որպես աշխատավոր և կոպեկներից հարստության հասած, Աբդուլ-Հյուսեյնը չափավոր ապրող մարդ էր: Ինչպես միշտ, տքնել էր պարտքի վերջին փողը վճարել, այնպես էլ ջանացել էր պահանջի վերջին բեստին[22] գանձել պարտապաններից: Նա զրկանքով չէր ապրել և չէր պահել իր ընտանիքը, բայց չափավորության սահմանից էլ երբեք չէր անցել: Սովորական չափի միսը, հացը, միրգը, պանիրը և ուրիշ նյութերը տուն էր հասցրել այնպիսի քանակությամբ, որ հազիվ կշտացներ տան բոլոր անդամներին և ոչինչ չավելանար, չբաժանվեր կամ չցրվեին աղքատներին: Նա ամեն տարվա վերջը օգուտից միանվագ դուրս հանած պարտադիր տասնորդականից ավելի դուրս տալն էլ հանցանք էր համարում:

«Ալլահի շնորհը մարդը փչացնելու արտոնված չէ: Ինչպես տասներորդը չտալը հանցանք է, այդպես էլ տասներորդից ավելի տալն էլ շռայլություն է — հետևաբար մեղք է»:

Այս ժլատության պատճառով Աբդուլ-Հյուսեյնը հաճախ պարտավորված էր որդիների հետ կռվելու: Երբ վաճառատանը ճաշի էին նստում տանից ուղարկված կերակուրն ուտելու, որդիներից մեկը երկու կոպեկ ուղարկում էր խաղողի կամ նույնիսկ մի երրորդը չէր հավանում տանն եփված ճաշը, 5 — 10 կոպեկ ուղարկում էր խորոված կամ փլավ բերել էր տալիս: Ծերուկը զայրանում էր ու նկատում.

— Ձեզնից ստորներին նայեցեք, տեսեք, որ նրանք ցամաք սանգակ էլ չեն գտնում կշտանալու չափով, իսկ դուք ալլահի շնորհից դժգոհ, նորանոր ծախսեր եք անում:

Բայց այնքան էր խոսել ու մրթմրթացել Աբդուլ-Հյուսեյնը, որ խոսքի նշանակությունը կորցրել, հարգից ընկել էր: Այս պատճառով ոչ միայն հոր խոսքին էլ ուշք չէին դարձնում զավակները, այլ նրան ատում, շատ անգամ նույնիսկ կծու պատասխաններ էին տալիս, ծակում, թունավորում և վշտացնում էին դարաքաշ ծերուկին: Թեև ժլատ էր Աբդուլ-Հյուսեյնը և չէր կարող իր հաճույքի համար շռայլել, թեև խոսում, զայրանում էր որդիների վրա, որոնք ժամանակի հոսանքին հետևելով մի քիչ լայն էին ուզում ապրել, բայց նրանց զսպելու և սանձելու ուժ չուներ:

---

[22] 1/3 կոպ.:

Նախ, որ Աբդուլ-Հյուսեյնը նկատում էր նույնպես, թե ինչ էր կատարվում շուրջը, ինչպես էին շռայլում խաների, սարաֆների, մոլլաների ջահելները, որոնց ընթացքը չէր կարող չվարակել ամբողջ քաղաքն ու գավառը: Նա նկատում էր, թե ինչ անդառնալի կերպով անհետացել էր չափավորության դարը: Այլևս ախունդների, մյուջթեհիդների քարոզողները չէին ներգործում ժամանակի երիտասարդության հոգու վրա, այլևս իմամների շռայլության, զեխության դեմ տված հանդիմանները [23] կորցրել էին իրենց նշանակությունը: Մանավանդ որ մյուջթեհիդների կիներն ու հարճերն անգամ Եվրոպայից ստացած նրբին բեհեզ էին հագնում, բաճկոնների և շրջազգեստների շուրջը ոսկեթել երիզներով էին զարդարում, սամույրի մազերով էին պճնում իրենց տարազը, գոհարազարդ մաշիկներ էին հագնում և ասեղնագործ շապիկներով զուգվում:

Երբ օրենքի պաշտպան մյուջթեհիդների սեղանները ութսուն տեսակ կերակուրներով, համեմունքներով և քաղցրավենիքով էին զարդարվում, ինչպե՞ս կարող էր Աբդուլ-Հյուսեյնը արգելել, որ իր զավակները ճաշին ու ընթրիքին գոնե 8 — 10 տեսակ կերակուր պատրաստել չտան կամ շուկայի խոհարարից սրտի ուզած ուտելիքը բերել չտան: Կամ թե ինչպե՞ս ստիպեր նրանց, որ իրեն հետևին, դաղաք արխալուղ հագնին, գետնագործ շալից շալվար կարել տան և տեղական գործված բրդի աբա զցեն ուսերին Սաքսոնիայի ընտիր սավի փոխարեն:

Նկատելով, որ զավակները ամեն տարի դրամագլուխը ավելացնելու փոխարեն հազիվհազ ծածկում են ծախսերը, Աբդուլ-Հյուսեյնը վրդովված ավելի շատ էր խոսում: Նա քառասուն տարվա ընթացքում տարեցտարի ավելացրել էր իր մյուջթեհիդին ուղարկած աղքատներին հատուկ տասնորդական բաժինը, իսկ վերջին տարիները աստիճանաբար պակասեցրել էին չափահաս որդիները այդ տուրքի քանակը շնորհիվ իրենց շռայլ ապրուստին: Ահա այս պատճառով նա հաճախ այնպես էր հուզվում, որ ամեն մի ծախսի մասին տեղի թե անտեղի նկատողություններ անելով, բոլորովին դիրքը կորցրել էր որդիների մոտ:

Իսկ նրա հույզերը ոչնչով չէին կրճատում ծախսերը:

Մի հանգամանք ևս խիստ արգելք էր լինում ծախսերի չափը նվազեցնելուն: Թեև Աբդուլ-Հյուսեյնը փող շատ էր սիրում, բայց ոսկին ուզում էր ամուր պահել ոչ թե իրեն, այլ դարձյալ զավակների համար չէր ցանկալ, որ զավակները կորցնեն իր դիզածը և նեղ օրն ընկնեն: Չքավորության դառնությունը 1850 թ. գաղթից հետո զգացել և անճամբ տարել էր Աբդուլ-Հյուսեյնը, ուստի չէր ցանկանում, որ իր զավակները այդ օրերը տեսնեն: Նա համոզված էր, որ որդիները այնքան քաջություն

---

[23] Պատգամ:

չունեին, որ կարողանային տանել տնանկի տսկալի վիճակը, տոկային, կոպեկ-կոպեկ իրար վրա դնելով փող դիզեին և կարողանային նորից այնպիսի մի դիրք ստեղծել, ինչ որ ինքն առաջացրել էր պողպատային կամքով:

Ճանաչելով զավակների կրքերը, նկատելով իր դեմ աճած ատելությունը, նա սպանում էր իր սրտի խորքում հույզերը և ծայրահեղ միջոցների չէր դիմում նրանց առատաձեռն ծախսերը սանձելու: Իսկ որդիները օրեցօր լայնացնում էին իրենց ծախսերը Աբդուլ-Հյուսեյնի հակառակ և շռայլությամբ իրար գերազանցում: Իսկ հորը կծծի և ոսկեպաշտ էին անվանում՝ նախատելով և հայհոյելով:

Որդիների իր դեմ տածած ատելությունից զզված, նրանց զսպելու, նրանց համոզելու համար, թե ինքը ոսկեպաշտ չէ, այլ տքնում է նրանց բարիքի համար, Աբդուլ-Հյուսեյնը վճռեց հարստությունից ձեռք քաշել, ամբողջ գույքը նրանց թողնել և հեռանալ: Այս պատճառով ծերուկը բոլոր պարտքերը վճարեց, ամենքի հետ հաշիվները մաքրեց, կարողությունից հազար թուման վերցրեց «հաջ գնալու» բաժին և ախունդին տուն կանչելով, եղած-չեղած բոլոր գույքը փոխադրեց իր որդիների անվանը: Նա հուզված երեսը թեքեց ախունդի և ծերունի դրացիների կողմը ու արտասվալի աչքերով ասաց.

— Զավակներս, ես շատ ապրեցա, շատ գոհ եմ վիճակիցս: Ալլահը ինձ ոչինչ չխնայեց, տուն, տեղ, զավակներ, թոռներ, գործարան, վաճառատուն, ամեն տեսակ առատությամբ լցրեց: Հայտնի բան է, երբ էլ որ ժամանակս լցվի, ես էլ գնալու եմ դեպի հավիտենականություն: Բայց գնալուց առաջ պարտավոր եմ և վերջին պարտքս վճարել. Մեքքե հաջ-գնալ, ուխտս կատարել և պատրաստվել մեծ ճանապարհորդության: Ես մերկ ծնա, մերկ էլ պիտի երթամ. հետս ոչինչ չունիմ տանելու: Ինձ հայրս, մայրս, ազգականներս և ոչ մի դինարի[24] ժառանգություն չեն թողել, հետևաբար գույքերս բոլորն էլ ալլահի ինձ արած շնորհն է, որը ես երկու ձեռքով պինդ պահեցի: Որովհետև դուք էլ Վերին տեսչության ինձ տված շնորհն եք, հետևաբար շառի համաձայն կարողությունս ձերն է: Քույրերիդ ես հասցրել եմ կատարելապես իրենց բաժինները, ուստի ուրիշ ժառանգորդ չունիք, այդ չորսիդ է պատկանում: Ապրեցեք, ինչպես կամենաք, գործեցեք, ինչ որ առողջ դատողությունը ձեզ կթելադրե: Այլևս ձեր կարողության գործադրությանը միջամտելու ես իրավունք չունիմ: Մնացեք խաղաղությունով, ես էլ գնում եմ պարտքս կատարելու և պատրաստվելու հավիտենականին ներկայանալու համար:

Անմիջապես ձիերը դուրս քաշեցին, Աբդուլ-Հյուսեյնը դուրս եկավ, աշտանակեց գրաստին և ճանապարհ ընկավ: Զավակները իրենց հորը

[24] 1/50 կոպեկ:

ճանապարհի դրին մինչև Մարանդ, ուր գիշերելուց հետո հետնյալ առավոտ հայրը մեկնեց Ջուլֆա, իսկ որդիները վերադարձան տուն:

Ամբողջ երկու տարի Մեքքեում և Մեդինեում ապրեց հաջի Աբդուլ-Հյուսեյնը, առանց որևէ թղթակցության: Միայն հաջից վերադարձողները նրա առողջության և վիճակի մասին լուր էին բերում զավակներին: Նա գիր չէր գրում, իսկ որդիքն էլ երբեք նրան ո՛չ գրեցին, ո՛չ էլ փնտրեցին: Երրորդ տարին Հյուսեյնը եկավ Քերբելա, որտեղ մտածում էր մեռնել և թաղվել Իմամ-Հյուսեյնի արյունով ողողված դաշտում: Բայց բախտը այլ կերպ էր տնօրինել, մահը նրանից փախչում էր: Հազար թուման ծախսի դրամն էլ սպառեց: Օտար երկրում ծերուկը ոչ կարող էր փող աշխատել և ոչ էլ կզիջեր մուրալ: Իսկ որդիները նրան ծախսի դրամ չէին ուղարկում և չէին հետաքրքրվում նրա վիճակով:

Մինչ այս անել վիճակումն էր, Քերբելա ուխտի էր եկել իր ներկատան բանվորներից մեկը, որը, տեսնելով Հաջի Աբդուլ–Հյուսեյնի անել կացությունը, հարյուր թուման փող տվեց և միասին վերադարձան Թավրիզ: Որքան որ զայրացած էր ծերուկը իր որդիների վրա, բայց և այնպես խիստ կարոտել էր նրանց, թոռներին և մեծ հրճվանքով քառասնօրյա ձիավոր ճանապարհորդությունը սիրով հանձն առավ և համբերությամբ տարավ:

Կասկած չկա, որ ներկատան բանվորը իր տիրոջը միևնույն հարգանքով ծառայում և խնամում էր ճանապարհին, ինչպես վերաբերվել էր երեսուն տարի նրա գործարանում ծառայած շրջանում և աչալրջությամբ կատարում էր ծերուկի ցանկությունները: Եվ ուխտավորները օրեցօր մոտենում էին իրենց ծննդավայրին:

Մինչ այդ բանվորը իր ծանոթների հետ թուղթ ու լուր էր ուղարկել Թավրիզ՝ թե՛ իրենց տունը և թե՛ Հաջի Աբդուլ-Հյուսեյնի զավակներին՝ իրենց վերադարձի մասին: Թավրիզին երկու իջևան մնացած հեռագրել էր, որպեսզի բոլոր գործավարներն ու բանվորները ընդառաջեն իրենց նախկին տիրոջը: Ամբողջ Միար-Միար թաղում լուր էր տարածվել ծերուկի վերադարձի մասին, և բոլոր դրացիները, ծանոթները, ազգականներն ու բարեկամները պատրաստություն էին տեսել ընդառաջելու իրենց գործարանի տիրոջը: Ամեն մարդ իր կարողության համաձայն ձի, ջորի, էշ էր վարձել, որ գնան մի օրվան ճանապարհ և այնտեղից հանդիսավորապես տուն դարձնեն ուխտից վերադարձողներին:

Հաջի Աբդուլ-Հյուսեյնի որդիները հոր հեռանալոց հետո թեև ընտանիքները և տան ծախսերը բաժանել էին, բայց գործը ավելի սերտ կերպով առաջ էին տարել: Տնական ծախսերը ավելի մեծացրել էին, բայց գործերը այնպիսի ընթացքի մեջ էին դրել, որ տարեկան իրենց ծախսից եռապատիկ ավելի էին վաստակում: Նրանք չբավականանալով Քալակդեի գործարանով, բացել էին նույնպես մետաքսի և բրդի գորգերի գործարան: Այս գործարանի մեջ երեք հարյուր մարդ էին բանեցնում և ամսական 40 — 50 գորգ էին հասցնում Ամերիկա՝ Միացյալ Նահանգները, մի վաճառատուն, որի հետ տասը տարով պայման էին կապել, ավանս ստացել: Սրանց գործարանը միմիայն այդ ամերիկական տան ապսպրանքը պիտի կատարեր, այն էլ նրանց ցույց տված չափով, ձևով, նկարներով և որակով:

Գործն այնքան արդյունավետ էր, որ գործարանի տերերը սովի տարին՝ 1897 — 99 թվականին, իրենք էին կերակրում բանվորներին տաք կերակրով՝ փլավով և գառան մսով: Սա այնպիսի մի արտակարգ երևույթ էր, որ քաղաքի ամբողջ ազգաբնակության նախանձն էր բորբոքում: Ամենքն էլ լռվել էին, քանի որ չէին համդգնել քաղցածին հաց բաժանողին հրապարակով անարգել, անգործին բանի դնողին պախարակել, երեք հարյուր բանվորի ռոճիկ տվողին բամբասել: Իսկ Հաջի Աբդուլ-Հյուսեյնի որդիները առանց ուշք դարձնելու օրեցոր գործարանն ընդարձակում և կյանքը եռացնում էին իրենց շուրջը: Մի կողմը 70 դազգահի առաջը 200-ի չափ բանվոր-երեխաներ գործում էին, մյուս կողմը պառավ կիները մասրա լցնում, մի սրահում կիները բուրդ էին գզում, մի ուրիշում՝ ջահառ պտտացնում, թել մանում: Մի մեծ գավթում ներկարարները գույնզգույն թելեր էին ներկում, իսկ նկարիչները ցանցավոր թղթերի (կանվա) վրա գույներով օրինակներ պատրաստում, որպեսզի երեխաները համրեն ու գորգերը գույնզգույն թելերով գործեն:

Հաջի Աբդուլ-Հյուսեյնի վերադարձը այս գործարանների տերերին այնքան էլ հաճելի չէր, նրանց հոգին մռայլվեց: Բայց դրացիների նախատինքից ազատվելու համար կառք բռնեցին, երկու եղբայր նստեցին, մյուս եղբոր որդիներն էլ ձիավորվեցին, գնացին, որ արտաքին ձևով «առոք-փառոք» տուն բերեն իրենց հորը: Ամեն պատրաստություն տեսան և Հաջի Աբդուլ–Հյուսեյնին իջեցրին ավագ որդու՝ Աբդուլ-Ալիի տան նորաշեն ընդունարանում, որտեղ երկու հարյուր մարդ ազատ կարող էր տեղավորվել:

Կեղծ և ձևական համբույրի, հրճվանքի և մաղթանքի չափը չկար: Ամենքն էլ իրենց անսահման զգացումները հայտնելու համար սրտաբուխ ճառեր էին արտասանում: Շարբաթ, զալիոն, ղայֆե, չայ, ընթրիք, սեղաններ մի քանի տեղ ճոխ ու անխնա բացել էին բոլոր այցելուների համար: Իսկ մերսիախանը[25] դնգդնգացնելով իրենց ձայնը, աղոթում և հասարակության ուշքն էին գրավում: Առատ սեղաններից ոչ ոք չէր ուզում ետ քաշվել: Իրար ետևից գալիս էին, իսկ կշտացողները կամաց-կամաց հեռանում:

Վերջապես հյուրերը հետզհետե հեռացան, մնացին հարազատներն ու մերձավորները: Որքան որ հրճվում էին թոռները, այնքան մռայլ էին

---

[25] Կրոնական երգիչներ:

զավակները, կարծես թե սրանք մեծ դժբախտության էին ենթարկվել: Մեծ էր աղջիկների ուրախությունը, նույնքան խիստ էր հարսների տխրությունը, կարծես թե սկեսրայրն եկել էր նրանց ապահարզան տալու: Թեև ոչ մի խոսքով կամ գործով չարտահայտեցին իրենց հույզերը, բայց փորձառու ծերունին նրանց աչքերից, դեմքի կնճիռներից կարդում էր նրանց սրտում և հոգում անցածն ու դարձածը:

Այս արտահայտությունները թեև վրդովեցին ծերունոտ հոգին, բայց կասկածները իրականացնող ոչ մի դեպք չնկատելով, նա համբերում էր, մինչև շոշափելի փաստի արտահայտվելը: Վերջապես ընդունելության դահլիճի մոտի սենյակում անկողին պատրաստեցին, ճրագ ու կրակ վառեցին և առաջնորդեցին ծերուկին այնտեղ քնելու: Ծերուկի դժվարն եկավ, որ իրեն արտաքին տան, ընդունելության բաժնում էին անկողին պատրաստել և ոչ իր շինել տված կանանոցում, որտեղ 20 — 30 տարի ինքն ապրել էր որդիների և հարսների հետ: Այժմ, որ երեք որդիքն իրենց ընտանիքով հեռացել էին այդ բնակարանից, հոր համար սենյակ պետք է հատկացնեին կանանոցում, քանի որ նա օտար չէր և նրանից ծածկվելու պարտավորված չէին հարսն ու իրեն աղջիկները:

— Աբդուլ-Ալի, — ասաց ծերուկը, — ինչի՞ ինձ համար ներսը տեղը չպատրաստեցիք, ես կարոտել էի թոռներիս և, նրանց մեջ ուզում էի գիշերել, նրանց շնչի ներգործության տակ քնել:

— Թող նրանք գան քեզ մոտ, Հաջի-աղա, — ասաց որդին սառը ձայնով ու քաշվեցավ ննջարանը:

Թեև երկսեռ թոռներն եկան շրջապատեցին պապին, մի քանիսն էլ իրենց անկողինը բերին պապի սենյակում քնելու համար, բայց ծերուկի շատ դժվարն եկավ, որ իրեն հարազատների շրջանից դուրս թողին: Այս բանն այնքան խոր վերք դարձավ, որ նա այլևս ո՛չ կրկնեց և ո՛չ էլ պահանջեց, որ կանանոցում իրեն համար սենյակ հատկացնեն, այլ մնաց արտաքին ընդունարանի սենյակում, որտեղ նրան թեյ, ճաշ, ընթրիք էին բերում և օտարական օգնության կարոտ հյուրի նման մենակ էր ապրում:

Ծերուկը իր շինած, կազմած և կահավորած տանը հյուր էր: Ահա այս պատճառով նա իրավունք չէր համարում որևէ նշանով հասկացնել Աբդուլ-Ալիին, թե նա, եղբայրները, հարսները պարտավոր են իրեն հարազատի տեղ ընդունել:

Երրորդ առավոտ վաղ երկրորդ որդին՝ Աբդուլ-Ռզան, եկավ հոր մոտ և ասաց.

— Հայրի՛կ, գնանք բաղնիք:

Ծերուկը համակերպեցավ: Բաղնիքումն էլ նրա մորուքն ու մազերը խուզել տվեց, ներկեց, ապա տարավ իրեն տունը, ուր պահեց երկու օր:

Հերթով երրորդ որդին՝ Աբդուլ-Թաղին, էլ բաղնիք ու տուն տարավ հորը: Այդտեղից փոխադրվեց չորրորդ որդու՝ Աբդուլ-Մեհթիի, մոտ:

Որտեղից էլ չեկան հորը տանելու մեծ եղբայրները: Հաջի Աբդուլ-Հյուսեյնը երեք շաբաթ ապրեց փոքրիկ որդու ընդունարանում: Ո՛չ ճաշն էր պակաս, ո՛չ հագուստը, ո՛չ էլ խոսակիցը, անընդհատ նրա մոտավոր և հեռավոր ազգականները անվերջ այցելում և զբաղեցնում էին: Երբեմն — երբեմն էլ ճաշից հետո գնում էր շուկա, մտնում էր այն վաճառատունը, որտեղ քառասուն տարի օրն էր մթնեցրել, խոսակցում էր հաճախորդների, գործավորների հետ, բայց և այնպես բավականություն չէր գտնում: Նրան ընդունում էին ամեն տեղ իբրև անկոչ հյուր, անսպասելի բեռ:

Տանն էլ այնքան գոհունակությամբ չէին խնամում Հաջի Աբդուլ-Հյուսեյնին: Երբեմն կերակուրը սառն էր լինում, երբեմն սեղանն անմաքուր, ոչ ոք չէր ուշք դարձնում նրա լվացքի մասին, նրա անկողնի սավաններին, բարձի երեսներին, նույնիսկ սրբիչներին: Ծերունին անմռունչ տանում էր, սպասելով կատակերգության ավարտին: Մի օր էլ ճաշը սովորականից երեք ժամ ուշացրին, մի ուրիշ անգամ թեյը սարքող չկար: Հաճախ երկարում էր ծխախոտի քսակը ծառաներին, որ գնան ծխախոտ առնեն ու բերեն, և երեք-չորս ժամով առանց ծխելու էր մնում:

Ամբողջ երեք շաբաթվան ընթացքում որդիներից և ոչ մեկը չասաց. հայր, վերցրու այս դրամը, քեզ պետք կգա, ծախսիր:

Թշվառ ծերունկը սև փող չուներ գրպանում, որ ողորմություն տար դիմող աղքատներին կամ մի խաղալիք գներ ու բերեր թոռներին: Հոր դիզած հարստությունը, եկամուտները շռայլում էին որդիները առանց գնահատելու, իսկ այդ հազարներից ոչ թե թումանով, այլ մինչև անգամ մի դռան էլ չէին մտածում ծերունկին սև փող վճարելու: Իրենց և իրենց կիների ու երեխաների համար բեհեզ և քնքուշ կտորներ էին գնում, ձևում, կարում ու պատառոտում, բայց ոչ ոք չէր մտածում, թե ծերունկի լվացքը քրքրվել է, պետք է կարկատել կամ նորել: Ամեն ամիս նորանոր գույնի ասվից ու քաթանից իրենց համար բոլորն էլ հագուստ էին կտրել տալիս, իսկ հարստությունը դիզող հոր վերարկուի օձիքը մի թիզ տարածությամբ ճարպակալվել էր, չէին տեսնում: Ամեն օր տանից կապոցներով կտոր, սապոն և ուրիշ նյութ էին դուրս տանում հարսները, իսկ իրեն մի շապիկ խնայում էին:

Խորը մտածող հայր էր, չէր ցանկանում որևէ աղմուկով դրացիներին, հեռավորներին, բարեկամներին ու չարակամներին իմացնել իր անտանելի դրությունը: Չէր ցանկանում, որ իրեն ծաղրեն մրցակիցները և նախատեն անհեռատեսությունը, որ ամբողջ իշխանությունը հանձնել էր որդիներին, հեռացել և ետ դառնալուց հետո մուրացկան դարձել: Չէր թույլ տալ, որ նույնիսկ իր արարքից, խոսքից, ասացվածքներից, շարժումներից և տատանումներից մարդ նկատեր, կռահեր, թե ինքը տանջվում է իր հարազատ այն զավակներից, որոնց չէր խնայել ամբողջ կյանքում դատած ու վաստակած հարստությունը: Իսկ այդ զավակները, բացի այն, որ իրեն կարգին հագուստի, կապուստի, բնակարանի մեջ չէին պահում, այլ կերած հացն էլ դժգոհությամբ էին հասցնում:

Աշնանը հաջորդեց ձմեռը, եղանակների վատությունը, խոնավությունը շատ էր նեղացնում ծերուկին: Իսկ որդին՝ Աբդուլ-Մեհթին, և հարսը չէին թողնում, որ ծերունին օջախը առատ վառե և սենյակը տաքացնե այն նշենու մանրվածքով, որոնք ծերունու Բաղմեշե տնկած այգու ծառերը անխնա կոտրելով բերում էին որդիները և վառում կանանոցի սենյակներում: Լվացքը, որ հանում, թողնում էր իր սենյակի պահարանում, ամբողջ ամսով ներս չէին տանում ու լվանում:

Մի օր ծերունի Հաջի Աբդուլ-Հյուսեյնը փայտ պահանջեց վառելու: Նրան չլսեցին ո՛չ թոռները, ո՛չ էլ ծառաները: Նա վրդովված ինքն անձամբ իջավ, փայտը գրկեց և սկսեց բարձրանալ սանդուխներից, որ տանե վառե իր ննջարանի օջախը: Այս տեսնելով հարսը վրա հասավ, թափեց փայտը ծերուկի գրկից և վրան գոռալով ասաց,

— Մարագում փայտ չթողիր, մեզ կործանելու խո չեկա՞ր: Գնա, քիչ էլ մյուս որդիներիդ տանն ապրիր, քավթա՛ռ...

Ծերուկը զայրացած գոռաց.

— Շան ճարած, հորդ այգո՞ւց են բերել այդ փայտը, թե՞ մարդիդ մեջքն է կոտրվել այդ նշենիները տնկելիս: Փայտը գողանալ, ծախել, հորդ տունը և քույրերիդ ուղարկել կարելի է, սենյակս չի՞ կարելի տաքացնել: Դու ո՞վ ես, որ ինձ հրամայում ես մյուս որդիներիս մոտ գնալ: Մի՞թե ես զանազանել եմ մի օր մեծին փոքրից:

— Ես այլևս սիրտ չունիմ սկեսրայր շահելու, ես չեմ կարող էլ այստեղ ապրել — ասաց գոռալով հարսը, — կամ դու, կամ ես: — Ապա գոռալով կանչեց ուժը պատածի չափ ձայնը բարձրացնելով.

— Մեհթի՜, ա՛յ Մեհթի, դուրս արի և հորդ ճանապարհ դիր, կամ թե ինձ ապահարզան տուր, գնամ հորս տունը:

Այդ րոպեին Աբդուլ-Մեհթին դուրս եկավ և լսելով կնոջ ձայնը, հոր վրա ճչալով ասաց.

— Ի՞նչ ես աբուռդ թափել և կնոջս հետ կռվում. խո քեզ համար չեմ կարող երեխաներիս մորը՝ մորքուրիս աղջկան տանիցս դուրս անել: Քիչ էլ զգացում ունեցիր, գնա մի երկու ամիս էլ մեծ որդիներիդ մոտ ապրիր:

Ծերուկի ձայնը կոկորդի մեջ խեղդվեց: Նա չկարողացավ ծպտուն հանել: Նա բարձրացավ, գոտին կապեց, ապարոշը դրեց, աբան վրան գցած տնից դուրս եկավ:

— Կորի՜ր և էլ տունս ետ չդառնաս, — գոռաց նրա ետևից հարսը:

— Երեսդ էլ չտեսնեմ, — ասաց որդին՝ Արդուլ-Մեհթին, և դուռը փակեցին:

Ծերուկը մնաց փողոցում: Նա չէր կարողանում վճռել, թե ուր երթա. արդյոք որդիների՞ն, թե՞ մի ծանոթի դիմե: Նա տատանվում էր, չէր իմանում որդիների՞ն գնա, թե՞ աղջիկներից մեկի տունը հյուր երթա, մեծ որդիներին կանչե և հայտնե իր վիճակը: Բայց նա դարձյալ չէր ցանկանում, որ իր տան գաղտնիքը լսեն ոչ թե յուր հակառակորդներն ու թշնամիները, այլ նույնիսկ յուր փեսաներն ու աղջիկները: Երկար փողոցներում թափառելուց հետո վերջապես գնաց Աբդուլ-Ալիի դուռը բախեց: Ծառաները բացին և անմիջապես ծերունկին առաջնորդեցին ընդունարան և ներսը որդուն իմաց տվին: Մեծ որդին կես ժամից հետո կանանոցից դուրս եկավ, գնաց հոր իջևանած սենյակը, որտեղ ծառաները ճրագ ու կրակ էին վառել Հաջի Աբդուլ-Հյուսեյնի պահանջման համաձայն:

Ծերունուն թեյ տվին, ծխամորճը լցրին, թոռները շրջապատեցին, բայց չկարողացան սիրտն առնել և ուրախացնել: Հաջի Աբդուլ-Հյուսեյնը մռայլ նստել, չէր խոսում: Աբդուլ-Ալին նստեց հոր դիմաց, նստեց նույնպես մռայլ, առանց որևէ մի բառ արտահայտելու: Ո՛չ հայրը զիջավ իր վիճակը որդուն պատմելու, ո՛չ էլ որդին հետաքրքրվեց նրանից բան իմանալու: Երբ զգաց, որ հայրն եկել է այնտեղ մնալու, ասաց ծառաներին, որ ընթրիք բերեն իրենց, և միասին ընթրելուց հետո անմռունչ բաժանվեցին. հայրը մտավ ննջարան քնելու, իսկ որդին մտավ կանանոց:

Հայտնի բան է՝ երկրորդ օրը եղբայրներն իրար պատմեցին հոր արկածները, հարսները իրար հայտնեցին անցածն ու դարձածը: Լուրը արդեն ընտանիքից դուրս թռավ և դրացիների սեփականությունը դարձավ, որոնք ըստ քմաց զարդարեցին, մեծացրին և տարածեցին: Այս դեպքը այնպես հուզեց չորս եղբորը, որ նրանք վճռեցին ապագա անախորժությունների առաջն առնելու համար միջոցների դիմել:

— Ես երբեք տանս այլևս չեմ կարող թողնել այդ զառամյալին, — ասաց Արդուլ — Մեհթին, — դա իմ կնոջս հայհոյեց և նախատեց: Ինչ ուզում եք արեք, որքան որ ամսական թոշակ որոշում եք, պատրաստ եմ վճարելու, բայց իմ տունս էլ չպիտի մտնի:

— Ես դրա մռմռոցը չեմ կարող տանել, — ասաց Աբդուլ-Ռզան, — դա սովոր է ամեն բանի վրա խոսել: Ես ամսական ինչքան որ առաջարկեք, կտամ, որ նա ապրի, բայց հեռու...

— Եղբա՛յր, — ասաց Աբդուլ-Թաղին, — կինս խիստ ջղային է, երեխաներս էլ շատ: Տանս մի քանի հատ էլ հարճ եմ պահում, ես չեմ կարող դրան տուն թողնել: Մի տուն սահմանեցեք, երթա ապրի, մի բան տվեք ընդհանուրիս հաշվից, վերջացավ գնաց, — ասաց երրորդ որդին:

— Շատ հիմար-հիմար դուրս եք տալիս, — ասաց ավագ որդին, — ես գիտեմ, որ հորս չեք սիրում, ես էլ ձեզ նման ատում եմ նրան, բայց երբեք չեք մտածում ձեր պատվի, անվան և արժանավորության մասին, եթե նրան տանից դուրս անենք, մեր աբուռն ո՞ւր կմնա: Վաղն ամբողջ քաղաքը պիտի ասի, թե նուխեցիները չկարողացան մի հայր պահել և փողոց շպրտեցին: Ես կպահեմ նրան, միայն թե...

— Պահե, եղբայր, պահե, քեզ փեշքաշ, — ասաց Աբդուլ–Մեհիթին: — Ինչ որ ուզում ես ամսական ես կվճարեմ, միայն թե իմ տունս թող չմտնի և արյունս չպղտորե:

— Ինչպես ուզում եք, որոշեցեք, ես նրան պահելու համար փող չեմ ուզում, բայց մեր աբուռը պահպանելու համար հարկավոր է նրան պատվով պահել, որ ամբողջ Թավրիզի բերանը ծամոն չդառնանք: Ոչ որ չի ցանկալ խորը թափանցել, ներքինը քննել և պղտոր տիղը վերլուծել, բայց ամենքը քննադատ դարձած կանարգեն մեզ, որ մեր հորը չենք շահել, չենք պահպանել և պատճառ ենք դարձել նրա հոգեկան տանջանքին:

— Եղբա՛ր, լավ, լռենք, օգնենք, ծախսենք, պահենք, ինչ որ ցանկանում ես կատարենք, — ասաց Աբդուլ-Ռզան, բայց ես տունս չեմ կարող տանել, դո՛ւ պահիր:

— Քեզ մոտ մնա, — ասաց Աբդուլ-Թաղին, — և նրա համար ծախսիր ինչքան որ քեփդ ուզե ընդհանուրիս հաշվից:

— Ես չեմ ասում, — կրկնեց Աբդուլ-Ալին, — թե տարեք նրան ձեր տները պահեցեք: Այստեղ սենյակ շատ կա, կարող եմ նրան առանձին բնակարան հատկացնել, պահել, դուք բոլորդ էլ շարունակ պիտի հաճախեք նրա մոտ, երբեմն-երբեմն էլ ձեր տները պիտի տանեք, որ աշխարհ չասեք թե դուք ապերախտ որդիք եք:

— Ես չեմ կարող կեղծել, — ասաց Աբդուլ-Մեհիթին, — չեմ կարող նրա առաջը քծնել, ուրիշին դուր գալու համար նրան շողոքորթել:

— Ես հորս համար տանս և երեխաներիս մեջ չեմ կարող շփոթություն բարձրացնել, — ասաց Աբդուլ-Թաղին:

— Եղբա՛յր, դու տեղավորիր մի կերպ, այնպես կձևացնենք, թե բոլորս էլ նրան փայփայում ենք:

— Այո՛, այո՛, այո՛, — ասացին բոլորը:

— Պետք է, — ասաց Աբդուլ-Ալին, — այնպես ցույց տանք աշխարհին, որ մենք առաքինի որդիք ենք և պաշտում ենք մեր հորը:

— Դուք ինչպես ուզում եք ցույց տվեք, ինձ ազատեցեք, — կրկնեց Մեհիթին: Եվ եղբայրները հեռացան:

Աբդուլ-Ալին յուր ընդունարան սենյակներից մեկը կահավորեց, կարգադրեց և փողոցից էլ հատուկ հարաբերության ճանապարհ հարմարեցնելով հորն այնտեղ տեղավորեց:

Որպեսզի հայրը իր կանանոցի հետ հարաբերություն չունենա և այդ պատճառով չընդհարվի, Աբդուլ-Ալին հատուկ մի ծառա վարձեց հոր համար, որպեսզի նրա անկողինը հարդարե, սենյակը լուսավորե, տաքացնե, մաքրե, թեյն ու սուրճն եփե և կերակուրը պատրաստե: Սրա համար էլ կարգադրեց, որ հայրը ամեն ամիս վաճառատնից յոթ թուման վերցնե (14 ռուբլի) և ինքը կատարե բոլոր ծախսերը, որ իր ցանկացած կերպովն ապրի: Ամեն մի եղբայրը օրական յոթ թուման էր ծախսում, իսկ հորը ամսական այդքան նշանակեցին: Հաջի Աբդուլ-Հյուսեյնը ոչինչ չխոսեց, նա լռելյայն համաձայնեց ու համակերպեց անդրանկի արարքի հետ: Բայց այնքան հոգվով վրդովված էր, որ այլևս դադարեց վաճառատուն հաճախելուց և որդիների երեսը տեսնելուց: Նա չէր խոսում ոչ ոքի հետ, նույնիսկ ծառային էլ բան չէր ասում: Պատրաստած թեյն ու սուրճն անմռունչ ընդունում էր, փուռից բերած կերակուրն ուտում, քնում, վեր կենում և յուր աղոթքը կատարելով նստում էր մտածելու այն դառն կյանքի՝ դժոխքի մասին, ուր ինքն ընկել էր:

Հաճախ հյուրեր ունեցած ժամանակ Աբդուլ-Ալին ծառային ուղարկում էր ձայն տալու և հորը ընդունարան կանչելու, թշվառ ծերուկը հիվանդություն պատրվակելով մերժում էր: Որպեսզի դրացիների նկատողության չենթարկվի, Աբդուլ-Ալին հոր յուղոտած շորերն էլ փոխեց, նոր աբա ու ապարոշ գնեց, դրանք երբեք հորը չմխիթարեցին: Հաջի Աբդուլ-Հյուսեյնը ընկեր, սրտակից, մտերիմ և անկեղծ բարեկամ էր որոնում, այնինչ համոզված էր, որ աշխարհի երեսին ոչ միայն օտարները, այլև իր հարազատ որդիներն էլ իրեն ատում և նրա մահն էին ցանկանում: Մահն էլ փախչում ու չէր մոտենում ծերուկին:

Այս հուզված օրերին նա երբեմն գնում էր հանգստարան, իր հանգուցյալ կնոջ գերեզմանի մոտ նստում և մտորում էր, թե նա որքան երանելի էր, որ մեռել էր ինչպես սիրված իր ամուսնուց, նույնպես և զգված զավակներից: Իսկ ինքը ապրելու դժբախտության համար ատելի էր դարձել զավակներին և հարսներին: Այս այցելությունները հաճախ կատարելով, այս մտքի շուրջը տատանվելով օրն էր մթնացնում և մխիթարվում Հաջի Աբդուլ-Հյուսեյնը, սպասելով մահվան, երբ իրեն էլ բերելու հանգստացնելու էին սիրելի կնոջ կողքին:

Ամեն օր իրիկնադեմին մի այրի ևս գալիս էր այդ հանգստարանը, մի ժամ նստում էր ամուսնի գերեզմանի մոտ և ողբում իր կորցրած պաշտելուն, որը մի տարի առաջ գերեզման էր իջել: Այնքան հաճախ իրար հանդիպեցան երկու այրիները, որ ընտելացան իրար, մեկը հանգստարան մտնելիս մյուսին դիմավորում էր կամ սպասում նրա գալուն: Թշվառությունը նրանց մոտեցրեց և մի օր էլ իրար սիրտ բացին:

— Երանելի կին, — ասաց որբևայրին մի օր, — որ քեզ նման մարդ է ունեցել: Յոթ տարի է մեռել է, ոչ միայն ուրիշ կին չառար, այլ մինչև անգամ չես կարողանում իրեն մոռանալ: Եթե մարդիկ քեզ նման սիրեին իրենց կիներին, աշխարհի վրա իգական սեռը ամենից երջանիկ դասակարգը կկազմեին:

— Դու էլ աննման կին ես, — ասաց Հաջի Աբդուլ-Հյուսեյնը, — որ մարդուդ չես մոռանում և ամեն օր գալիս ես նրան ողբալու: Երևի ազնիվ հիշատակ է թողել, որ ահա յոթ ամիս է քեզ շարունակ այդ գերեզմանի մոտ արտասվալի աչքերով եմ տեսնում:

— Էհ, դարիս զավակր չէր, նա մի կատարելատիպ հոգի էր:

Անողորմ բախտը նրան խլեց ինձանից: Յոթ տարի միայն այր ու կին մնացինք, բայց հորիցս զրկած և մորիցս քնքուշ եղավ ինձ համար: Յոթ տարվան մեջ մի օր բերանը չբացավ մի դառն խոսքով, մի կծու բառով, մի նախատալի դարձվածով: Հարուստ չէր, բայց ինձ քաղցած ու քրչոտ չթողեց, մեծատուն չէր, բայց ինձ կարոտ չպահեց: Օրական վաստակածը օրվա ընթացքում կերանք, միայն թե ապազան չմտածեց: Փառք ալլահին, բան չթողեց ինձ ու վեց տարեկան որդուս, բայց քաղցից չմեռանք: Ամեն օր մոտիկ հայ դրացիների կեղտոտ շորերը, երեխաների ապականված բալուլները լվանում, 5 — 10 շահի վաստակում և ապրում ենք: Էլի փառք, որ գոնե մի տուն թողեց, և մենք օտարի դուռը քաշ գալու չպարտավորվեցինք:

— Փառքն այնտեղ է, որ դու գոհ ես վիճակիցդ, գործող ձեռքեր ունիս, կարողանում ես ապրուստդ ինքդ հոգալ և ոչ ոքի մուննաթ չքաշել: Աշխատող թևերը քաղցից չեն թուլանա, — ասաց ծերունիկը հառաչելով:

— Կարիքն ստիպող է: Քաղցն ամենահզոր խթանն է, նա պարտավորեցնում է վազելու և տքնելու, Հաջի-աղա: Երբ օրականս վաստակում եմ, մի րոպե էլ սրտիս ու հոգուս եմ զոհում: Հիշում եմ ողորմածիկիս, որ ամեն տանջանք քաշում էր ինձ հառաչելուց ազատելու համար: Իսկ այժմ ինքն հանգստանում է, որ ես այրվեմ... հալվեմ ու մաշվեմ, — ասաց ու տան կողմն ուղղվեցավ այրին, դառն մտքերի մեջ թողնելով ծերունի Հաջի Աբդուլ-Հյուսեյնին, որը արձանացած տեղից սկսեց զննել հեռացող կնոջը:

Այրին խորապես ցնցեց Հաջի Աբդուլ-Հյուսեյնի հոգին: Ծերունիկը երեք-չորս ամսից ի վեր ոչ ոքի հետ այսքան խոսակցություն չէր ունեցել: Նրա հոգին քաղցրությամբ լցվեց այս տեսակցությամբ: Յուր կնոջ մահվանից հետո Հաջի Աբդուլ — Հյուսեյնը ոչ մի կնոջ հետ այսքան մտերմական խոսքի չէր բռնված: Ծերունիկը ընդհանրապես վատ կարծիք ուներ կիների մասին: Նա ենթադրում էր, որ միայն իր հանգուցյալ կինը մորքուրի աղջիկը այնպիսի առաքինություններով օժտված էր, իսկ մնացյալ թավրիզեցի կիները կործանող, փչացնող, կեղծավոր, խաբեբա և ավազակներ էին: Ամբողջ մի ժամ նստած տեղից չշարժվեց և անչափ գոհ էր այդ պատահարից:

Հաջի Աբդուլ-Հյուսեյնի խոհերի մեջ ներկայացան անմիջապես իր հարսները իրենց ագահ պահանջներով, շռայլ ծախսերով, մեծամիտ բարքերով և անխիղճ սրտով: Նա, որ ինքն էր ընտրել չորս հարսին էլ իրենց հեռավոր և մերձավոր ազգականներից, նրանց զուգել, զարդարել, տարել իրեն տունը փառքի էր հասցրել, իր թողած ահավոր հարստության, ոսկու, մարգարիտի, գոհարի, ծիրանու ու բեհեզի մեջ թաղված լողում էին, այդ ապերախտները ոչ միայն չէին աշխատում, չէին օգնում իրենց տան տնտեսականի բարձրացման, ոչ միայն գողանում, բազում, մերձավորների, ազգականների միջոցով դուրս էին կրում իր դիզած հարստությունը, այլ իրենց ամուսիններին էշ շինած, համետել, նրանց մեջքին էին նստել ու դեպի անդունդ էին մղում:

Աշխատանքով ապրող և որբին պահող այրին դիցուհու նման կանգնել էր Հաջի Աբդուլ-Հյուսեյնի մտքի առաջ և ձեռքով ցույց տալով իր թզուկ, բայց մեծասիրտ հարսներին, ծաղրից ու ծիծաղից թուլանում էր: Այրին լվացք անելով օրական ապրուստ էր տուն տանում և սիրասուն որբի հետ պատառը բաժանելով, ոգևորված ու մխիթարված անկողին էր մտնում, այնինչ այդ միջոցին, երբ իրեն որդիքը օղիով և խաշխաշով հարբած ընկնում, մրափում էին, հարսները նրանց գրպանները, սնդուկները, մառանները, պահարաններն ու ներքնատները ճրագով ման էին գալիս, կողոպտում ու դուրս տանում, որ իրենց համար հոգեպահուստ դրամագլուխ պատրաստեն:

Այս պարագաները, իր թողած հարստության չարաչար ավարի ենթարկվելու մտքերը այնպես հուզեցին ծերուկին, որ նա մռայլած ու բորբոքված դիմեց տուն և առանձնարան մտնելով, տարածվեց իր բազմոցի վրա և սկսեց մտորել: Նա չէր կարողանում որդիներին սթափեցնել և իր 40 տարվան տանջանքով կազմակերպած տունը կործանումից փրկել: Հաջին զգում էր, որ այդ գործելու անընդունակ, իսկ գողանալու ճարպիկ մատները անշուշտ պիտի քայքայեին իր 46 տարվան մեջ շինած գործարանը և նրա մոխրի կույտի տակ զավակները մի պատսպարան էլ չպիտի գտնեին ապաստանելու:

Ամբողջ 24 ժամ այս հույզերով տանջվելուց հետո Հաջի Աբդուլ-Հյուսեյնը դարձյալ իր գավազանը վերցրեց և ծանր քայլերով, բորբոքված սրտով գնաց հանգստարան հոգին հուզող այրուն նորից տեսնելու և մի քանի րոպեների բավականությամբ մխիթարվելու: Այրին չուշացավ, և ծերուկը դեռ չէր վերջացրել իր աղոթքը, երբ խեղճ կինը չոքեց իր ամուսնու սառը գերեզմանի կողքին և սկսեց հեկեկալ ու արտասվել: Երբ իրենց հոգեկան հարաբերությունները հանգուցյալների հետ վերջացրին, դարձյալ խոսքի բռնվեցին այրիները, միայն թե ավելի մտերմական ձայնով:

— Որդիդ որտե՞ղ է սովորում, ո՞ւմ մոտ ես աշակերտ տվել, — ասաց ծերուկը այրուն, — որ մենակ ես գալիս:

— Նուխեցիների գործարանում գորգ է հյուսում, — ասաց այրին հառաչելով: Ապա ավելացրեց.

— Թեև վեց տարեկան է, բայց ահա վեց ամիս է, որ նա բանում է: Ալլահը ինձ չկորցրեց, ես հավատացած եմ, որ զավակիս խեղճ չի թողնելու, վեց ամսվան մեջ այնքան առաջ գնաց, որ շաբաթական մի ղռան արծաթ փող է բերում: Արդեն այսօրվանից նա ինձ այլևս բեռ չէ, նրան ամեն օր հացն ու ճաշը տալիս են գործարանում: Դեռ ես օգտվում եմ նրա աշխատածով: Շաբաթականները ոչ միայն շորի, կոշիկի գինն է տալիս, այլ ինձ էլ կարող է հագցնել:

— Ապրի, Ալիի աջը նրա գլխից անպակաս լինի, — ասաց ծերուկը, ապա հարցրեց, — անունն ի՞նչ է:

— Ջաֆեր, բայց ցավում եմ, որ երեխաս գրել-կարդալ չպիտի կարողանա սովորել: Ինքը շատ հավաս ունի: Մատիտ ու թուղթ է բերել և ամեն իրիկուն նկարում, գրում և հաշվում է: Ի՞նչ անեմ, եթե չաշխատի, քաղցած կմնանք:

— Թող բանի ժամանակ գործարանում աշխատի, իսկ ազատ ժամանակ տանը գրել-կարդալ սովորի, հաշվե ու նկարե:

— Շատ աշխույժ, ժիր տղա է, ընդունակ և զգայուն: Երկու ամսի մեջ սովորեց հաշվել և գորգ գործել, վերակացուներն այնքան սիրում են, որ շաբաթականը վեց ամսվա ընթացքում մի աբասուց մի ղռանի [26] բարձրացրին: Հիմի ուրիշ գործարանից եկել են և երկու ղռան են առաջարկում, բայց տեղը հեռու է, ես չեմ թողնում աչքիս առաջից հեռանալու:

— Աներևույթի աջը դրան պահե. դա անշուշտ մարդ կդառնա, տուն կպահե, քանի որ ինքը չքավորության դառնությունը մանուկ օրերում քաշել ու զգացել է:

— Ինչ դառնություններ եմ քաշել միայն խորաքննիչը գիտե: Բախտս էր, ինչ կարող էի անել: Պիտի համբերեմ... Բայց դուք էլ շատ բախտավոր չեք երևում: Կենդանի մարդերի շրջանները թողնում եք և մեռելների հետ ժամերդ անցկացնում:

— Իմ էլ բախտս այդպես է սահմանել: Կինս թաղեցի, ուրիշ կին չհանդգնեցա առնելու և մնացի մենակ: Խոսակից և մխիթարիչ չունիմ, գալիս եմ պառավի հոգու հետ մասլահաթ անելու, նա ինձ շատ հավատարիմ էր, բայց ափսոս որ թողեց, գնաց: Ինձ գոնե շուտ քաշե տանե, ես էլ ազատվեմ:

— Այդ արարչի կամքն է. բայց դուք, Հաջի-աղա, ինչի՞ պիտի շերիաթի հակառակ վարվիք. ձեր ի՞նչն է պակաս, ինչի՞ պիտի չկարգվեիք, որ մի հոգեկից բարեկամ գտնեիք...

— Վատ կնոջ զրպարտությունից և նենգությունից վախեցա ու հարսների աբով մնացի:

— Ափսո՛ս: Աղջիկներդ գոնե վշտիդ պիտի մասնակցեին, քեզ պիտի կարեկցեին ու ամուսնացնեին, որ ծերությանդ մեջ մի մխիթարիչ ունենայիր: Հարսը սկեսրայրին այնպես է զննում, ինչպես ուղտը պատառին:

— Ճիշտ ես ասում, բայց աղջիկներիս ես վաղ ինձնից հեռացրի և աշխատեցա, որ նրանք իրենց ամուսնու տունը պաշտեն, աչքերը չտնկեն հայրական օջախի կողմը:

— Այդպես էլ հարկավոր էր, բայց նրանք պետք է կարեկցեին իրենց հորը և թույլ չպիտի տային, որ նա տանջվիր...

---

[26] 4 — 20 կոպեկ:

— Ինձ համար տարբերություն չունի, այժմ ամբողջ աշխարհն էլ իմ զավակներս են: Կար ժամանակ, որ ես զանազանում էի, բայց այսօր եկել եմ այն համոզման, որ մարդկային կույր եսականությունն է, որ նրան մոլորեցնում է: Իմ գործարաններիս բանվորները ավելի քաղցր աչքով են ինձ զննում, քան թե հարազատ աղջիկներս ու որդիներս, իմ դրացիներս ավելի զգայուն սրտով են ինձ բարևում, քան թե իմ բանվորներս և արյունակիցներս:

— Այո, մարդ մարդուն քաղցր ժպտով կարող է նայել, բայց ամեն մի զվարթ հայացքի տեր պատրաստ չէ զոհողություն անելու: Այնինչ աղջիկներդ պետք է որ...

— Ահա տեսնում ես, դու ավելի կարեկից ես անմխիթար հոգուս, քան թե աղջիկներս: Ուրեմն ես եմ եսամոլ և անձնապաշտ եղել, ամփոփվել եմ ինքս տանս մեջ և չեմ զգացել, որ իմ որդիները ավելի ագահությամբ են կրծում իմ կուրծքս, մարմինս ու ոսկորներս, քան թե այդ կարող էին անել օտարները:

— Ծառին չորացնում է իր մեջ ընկած որդը. մարդու կյանքը կրծում է իր մարմնից դուրս եկած որդունքը: Սրանց դեմ կռվել չի կարելի, միայն թե պետք է զգուշանալ և կրքերը չափավորել: Իմ հայրս ախունդ էր, նա ասում էր, որ սրի խոցից ավելի թունավոր է լեզվի խոցը: Օտարի հասցրած վերքից ավելի կսկծեցնող է հարազատի բացած վերքը: Թշնամու և հակառակորդի զարկած գնդակի վերքերը կլավանան, բայց զավակի խփած վերքը գերեզման կտանե:

— Շատ ճիշտ է, անչափ ուղիղ է...

— Էհ, ի՞նչ օգուտ, որ մարդ գիտե, բայց դարձյալ զգացումներին գերի է ապրում:

— Մենք մեր դատողությամբ և հաճույքով չենք ապրում, — ասաց շեշտելով Հաջի Աբդուլ-Հյուսեյնը, — այլ մենք շրջապատի գերին ենք: Ինչպես որ կյանք են վարել մեր նախորդները, ինչպես որ ապրում են մեր դրացիները, նույնն էլ մենք ենք շարունակում: Գիտենք և համոզված ենք, որ կործանարար ճանապարհի վրա ենք կանգնած, ոտքերիս տակի շավիղը մեզ անդունդն է տանում, բայց ճիգ չենք թափում շեղվել այդ ուղուց և բռնել մեր կյանքին ավելի նպաստավոր պողոտան:

— Այո՜, Հաջի-աղա, մենք մեր ոտքերով ենք գնում անդունդ գլորվելու... Մնաք բարով, գնամ երեխայիս դիմավորելու, նա հիմի կգա:

— Պաշտիր նրան, նա քեզ բեհիշտ կտանի, — ասաց հառաչելով ծերուկը:

— Եթե քու զավակներդ քեզ դրախտ առաջնորդեցին, իմն էլ ինձ Եդեմ կտանի...

— Որ այդ գիտես, ի՞նչ ես գլուխդ զոհել և չես կարողանում հինգ-տասը րոպե ավելի մնալ, ինձ մխիթարել և միասին դուրս գալ հանգստարանից:

— Քեզ աներևույթը թող մխիթարե, իսկ ես ուրիշ հույս չունենալով, միակ զավակիս եմ ապաստանել:

— Եթե դու ցանկայիր, կարող էիր հույս ու նեցուկ գտնել:

— Բախտը միշտ քիթը վեր ցցած է քովիցս անցել: Նա ոտքերի տակ չի աշում, որ ինձ նման վշտահեղձին տեսնի, — ասաց այրին հառաչելով:

— Բախտը կույր է, նրա աչքերը կապված են, չգիտե ում օձիքն է բռնում: Եթե մարդ նրան հետամտի, վերջիվերջո կբռնի: Օրինակ, եթե դու ինձ ամեն օր այստեղ չտեսնեիր, ինձ հետ չխոսեիր, ես ե՞րբ կկարողանայի քո կրծքի տակ մտնել, հոգիդ ճանաչել և քեզ առաջարկել, որ ինձ կին դառնաս: Այս առաջարկիս ի՞նչ ես պատասխանում:

— Դու ծեր ես, թշվառ, արդյոք կկարողանա՞նք իրար բեռ թեթևացնել:

— Եթե անշահախնդիր և անկեղծ կապվենք, իրարուց ակընկալություն չունենանք, երևակայական հույսերով մենք մեզի չխաբենք, կկարողանանք խաղաղ ապրել և իրար բեռ թեթևացնել:

— Ես խոստացել եմ մարդուս՝ նրա բնակարանը և նրա զավակին չլքել: Խոստմանս դեմ չեմ կարող գնալ:

— Դու դարձյալ ապրիր քո տանը զավակիդ մոտ, ես էլ իմ տանս: Երբ որ ուզենամ, կգամ քեզ մոտ զրուցելու և մխիթարվելու: Դու ոտքդ չես կոխիլ իմ դժոխային որջս, որտեղ ցեցերս կյանքս կրծոտում են: Քո բնակարանը կդառնա իմ սփոփարանս:

— Բայց ես դժվար թե կարողանամ ամոքել հույզերդ, Հաջի-աղա, ես ինքս էլ թշվառ եմ և կարոտ:

— Ես քեզ օրական հինգ շահի[27] ապրուստի փող կտամ, քեզնից մի բաժակ թեյ էլ չեմ խմիր: Քո վաստակը, երեխայիդ բերածը և ամսական իմ քեզ տալիք 7 և կես ղռանը կարող է թեթևացնել քո դառը վիճակը: Համաձա՞յն ես, գնանք ախունդին, թող սղան[28] կարդա:

— Ուրիշ կին խո չունե՞ս:

— Դու գիտես, որ այրի եմ և տանս մեջ կամ դուրսը ոչ ոքի հետ հարաբերություն չունիմ:

— Ինչ ասեմ, չեմ կարող մերժել ձեր առաջարկը, մանավանդ որ ձեր անունն ու հովանին ինձ կպահպանեն:

— Որ համաձայն ես, գնանք այն մեջիդի ախունդի մոտ, թող այսօր կարդա սղան և գրե քյաբինը: Հարյուր ղռան քյաբին կկտրեմ:

— Ես ձեր աղախինն եմ, ինչպես որ կամենաք:

— Գնանք, — ասաց Հաջի Աբդուլ-Հյուսեյնը, և նրանք ուղղվեցան մոտակա մզկիթի կողմը:

---

[27] 5 կոպեկ:

[28] Դաշնադրթք:

Ախունդը սղան կարդալուց հետո, երբ այրին երեսը բաց արավ, Հաջի Աբդուլ-Հյուսեյնը մնաց շվարած, ոչ միայն դեռահաս էր ու գեղեցիկ Քյուլսունը, այլ մինչև անգամ աչքերով, ունքերով և քթովը հիշեցնում էր իր հանգուցյալ կնոջը: Հաջին ախունդից ամուսնական դաշնագիրն առավ, վճարեց մի ղռան, հանձնեց կնոջը և միասին գնացին Քյուլսունի տունը:

Ճանապարհին Հաջին քիչ խնձոր առավ, մի ֆունտի չափ էլ քաղցրեղեն վերցրեց, իսկ Քյուլսունը ինքնաեռը դրեց ու մի բաժակ չայ խմեցրեց ամուսնուն: Քիչ հետո գործարանից տուն վերադարձավ Ջաֆերը և գրպանից լոշի մեջ փաթաթված փլավն ու խորովածը մորը երկնցնելով, ասաց.

— Մայրիկ, ինձ այսօր աղան երկու բաժին տվեց, ուստի ես էլ մեկը քեզ բերի:

— Ինչի՞ պիտի երկու բաժին տար:

— Երբ ինձ բաժին տվին, ես բրդուճ շինեցի և գրպանս դրի, որ քեզ համար բերեմ: Վարպետս տեսավ և ասաց. «Ջաֆեր, ինչի՞ չես ուտում, խո հիվանդ չե՞ս», — «Ոչ, ասի, կուշտ– եմ, այս էլ կտանեմ մորս»: Այս խոսքս որ լսեց աղան, ասաց. «Ջաֆերին մի բաժին էլ տվեք»:

— Ապրին բարեսիրտ մարդիկ...

— Մայրիկ, Հաջի-աղան մեր տունն ինչի՞ է եկել:

— Զավակս, ես քու հայրդ եմ, — ասաց Հաջի Աբդուլ-Հյուսեյնը: — Ապրիս, լավ տղա ես դարձել, որ մորդ չես մոռանում:

— Իմ հայրս մեռավ, — ասաց Ջաֆերը ետ-ետ գնալով:

— Նա մեռավ, բայց խո առանց մարդու չի կարելի ապրել Հաջի-աղան քո հայրդ է. իմացա՞ր, տղաս:

— Ջաֆերը թեև չկարողացավ ըմբռնել, թե ինչպես Հաջի Աբդուլ–աղան իրեն հայր դարձավ, բայց ուրախացավ, որ տունը մենակությունից ազատվել է և ուրախությամբ քաղցրեղեն, խաղող ու խնձոր կերավ, թեյ խմեց:

Հաջի Աբդուլ-Հյուսեյնը իր ամուսնությունը երկու ղռանի մրգով և մի ղռանի էլ մոլլային վճարով վերջացնելուց հետո հանեց կնոջը ամսական 7 և կես ղռանն էլ կանխիկ տվեց և մթնաշողով գնաց տուն:

Ամբողջ երեք ամիս Հաջի Աբդուլ-Հյուսեյնը շարունակ հարաբերություն ունեցավ Քյուլսունի հետ, մխիթարվեց և այնտեղ միշտ խաղաղություն գտավ, երբ իր տանը հարսներն ու զավակները իրեն վրդովում և հուզում էին: Ոչ ոք չհետաքրքրվեց ամուսնացած այրիների ընթացքով, ոչ ոք էլ չկարողացավ նկատել Հաջիի ելևմուտքը այրի Քյուլսունի տունը: Միայն Աբդուլ-Ալիի կինը երեք ամսից հետո նկատեց, որ սկեսրայրը այդքան երկար միջոցում լվացքը լի տվել լվանալու: Նա անմիջապես քննեց և տեսավ, որ ծերունու բոլոր սպիտակեղենը մաքուր, լվացած և այնպես ծալված, դրված էր, որ իրենց աղախինները չէին կարող այդքան խնամքով գործ կատարել: Ուրեմն պարզ էր, որ սկեսրայրը դուրսն էր լվանալ տվել իր լվացքը: Նենգամիտ կինը ամբողջ երեք օր հետամտեց սկեսրայրին և նկատեց, թե նա ինչպես գնաց, մտավ Քյուլունի տունը և երեք ժամից հետո դուրս եկավ:

Փոթորիկ բարձրացավ նուխեցու տանը: Նրա հարսները լսելով եղելությունը, իսկույն հավաքվեցան Աբդուլ-Ալիի բնակարանում խորհուրդ անելու, թե ինչ միջոցի դիմեն, որ ծերուկը արձակե Քյուլունին, որը, ինչպես պարզվեց, իրենց հանգուցյալ սկեսուրի մորքուրի թոռն էր: Բավական չէ, որ մեր ամուսինները նրան պահում են, այսօր գնացել մի դուրս ընկած բանանողի հետ է ամուսնացել, որպեսզի իր որդիներից քաշե, նրան ուտացնե և մահվանից հետո էլ մեր գլխուն փորձանք դառնա, դատարան քաշե մեր ամուսիններին:

Հարսները իրենց սրտի մաղձը նույն իրիկունը թափեցին իրենց ամուսինների գլխին, բորբոքեցին և առավոտ նրանց ճանապարհ դրին դեպի շուկա: Աբդուլ-Ալին շուկա չգնաց, ախունդին դիմել և լսել էր, որ երեք ամիս առաջ էր կատարված այդ ամուսնական դաշնագիրը: Ամեն բան օրինական էր, հետևաբար ոչինչ չէին կարող ասել իրենց հորը: Շերիաթի համաձայն նա իրավունք ուներ կին առնելու: Մանավանդ որ կինը չէր եկել Աբդուլ-Ալիի տունը, այլ մնացել էր իր սեփական տանը, հետևաբար ոչ մի ճնշում չէր կարող անել: Եթե ծերուկը նրան ապրելու համար շնորհված բնակարանը կին բերեր, Աբդուլ-Ալին կարող էր իսկույն վռնդել:

Անկարելի էր բռնի կերպով կնոջից բաժանել, իսկ եթե հոր վրա ճնշում գործ դներ, պիտի խայտառակվեր դրացիների առաջ: Այնինչ հարսներն ու եղբայրները բորբոքված պահանջում էին կարճել ծերուկին տրված թոշակը և տանից դուրս հանել: Աբդուլ-Ալին մտածում էր՝ ի՞նչ միջոցով հորը ճնշել, որ կարողանա կնոջը թողնել տալ: Նա գիտեր, որ հայրը ոչ միայն կարճամիտ չէր, այլ օրենքն էլ լավ գիտեր: Անհնար էր նրա համառությունն ընկճել:

Այդ օրը նա սովորականից վաղ տուն դարձավ, որպեսզի հորը տեսնի, գուցե մի հնար գտնի և կարողանա բորբոքված եղբայրներին զսպել: Բայց հայրը տանը չէր: Նա երկար սպասեց իրենց պարտեզում, ղալիոն ծխեց, թեյ խմեց, ծառերը, ծաղիկները ուղղեց, ապականությունները մաքրել տվեց, քանդած-փլվածը ուղղել տվեց: Ամբողջ ամիսներով չնկատածը և չքննածը այդ օրն իմացավ: Զայրացած նա ման էր գալիս պարտեզում, նախատում ու հայհոյում ծառաներին, անվերջ հրամաններ էր տալիս և ստիպում այս ու այն պակաս-պռատը դրստել:

Ճրագները վառելուց հետո միայն Հաջի Աբդուլ-Հյուսեյնը դուրս եկավ կնոջ տանից և ուղղվեց դեպի իր տուն: Առաջին անգամ փոքր որդին՝ Աբդուլ-Մեհթին, հոր ճանապարհը կտրեց և ասաց.

— Ցնդած, երիտասարդացել նոր կի՞ն ես առել: Ալևորված մազից, մորուքիցդ չե՞ս ամաչում:

— Երբ դուք երես թեքեցիք ձեր հորից, — ասաց ծերուկը, — ես մի տեղ մխիթարություն պիտի որոնեի, ուր ինձ ցնդված չանվանեն և քաղցր աչքով երեսիս նայեն:

— Հայտնի բան է, պոռնիկները փող կորզելու համար քեզ թե՛ կշողոքորթեն և թե՛ կխնդացնեն:

— Պոռնիկը քո կինն է, որ իմ տնկած պարտեզից բերել տված, վառած փայտը ինձ շատ տեսավ և քեզ նման ապուշի ձեռքով իմ փողերովս շինածդ տնից ինձ դուրս վռնդել տվեց ինձնից ծնած որդուս ձեռքով:

— Լռի՛ր, խելագա՛ր, բերանդ կպատռեմ, — ասաց անզգամ որդին, վրա պրծավ ծերուկի վրա և սկսեց բռնցքոտել ու խեղդրտել: Իսկույն փողոցից անցնողները վրա հասան և հազիվ ազատեցին գազազած որդու ճանկերից թշվառ ծերուկին, որը քիչ էր մնացել թե շնչասպառի:

Մի քանի բարեսիրտ դրացիներ տուն բերին թշվառին թևի տակ մտած և հանգստացրին: Այս լուրը Աբդուլ-Ռզային ու Աբդուլ-Թաղիին հասնելուն պես, սրանք հավաքվեցան իրենց մեծ եղբոր մոտ խայտառակության առաջն առնելու համար խորհրդակցելու: Ընտանիքի պատիվն արատավորված էր, այլևս Աբդուլ-Մեհթին չէր կարող հրապարակ դուրս գալ և ընկերական շրջան մտնել առանց շրջապատի ծաղրին ու արհամարհանքին մատնվելու: Այս պատճառով եղբայրները որոշեցին, որ իսկույն Մեհթիին ճանապարհեն դեպի Կ. Պոլիս, այնտեղից էլ՝ Ամերիկա, որպեսզի թե՛ դեպքը մոռացվի, թե՛ Ամերիկայում գործի գործը տեսնի և ուսումնասիրի:

Աբդուլ-Մեհթին դատաստանից և հասարակական կարծիքից ազատվելու համար նույն գիշերը թողեց Թավրիզն ու հեռացավ, իսկ դրացիների մեջ տարածեցին, իբր թե Քյուլսունի ինչ-որ անհայտ սիրականն է վրա տվել Հաջի Աբդուլ — Հյուսեյնի վրա և երբ բազմությունը տեսել է, թողել ու փախել է:

Այս արկածից հետևյալ առավոտը Հաջի Աբդուլ-Հյուսեյնը կանչեց իր մոտ մեծ որդուն և ասաց.

— Այլևս չեմ կարող ապրել ձեր մեջ: Ես կյանքիս ապահովություն էլ չունիմ հարկիս տակ, որի ամեն մի աղյուսն ու քարը իմ քրտինքով է շաղախված: Իմ և ձեր մեջ էլ ուրիշ կապ չմնաց: Ես այսօր պիտի երթամ ինձ համար տուն քրեհելու, քանի որ ես չեմ կարող զիջել կնոջս տանը ապրելու: Ճշմարիտ է, ինձ համար այնտեղ շատ արձակ բազմոց կա, որտեղ հարգված, սիրված եմ, բայց չեմ կարող լաչակ կապել և կնոջս բնակարանում ապրել: Կասկած չունիմ, որ այնտեղ ինձ սիրում են անշահախնդրությամբ, անկեղծ և առանց ապագա ակնկալությունների, բայց Աբդուլ-Հյուսեյնը չի զիջանիլ կնոջ շվաքը մտնելու:

— Ախր, ինչի՞ ես գնում, քեզ ո՞վ է ստիպում, որ մեզնից հեռանաս, ի՞նչդ է պակաս...

— Դու կեղծավոր ես, ինձ շատ բան պակաս է, որը քեզնից երբեք չեմ խնդրել: Այն՝ ինչ որ ես իմ ձեռքով բաշխեցի և ցրվեցի, ես դրանից մաս չեմ մուրալ: Գլխիս գդակ կա, ձեռքումս գրիչ և ծնկներումս ուժ: Վաղը կարող եմ մի նոր քաչակղեի գործարան հիմնել, ինձ ոչ ոք չի խնայիլ ապրանք և փող: Աշխարհք գիտե, որ Հաջի Աբդուլ-Հյուսեյն ուրիշի փողն ուտողը չէ: Բայց ես այդ չեմ անիլ, ձեռքովս հիմնած գործարանը ինքս չեմ քանդիլ և ձեզ բաշխածս հարստության դեմ չեմ մրցիլ, որ կործանեմ:

— Հա՛յր, մի բորբոքվիլ...

— Եթե ես չբորբոքվիմ, ալլահն է ինձ վրա բորբոքվելու, որ ձեզ նման անզգամ որդիներ եմ մեծացրել, անարգ զավակներ, որոնք արժանի չեն հայրական այն անհուն շնորհներին, որը ես թողի ձեզ հեռացա: Եթե ես չբորբոքվիմ ու ձեզնից չհեռանամ, հավիտենական դաժան հալածիչը չպիտի հեռանա ետևիցս: Ես պիտի դուրս գամ այս հարկից, որ Թավրիզի բոլոր հայրերը տեսնեն և զգուշանան, որպեսզի այլևս ոչ ոք իր կենդանությանը իր կարողությունը, իշխանությունը ձեզ նման անխիղճ որդիներին չհանձնե...

— Հայրիկ, չէ՞ որ մենք բոլորս քո որդիքն ենք և մեր պակասության հաշիվը քեզնից ենք պահանջելու:

— Այդ տխմար միտքը ինձ այնքան խիստ է տանջել, որ այլևս համբերել չեմ կարող: Մեր պակասությունները ծածկելով, թաքցնելով ես այսօրն ընկա: Եթե ձեր անզգամության համար ես ևս մեղավոր եմ, թող մարդիկ ինձ էլ դատապարտեն: Հանցավորն ու մեղավորը պետք է պատժվին և ապաշխարեն, որ հոգեկան խաղաղության հասնին: Բավական է, ապերախտ և չարագործ զավակներ, աշխարհը լայն է, դուք ձեզ համար, ես ինձ համար, իրարից հեռու ապրենք: Ես նոր գործ սկսելու ոչ սիրտ ունիմ, ոչ էլ հավաս, բայց մեր թաղի շուկայում մի փոքրիկ կրպակ կարող եմ կառավարել, ասեղ, թել, կոճակ և ուրիշ մանրուք ծախել, օրական մի-երկու դռան շահել ու ապրել:

— Հայրիկ, դու առաջ մեզ թաղիր, ապա գնա կրպակ բռնե և մուրացիկի գործ կատարիր:

— Ո՛չ, դա շատ ազնիվ և բարոյական գործ է, քան թե յոթ անգամ ծառային ձեր կրպակը ուղարկել և ձեր ղրկելիք 70 դռան ողորմությանն սպասել: Անկախ կրպակի գործը հազար անգամ ավելի վսեմ է, քան թե ձեզնից մուրացկանի նման ամսականի սպասելը:

— Հայրիկ, եթե սնդուկում դրամ չենք ունեցել և մի քիչ ուշացրել ենք...

— Քաղցածները պարտավոր են ողորմության ամիսներով էլ սպասել: Բայց երբ ես իմ գործս կունենամ, այն ժամանակ օրական վաստակածս առանց մուննաթի կուտեմ: Մանավանդ որ հանցանք է ձեզնից ամսական թոշակ մուրալը...

— Հայրի՛կ, աղաչում եմ, մեզ մի խայտառակի:
— Ջավա՛կ, ո՛չ որդունք, որ կրծոտում են սիրտդ ու ոսկորներդ...
Այս խոսակցության հետևյալ օրը Հաջի Աբդուլ-Հյուսեյնը մի փոքրիկ կրպակ վարձեց՝ ներսը մի կոկիկ սենյակով: Վարձը վեց ամիս հետո պիտի տար: Բայց նա կանխիկ փող չուներ, որ գոնե կահավորե սենյակը: Գնաց շուկա, ապառիկ ապրանք գնեց, բերեց կրպակը լցրեց, կշեռք կախեց և տնից էլ լվացքն առավ ու եկավ նստավ առուտուրի: Նա չընկճվեց, իսկույն դիմեց ծանոթների, ապառիկ ձեռք բերեց նույնպես սենյակի կահավորությունն ու գիշերը քնեց իր վարձած սենյակում: Թավրիզ հասնելուց հետո այդ առաջին գիշերն էր, որ Հաջին հանգիստ և առանց հոգեկան տանջանքի քնեց իր վարձած անձնական բնակարանում, որի մասին նա ոչ ոքի մուննաթը քաշելու պարտավորված չէր:
Հաջի Աբդուլ-Հյուսեյնին հարգում էին նրա նախկին գործարանի բանվորներն ու վարպետները, թաղեցիներն ու դրացիները, այնպես որ ամեն մարդ նրա դառնացած սիրտը սփոփելու, ստոր զավակներից քաշած տառապանքները ամոքելու համար դիմում էր նրա կրպակը թեյ, շաքար, համեմունք, թել ու կոճակ գնելու և նրա քաղցր խոսքը լսելու:
Այնպես հաջող էր գնում Հաջի Աբդուլ-Հյուսեյնի գործը, որ նա ութ օրից հետո վճարեց իր սենյակի կահավորության դրամը և խանութի երեք ամսվան քրեհը, որոնց բոլորի գումարը 8 — 10 թումանից ավելի չէր: Ծանոթները, ծերունի հաջիներ ու թաջիրներ, բոլորն էլ երեկոները իրենց էշերի վրա նստած տուն դառնալիս կանգ էին առնում Հաջիի կրպակի առաջ, 5 — 10 կոպեկի բան առնում, քիչ խոսում և անցնում էին:
Հաջին ոչ միայն հանգիստ էր իր կրպակում, հրճվանք էր ազդում իր կնոջը՝ Քյուլսունին, ուրախացնում էր ընկերակիցներին, մտերիմներին, մխիթարում բանվորներին, այլև կենդանի օրինակ էր դարձել ողջ Թավրիզին: Ամենքը խոսում ու նախատում էին Հաջիի որդիներին, որոնք այնքան անբարեխիղճ և գազանաբար էին վարվել իրենց ծերունի հոր հետ: Ոչ միայն ամենքի նախատինքի առարկան եղբայրներն էին, այլ ամենքը նրանց երեսնիվար անարգում էին, թե ինչի այդ վիճակումն էին թողել իրենց թշվառ հորը:
Աբդուլ-Ալին և եղբայրները ինչ միջոցի դիմեցին, չկարողացան այլևս համոզել ծերուկին, որ թողնե կրպակը և դառնա իր տունը: Մինչև անգամ Աբդուլ-Ալին խոստացավ կանանոցի մեջ նրա համար առանձին երեք սենյակ հատկացնել: Ծերունին ասում էր.
— Ես ամեն բան ձեզ տվի, ամեն ինչ հանձնեցի, այլևս ձեզնից չեմ կարող մուրալ, ողորմություն խնդրել: Ինչ որ ունեի, չխնայեցի, բայց կյանքս ձեզ չեմ կարող տալ: Կաշխատեմ և կապրեմ:
Թեև Հաջիի որդիները շատ միջոցի դիմեցին, որ կարողանան իրենց բանվորներին, ծառայողներին արգելել, որ հորից ապրանք չառնեն, բայց

հնար չգտան: Օրեցօր ավելի և ավելի հաջող էր գնում ծերունկի առուտուրը: Հանգիստ նստած կրպակում ծախում էր, վաճառատուները ապսպրած ապրանքները իսկույն ուղարկում էին, մինչ այն աստիճան, որ իր նստած Բազարչայի [29] դրացիներն անգամ սկսան նրա վրա նախանձել, թեև նրա երևալը այնքան հաճախորդ էր քաշում դեպի այդ շուկան, որ նույնիսկ դրացիների առուտուրի էլ զարգացման պատճառ էր դարձել: Նույնիսկ Հաջիի երաշխավորությամբ և միջնորդությամբ մեծ վաճառատները նրա դրացիներին էլ մեծ քանակի ապառիկ ապրանք էին բաց թողնում, որով ավելի կենդանացավ թաղի առուտուրը, միայն թե այդ լավությունը այնքան նկատելի չէր դրացիների համար, որքան ծակում էր նրանց սիրտը Հաջիի հաջող գործը:

Հաջի Աբդուլ-Հյուսեյնի այս համառ և հաջող ընթացքը այնպես էր բորբոքում նրա հարսներին, մանավանդ զավակներին, որ սրանց հանգստությունը իսպառ դադարել էր: Նրանցից երես էին դարձրել ինչպես ախունդներն ու մյուջթեհիդները, այնպես և իրենց գործավորները, կառավարիչները, մանավանդ արհեստակիցները: Աբդուլ-Ալիին խիստ ճնշում էին եղբայրները, Ռզան ու Թաղին, որոնք ծրագրում էին մի խիստ և ծայրահեղ միջոցի դիմել ու վերջ տալ ծերունկի կրպակին: Բայց Աբդուլ-Ալին ճանաչելով հորը, հորդորում էր քիչ էլ համբերել, մինչև որ հարմար առիթը ներկայանա:

Մի գիշեր Աբդուլ-Թաղին ուշ ժամանակ մենակ տանից դուրս եկավ նավթի թիթեղյա գյոլգյումը աբայի տակ բռնած: Նա գնաց բարձրացավ շուկայիկի կտուրը, հասավ հոր կրպակի սենյակի երդի մոտ, այնտեղից նավթը ներս լցնելով կրակ տվեց ու իջավ: Պատից ցած գալիս թիթեղը չարագործի դող-դողան ձեռքից վայր գլորվեց և քնած գիշերապահը գյուգյումի ձայնից սթափված, ոտքի ելավ և դիմավորեց Աբդուլ-Թաղիին պատից իջած պահին:

— Աղա Աբդուլ-Թաղի, այդ դու ե՞ս, — հարցրեց գիշերապահը, զննելով նրա դեմքը:

— Ես եմ, ես, ահա քեզ երկու ղռան, գնա չայ խմե, — ասաց Աբդուլ-Թաղին, թողնելով թիթեղը գլորված այգում, ուղղվեց դեպի տուն:

Գիշերապահը վեր առավ երկու ղռանը, մտավ սրճարան տաքանալու, թեյ խմելու և չիբուխը վառելու: Դեռ տասը րոպե չէր անցել, որ բոցերը բռնեցին ամբողջ Բազարչայի փայտածածկ ցերանները, եղեգները և կրպակները, փեղկերն ու դռները: Ծուխն այնպես բռնեց ողջ թաղը, բոցերն այնպես արծարծվեցան, որ ժողովուրդը ոտքի ելավ, և ամենքը վազեցին Ղալայի դուռը Բազարչայի հրդեհին հանդիսատես դառնալու: Շինության փայտեղեն արնի խիստ ճառագայթների տակ այնպես էր չորացած, եղեգներից հյուսած ծածկի խսիրները այնպես էին բոցավառվում, որ ոչ ջուր, ոչ հող չէր կարող նրա առաջն առնել:

---

[29] փոքր շուկա

Մի ժամի մեջ ամեն բան վառեցավ: Աբդուլ-Թաղին հավատացած էր, որ հայրն էլ իր կրպակի ետնի սենյակում բոցերում խորովվեց, ու եղբայրներն ազատվեցան նրա անտանելի ներկայությունից, բայց բախտը տարբեր էր սահմանել: Հաջի Աբդուլ-Հյուսեյնը այդ գիշեր քիչ կողի ցավ զգալով պարտավորվել էր կնոջ Քյուլսունի, տանը պառկելու: Ոչ միայն Հաջին ազատվեցավ փորձանքից, այլ անմիջապես հրդեհի վայրը հասնելով, այնպիսի միջոցներ ձեռք առավ, որ շուկայի կրպակավորների ապրանքի մեծ մասը և շինությունների մի մասը փրկեց հրդեհի բոցերի լափը դառնալուց:

Այս բավական չէր, Հաջի Աբդուլ-Հյուսեյնը սկսեց քննել ինչպես անցորդներին, նույնպես պահնորդ ֆարրաշներին և բազարի գիշերապահին:

Գիշերապահը խոստովանեց, թե ինքը տեսել էր Աբդուլ-Թաղին՝ Հաջիի որդուն պատից իջնելիս, որի ձեռքից գլորվել էր քովի պարտեզը թիթեղի նավթի գյուգյումը: Իսկույն Հաջին գիշերապահի, դրացիների հետ գնացին մտան պարտեզը և նավթի ամանը, որպես ոճրագործության առարկա լական փաստ, վերցրին ու տարան թաղապետին՝ դալաբեգին: Բայց վալիահիթից հովանավորված Աբդուլ-Թաղիին չհանդգնեց կալանավորել թաղապետը, սպասեց, որ առավոտ Թավրիզի ոստիկանապետի հետ ներկայանա Իրանի գահաժառանգին և նրանից թույլտվություն ստանալուց հետո միայն բռնե ոճրագործին:

Մինչ այդ Աբդուլ-Ալին պարագաների մանրամասնությունները ստորին կաշառված ֆարրաշներից[30] իմանալով, իսկույն գնաց եղբոր՝ Աբդուլ-Թաղիի տունը և նրան ճանապարհեց դեպի Թեհրան: Աբդուլ-Ալին վաղուց սադրազամին գրաված էր մեծամեծ կաշառքներով և շահին մի քանի անգամ սիրաշահած: Նա վստահ էր, որ ոչ միայն պիտի ազատեին եղբորը պատասխանատվությունից, այլ չպիտի թողնեին, որ եղբոր համար իրենց անողորմաբար կողոպտեն վալիահիթն ու փիշիքարը: Առավոտ մինչև վալիահիթին ներկայացան ոստիկանապետն ու թաղապետը և կիսատ-պռատ հրաման ստացան, Աբդուլ-Թաղին աշտանակած նժույգը արդեն անցել էր Ատրպատականի սահմանը և մտել էր Զենջանի նահանգը:

Առավոտյան Հաջի Աբդուլ-Հյուսեյնը իր դրացի կրպակարների և կալվածատերերի հետ ներկայացան Ամիր-Նիզամ գերուսին, ցույց տվին, թե հրձիգը Աբդուլ-Թաղին է և բավարարություն պահանջեցին: Իսկույն Ամիրը մարդ ուղարկեց և դիվանատուն հրավիրեց ինչպես Աբդուլ-Թաղիին, նույնպես և նրա մեծ եղբորը՝ Աբդուլ-Ալիին: Եղբայրները Ամիր-Նիզամի բռնություններից զերծ մնալու, մի քանի օր գործը քաշքշելու, ժամանակ վաստակելու նպատակով,

---

[30] Ոստիկաններ:

որպեսզի Աբդուլ-Թաղին Թեհրան հասնի և այնտեղից կարևոր հրամանները հեռագրել տա, գնացին վալիահիթին ներկայացան և նրա հովանավորությունը խնդրեցին Ամիր-Նիզամի դեմ:

Վալիահիթն սպասում էր Աբդուլ-Թաղիին: Երբ նկատեց մեծ եղբայրներին, նա ժպտալի ասաց.

— Ես երբեք ձեզ չեմ կանչել, գնացեք և Թաղիին ուղարկեցեք:

— Ղուրբան, — ասաց Աբդուլ-Ալին, — նա երկու օրից ի վեր ճանապարհորդում է դեպի Թեհրան:

— Նա գիշերս այստեղ չէ՞ր:

— Թաղին երեկ առավոտ ճանապարհ է ընկել:

— Ուրեմն թաղապետն ու ոստիկանապետը ինձ խաբե՞լ են, զրպարտե՞լ են:

— Ղուրբան, նրանց խաբել են սուտ խոսքերով և հավատացրել, որ իբր...

— Բայց եթե հաստատվեց, որ երեկ և գիշերս Թաղին քաղաքումն էր, այն ժամանակ ձեր եղբոր տեղը դուք կտուժեք... — ասաց վալիահիթը, զննելով նրանց դեմքերը:

— Մենք պատրաստ ենք ձեր բոլոր տուգանքները սիրահոժար տանելու, — ասաց Աբդուլ-Ալին, — միայն թե արդարություն ենք խնդրում:

— Մոտ արի, — ասաց վալիահիթը և նշան արավ, որ ծառայողները հեռանան դահլիճից:

Աբդուլ-Ալին մոտ գնաց և այնքան մոտեցավ վալիահիթին, որ նրանց խոսակցությունը մարդ չէր կարող լսել:

— Դու ինձ ճիշտն ասա, Թաղին գիշերս այստե՞ղ էր, թե ոչ:

— Ղուրբան, — ասաց Աբդուլ-Ալին ցածր ձայնով, — ես երեկ առավոտ նրան մնաս բարով – ասացի և տնից դուրս հանեցի (նազլ-խանե): Ճանապարհ ընկավ, թե ոչ, դրական պատասխան չեմ կարող տալ:

— Ռզան գիտե՞ ճիշտը, — հարցրեց վալիահիթը:

— Նա էլ ինձ հետ էր:

— Ուրեմն վկաների ցուցումները ճիշտ են: Նա գլխանե արել է, բայց հրդեհը զցելուց հետո է ճանապարհ ընկել: Այդ դեպքում ես չեմ կարող ձեզ պաշտպանել. գնացեք Ամիրին, նա ձեզ փնտրում է:

— Ղուրբան, մենք այստեղ բաստի [31] ենք եկել, — ասաց արտասվակալ աչքերով Աբդուլ-Ալին, — հրամայեցեք, ինչ-որ ուզում եք, պատրաստ եմ ձեր ամեն մի վճիռը ուրախությամբ տանելու: Գերուսի

[31]Ապաստանի:

դուռը չենք գնալ: Դուք կարող եք աղիքներս թափել տալ, վիզներս կտրել տալ, կախաղան հանել, տներս կործանել, ինչ որ ուզում եք: Ստացեք տասը հազար թուման, միայն թե հովանավորեցեք մեզ:

— Այս տասը հազար թումանի գործ չէ: Քանիչորս կրպակ եք այրել, որոնց շինությունը հինգ հազար թուման արժե: Ամեն մեկ կրպակի մեջ 500 թումանի ապրանք եթե հաշվենք, տասներկու հազար թումանի ապրանք էլ այնտեղ է փչացել: Բացի այդ, ասում են ծերունի Սադզը մնացել է կրպակների մեջ, խորովվել է:

— Ղուրբան, ձեր կամքն է, ինչ որ ունինք, բոլորն էլ ձերն է: Ամեն ինչ պատրաստ ենք ձեզ զոհելու, նույնիսկ մեր կյանքը: Մենք ձեր ողորմությանն ենք սպասում:

— Լավ, գնացեք, տասը հազար թուման տվեք Մյուջելալին, որ տանի բանկում պարտքս վճարի, հինգ հազար թուման էլ տվեք Ամիրին, որպեսզի Բազարչան շինել տա և այն աղքատ կրպակավորներին բավականացնե:

— Ղուրբան, մենք ապաստանել ենք ձեր դռանը, Ամիրի մոտ չենք գնալ: Դուք ուղարկեցեք Ամիրին հինգ հազար թուման, որ նա կարգադրե և մեզ հանգիստ թողնե:

— Լավ, Մյուջելալը կտանի, կտա Ամիրին, — ասաց վալիահիթը և նշան արավ, որ քիչ հեռանա Աբդուլ-Ալին: Այս միջոցին ներս եկան սպասավորներն ու շրջապատեցին նուխեցիներին: Վալիահիթն ասաց.

— Գնացեք և դիվանատնից կանչեցեք Ամիրին:

Ապա Մյուջելալին նշան արավ իրեն մոտենալու, որին հրամայեց գնալ շուկա Աբդուլ-Ռզայի հետ և 15.000 թուման ստանալ, հանձնել բանկը, տասը իր, հինգը Ամիրի անունով և շուտով վերադառնալ:

Երբ Ամիր-Նիզամն եկավ, վալիահիթն ասաց.

— Գերազանցությո՛ւն, այսօր կստանաս հինգ հազար թուման և նորոգել կտաս Ղալայի դռան Բազարչայի 24 խանութները, որոնք գիշերս վառվել էին:

— Ղուրբան, միայն կալվածները չեն, վնասվածք խանթվորներ էլ կան:

— Ես միջոց գտա Բազարչան վերաշինելու, իսկ դու էլ վնասվածներին օգնելու միջոց գտիր: Նուխեցիները մեր քաղաքի զարդերն են: Նրանք սովի տարին գործարան բացին և 3 — 400 ընտանիքի գործ ու ապրուստ տվին: Աղա Աբդուլ-Ալին մեր քաղաքում գործված խալիները Ամերիկայի շուկաները հասցնելով, այն տեղերից դրամ է քաշում մեր քաղցածներին կերակրելու համար: Սրանք այնպիսի շահաբեր ձեռնարկություն հիմնեցին մեր քաղաքում, որ այսօր իսկապես մենք նրանցով կարող ենք պարծենալ: Այդ բավական չէ, եկել են հինգ հազար թուման բերել, որ գիշերս հրդեհված Բազարչան շինվի, և թշվառները կրկին պատսպարվին: Այս մասին գրեցեք սադրազամին, որ սրանց տիտղոսով և առաջնակարգ շքանշանով վարձատրե: Դուք էլ տարեք սրանց և պատվեցեք:

— Ձեր խոնարհ ծառան եմ, — ասաց Ամիր-Նիզամը դողդղալով և դուրս եկավ վրդովմունքը հազիվ զսպելով:

Երբ Աբդուլ-Ալին մտավ Ամիրի ատենական սրահը, առանձնացան, ծերունի պաշտոնակալը գլուխը և կզակը ճոճելով, ասաց.

— Ա՛յ, ստահակնե՛ր, փախաք, մտաք վալիահըի ախոռը, որ իմ ճանկերից ազատվե՞ք: Եղբայրդ, եղբայրներդ ո՞ւր կորան:

— Խա՛ն, խնայի՛ր մեզ, որդուդ գլխուն զոհիր, մենք ինչի՞ քեզնից պիտի փախչենք, որդին էլ հորից երես թեքե ու խույս տա:

— Ա, սինլքոր, որ դու քու հորդ տանիցդ վռնդեցիր, տքնեցար նրան քաղցով սպանել, գիշերս էլ մյուս եղբայրդ ուզեց նրան նավթով վառել, այդ բավական չէ, այժմ էլ ի՞նձ ես ձգտում խաբել...

— Սուտ խոսքեր են, զրպարտություններ են, ինքներդ քննեցեք և պիտի համոզվիք, որ ամբողջապես հերյուրանքներ են:

— Ես ձեզ կղրկեմ շառը, թող այնտեղ կամ հաստատեն այդ զրպարտիչները իրենց բողոքը և կամ իրենք դատապարտվին զրպարտության համար:

— Ո՞վ կհամարձակվի շառի դռնից փախչելու, մենք պատրաստ ենք, — ասաց համարձակություն ձևացնելով Աբդուլ-Ալին, այնինչ հին գայլը նկատեց, թե ինչպես սարսափեց կաշառատուն շառի և մյուջթեհիդի անունից, այս պատճառով հարեց.

— Գանգատավորները ներսը սպասում են, ես նրանց կանչել կտամ: Կողմնակի համաձայնությամբ մի մյուջթեհիդ ընտրեցեք, գնացեք նրա ատյանը և թող շառով որոշում կայացնեն: Եթե անմեղ եք, զրպարտողներին պատժել տամ, եթե մեղավոր, այդ դեպքում գնացեք շինել տվեք և ամբողջ շուկայիկը, և՛ վճարեցեք քանչորս կրպակավորների իրղեհին զոհ գնացած ապրանքի գինը:

— Ես հակառակ չեմ շառ գնալու, բայց վալիահըի հրամանով սիրահոժար հանձն առա շուկայիկը իմ հաշվով շինելու: Իսկ եթե դուք կարծում եք, որ մենք որպես հանցավոր պարտավոր ենք հրկիզյալների վնասները տուժելու, այդ դեպքում Բազարչան էլ չենք շինիլ: Թող նախ հաստատեն եղբորս վրա կատարած զրպարտությունը, ապա ստանան վնասները: Այն հինգ հազար թումանը, որ վալիահըի հրամանով ձեզ բերելու են այսօր, խնդրում եմ ինքներդ վերցնեք, առանց մի գրոշ վճարելու Բազարչայի վերաշինությանը: Մեզ էլ ուղարկեցեք Հաջի Միրզա-Մյոհսին աղա մյուջթեհիդի մոտ: Շատ շուտով կբռնեք, թե ով է մեղավորը:

— Ես լավ գիտեմ, թե ով է մեղավորը, բայց ինչ օգուտ, որ վալիահըը Մեհմեդ-Ալի-Միրզան է: Գնացեք և Բազարչան ձեր քսակից շինել տվեք, եթե ոչ, մոխրի վրա կնստեցնեմ ձեզ:

Այս ասելով նշան տվեց, որ հեռանա Աբդուլ-Ալին, որի դուրս եկած րոպեին նրան դիմավորեցին Մյուջելալն ու եղբայրը, որոնք 5000 թումանի բանկային ստացագիրը ներս էին տանում Ամիրին ներկայացնելու: Աբդուլ-Ալին չթողեց, որ Ռզան ընկերակցի Մյուջելալին, և երկու եղբայրը մռայլած դեմքով վերադարձան իրենց վաճառատունը:

Հաջի Աբդուլ-Հյուսեյնն ու ընկերակիցները իրենց գանգատից ետ չկանգնեցան: Նրանք անընդհատ Ամիրից և գլխավոր մյուջթեհիդներից դատաստան էին խնդրում: Սրանք էլ իրենց սովորականի համաձայն գանգատավորներին խաղաղեցնում էին: Մյուս կողմից էլ ստիպում էին նուխեցիներին անպայման շուտով վերջացնել հրկիզված շուկան: Մեծ եռանդով շուկան շինվեցավ երեք շաբաթվա ընթացքում և ամեն մի կրպակավոր իր գործին կպավ:

Աբդուլ-Ալին շուկայի գլխավոր առևտրականներից մի քանիսին գաղտնաբար վնասները վճարեց, թղթեր առավ: Սրանք իրենց գանգատից ետ կեցան, երբ նկատեցին, որ չպիտի կարողանան միջոց գտնել մեծամեծներին կաշառելու, նպատակին հասնելու: Բավարարվածները իրենց խոստման համաձայն ոչ միայն դադարեցան դատարանների դռները բախելուց, այլև հորդորեցին, հուսահատեցրին իրենց ընկերակիցներին և ընկճեցին:

Հաջի Աբդուլ-Հյուսեյնը ոչ միայն վնասները չստացավ, այլ մտատանջությունից ընկավ անկողին: Թշվառ ծերուկին տանջում էին պարտքերը, որոնք մնացել էին այլևայլ առևտրականներից բերած ապրանքի փոխարեն: Թեև ոչ ոք Հաջիից առնելիքը չէր պահանջում, բայց որպես հին վաճառական, խստապահանջ մարդ, անչափ մտորում էր այդ պարտքերի համար:

Մանավանդ որ ինքը մտածմունքից հիվանդացել էր, Քյուլսունը հղի էր և ապրուստի միջոցներն էլ սպառվել էին: Երբ անկողնում պառկած անվերջ հառաչում էր, կինը նրան մխիթարելու համար կրկնում էր.

— Ա՜յ մարդ, ինչի՞ ես հուսահատվում, վախենում ես, որ քաղցած մնանք: Մի տարի այրի անցկացրած օրերումս եթե սովամահ չեղանք, էլ այժմ ի՞նչ վախ կա:

— Ա՜յ կնիկ, մի՜ բորբոքիլ սրտիս կրակը, Հաջին չի կարող ուրիշի աշխատանքով ապրել, մանավանդ պարտքը վզին գերեզման իջնել:

— Հայրիկ, — ասաց մի օր փոքրիկ Ջաֆերը, — ես այժմ օրական կես ղռան եմ ստանում, հոգս մի քաշիլ, թե՛ կապրենք և թե՛ պարտքդ կտանք:

— Ես քեզ ղուրբան, — ասաց մայրը, — թող աշխարհք, մեզ հալածե, դո՛ւ միայն կարող ես ամոքել մեր վշտերը:

— Որդի՜, — ասաց ծերուկը, — բարի սրտիդ համեմատ բարիքներով լցվիս:

Որքան որ պատվազգացությունից տանջվում էր Հաջի Աբդուլ-Հյուսեյնը, այնքան էլ նրա հարգանքը բարձրանում էր բարեկամների շրջանում: Ոչ միայն նրանից պարտքերը չէին պահանջում, այլ ամեն իրիկուն ծերունի բարեկամները գալիս էին նրան, մխիթարելու, քաջալերելու, հուսադրելու և հորդորելու, որ կրպակը բանա և գործը աննկուն շարունակե: Հաջին այդ խրախուսանքից սրտապնդված կազդուրվեց, ոտքի ելավ, գնաց շուկա, նորից ապրանքով լցրեց կրպակը և շարունակեց գործերը:

Այն ծերունիները, որոնք շաբաթը մի քանի անգամ իրենց որդիներից ծեծվում, նախատվում էին, Հաջիի սրտակից բարեկամներն էին, գալիս էին նրա մոտ, վշտակցում և քաջալերում նրան, որպեսզի անարգ որդիներին պատժել տա, գուցե և դրանց օրինակը սանձե մյուսների զազանացած զավակներին:

Հաջին թեև կրպակից դուրս գալու հնարավորություն չուներ, նա տքնում էր պարտքերը վճարել, պարզ ճակատով միշտ հրապարակ իջնել, բայց և այնպես չէր հանգստանում: Ամեն օր կրպակը կապում, գնում էր ինչպես մյուջթեհիդների, նույնպես և Ամիրի դուռը, որպեսզի պատժել տա իր ոճրագործ որդիներին:

— Խա՛ն, — ասաց մի օր Ամիրին, — դու ծերացել, անպետքացել ես, շահը հրաման է ուղարկել, որ քեզ զնդանը գլորեն և որդուդ նշանակեն Ատրպատականի փիշիքար:

— Ո՞վ ասաց, պատճա՞ռը, — հարցրեց ծիծաղելով զառամյալ վարչապետը, որպեսզի խոսացնի վշտահեղձ ծերունուն:

— Ես հեռագրեցի, ես խնդրեցի շահից, որ քեզ գլորե: Պատճառն այն է, որ դու ցնդել ես, ցնորել ես, տարիներդ խելքդ տարել են: Այժմ ոչ թե մտածում ես այս ժողովրդի բարօրության մասին, այլ ձգտում ես սև փող ձեռք բերելու, որպեսզի լակոտներդ տանեն շռայլեն շվայտության մեջ: Փոխանակ արդարության ու բարոյականության ծառայելու, թունավոր օձեր ես սնուցանում, որպեսզի նրանք զորանան, թույն պատրաստեն և աղուեն աղքատ ու անճար աշխատավորներին: Եթե դու խելքդ կորցրած չլինեիր, պատժել կտայիր չարագործ որդիներից և կապահովեիր բյուրավոր և միլիոնավոր հայրերի վիճակը իրենց ընտանիքում: Քեզ ո՞վ ասաց, որ խելագարվես, եղած-չեղածը որդիներիդ բաժանես և ինքդ այսօր դատարանների դռները չափչփելու պարտավորվիս:

— Ես սխալվեցա: Իսկ եթե դու Իրանի զարգացման նախանձախնդիր պաշտոնակալ ես, պատուհասիր անզգամ զավակներին, որպեսզի հայրենիքի կործանման առաջն առնես:

— Բայց եթե երկրի ամբողջ ազգաբնակությունը իր կառավարության հետ դեպի անդունդ է վազում, — ասաց Ամիրը ծիծաղելով, — ես ո՞ր մեկի առաջն առնեմ: Դու գնացել շառով ու կապալագրով ամեն բան տվել ես որդիներիդ: Այսօր նրանք քեզ վռնդել են քո շինած տնից, դատավորն ի՞նչ անե, երբ օրենքը նրա ճանապարհը կապկպել է քու կամքով:

— Ո՛չ, դու սխալվում ես. ոչ թե որդիներս են ինձ իմ տանից վռնդել, այլ ես նրանցից փախել եմ, որ կյանքս չկարճեն: Երբեք ես նրանցից ապրուստ կամ փող չեմ պահանջել կամ բաշխածս չեմ ետ ուզել, այլ կյանքիս դեմ դավաճանողներին, Բազարչան այրողներին, վալիահթին կաշառողներին պատիժ եմ պահանջում, հասկանո՞ւմ ես, աղա Ամիր...

— Որ խելքդ թռցրած չլինես, մի՞թե կարող ես հանդգնել և պահանջել, որ ես իմ իշխանավորիս կամքի հակառակ զանգատ ընդունեմ: Եթե ես կաշառատու որդիներիդ պատժեմ, չէ որ կաշառ վերցնողին էլ դատաստանի պիտի մատնեմ... Հետո՞ ... Չէ՞ որ այդ պարագային դահիճը աղիքներս կթափե: Ավելի լավ չէ՞, որ ես բարեկամ մնամ թե՛ մեծավորիս և թե՛ որդիներիդ, նրանց բերած փեշքեշներն ու կաշառքները ստանամ ու կրքերիս բավականություն տամ, քան թե քեզ լսելով գլուխս փորձանքի մատնեմ:

— Ուրեմն չարագործը անսանձ պիտի տանջե՞ քաղաքի խաղաղ ազգաբնակությանը, և պաշտոնակալներդ պիտի համակերպի՞ք, որպեսզի նրանց լավ կողոպտեք և ձեր ապարանքներում արծարծեք ու զարգացնեք շվայտությունն ու անբարոյականությունը:

— Եթե խելագար չլինեիր, չէիր հանդգնիլ այդ խնդիրը շոշափել: Ո՞ւմ հայտնի չէ, որ քեզ նման էշերի դիզածը պետք է քո սնուցած օձերից խլեն արժանավորները և իրենց վայելչության համար ծախսեն: Չե՞ս իմացել, որ կան ճշմարտություններ, որոնք խոսողի լեզուն են կտրում: Բայց որովհետև ես ութսուն տարիս անցկացրել եմ, էլ չեմ ուզում ոչ թե ծառայել, այլ նույնիսկ ապրել, քանի որ կենսական բոլոր ուժերս սպառվել են և վայելելու ընդունակությունից զրկվել եմ, ուստի սրտիս մաղձը թափում եմ և զվարճանում եմ քեզ նման ապուշի աչքերը բանալուց: Իսկ դու թեև 60 տարվան ես, բայց կողոպտված ես և կենսական բարիքներից զրկված: Այդ պատճառով կյանքը քեզ համար դժոխք է դարձել և այս բոլորը լավ ես անում, որ քեզ սպանեն ու ազատվես հոգեկան տանջանքներից: Միայն թե ես էլ այնքան ապուշներից չեմ, որ քեզ հավիտյան լռեցնեմ և ինձ զրկեմ այս մեծ բավականությունից՝ քո տանջանքներին ականատես լինելու հաճույքից: Ուստի, բարեկամս, ցնորած ու գազազված Հաջի Աբդուլ-Հյուսեյն, որքան որ շատ բորբոքվիս, այնքան խիստ պիտի զվարճացնես ինձ: Այս պատճառով լիազոր ես խոսելու, հայհոյելու և անարգելու անսահման չափերով:

Հաջի Աբդուլ-Հյուսեյնը հանկարծ սթափվեց և զգաց, որ զառանցող Ամիրը իրեն ապուշի տեղ է ընդունել և իր վշտերի արտահայտություններով միմիայն զվարճացել է: Այս հիասթափությունը նրան ստիպեց նույնիսկ առանց մնաք բարև ասելու թողնել ու հեռանալ Ատրպատականի վարչապետ ատյանից: Ճանապարհին նա սկսեց մտորալ, թե արդյոք իսկապե՞ս ինքը դատողությունն ու ողջամտությունը կորցրել է:

Որքան խորն էր մտածում, այնքան ավելի համոզիչ փաստերը Հաջիին ապացուցանում էին, որ նա չէ խելագարված, որ նա միայն միջավայրի զոհն է: Նա թեև դարձավ տուն, տեսավ իր Քյուլսունին, որը ընթրիքի պատրաստություն էր տեսել և ուրբաթ իրիկուն ամուսնու ու որդու հետ մտադիր էր սեղան նստելու և քիչ շաղակրատելու:

Քյուլսունը նրա այլայլությունը հեռացնելու, զվարթացնելու համար ասաց.

— Հաջի, այսօր մի այնպիսի փայծաղի տոլմա եմ պատրաստել, որ հոգուդ պատած տխրությունները ամբողջապես կքաշե ու կտանե:

Հաջին չըմբռնեց Քյուլսունի հանաքի միտքը: Նա մի կողմը քաշված դեռ մտմտում էր, երբ կինը գնաց կոնքով տաք ջուր բերեց և կրկնեց.

— Դու այսօր շատ ես հոգնել, բեր ոտքերդ լվանամ հանգստացիր և ապա ընթրենք:

Ծերունին ակամա հնազանդվեց և երբ կինը ոտքերը մաքրեց ու չորացուց, ասաց.

— Ա՜յ կին, «բան-ման» նկատո՞ւմ ես:

— Ինչպես չէ, — ասաց Քյուլսունը, — դու այսօր առավոտ գնացիր մի փոքրիկ նախաճաշով միայն, ահա ճրագ վառելու ժամանակ է, նոր ես վերադառնում տանջված ու սոված: Գնամ սեղան պատրաստեմ, ընթրենք և ամեն ինչ կարգի կընկնի:

– Ա՜յ կին, խո խելքիս բան չի՞ եկել:

— Ինչպե՞ս չէ, քեզ ասել էի, որ ձմերուկ առնես, իսկ դու կամապաշտ, քո սիրած խաղողն ես բերել: Ողորմածիկս էլ այդպես էր, միշտ խաղող էր բերում և ինձ ասում էր. «Ձմերուկը ջուր է, խաղողը տեղն ու տեղը միս ու արյուն»: Դեռ գնամ ճաշը բերեմ, այդ մասին հետո, — ասաց ու գնաց թոնրից դուրս հանեց փայծաղի տոլման, բերեց, սեղանը զարդարեց և ընթրեցին:

Աբդուլ-Թաղին Թեհրան հասնելուն պես, երբ ներկայացավ սադրազամին, վերջինս Ամիր-Նիզամի զեկուցման համեմատ սկսեց նրան ճնշել, որպեսզի կողոպտե: Թավրիզում վալիահիթը արգելք էր հանդիսացել Ամիր-Նիզամին անարգել շահագործելուն, այս պատճառով էլ Ատրպատականի կառավարչապետը հեռագրով սադրազամին խորհուրդ էր տվել մաշկելու երիտասարդ փախստականին: Սադրազամն ասաց.

— Եղբայրդ Բազարչան շինել է տվել, այրված ապրանքի տերերին գոհացրել է, այնպես որ այդ մասին գանգատավոր չունենք: Բայց Սաղըզը խորովվել է հրդեհի բոցերում, պետք է նրա արյան գինը վճարել: Հրձիգության համար յոթ տարի զնդանում ապաշխարել, որպեսզի ուրիշները սարսափեն և իրենց հորը կրակի բոցերին մատնելու ծրագիր չկազմեն: Աբդուլ-Թաղիի շունչը կտրվեց, երբ սադրազամը խիստ կերպով նրանից բացատրություն պահանջեց և սպառնաց կալանավորել:

Երկար սարսափների մատնելուց հետո սադրազամը քսան հազար թուման ստացավ Աբդուլ-Թաղիից և ազատ թողեց: Այս ծանր վճարը, Թավրիզի կաշառներն ու տուգանքները խախտեցին նուխեցիների ֆինանսականը: Աբդուլ-Ալին կատաղությունից չէր իմանում ինչ անել: Մանավանդ որ Աբդուլ-Մեհթին էլ Ամերիկայից գործարան ուղարկվելիք տասը հազար ֆունտ ստեռլինգի գումարն ստացել և վատնել էր Նյու-Յորքի ու Չիկագոյի անառականոցներում: Այս տնտեսական հարվածներն այնպես քայքայեցին նուխեցիներին, որ Աբդուլ-Ալին ժամանակին վճարումները չկարողանալով հասցնել, Թավրիզի շուկայի մեջ խայտառակվեց:

Աբդուլ-Ռզան չկարողանալով տանել սնանկության անարգ վիճակը, թողեց տուն-տեղ, ընտանիք, կայք և ուղղակի երկու հազար թուման վերցնելով, գաղտնի փախավ Ռուսաստան, որպեսզի այնտեղ մի գործ սկսե, կարողանա ապագային օգնել իր ընտանիքին: Բայց որովհետև նուխեցիների պահանջատերերի մեջ ռուսահպատակներ էլ կային, և հյուպատոսարանը պաշտպանում էր նրանց գանգատը, ուստի Ստավրոպոլի ոստիկանապետը իրենց արված հրահանգի համեմատ կալանավորեց և ետ դարձուց Աբդուլ-Ռզայինին Թավրիզ:

Ամեն օր նորանոր գանգատվողներ էին հրապարակ դուրս գալիս, ամեն օր նորանոր բողոքներ էին ներկայացնում քարգուզարին, իրենց այլնայլ պահանջներով: Կ. Պոլսից, Ամերիկայից, Օդեսայից, Թիֆլիսից ու Բաքվից պահանջատերերը եկել կուտակվել էին Թավրիզ անգլիական, ռուսական և ֆրանսիական հյուպատոսարանները, որոնք խիստ կերպով բավարարություն էին պահանջում: Թեև պարսիկ պաշտոնականները ստացած փեշքեշների պատճառով ձևացնում էին, թե օգնում են նուխեցիներին, բայց նրանք միայն պարբերաբար կողոպտում և սնանկացողների վերջին հյութն էին ծծում:

Աբդուլ-Ռզան այս բոլոր անարգանքները չկարողանալով տանել ու տոկալ, մի օր հուսահատված և բորբոքված ուղղակի դիմեց հոր կրպակը, իրենց դժբախտությունների «աղբերակը», և ատրճանակից մի գնդակ արձակելով, ուզեց վերջ տալ թև՛ հոր կյանքին և թե՛ իր գլխին: Բայց գնդակը վրիպեց: Անզգամ որդին անշուշտ հորը կսպաներ, եթե որդու բորբոքից թևը չդողար և ֆարրաշներն ու անցորդները չմիջամտեին: Այս պարագան այնքան խիստ ներգործություն ունեցավ քաղաքացիների վրա, որ նրանք դիմեցին մյուջթեհիդին և պահանջեցին խիստ պատժել չարագործ որդուն:

Այլևս անհնար էր հովանավորել ոճրագործին, վալիահթը իր զնդանը գլորեց Աբդուլ-Ռզային: Քարգուզարը կալանավորեց Աբդուլ-Ալիին և նրանց կայքերի մնացորդը բաժանեց պահանջատերերի մեջ սրանց սնանկ հրատարակելով:

Հաջի Աբդուլ-Հյուսեյնը անընդհատ շարունակում էր իր առուտուրը:

Անզգամ զավակներին պատժելուց հետո նրա հարգանքը ավելի բարձրացավ: Առավոտ-իրիկուն շուկա գնացող և վերադարձողները մի քանի րոպե կանգնում էին նրա կրպակի առաջ մի բան առնելու պատրվակով, խոսակցում և ծերուկին մխիթարում էին:

Մի տարվան ընթացքում ոչ միայն բոլոր պարտքերը վճարել էր, այլև կարողացել էր կրպակի ամբողջ ապրանքի գինը վաստակել: Քյուլունը ոչ միայն անխափան իր ամսական յոթ և կես ղռանը ստանում էր, այլ օրական տասնական շահի ևս ստանում էր, որ կերակուր պատրաստե ծերունի ամուսնու համար: Ջաֆերը այնպես առաջ տարավ իր արհեստը, որ նրա հյուսած գորգերը սովորականից հինգ-տասն անգամ թանկ էին ծախվում: Այս պատճառով էլ նրան այնպես էին վճարում, որ ութ տարեկան հասակում երեսուն տարվան վարպետներից ավելի էր ստանում:

Դժվարացավ Հաջի Աբդուլ-Հյուսեյնի հարսների և թոռների ապրուստն ու կյանքը: Հարսները ոչ միայն ծախսել էին իրենց զարդերն ու կարասիքը, այլ մինչև անգամ կերել էին իրենց հագուստի և փոխնորդի վաճառքից ստացած գումարը: Սովը մաշում էր մեծից մինչև ծծկերներին: Թեև պատանիներին տարել աշակերտ էին տվել զանազան արհեստանոցներ, բայց մանուկներն ու աղջիկները տանջվում էին կարիքից: Քաղցը նրանց այլանդակել էր, գունատվել, լղարել և ջղայնացել էին:

Մի օր Աբդուլ-Մեհթիի կինը հուսահատ, պատառոտած սավանի մեջ փաթաթված մոտեցավ Հաջի Աբդուլ-Հյուսեյնի կրպակին և արտասվալի աչքերով ասաց.

— Աղա, ալլահի սիրուն, թոռներդ քաղցից կոտորվում են մի հացի փող և մի կտոր թեյ-շաքար:

— Դու ո՞վ ես, — հարցրեց ծերուկը կասկածելով աղքատի ձայնից:

— Աղա, մի՞թե չես ճանաչում:

— Դու իմ ձեռքից վառելափայտը քաշող Այիշեն չե՞ս:

— Աղա, ես արի, գտա պատիժս, դու խնայիր, կոտորվեցին երեխաներս:

— Առ ու տար, — ասաց ծերուկը նրան երկնցնելով հացի, մսի, պանրի, կանաչի և մրգի այն կապոցը, որ պատրաստել էր Քյուլունին տանելու:

— Տարեք ու կերեք: Այս էլ քեզ չայ-շաքար: Կերեք, ուռճացեք ու զորացեք, որ այժմս գնաք ու Մեհթիին ծեծեք:

— Աղա, Մեհթիին աստված ծեծեց: Ահա տարին անցավ, նա Ամերիկայից չի կարողանում վերադառնալ, խաբար էլ չկա: Գլուխը փչրվեր, ազատվեի:

— Ամերիկա կին ու երեխաներ չկա՞ն: Էլ ինչի՞ պիտի վերադառնա: Թող զառամյալ պապը տանջվի, որ թոռներին պահե:

— Աղա, դու գիտես, մնացել ենք օտարի դռանը, սոված ու անճար:

— Ո՛չ, ո՛չ, էլ չգաս չեմ կարող այլևս բեռ շալակել Քյուլունի ութ տարվան որդին օրական մի դռան է բերում իր մորը, դու երեք որդի ունիս՝ 15, 12 և 10 տարվան: Գնացեք, աշխատեցեք և ապրեցեք:

— Նրանք իրենց գլուխը չեն կարողանում պահել ես աղջիկներին և մանրերին ի՞նչ անեմ:

— Չաշխատողը իրավունք չունի ուրիշի վաստակն ուտելու, — ասաց ծերուկը հառաչելով:

— Դու տվիր և սովորեցրիր ձրիակերության ես այժմ նրանց ինչպե՞ս վարժեցնեմ շահասիրության: Չեն աշխատում, չեն ծառայում արհեստի:

— Որ քաղցած մնան, ցրտից մրսեն, խոնավությունից տանջվեն, այն ժամանակ կարիքը նրանց գործի կմղե: Գնա և նրանց տար գորգագործարան, թող բանեն և ապրեն:

Երբ Այիշեն գնաց, Հաջի Աբդուլ-Հյուսեյնը ընկավ մտատանջության մեջ: Նա մի քանի անգամ ծանր-ծանր մտքում կրկնեց հարսի ասածները. «Դու տվիր և սովորեցրիր ձրիակերության, ես այժմ ինչպե՞ս վարժեցնեմ ջանասիրության»:

«Այո՛, — ասաց մտովի Հաջի Աբդուլ-Հյուսեյնը, — ես տվի, ես վաստակեցի նրանց համար, ես պատրաստեցի, ես հավաքեցի, ես դրկեցի նախ ինձ, ապա կնոջս և ապա բանվորներիս և այդ բոլորի ատամների ավելվածից, հագուստից ու կապուստից ետ գցածս, սրանց շահն ու տոկոսը ես բարդեցի և հացրի տասնյակ հազարների, որ նրանց ապագան բարվոքեմ: Ես երբեք չմտածեցի, իմ մտքովս երբեք չէր անցել, որ նրանք այդ առատության, այդ անբավ կարողության մեջ պիտի այն աստիճանի անառականանային, որ իրենց հոր դեմ զինվեին: Մի՞թե ես նրանց սովորեցրի շռայլություն, զեխություն, ամբարտավանություն, լրբություն: Մի՞թե ես նրանց սովորեցրի հայր ծեծել, հոր բնակարանը հրդեհել, հոր վրա գնդակ արձակել, հոր կնոջը հայհոյել և հոր կնոջ պատիվը անարգելու համար սրիկաներ ուղարկել նրա տան վրա և իրենց եղբորը՝ բալուլի մեջ փաթաթված մանուկի կյանքի դեմ անգամ դավ սարքել, որ չլինի, թե մահիցս հետո երեխան մեծանա և նրանցից ժառանգություն պահանջե:

«Ո՛չ, ո՛չ մի հայր չի կարող մեղավոր լինել, եթե խնամում է իր զավակներին, մեծացնում է, կրթում է, տքնում է նրանց բարիքի համար և արյուն-քրտինքով դաղածը նրանց ժառանգություն է թողնում, որպեսզի ապահովե իր սերնդի, իրենից ծնված որդունքի ապագան: Զավակներին խնամելը, մեծացնելը, կրթելը սրբազան պարտականություն է, ամեն մի մարդ կարողության չափով պարտավոր է կատարել... Բայց զավակների ապագան ապահովելու համար թողնված կարողությունը... աշխարհը կողոպտելով դիզած գանձը զավակներին հանձնելը... Այո, դա, այդ հրեշային սովորությունը, օրենքը... Այո, եթե ես նրանց ամեն մեկին մի քանի բյուր թուման չթողնեի, նրանք այդ աստիճանի չէին լրբանալ...

Հարսը ճիշտ ասաց, — տվիր, առատ-առատ հանձնեցիր, կերան, պատառեցին ու ձրիակերության վարժվեցան: Այո, այդ կարողությունը եթե նրանք չստանային, այսօր փոխանակ բանտում նստելու, ներկատանը, ջուլիականոցում, կամ կրպակում կծառայեին և իրենց գլուխը կպահեին: Այո, որդիներին անբավ կայք տալուց, թողնելուց մեծ ոճիր չկա: Ինչի՞ ես նրանց այնքան հանձնեի, որ նրանք այդպես անբարտավանային: Իմ ոճիրս նրանց մեղքից ավելի դաժան է... տվի և վարժեցրի...

«Ո՛չ, ես չեմ կարող ոճրագործ լինել, ես հանցանք չեմ գործել, ես հետևել եմ միմիայն աշխարհի օրենքներին: Մի՞թե ալլահի շերիաթն էլ այդ չի հրամայում: Ծնողների ժառանգությունը պիտի տրվի որդիներին: Ես ի՞նչ մեղք ունիմ, որ թողի, ես ի՞նչ մեղք ունիմ, որ ալլահն է ինձ այդ հրամայել և օրենք կարգել, որ իմ գույքս ժառանգեն զավակներս: Ես իրավունք չունեի զրկելու զավակներիս... Շերիաթի համաձայն ես իրենց հալալ բաժինները տվել եմ, աղջիկներիս առանց խնայելու, առանց կտրելու: Ես հաջ գնալուց առաջ գույքիս մի երկրորդ մասը դրամի վերածեցի և հանձնեցի աղքատներին, իսկ մնացյալի մասին ես պարտավոր էի հնազանդել շերիաթին և հատկացնել նրանց... Էլ այստեղ ի՞նչ մեղք ունիմ: Չեմ զրկել չեմ քաշել, չեմ կողոպտել...

«Այո՛, զրկել եմ, կողոպտիլ եմ... այո՛, այդ բոլորը... թեև իմս էր շերիաթի համաձայն, բայց դրա մեջ մտել են և այնպիսի գումարներ, որ... քրտնողների մսից, արյունից, ջղերից ու ոսկրներից քաշված հյութեր էին... Ես, ես առուտուրով ծախել, վաստակել եմ, բայց... գնորդներից ավելի քաշելու համար որքա՛ն հազար անգամ ալլահի շերիաթի ներհակ եմ վարվել, կեղծել եմ, նենգել եմ, վստահացրել եմ, հավատացրել եմ... Պետության մաքսավորին կաշառել, մաքսն եմ կուլ տվել...

«Ո՛չ, Ռզան, Թաղին փուչ որդիներ չէին: Նրանք շատ անգամ ինձ անկեղծության դաս են տվել, ես նրանց... ես նրանց վարժեցրել էի շահամոլության... Ես նրանց ստիպում էի թեթևացնել մետաքսը, գործը, ներկը և ավելացնել գինը... Այո, այն հարստությունը թեև շերիաթով իմս էր, բայց խղճով այնտեղ ուրիշի էլ քրտինք կար, ուրիշի էլ աշխատանք կար... Ի՞նչպես ապրանքը կեղծ էր, այնպես էլ արարքս նենգավոր և շերիաթի հարմարեցնումը խարդախ... Ոչ, շերիաթը երբեք նենգ չի աշխարհ եկել, այլ մենք միջոցներ ենք հնարել շերիաթը նենգելու... Եթե ես այն հարստությունը թողած չլինեի որդիներիս, նրանք ոչ միայն այդ աստիճանի պիտի չամբարտավանային, որ այսօր տանջվեին մեկը՝ Ամերիկայում, մյուսը՝ Հնդկաստանում, մեծերն էլ՝ վալիահիթի բանտերում...

«Եթե ես այն ահավոր գանձը չհավաքեի, այսօր ամենքն էլ մեր մյուս գործավորների նման պիտի աշխատեին, օրականը պիտի ձեռք բերեին և քաղցած չպիտի թողնեին իրենց ընտանիքները, երեխաները... Եթե ես չկողոպտեի շրջապատիս բանվորներին, չարչիներին ու վաճառականներին, Ամիր-Նիզամն էլ վալիահթն էլ չպիտի կարողանային կեղեքել ու կողոպտել Ալիին ու Ռզային...

«Ո՜չ, ես մեղք չունիմ, ես հետևեցի աշխարհի սովորությանը: Օ՜հ, որքա՜ն խորն են խրվել մեր հոգու ներսը կեղծիքն ու խարդախությունը, որ նույնիսկ առանձնությանս մեջ, խղճիս առաջ տքնում եմ ինձ արդարացնել, ոճիրներս մեղմացնել և շերիաթին հարմարեցնել... Օ՜հ, մեծ ոճրագործը ես եմ, նախ ինձ պետք էր կալանավորել»... — ասաց և սրտի պայթումից ընկավ ծերունի Հաջի Աբդուլ-Հյուսեյնը:

1911 թ.

ՇԽՆՈՑ

(Պատկեր Սազի գյուղացիների կյանքից)

1

Ապրիլի սկզբներում դեռ ձյունը թանձր շերտով բռնած էր սարերն ու ձորերը, դեռ քամին փչում էր ցրտաշունչ սուլումներով, սրսփացնում երկրագործին: Թեև ծիծառներն ու արագիլները վերադարձել էին հարավից, բայց բների մեջ դեռ չէին քարացել: Թեև դաշտերի երեսից անհետացել էր սպիտակ սավանը, բայց խրամատներում ձյունից կազմված սառույցները ճգնում էին դիմադրել արևի ոչ շատ տաք ճառագայթներին: Արդեն վաղ սպառվել էր գյուղացու անասունների պարենը, և նա քշում էր լղար ու թույլ անասուններին այս ու այն կողմ, ձյունի տակ չորացած, փտած և փափկած նախորդ տարվա խոտի մնացորդներով սովալլուկ ստամոքսներին հագեցում տալու և մի կերպ կյանքը հինգ-տասն օրով ևս քարշ տալու, մինչև նորածիլ բույսերի գետնի երեսից քիչ բարձրանալը: Մարդ ու անասուն բոլոր ճիգերով վեց-յոթ ամիս դիմադրել էին մահաբեր ձմռանը և հասել հուսատու գարնան, բայց այնպես ուժասպառ էին եղել, որ նրանց հուսահատեցնում էին պառավի չորս-հինգ օրվա սառնաշունչ հովերը: Բայց և այնպես կյանքն այնպես քաղցր էր, այնքան սիրելի ու գրավիչ, որ կսկծացնելով մկաններն ու ոսկորները, ջղերն ու կաշիները, դիտողին քստմնեցնելով, տքնում էին մի կերպ հեռացնել մահը և դիմադրելով նրան, մտնել հուսաբեր գարուն:

Գյուղի մեջ՝ Շինոցում, առավոտ վաղ կյանքը եռում էր: Արդեն գոմերն ու ախոռները դատարկվել, արածելու էին տարել անասուններին: Միայն նորածին հորթերին և գյադակներին արևի ճառագայթների տակ կիփարներում էին տեղավորել, և նրանց տերերը լափով, խաշած թեփով աշխատում էին դրանց կերակրել: Ամեն երկրագործ յուր գութանն ու արտն էր կարգի բերում և երկրագործական գործիքները դուրս հանած պակաս-պռատ էին լրացնում, որպեսզի գետինը քիչ ցամքելու պես դաշտ դուրս գան, վարուցանքն սկսին: Պառավներն էլ իրենց քուղան ու կովկիթը, խաբի չաթալան ու խնոցին, փարչն ու բղուղը, քյաղանն ու տաշտը լվանում, սրբում, մաքրում, արևի տակ էին դնում, որպեսզի կենսատու արևը վերջ տա մեռելության և կյանք տա գործելու այդ բոլոր գործիքներին, որոնցով պատրաստվելու էր ռանչպարի ամբողջ տարեկան ապրուստը և սրա ձեռքով աշխարհի ուտեստը:

Վարդևան աղբարը ուրագն ու սղոցը ձեռքին առավոտ վաղ դուրս էր եկել և արորի պարագաները դուրս բերելով բաց օդում, միայն երկու կողմից քամուց պաշտպանված դռան առաջ, արևի անջեռուցիչ ճառագայթների տակ տաշտշում էր սեպեր և ուրիշ գործիքներ ու պատրաստվում ցանքսի գնալու: Արորը ամբողջապես գլգել էր մի կողմը կարկատելիս, մյուս կողմը քայքայվում էր: Հերիք չէր Վարդևանի մտատանջությունը յուր փչացած արորի մասին, կինը՝ Գարանը, երկու–երեք տաշտ էր բերել, որպեսզի կարկատել տա, ջուրը դնե, որ մի կերպ ամրանա և փռելիք կաթը չսուզվի: Վարդևանը վրդովված շարժում էր գլուխը, ծռմռում էր դիմագծերը և ինքն իրեն խոսողի նման գլխով, ուսերով և թևերով անդադար շարժումներ էր կատարում:

— Վարդևան, քա, ախար թե՛ք արա, առաջ մեկ այս տաշտերս կարգի դիր, որ տանեմ ջուրը դնեմ, ես գործ ունիմ, պիտի մածուն շինեմ, որ կոտրած բղուղը ծեփեմ: Դեռ հլա խոստացել եմ Մելքոնիս, որ չուխան կարկատեմ, գիշերը մալը տանում է արածելու, ցրտին զնգզնգում է: Բախտներիցս անձրևներն էլ չեն կանգնում, թե ցերեկը մի երկու ժամ արևի երեսն ենք տեսնում, թո՛ղ գիշերը մինչև լույս շաղ է գալիս: Մեկ թո՛ղ արորդ, այդ շտապոք չէ, երկու զամ զարկ տաշտերիս:

— Զահլա տարար, գիտես թե քու տաշտերն ե՞ն տունը պահելու:

— Տաշտերս էլ իրենց տեղն ունին, կաթդ, մածունդ, յուղդ, պանիրդ կարգի պիտի դրվի. խո առանց կերակրի չե՞նք կարող ապրիլ: Մենք էլ մեր ուժի չափ...

— Լա՛վ, գլուխս մի դանկ անիլ, կշինեմ... Չորս կովդ ու տասներկու ոչխարդ ձմեռս իմ եզների կերածից չորս անգամ ավելի կերան, դրանց տված օգուտն ի՞նչ է... Թե ես յոնջաս ու հորթս ծախեի և դրա գնով պանիր ու յուղ գնեի, բոլ-բոլ մեզ օգտելուց ջոկ, մի բան էլ փողից ետ կգցեի...

— Լա՛վ, լա՛վ, շատ վրա մի կախիլ, յոնջիդ ու հորթիդ գինը տվել եմ, չորս լիտր եղ ծախեցիր, տասներկու լիտր էլ պանիր, էլ ի՞նչ պիտի լինի:

— Ծախեցի՛ ր... Ծախեցի չէ՞, փողերն էլ գրպանս, քսակս դրի ու պահեցի...

— Ինձ ի՞նչ, թե ինչ արիր, ես որ քեզ տվի, ես որ քեզ հանձնեցի, տնտեսեցի իմ աշխատությունով, դեռ տնեցոց բոլորից գուլպացուն, չուխացուն այդ ոչխարի բուրգից ելավ, երկու ջեջիմ գործեցի և դեռ աղջկանդ բաժինքի անկողնի բուրգը մատակարարեցի, էլ ի՞նչ պիտի լինի:

— Եղը Մեղրենց ուղարկեցի մեր պարտքի տոկոսի շահի տեղ, իսկ պանիրը, այն էլ անքաշ պանիրը, զապթիեի բինբաշին կերավ մյուղեհի[32] հետ: Կարծես թե մենք ստեղծվել ենք միմիայն այդ քաղքցոց ստրկի պես ծառայելու համար: Արզերում չեղավ այս քաղաքը, արզուլում (այրարնիչ) մեզ համար: Էս քաղքցիների ճանկում մինչև ե՞րբ պիտի մենք տապկվինք...

— Բարո՛վ, Վարդևան, — ասաց ու ձիուց վար իջավ մի ճանապարհորդ, որը, ինչպես երևում էր, քաղաքից էր գալիս:

Վարդևանը նրան նկատելուն պես, սիրտը տակնուվրա եղավ, մորմոքաց, բայց կրքերը զսպելով, կանչեց յուր որդուն, որը գոմի փլած պատն էր կարկատում.

— Մելքո՛ն, Մելքո՛ն, շտապիր, Կարապետ աղայի ձին. ներս քաշե...

Մինչ այդ Գարանը հյուրի ձիու սանձն առած կանգնել էր դռանը և սպասում ամուսնի կարգադրությանը: Երբ լսեց Մելքոնին եղած հրամանը, առանց սպասելու ձին ներս քաշեց Մելքոնն էլ նրա ետևից եկավ, և Վարդևանը ուրազը վար դնելով, ձեռքերով նշան տալով՝ ասաց.

— Աղա ջան, հրամմեցե՛ք, ներս հրամմեցե՛ք, — և բոլորը ներս քաշվեցան հյուրասենյակ: Սենյակը բավական ընդարձակ էր, թեև առաստաղը շատ բարձր չէր և լույսը նվազ, բայց մաքրությամբ կարող էր օրինակելի լինել քաղաքացի արհեստավորների տներին: Փռվածքը, բարձերը և սարքը թեև չթից էին, բայց իրենց նուրբ գույները պահած և մաքրությամբ ծփծփում էին: Երևում էր, որ տանտերը թեև աղքատ, բայց սաստիկ մաքրասեր և հյուրասեր էր: Տանտիկինը բավական չհամարելով յուր տնական սովորական կահավորությունը պատվավոր հյուրին, անմիջապես ծալքի լայն փեղկը բացեց և մի մաքուր երեսով թանձր մինդար իջեցրեց հյուրի տակը փռելու:

Կարապետ աղան իսկույն ավելորդ շորերը հանեց և լվացվելու ջուր ուզեց: Մարգարիտը՝ Վարդևան աղբոր աղջիկը, լվացարանը, ջրկիչը և մաքուր սպիտակ սրբիչը ուսերին, մոտեցավ Կարապետ աղային լվացվելու ջուր տալու: Հասած էր Մարգարիտը կարմրած խնձորի նման, սպիտակ ձեռքերն ու մորթը չէր կարելի զանազանել հագած սպիտակագույն չիթ դերիայից: Բազմահյուս մազերը, որ շարքով

---

[32] Փաստաբան:

սփռված էին թիկունքի վրա, փայլում էին սև սաթի նման: Խոշոր աչքերը ցոլում էին և բոցեր արձակում շուրջը, իսկ այտերը մայիսի վարդից էլ վարդագույն և է՛լ հրապուրիչ: Կարապետ աղան գայլի նման աչքերը չռած անմեղ օրիորդի դեմքին, լվացվում և բորբոքվում էր, երբեմն-երբեմն էլ հառաչում:

Գարանը տուն էր գնացել, որ հավ մորթե ու տապակե, իսկ Մեքոնը ձիուն իրենց յոնջայի մնացորդ կապոցը տալուց հետո եկել էր հյուրասենյակ և դռան մոտ կանգնած սպասում էր հոր նոր հրամանին: Վարդևանը հեռուն նստած դիտում էր, թե ինչպես տատանվելով և կրկնակի օճառվելով էր լվացվում վաշխառու աղան՝ հայացքով կուլ տալ ցանկանալով նրա հրեշտակատիպ աղջկան:

Երբ լվացվեցավ աղան, Մարգարիտը, արյուն-քրտինք մտած նրա դաժան հայացքի և կիզիչ շնչվածքի ազդեցության տակ, տվեց երեսսրբիչը, հեռացավ բակում երեսի քրտինքը և սրտի բաբախումները դադարեցնելու տենչով, որտեղից դարձյալ պարտավորվեցավ ներս մտնել աղայի ինչ-ինչ ծառայությունները կատարելու համար: Բայց և այնպես այս բոլորը պարտավորված էր տանել ու տոկալ Վարդևան աղբարը, քանի որ աղային պարտք ուներ և պարտքի, մուրհակի վճարման ժամանակն էլ անցել էր:

Դեռ այդ հերիք չէ, Գարանը իր վերջին վառեկն էլ մորթեց, պուտկի որքում մնացած յուղով տապակեց և շտապեց հյուրասիրել աղային: Կարապետ աղան այդ նախաճաշը վերջացնելուց հետո վրան մի պնակ մածուն, մի անքաշ պանիր և մի քանի խաշած ձու ևս վայելելով, սեղանից ետ քաշվեցավ, կրկին լվացվելու ջուր պահանջելով: Ի՞նչ պիտի աներ Մարգարիտը, հոգին դուրս գար, պարտավոր էր ծառայել աստծու հյուրին, մանավանդ որ այդ հյուրը իրենց աղան էր, նրան մեծաքանակ պարտք ունեին և դեռ ավելին՝ վախենում էին–որ նա գանգատ տա և կրակ զցե Վարդևանի տունը: Պարտքը, մուրհակով պարտքը սոսկալի բան էր, իսկ տոկոսիքը, ո՛ւհ, մկից, խոզից ավելի կատաղությամբ էին աճում... Երբ փորը կշտացուց և թիկն տվեց Կարապետ աղան, գլուխը բարձին կոթնելով, սիգարեթը ծխելով, ասաց.

— Գիտե՞ս ինչի եմ եկել, Վարդևան աղբար, դու մեզի չես փնտրում, չես երևում, ե՛ս եկա...

— Ի՞նչ, ձմեռը, բուքն ու բորանը ե՞րբ հեռացան, որ մենք կարողանայինք քաղաք գալ, գործ անել...

— Ես չգիտեմ, մենակ դու խոստացար, որ գոմեշներդ կբերես, զատկից հետո կծախես ու մեր հաշիվները...

— Այո՛, ես էլ էի մտածում, ես էլ վճռել էի, բայց գոմեշները աստված առավ ձեռքիցս...

— Ինչպե՞ս թե:

— Երկուսն էլ սատկեցան... Ձմեռս մեր մալի կերը շատ նվազ էր, ցուրտն էլ դեռ այսօր շարունակվում է: Աստված ե՞րբ է խեղճի երեսին աշել, որ մեզ աշե: Ես որոշել էի, մտադրել էի պարտքից ազատվելու, բայց աստված որ չկամենա, ես, ի՞նչ կարող եմ անել...

— Այդ չեղավ, մեր հաշիվը ետ գցել չի լինիլ... Դու խո ճանաչում ես մեծ եղբորս՝ Գևորգ աղային, նա չի համբերիլ, մեկ էլ տեսար մեմուրն եկավ տունդ, դուռդ գրելու: Գործիդ աշե, գնա քաղաք իրեն տես, կարգի բեր հաշիվդ, թե ոչ դու գիտես, հետո կզղջաս:

2

Վարդևանը հնար չուներ Գևորգ աղայի հրավերը լսելու և Արզրում գնալու: Ցանքի գործի ժամանակ էր, այդ օրերի աշխատության արդյունքով պիտի կերակրեր յուր ընտանիքը, պիտի պարտքերը, հարկերը տար և կարգի բերեր տնտեսությունը: Դժվար էր, անտանելի մշակի դրությունը, փողի կանխիկ դրամի, պակասությունը սպանում թողնում էր: Դեռ լավ էր, որ Վարդևանի մեծ որդին՝ Գեղեոնը, Ղարսում հյուսնություն էր անում և տարեկան յոթ-ութը ոսկի էր ճամփում ծնողներին, որով վճարում էին պետական հարկերը, ապա թե ոչ սովամահ կկոտորվեր Վարդևանի ընտանիքը, և հարկահանը վաղուց կծախեր նրա անասունները, արտերն ու տունը, իրեն էլ երկար ժամանակ բանտերի խորշերում փտեցնելով:

Սոսկալի էր Վարդևանի վիճակը: Ճշմարիտ է, որ նա բանտում չէր, սոված ու մերկ էլ չէր, ընտանիքն էլ ուրիշների դռները մուրալու աստիճանին չէր հասել, բայց առանց հառաչելու, առանց մորմոքալու ո՛չ հաց էր կարողանում ուտել և ո՛չ քնել անվրդով ու հանգստացնել տանջված մարմինը: Ամբողջ տարին ցանում, գութնում, քաղում էր, կալսում, վազում, ձգվում, բայց և այնպես էլի կիսակուշտ, էլի կիսամերկ, էլի կարիքի մեջ խեղդված, էլի պարտատերերի ճանկում: Գեղեոնը նշանված էր: Երեք տարի էր սպասում էին խնամիները, որ կգնա Վարդևանը հարսին տանելու, բայց տարեցտարի հարսանիքը ետ էր ընկնում, մինչև իսկ Գեղեոնը չէր կարողանում Ղարսից վերադառնալ: Աշխատանքը այնչափ քիչ էր, որ հարկերը ծածկելու հազիվ էր բավում, էլ ինչպե՞ս գար Ղարսից Արզրում, ծախսեր աներ, հարսին նվեր տար և կամ հարսնիք առներ:

Գալարվում էին հոր ու մոր սրտերը, երբ մտածում էին, որ չեն կարողանում հարսը տուն բերել: Ծնողական սիրուց ավելի տանջում էր ամոթը, այն միտքը, թե դուռ-դրացի ծիծաղում է նրանց վրա, որ չեն կարողանում հարսը իրենց շեմքից ներս գցել: Ամեն տարի հույս էին դնում իրենց բերքի, կալի վրա, բայց կալի մեջ այնպես էր ցրվում, այնպիսի ավարի էր մատնվում նրանց հույսը, որ մնում էին շվարած ու ապշած:

Ցանքերը շարունակվում էին: Վարդևանը Մելքոնի հետ իրենց երկու լուծ արջառներով չէին կարողանում արտից ու հանդից դուրս գալ: Անձրևն էլ կարծես թշնամի էր ընկել չարատանջ երկրագործին, բարակ մաղում էր, թրջում գետինը և ուժասպառում լղարած արջառներին ու տերերին: Դանդաղ էր ընթանում նրանց գործը, մինչև ապրիլի քսանը, տասնևհինգ օրվա մեջ հինգ օրավար տեղ[33] հազիվ էին ցանել և տափնել: Ունեին մի-երկու օրավար տեղ ևս, բայց հուսահատվել էին, չէին իմանում ցանե՞լ, թե թողնել... Բայց ե՞րբ կարող էր երկրագործը ձեռք քաշել հողից, մի օրավարը հաջող տարում տասնևհինգ սոմար[34] ցորեն կարող էր տալ, իսկ այդ բերքի գնով ոչ միայն պարտքերը, հարկերը, այլ մինչև անգամ նոր լծկանների կարող էին վճարել... Բայց ռանչպարի հույսը լոկ երազ էր մնում հաճախ և համարյա երկար տարիներում նա յուր ցանածի կրկնապատիկը, եռապատիկն էր հավաքել, որով հազիվ յուր անասունների կերն էր դուրս եկել և իր ընտանիքի սովամահ չլինելու չափ պարենը, իսկ հաջորդ տարվա ցանքսի սերմացուն միշտ կիսատ էր մնացել:

Այդ բոլորը աստծու պատիժն էին համարում, քանի որ ժամանակին անձրևից, կարկտից, չորությունից նեղվում էին ցանքերը և կամ մորեխը, մանավանդ մուկը կտրատում ու փչացնում էին ռանչպարի դառն աշխատության պտուղը: Բայց փորձված ծերուկները միշտ կրկնում էին. աղքա՛տ, առաջ էլ կային մորեխ, մուկ, առաջ էլ պատահում էին ամեն տեսակ փորձանքներ, բայց մենք մեկին տասը, գոնե ութը անպատճառ ժողովում էինք, դեռ չեմ ասում հաջող, բերրի տարիների մեկին տասներկուսն ու տասնհինգը, որին շատ ու շատ անգամ դիմավորել ենք: Այս աստծու պատիժ չէ՞, աստված յուր ստեղծածին տառապանքի մեջ ինչի՞ պիտի թողնե, այս մեր խելքի պատիժն է, մեր անփորձության հետևանքն է: Տասը–քսան տարի շարունակ ցանում ենք ու ցանում, առանց մտածելու, որ երկիրը պառավել է, թուլացել է, պետք է նրան պարարտացնել, որ մենք էլ բերք ունենանք: Տեսե՛ք, լավ տեսեք գութնվար արտերը, խոպանից ետև ցանված հողերը կամ աղբով պարարտացրած հանդերը, բոլորն էլ կարգին բերք են տալիս: Եթե մենք երկար խոպան թողնենք կամ աղբենք, ինչի պիտի առաջվա նման բերք չստանանք: Պապերի ժամանակ հողը պարարտ էր, ուժեղ և միշտ չորրորդ տարին արտը խոպան էին թողնում, իսկ մենք, հողերս այնքան քչացել են, որ ոչ միայն խոպան չենք թողնում, այլ մինչև անգամ չենք աշխատում աղբով պարարտացնել և մեջընդմեջ կտավատ, ոսպ և ուրիշ

---

[33] Հավասար մոտավորապես հինգ դեսյատինի:

[34] 30 չետվերիկ:

հատիկներ ցանել, որ հողը գիրանա: Ամեն տարի ցորեն, գարի որ ցանենք, բերքն էլ նրա համեմատ կքաղենք: Վարդևանը ցանում էր և մտածում, մտամոլորվում: Հույսը անչափ մեծ էր սրտում և վստահաբար վարում էր գործը, վարում և երբեմն էլ վարանում, թուլանում, դառն մտքերի մեջ խորասուզվում: Հապա թե հույսը չիրականանա՞ր, կարկուտը կամ մուկը նորից փշրեին նրա հույսերը... Այո՛, — ասում էր նա յուր մտքում, — հողս շատ է հալից ընկել, պարարտության կարոտ է, բայց ինչո՞վ պարարտացնել... Աղբը իրեն կարևոր է, աղբով էլ շատ դժվար էր ութ-տասն օրավար հողը պարարտացնել, մանավանդ որ աղբն էլ տնտեսության մեջ յուր որոշ դերն էր կատարում, յուր տան վառելիք աթարն էր թխում, որից մի մասն էլ ծախում էր քաղաքացուն, ինչ-ինչ պետքերը հոգում... Արտը պարարտացնելով կարող էր ավելի վաստակել և տան վառելիքը գնել, բայց և այնպես հակառակ պարագան էլ կար, կարող էր մուկը ամենալավ արտն էլ ոչնչացնել, հետևաբար նա ձմեռը առանց վառելիքի կմնար... Իր անասունների աղբով նա չէր կարող ամբողջ յուր հողերը պարարտացնել, բայց եթե մեկը-երկուսը պարարտացներ, էլի մեծ օգնություն էր, միայն թե տատանվում էր, կասկածում էր: Պապերը այդ բանը չէին արել, դրացիները չէին անում, ինքը աշխարհի առաջ ինչպե՞ս մինակ օրինակ դառնար և անհաջող դեպքում բացի զրկանքից և ծաղրի մատնվեր:

Եղանակը ամպամած էր, և արջառները հալից ընկել, թուլացել, արորը չէին կարողանում քաշել: Դիտում էր մտամոլոր Վարդևանը, թե ինչպես տաժանելի տանջանքներով էին շարժվում, փոփոխում քայլերը ուժասպառ անասունները, և ինքն էլ նրանց հետ հալվում էր ու տանջվում, առանց կարողանալու վշտի առաջացրած թմրությունից սթափվել: Մելքոնը երբեմն-երբեմն հառաչելով, կրկնում էր. հո՛, օհո՛, հո՛, — և ճիպոտը օդի մեջ շարժելով վախեցնում էր արջառներին և առաջ մղում: Սա տեսնելով, որ հայրը սաստիկ մտատանջվում է և մոռացել է անասուններին, ասաց.

— Ապար, արջառները չարձակե՞նք, անասունները կարողությունից ընկան:

— Արձակե՛նք, արձակե՛նք, — ասաց Վարդևանը և շուռ տվեց արորը:

Արջառները քշեցին արտամեջը արածելու, իրենք էլ հայր ու որդի, իրար դեմ նստան, որ հաց ուտեն: Բայց հացերը պարպել էր, Գարանն էլ հաց չէր ուղարկել, ուշացել էր:

— Մելքո՛ն, տոպրակի մեջ ո՛չ հաց կա, ո՛չ էլ մածուն: Գարանն էլ չեկավ:

— Է՛հ, ով պիտի հիմի տուն երթա ու հաց բերե, ես սաստիկ դադրել եմ: Քիչ նստենք, հիմի ուր որ է կերևնա: Գարանս կամ Մարգարիտը հացերս կբերեն:

Հենց այդ միջոցին հեռուն՝ խրամատի մոտ, երևցան Մարգարիտը և Վարդևանի դրացու՝ Մանուկի աղջիկը, որոնք իրար հետ կապոցներով հաց էին բերում: Երկուսի միասին երևալը նոր մտքեր ծագեցրեց Վարդևանի սրտում, մանավանդ որ հանդարտ քայլերով և իրար հետ շարժումներով խոսակցում էին երկու թշվառ արարածները: Անպայման նրանց խոսակցության նյութը իրենց սրտերին շատ հաճելի առարկայի մասին էր և հոգով այնքան վրդովված էին երկուսն էլ, որ մինչև անգամ ակնարկները չէին ուզում հեռուն, շրջապատները ձգել ու դիտել: Վարդևանի աչքը պլշած մնաց նրանց վրա, մինչև եկան, արտը մտան:

— Աղջիկ, ինչի՞ այսքան ուշացար, մեզ քաղցած թողիր, — ասաց Վարդևանը ուրախ դեմքով, դուստրից մի աներկյուղ պատասխան ստանալու մտքով:

— Գարանս ուշացուց: Մեկ էլ որ Մարջանը ասաց «Սպասի՛ր, միասին գնանք»: Ես էլ վախենում էի մենակ գալու, քիչ կեցա, ու մեկտեղ եկանք:

— Վախենալու ի՞նչ կա, ճվաս՝ ձայնդ գյուղ կհասնի, հանդվորները կիմանան, էլ ինչի՞ ես վախենում...

— Մարթան էլ շատ ճվաց, բայց մինչև գեղացվոց հավսարի հասնելը, Մահմեդը խեղճ աղջկան լեղաճաք արավ:

Վարդևանը չկարողացավ պատասխանել, նա իսկույն կապոցն առավ աղջկա ձեռքից ու բաց անելով՝ նշխարքի նման, բարակ ու սպիտակ հացից բերանը գցեց: Մելքոնը մոտեցավ և մի պատառ հացով մածնի պուտկի երեսից սերը քաշեց և կուլ տվեց: Մարջանը հանդի մեջ կանգնած սպասում էր, որ Մարգարիտը նրան ընկերակցի մինչև իրենց արտը: Մարգարիտը նրա սպասողական հայացքը զննելուց հետո սիրտ արավ և ասաց դողդղալով.

— Ապա՛ր, Մարջանի հետ գնամ նրանց արտը, մենակ վախենում է...

— Գնա՛, աղջի՛կս, գնա՛, շուտ էլ դարձե՛ք, մի մնաք: Մի վախենաք, գնացե՛ք, աչքս ձեր ետևից է:

Երկու ընկերակիցներն արագ քայլերով հեռացան: Վարդևանը նրանց ետևից դիտելով մնաց նստած տեղը արձանի նման և սրտի խորքից մի դառն հառաչանք արձակեց: Ամպերը հետզհետե կուտակվեցան, մռայլեցին Վարդևանի թախծալի դեմքը, անձրևի բարակ կաթիլների հետ խոնավությունը թափանցեց ռանչպարի մարմնի, ոսկորների ծուծը, և նրա վշտացած սիրտը կսկծացրեց ու մղկտացրեց: Նա երբ յուր լղար արջառներով կրկին փորձեց ցանքը առաջ տանիլ ու վերջացնել գործը, արորի կապերը քայքայվեցան ու ցրվեցան, և Վարդևանը շվարած մնաց անձրևի տակ, առանց մի կտոր թաղիքի կամ կարպետի ծածկոցի:

3

Գիշեր էր անցել: Վարդևանը արորը հազիվ մի քիչ կարգի էր բերել և Մելքոնին հանդի մեջ լծկանների քով թողած, եկել էր տուն հանգստանալու: Փոշենման թոնը սփռվում էր, և դաշտերը ամեն կողմ թրջվել, խխմել, այնպես էին կակղել, որ ման գալն անհնար էր դարձել, մարդիկ քայլելիս մինչև ծնկները խրվում էին ցեխի մեջ: Այնպես թանձր ամպերով էր պատել երկինքը, որ ո՛չ միայն ոչ մի աստղ չէր նկատվում, այլև խավարը կատարելապես տիրապետել էր, դաշտում ոչինչ չէր տեսնվում: Շխնոցը անհայտացել էր մառախուղի մեջ և բացի շների երբեմնակի տխուր ոռնոցից, ոչ մի շշուկ չէր լսվում: Աղջամուղջը կարող էր կատարելապես հուսահատեցնել, եթե մարդիկ զարթուն և սթափման վիճակի մեջ նրանում գտնեին, բայց քնի ժամանակ տպավորություն չէր կարող գործել այդ մառախուղը մարդկանց սրտերում:

Շների ոռնոցը աստիճանաբար սաստկանում էր, և գյուղի սահմանից լսվում էին սոսկալի հաչոցները: Մարդիկ՝ գյուղացիք, այնպես էին հոգնել ու դադրել, այնպես էին լքանել ու թմրել, քնել ու խորթացել, որ ոչ ոք ուշք չէր դարձնում այդ հաչոցներին: Բայց հավատարիմ կենդանիները իրար հետ բոլոր ուժերով հաչում էին անընդհատ: Հեռվից լսվում էր ևս ձիերի ոտնաձայներ, որոնք աստիճանաբար մոտենում էին գյուղին, և կարծես ձիերն էլ հոգնած, ուժասպառ գյուղի շների ոռնոցի ձայնից քաջալերված, աշխատում էին ժամ առաջ հասնել իջևան և հանգստանալ: Ձիավորները շատվոր չէին, չորս հոգի էին և բոլորն էլ զինված: Նրանց բարձրացրած աղմուկը բորբոքում էր Շխնոցի շներին:

Վերջապես մտան գյուղ և այս ու այն կողմ ոլորվելուց հետո եկան իջան Վարդևանի դռանը: Մի քանի անգամ դուռը զարկին և ձիավորներից ավելի համարձակը իջավ ձիուց, բարձրացավ կտուրը և ձեռքի մտրակով շների հետ կռվշտելով երդիկից ձայն տվեց.

— Վարդևա՛ն, Վարդևա՛ն, դուռը բաց:

Մի քիչ հետո Վարդևանը ճրագը ձեռքը դուրս եկավ և բակից ինչ-ինչ հարցեր տալուց, պատասխաններն ստանալուց հետո դուռը բացեց և ներս քաշեց անկոչ հյուրերի ձիերը: Չորս ձիավորներից երկուսը դատաստանական ատյանի ծառայող էին, մինը ոստիկան և չորրորդը Վարդևանի պահանջատերը՝ Գևորգ աղան էր: Հենց այդ միջոցին ամպերը սաստիկ գոռգոռում էին, և օդը փայլատակում էր, բայց Գևորգ աղայի անակնկալ գալուստը միայն շանթահարեց Վարդևանին:

Հյուրերին ներս առաջնորդեց Վարդևանը, ձիերը ախոռը կապելով, բայց դրանց կերակրելու ոչինչ չուներ տանը: Ո՛չ կաթ ուներ, ո՛չ մածուն, եղն ու պանիրը վաղուց էր սպառել, իսկ հացը առավոտ միայն թխելու էր Գարանը: Խոտ, գարի, դարման, յոնջա՝ նշույլն անգամ չէր մնացել:

— Ձիերին յոնջա տո՛ւր, — ասաց ոստիկանը հրամայական եղանակով:

— Յոնջա՞, — ասաց ապուշ–ապուշ Վարդևանը, — այս տարվան բքերն ու ցրտերը տունը երդ շատ թողի՞ն, որ ես մարագի անկյուններից ձեր ձիերի համար յոնջա գտնեմ:

— Խոտ բե՛ր, — ասաց վրդովված ոստիկանը:

— «Ես ասում եմ, թև ներքինի եմ, նա կրկին հարցնում է, քանի՞ որդի ունիս»:

— Ահա, էֆենդի, թե ի՞նչ անխիղճ են այս գյուղացիք... Ես որ ձեզ պատմում եմ, դուք չեք հավատում, — ասաց բորբոքված Գևորգ աղան: Կեսգիշերին, այս անձրևին, փայլատակումներին ու ցեխին ես ո՞ւմ դուռը գնամ և պարեն գտնեմ մեր ձիերին: Դաղրած անասունները հիմի տանջանքից կկոտորվեն:

— Ինչի՞ չեք հավատում, աղա՛, ինչի՞ եք ամբաստանում, ահա ճրագը, ահա մարագներս... Հրամմեցե՛ք, ես ձեզ կառաջնորդեմ ամեն տեղ, դուք խո տանս լավ ծանո՞թ եք: Եթե մի բան գտնեք, ես արժանի եմ ձեր նախատինքին ու մեղավոր, ապա թե ոչ, դուք ինչ եք պատասխան տալու ձեր խղճին...

— Ծո՛, հիմի հավատա՞մ, որ մի բուռը խոտ կամ դարման էլ չունիս:

— Արևս վկա՛, գլուխդ վկա՛, աղա՛, ինչի՞ ես անհավատացել:

— Ախար անլեզու անասուններին խո չե՞նք կարող սպանել:

— Ի՞նչ անեմ, ո՞ր ջուրն ընկնիմ:

— Դրկիցից փոխ ա՛ռ, պարտք վերցրու, գնա փողով գնե, ես կվճարեմ:

— Այո՛, եթե լինի, եթե ունենան, — ասաց Վարդևանը հառաչելով:

— Ծո՛, փողն որ ցույց տաս, հոգիներն անգամ կծախեն, — ասաց Գևորգ աղան:

— Չկա, չունին... Հավատա՛ խոսքիս:

— Գնա՛, — ասաց պաշտոնապես էֆենդին Վարդևանին, — այս ոստիկանին էլ տար և ձեր քեհյային ասա, որ մեզ համար խոտ, գարի գտնի և ինքն էլ գա, նա մեզ անմիջապես հարկավոր է:

Վարդևանը ոստիկանի հետ գնաց և բավական ուշացան, մինչև մի խուրձ հոտած ու ապականած խոտ գտան ու բերին: Մինչ երկուսով էին մնացել սենյակում՝ վաշխառուն ու պաշտոնականը, առաջինն ասաց.

— Էֆենդի՛, սաստիկ համառ է այս անիծածը, դուք պիտի աշխատիք սրան վախեցնել, հետո քիչ-քիչ համոզել, որ գրավ դնե ինձ մոտ հողերը, մինչ փողիս վճարելը: Հակառակ պարագայում դուք սպառնացեք, որ աճուրդով ծախել կտաք ինչպես շարժական, նույնպես անշարժ կալվածները:

— Դու անհոգ կաց, Գևորգ աղա՛, ես նրան մեղրամոմից կփափկացնեմ:

— Դուք չգիտեք, էֆենդի, սրանք ի՞նչ սերունդից են, որ կտրտես, դարձյալ իրենց խոսքը չեն փոխիլ: Պետք է խիստ վարվել և դաժան դեմք ստանալ: Հակառակ պարագայում զուր կանցնի մեր այցելությունը...

— Զուր կանցնի՞: Դու շնորհիքս չտեսա՞ր այսօր այնտեղ, այստեղ էլ միևնույն բանը կպատահի...

— Այնտեղ ուրիշ էր դրությունը, այնտեղ ձեռքումդ հրամանագիր ունեիր դատարանից, այնտեղ կարգադրված էր անել, այն բոլորը, իսկ այստեղ պետք է հանգամանքից օգուտ քաղել և նենգությամբ, երկյուղի ազդեցությամբ գործ տեսնել: Դուք վստահ եղեք, ես կարող եմ երեք-չորս օրից կարևոր թղթերը դուրս բերել հուգուզից[35] և սրա համար, բայց ասում եմ, որ առանց այդ ծախսին այս գործն էլ կարգի բերենք:

— Քու խոստացածդ երկու լիրան պատրաստիր, ես քո գործդ, ինչպես խոսք տվի, գլուխ կբերեմ: Գրավականով մուրհակ չե՞ս ուզում, կալվածների ապահովագրության թերթը չէ՞ քու կամեցածը, ես կարգի կբերեմ, էլ ի՞նչ ես ուզում:

Վերջապես քեհյան եկավ Վարդևանի հետ: Գյուղում դեսից-դենից քիչ գարի էին գտել, հավի կուտից, բունկալների խոտից հավաքել, բերել էին ձիերին: Էֆենդին երկար-բարակ գյուղապետ քեհյային նախատելուց, անարգելուց և հայհոյելուց հետո ասաց.

— Քեզ կանչել եմ, քեհյա՛, որ վկա լինիս այստեղ: Գիշերս ես, Արզրումի հուգուզ մեջլիսի կարգադրության համաձայն, ցուցակագրելու և գրավելու եմ Վարդևանի կայքը Գևորգ աղային ունեցած պարտքի հաշվին: Թե՛ շարժական և թե՛ անշարժ, ինչ որ ունի, բոլորը պիտի ցուցակագրեմ: Քեզ կանչելուս պատճառն այն է, որ ինչ որ ունի, չունի, բոլորը մեկ-մեկ մեզ հայտնես, առանց ծածկելու, որպեսզի ապագայումն էլ պատասխանատու մնաս ծածկված ապրանքների համար:

— Իշխանության հրամանին հնազանդելու պարտավոր ենք, բայց խնդրում եմ թողե՛ք այդ գործը մինչև լույս: Մինչև այն ժամանակ գուցե աղան հաշտվի մի կերպ Վարդևան աղբոր հետ: Եթե չհաշտվեն, գոնե ես միջոց կունենամ առավոտ դրացիներից նրա ունեցած չունեցածի մասին տեղեկություններ հավաքել և ձեզ լիովին, ճշգրիտ զեկուցում տալ:

— Այդ ես չգիտեմ, — ասաց էֆենդին, — եթե Գևորգ աղան համաձայնի, ես արգելք չունիմ: Ես էլ կխնդրեմ, որ եթե հնարավոր է՝ հաշտվի...

— Վարդևան աղբար, ախր գործդ ինչի՞ ժամանակին կարգի չես դնում, — ասաց քեհյան, — որ դուռդ կեսգիշերին պաշտոնյա գա: Ամոթ է, մենք հայ քրիստոնյա ենք, ես կխնդրեմ Գևորգ աղայից, որ ներողամիտ լինի քու պակասությանը: Մենք առանձնանանք ու կարգի բերենք

---

[35] Դատարան:

հաշիվդ, առանց դրացիներդ բանը լսելու: Առավոտ վաղ վեր կենան ու գնան, պատիվդ էլ դուռ-դրկիցի մոտ հողի հետ չհավասարվի:
— Չգիտեմ ի՞նչ պատասխանեմ,.. Մի՞թե այս քրիստոնեություն է, մի՞թե այս մարդկություն է... Մի՞թե աստված չկա, խիղճ չկա, — ասաց հեկեկալով Վարդևանը և ձայնը կոկորդի խորքերում խեղդվեց:
— Անխի՛ղճը, անաստվածը, դո՛ւ, դո՛ւ, ես, ապերախտ, — ասաց կատաղած Գևորգ աղան: — Փող ուզելու գալիս հրեշտակ եք դառնում, ողորմելի, անմեղ արարածներ, իսկ մենք երբ փողերս ետ պահանջելու լինենք, օձի նման՝ ագուն ու թույնը բերաններդ, մոտենում եք մեզ խայթելու: Մեղավո՞ր եմ, որ փողս ետ եմ պահանջում, հանցավո՛ր եմ, երբ իրավունքս եմ պաշտպանում...
— Փողդ պահանջելու իրավունք ունիս, քեզ բան ասող չկա, բայց պաշտոնյայով դուռս գալդ օջախս քանդեց, կրակամարեց...
— Ես տասնևհինգ օր առաջ աղբորս ուղարկեցի, քեզ կանչեցի քաղաք, բայց դու անտարբեր, մի պատասխան անգամ չճամփեցիր:
— Ես խոստացա գալ, բայց ցանքից չպրծա:
— Ո՛չ, ո՛չ, դու փախս ես տալիս, դու երեք տարի է ինձ մատի վրա խաղացնում ես, խաբխբում ես...
— Ի՞նչ երեք տարի, ի՞նչ խաբխբել, աշունքը քեզ մոտ չէի՞, որ երկու լիրա տվի, կալին ինձ մոտ չէի՞ր, որ երկու սոմար գարի տարիր, անցյալ գարնան մատակներս չծախեցի և քեզ չհանձնեցի՞ երեք լիրա: Ախր, խի՛ղճ ունեցիր: Հինգ լիրա հինգ տարի առաջ փող ես տվել, քանի տարի է վճարում եմ, տալիս եմ, չեմ պրծնում, հիմա էլ...
— Անօրենի լեզվին աշե՛, խոսածն իմացիր և զրպարտությունները լսե... Թե մուրհակդ մոտս չլիներ, պիտի ուրանաիր և կուլ տայիր փողերս: Երեք տարի առաջ տասներկու լիրա եմ տվել կանխիկ փողով, ահա՛, կարդա մուրհակդ...

4

— Այո՛, այո՛, ես չեմ ուրանում, ճիշտ է, այդ մուրհակը ես եմ տվել, միայն հինգ ոսկի փոխարինությանս վրա երկու տարեկան տոկոսիքը, ծախսերը և տուգանքը վրա եկաք, ինձ պարտավորեցրիք, ստիպեցիք ստորագրելու այդ մուրհակը: Նեղն էի, հանգամանքից օգտվեցիք և հարյուրին քառասունութ տոկոս վեր առիք, տոկոսի էլ տոկոսը վրա եկաք, զլորեցիք ինձ հորը և այժմ ի՞նչ է մտքերինդ, աղա՛, եկել եք ձեր ոչխարին մորթելու, ահա՛, մորթեցեք... Բայց առաջ մանր ու խոշորիս խեղդեցե՛ք, սպանեցե՛ք, հետո էլ ինձ ուզում եք բութ դանակով...
— Այդ հիմար ցնդաբանություններիդ մարդ չի հավատալ ես քեզ

հինգ ոսկի տվել էի, նորն էլ չգիտեմ որքա՛ն տվի, տոկոսն էլ վրա եկանք ու մուրհակ ստացանք…

— Անխի՛ղճ, անհոգի՛, դու էլ ե՞րբ ես ինձ փող տվել, բացի հինգ ոսկին… Երդվի՛ր, մի երդվի՛ր զավակներիդ արևովը, ես, ես ոչ թե տասներկու-քսանչորս ոսկի էլ կտամ: Շատ բանդ իմացել էի, բայց երես-երես ստելու աստիճան աներեսությունդ չէի գիտեցել:

— Ես սո՞ւտ եմ խոսում: Երբ քեզ նման զզվելի արարածին հանում, կարմիր ոսկի փող եմ տալիս, ցավում վրան, օգնության հասնում, աներե՞ս եմ դառնում: Հայտնի բան է. տոկոս էլ պիտի ստանամ: Հապա որտե՞ղ ես իմացել, որ առանց տոկոսի փող տան:

— Տոկո՞ս, անխիղճ, անհոգի, երկու տարվան մեջ հինգ ոսկին ինչպե՞ս տասներկու ոսկի դարձավ, իսկ երեք տարի է տալիս եմ, տալիս եմ, փողը փող, կալի մեջ ցորենը, եղն ու պանիրը, հավն ու գառը, էլի չե՞մ պրծնում…

— Դե՛հ տեսե՛ք, տեսեք ի՞նչ խայտառակն է եղել: Մի պուտուկ յուղ է բերել կամ տոպրակով մածուն, կամ մեկ-երկու կամ պանիր և ուզում է դրանցով պարտքը վճարած համարել:

— Ինչպես թե մի պուտուկ եղ. ախար տաշտով չորս լիտր դուող բերի անցած տարի, չորս լիտր այս տարի: Հերու տասը լիտր անքաշ պանիր բերի, դու մանր-մունր բերածներս ինչի՞ ես հիշեցնում և խոշորները մոռանում…

— Հապա իմ փողս տոկոս չունի՞, գյադա՛: Ես խո քեզ նման էշ գյուղացի չե՞մ, որ ցորեն ցանեմ, գարի ցանեմ և տարեկան մեկ անգամ քաղեմ: Ես յոնջա եմ ցանում, յոնջա, որ քեզ նման իշաներիս ջրել տամ և տարեկան չորս-հինգ անգամ ժողովեմ: Եղն էլ պիտի տաս, պանիրն էլ, խոտն էլ, ցորենն էլ, գարին էլ, գառն էլ ու ձին էլ և այդ բոլորը տոկոսի տոկոսի մեջ… Չեք ուզում վճարել, ինչի՞ եք գալիս վիզ ծռում ու փոխ ուզում: Ով որ ինձանից փոխ ուզե, պիտի ամեն բան աչքն առնե: Ես ոչխար, կով չեմ պահում, ինձ մատյան պետք չէ, իմ փողերս խոզի նման տարեկան երեք-չորս անգամ են ցնգնում և ամեն անգամ տասնյակներով…

— Հապա տվածս երկու լիրան մեկ անգամ, երեք լիրան անցած տարվան, երկու սոմար գարին, հերու չէ առաջին տարվան երկու սոմար ցորենը, երինջներս գլխից չե՞ս իջնելու…

— Տոկո՛սը, շահը, շա՛հի շահը, քանի՞ տարի է…

— Որ այդպես է, ուժն էլ քու կողմիդ է, ահա՝ էֆենդին, ոստիկանն ու գործակալը քեզ թև ու թիկունք են կանգնած, վեր առ, մի անգամ ինչ ունեմ չունեմ, վեր ա՛ռ, մեզ էլ բոլորիս մորթե ու տար… Տա՛ր, տա՛ր, ամենն էլ քեզ լինի, աստծու կրակն էլ, գուցե կշտանաս…

— Էֆենդի, սա այնպես հաստակող անիծվածն է, այնքան համառ ու անկոտրում, որ մինչև ուժ ու բռնության չենթարկվի, չի փափկիր: Ես խնդրում եմ հենց գիշերս անմիջապես գրեցեք սրա ունեցածն ու չունեցածը, ցուցակագրեցեք, պահ տվեք ու գնանք: Ես այս գեղի մեջ քառասուն մարդու վրա պահանջ ունիմ, ոչ մեկին սրա նման դիմադարձ ու համառ չեմ տեսել, ոչ մեկից այս պատասխանները չեմ ստացել: Սազի գյուղերում չորս հազար մարդու հետ գործ եմ բռնել, լավ ու գեշ եմ եղել, ոչ մեկը ինձ այս պատասխանները չի հանդգնել տալ: Ես ամբողջ կարողությունս կփչացնեմ և չեմ թույլ տալ, որ սրա նման հաստակողերն իմ ո՛չ թե փոխս, այլ նրա տոկոսի տոկոսը և ո՛չ պոչն անգամ կուլ տան: Սրանք անխիղճ, անհոգի գյուղացի են, եթե իրավունք ձեռք ձգեն, մարդու կաշին առանց մորթելու կքերթեն: Գրեցեք, խնդրում եմ, մի՛ ժամանակը կորցնե՛ք, ես մինչև որ սրա ունեցածը չունեմ ցածը, պապենական մնացած արտերը աճուրդով չծախել տամ, չեմ հանգստանալ: Սրա նման օձերի գլուխը պետք է փշրել որ մնացյալները իրենց պարտականությունը ճանաչեն և ուրիշի իրավունքը կուլ տալու աչք չտնկեն:

— Աչքդ ես գիտեմ, որ արտերիս վրա է, բայց ականջիդ ետևը կտեսնես, իսկ մյուլքերիս կոչանը[36] չես տեսնիլ... Անխիղճ, անհոգի, խելքդ, միտքդ խեղճ գյուղացու մի թիզ հողի վրա է: Աշխարհք շորթեցի՛ր, չկշտացա՛ր, ո՛րի հետ հաշիվ ունեցար, տունը, տեղը, հանդն ու մարգը խլեցիր, մոխրի վրա մանր ու խոշորին թողիր: Իրենց էլ առանց ծախու գնելու գերեցի՛ր ու վարեցի՛ր... հիմի էլ հերթն ի՞նձ հասավ; Առաջ ես կտանեմ, իմ ձեռքով որդիքս, կնիկս կմորթեմ և հետո դու էլ ինձ սպանիր ու այնպես զավթիր Վարդևանի հողերը...

— Ի՞նչ ես շատ լեզվիդ տալիս, — ասաց քեհյան խոսքի մեջ մտնելով, — նա քու արտի վրա ինչի՞ պիտի աչք տնկե: Հող չունի, հողի կարոտ է՞, մարգ չունի, մարգի պետք ունի՞, թե աշխարհի վրա նրան մարաբա՞ է պակաս:

— Ծո՛, դու իմ փողս տուր, ծո՛, դու կարմիր ոսկիս տուր, գլուխդ խռով մնա քու հողդ էլ, մյուլքդ էլ, բեր փողերս տուր ես գնամ...

— Ավելորդ խոսակցությունների ժամանակ չէ, — ասաց էֆենդին, — հիմի քեզ հարցնում եմ, այս մարդուն ունեցած պարտքդ անմիջապես կարո՞ղ ես կանխիկ դրամով վճարել ավելացնելով դրա վրա դատաստանական ծախսերը և իմ ճանապարհի ծախսը վարձիս հետ: Հակառակ դեպքում, ես համաձայն Արզրումի բիդայեթի վճռի, գիշերս պարտավոր եմ իսկույն գրել և գրավել բոլոր կայքդ ու կարողությունդ:

— Ես բան չունեմ ասելու, — պատասխանեց հառաչելով Վարդևանը, — միայն խնդրում եմ, որ այդ վճռի պատճենը տաք ինձ, առավոտ մեր մոլլային կարդալ տամ և բովանդակությունը հասկնամ, ապա դուք էլ կատարեցեք ձեր պարտականությունը:

---

[36] Վաճառքի օրինագիծը:

— Ես մինչև առավոտ չեմ կարող սպասել, իսկույն պետք է սկսեմ ցուցակագրել:

— Ես, էֆենդի, ձեզ դեմ բան չունիմ, կարող եք իսկույն կատարել ձեր գործը. բայց ես կասկածում եմ Գևորգ աղայի վրա... նա շատ անգամ կեղծ վճիռներով և սուտ պաշտոնականներով այս ու այն գեղն է գնացել և խաբեություններով ժողովրդին կեղեքել: Ես չեմ ասում, որ ձեզ նման մի մարդ կարող է խարդախել, բայց Գևորգ աղան ձեզ էլ կարո՛ղ է խաբել մի սուտ թղթով: Առաջ կարդանք, վճռի բովանդակությունը լսենք, հետո:

— Անհավա՛տ, անօրե՛ն, շո՛ւն, կարծում ես ես քեզ խաբո՞ւմ եմ, թե ես գիր չգիտե՞մ և կամ չե՞մ ճանաչում բիդայեթի վճռի իսկությունն ու կեղծությունը: Հիմի թևերդ կապել կտամ, այնքան կթակեմ, որ կաշիդ կպոկեմ... Առաջս կխառնեմ, շղթայակապ ջարդելով քեզ քաղաք կտանեմ և բանտ գցել տալով տարիներով ոսկորներդ կփտեցնեմ... Դու տերության պաշտոնականին դիմադրո՞ւմ ես, նրան խարդա՞խ ես անվանում...

— Էֆենդի՛, ախր...

— Լի՛րբ, անզգա՛մ կարծում ես չգիտե՞մ, որ անցյալ շաբաթ ութ օր հինգ ջանֆիդան[37] տունդ պահեցիր, մյուզիր[38] ավազա՛կ, ես քու գլուխդ փշրել կտամ:

— Էֆենդի՛, ներողություն եմ խնդրում, ես ձեզ անպատվելու ո՛չ մի միտք չունեի, ես միայն խնդրում եմ վճիռը, վճռի պատճենը տվեք, կարդանք...

— Ես քեզ այդ դասերը տվող ջանֆիդաների տեղն էլ գիտեմ, ես քեզ նրանց քով գցել կտամ, բանտում թող էլի քեզ նորանոր դասեր տան:

— Էֆենդի՛ մի՛ ինձ վրա զայրանալ, ես մեղավո՞ր եմ, եթե իրավունքս ցանկանում եմ պաշտպանել: Եթե կամենում եք, գնամ խնդրեմ, անկողնից բարձրացնեմ մեր գյուղի մոլլային, գա, կարդա վճիռը և ապա արե՛ք, ցուցակագրեցեք ինք որ կամենում եք:

— Դու, անօրե՛ն, անհավա՛տ, ուզում ես փախչել, որպեսզի ես գործս չկարողանամ առաջ տանիլ, Գևորգ աղայի գործը ետ մնա և ինքդ ազատվիս դատավորների ձեռքից: Բռնեցե՛ք այդ անօրենին, մի թողնեք շեմքից դուրս գնալու:

— Ո՛չ մի տեղ չեմ գնալ, բայց թող վկա լինի քեհյան, որ դուք առանց բիդայեթի վճիռը ներկայացնելու եք ցուցակագրում իմ կայքս: Ես արդեն գիտեմ իմ անելիքս, տարե՛ք քաղաք, այնտեղ դատարանի առաջ կխոսիմ ես Գևորգ աղայի հետ, թող նա այս գիշեր յուր ցանկությանը հասնի, իսկ վաղը...

— Ահավասիկ բիդայեթի վճիռը, կարգադրությունը, — ասաց

[37] Անձնազոհ:

[38] Վնասակար:

էֆենդին կակազելով և ծոցի վճիռքի պատճենը ցույց տվեց ու կրկին ծոցը դրեց:

Վարդևանը դատարանի պաշտոնականի թույլ շարժումներից և բորբոքումներից զգացել էր, որ նրա ձեռքում վճիռ չկա, իսկ երբ իբրև վճիռ ցույց տվեց մի թուղթ ու կրկին ծոցը դրեց, բոլորովին գյուղականի համար պարզվեց, որ դա մի շինծու գործ էր և դրանով ցանկանում էին իրեն նեղը գցել և ձեռքից մի բան կորզել: Այդ իսկ պատճառով նա ավելի համառեց և պնդեց յուր խոսքը:

— Վարդևան աղբա՛ր, — ասաց մեկ կողմ քաշելով քեհյան թշվառ արտապանին, — մի՛ պնդիլ և զայրացնիլ անհավատներին, կարող են քեզ վնասել: Չտեսա՞ր, չիմացա՞ր անօրենը, անխիղճը ինչ զրպարտությունների պոչից բռնեց: Իսկ խո Գևորգ աղային գիտե՞ս, նա ամբողջ կարողությունը կդնե, ամեն ցած միջոցի կդիմե և քու հախից կգա:

Վարդևանը, վրդովված, թույլ հառաչանքներ արձակելով, լսում էր յուր դրացուն, որի խոսքերը թունավորված սլաքի նման մտնում, թափանցում էին նրա հոգու խորքերը:

— Արի՛, համառությունը բաց թո՛ղ, մի կերպ յոլա գնա, խաղաղվիր, պրծի՛ր: Դու խո չե՞ս կարող Գևորգ աղայի դեմ ասպարեզ դուրս գալ: Այն գործը, որ լավությունով կարելի է վերջացնել, քանի՛-քանի տեսակ պիտի վնասվիք, որ գեշությունով իրարից վրեժ լուծեք: Բե՛ր մի բանի կապենք:

— Չեմ կարողանում դատել, ուշքս վրաս չէ, քեհյա, արա ինչ որ կամենում ես:

— Բե՛ր, բե՛ր մի նոր մուրհակ գրենք, մեկ էլ գրավականի թուղթ տուր Գևորգ աղային, ու գործը վերջանա: Ինչ որ է, ես կերթամ, կխնդրեմ, որ հաշվե ու վրան գալով նոր մուրհակ գրե, մինչև կալ կամ մի տարի ժամանակի...

— Այնքան տվածներից ջոկ նորի՞ց վրան տոկոս գա... Արտերս գրավ դնեմ, որ տունս-տեղս քանդե՞, ինձ էլ մաքաբա շինե, յոթ պորտիս իրեն լակոտներին առանց գնելու գերե ու ստրկացնե: Ո՛չ, ո՛չ, թող ինչ ուզում է անե, ես նրան, քանի որ ողջ եմ, և ո՛չ մի ականջ հող կտամ, ո՛չ էլ ճորտ կդառնամ...

5

Գևորգ աղան նպատակին չհասավ, Վարդևանը համառեց և թեև մտրակի տակ ընկավ, ոստիկանն ու դատավորի ներկայացուցիչները նրան մի լավ գզեցին, բայց առանց կարողանալու արձանագրություն կազմել, լուսադեմին պարտավորվեցան հեռանալ: Քեհյան էլ ձեռքը մնաց դատարկ, թեև պատրաստվել էր մատնել ճշտությամբ Վարդևանի ինչքը:

Դառն տանջանքով, վիրավորված և ջարդված մարմնով Վարդևանին յուր տարած հաղթությունը այնքան վսեմ, այնքան բարձր էր թվում, որ չէր էլ զգում մարմնի կապտածների ցավը: Այդ հաղթանակի քաղցրությունն ու փառքը նրան այնպես էր ոգևորել, որ նա ավելի մի բերդի տիրող զորավարի էր նմանվում այդ օրը, քան թե հասարակ հողագործի:

Ճշմարիտ որ նա այդ օրը Շխնոցի հերոսն էր: Հերոս, որը ոչ միայն ոստիկաններին, դատարանի գործակալներին դատարկ էր ճամփել յուր դռնից, այլ մինչև անգամ Գևորգ աղայի նման տզրուկին, որ քամել էր ամբողջ Սազի դաշտեցոց արյունը, խայտառակ ետ էր դարձրել: Որքա՛ն սրտեր այդ օրը հրճվել էին, որքա՛ն հոգիներ ոգևորվել և մխիթարվել... Նրանք, որոնք տնքում և տնքացել էին Գևորգ աղայի վաշխառուական ճանկերի տակ, հույսի հառաչներով էին լսել դեպքի մանրամասնությունները: Արքա՛ն բերաններ օրհնել էին Վարդևանին և այդ անցքի պատճառով անիծել ու երկնքից պատիժներ ու պատուհասներ հայցել անօրենի համար: Գևորգ աղայի ճնշած ու հարստահարված ոգիների սրտում զարթնել էր մի միտք, մի զգացմունք, ուժով ընդդիմանալու այդ արյուն քամող հարստահարիչին, պաշտպանվել նրա գազանային ժանիքների դեմ: Բայց շատերի համար շատ ուշ էր, արդեն դրանք կորցրել էին ոչ միայն իրենց կարողությունը, հողը, այլև դարձել էին մարաբա... Իսկ մարաբան ի՞նչ կարող էր անել իր տիրոջ դեմ, որին պատկանում էին յուր տունը, կայքը, անասունները, գործիքները, երկրամշակության բոլոր պարագաները և հողը... Զայրացած տերը՝ աղան, եթե վեր առներ այդ բոլորը, չէ՞ որ սոված ու քաղցած կկոտորվեր նրա ընտանիքը: Իսկ անունը կոտրված, դուրս հանված մարաբային ո՞վ հաց կտա, ո՞վ գործ կտա...

Որքա՛ն կանայք այդ օրը երնեկ էին տալիս Գարանին, որը Վարդևանի նման մարդ ուներ, որը կյանքի այնքան դառը բովերի մեջ ամեն նեղություն քաշել, բայց մի թիզ հող չէր ծախել, ամեն թակարդ քանդել էր և ծուղակներից ազատվել... Խեղճ կանայք լալիս էին իրենց վիճակը, որ անզգայաբար իրենց ամուսինների թուլության ու մեղկության, տգիտության ու կարճատեսության պատճառով ամբողջ գերդաստաններով մարաբա էին ընկել և տարեկան սոսկալի տանջանքների արդյունքը, ձնին, բքին ու տոթին, քամուն ու փոթորկին դիմադրելով ձեռք գցած բարու կեսը, ձեռքերն ու ոտքերը ջարդելով, գլուխն ու զբունը դառն քրտինքի մեջ ողողելով ու ծնկները փետացնելով ժողոված պտուղը կիսելու էին իրենց տերերի հետ, իրենց աղաների հետ: Առանց գնի, առանց վաճառքի հանվելու, առանց սակարկվելու և առանց դաշնագրի ծախվել էին, մատնվել էին հավիտենական գերության, և մատնողները չէին էլ զգացել, որ մարաբա մտնելով ի՞նչ սոսկալի անարգ վիճակ էին պատրաստել իրենց տան համար:

Մարաբայի աղան հանդում ցանված բարու բերքը կիսում է, խոտն

ու հերթը պարտավոր է ժողովել մարաբան, տանել քաղաք և աղայի ցույց տված վայրը հանձնել: Կովերը, մատակները կամ ոչխարները կթել, յուղ, պանիր պատրաստել և աղայի որոշված, հայտնի բան է, կեսից շատ բաժինը նրա տունը տանել: Հավից հավ, ձվից ձու, գառն ու հորթը, գյադակն ու քուռակը, ամեն բերքը կիսում էր աղան: Դեռ այդ հերիք չէ, ասրեկտուրից ժողովված բրդից մարաբայի կինն ու աղջիկները պարտավոր էին մանել ու ներկել կարպետ կամ խալի, շալ թե ջեջիմ գործել և տանել աղային հանձնել, սայլերը լծել, անտառ գնալ փայտ բերել, աղային տանել: Աղբը «բասմա» գցել և աթար կտրել ու կեսը տանել աղային հանձնել: Դեռ այդ հերիք չէ, մարաբայի հարսն ու աղջիկը գարնան թե աշնան սարն են բարձրանալու՝ ժախ ու զոխ, երիժնակ թե սունկ ժողովելու և ջվալներով աղայի տունը կրելու: Չի կարելի նկարագրելով հասկացնել, թե ինչ սոսկալի և տաժանելի աշխատանքով ժողովում են գազը, որ տանեն հանձնեն առատաբար վառելու աղայի տան թոնիրը:

Բազմապահանջ աղան չբավականանալով այս ծառայություններից, ոչ միայն տեղի-անտեղի առաջարկներ է անում, որ մարաբայի կինն ու հարսը, տղան կամ աղջիկը գնան իրեն տունը, ցորենը լվան, չորացնեն, տանեն ջրաղաց, բնաղունը աղան, կորկոտը թեփից հանեն և դեռ ամբարների ցորենը մաղեն և մաքրեն: Էլ չգիտեմ ինչ-ինչ ծառայություններ կատարեն, դեռ պահանջում է գյուղացուն հանձնված կայքի, անասունների, գործիքների ու կալվածքի արժեքի փողի տոկոսիքը վճարել իրեն... իսկ ընտանիքը օդով և ջրով կերակրել, ափսոսալով, որ չի կարող և դրանց վրա հարկեր սահմանել:

Այս վիճակից էր խույս տվել Վարդևանը և երբեք մարաբայության հետ չէր կարողանում հաշտվել, չնայելով, որ իրենց գյուղի բնակության մեծ մասը արդեն մարաբա էր դարձել և օրեցօր մարաբա դառնալը անխուսափելի պահանջ էր դարձել գյուղացու համար, կյանքը մի կերպ պաշտպանելու և անկումը քիչ հեռացնելու դիտմամբ: Վարդևանի սկզբունքն էր, և նա համառությամբ չէր բաժանվում այդ մտքից՝ կամ անկախ գործել և կամ իսպառ չլինել:

Հենց այդ օրերում, երբ ցանքսից ու տափանելուց նոր էին ազատվել գյուղացիք, երբ դեռ բախտ փորձուկ չէին մտել, մի իրիկուն Մանուկը՝ Վարդևանի հարևանը, գյուղի տերտերի և ուրիշ երկու դրացու հետ դիմեցին Վարդևանի տունը: Գարանն ու Մարգարիտը բանից խաբար էին, իսկ Վարդևանը հանկարծակիի եկավ: Տաք օրեր էին, անուշ եղանակներ, աստղազարդ կապուտակ երկինքը պարզ և լուսնկան առաջի իրիկվորե յուր նորամահիկը ցույց տվել ու աներևութացել էր: Ներսը գուբ սենյակում կամ ախոռի կողքի սյաքուներում նստելու կարիք չկար բաց օդում, դռան առաջի երկու կողմից տան պատերով պաշտպանված շվաքում էին նստել քարի նստարանների վրա և խոսակցում դրացիները դեսից-դենից:

Վարդևանը այդ օրերը շատ այցելություններ էր ընդունել: Յուր դրացիները դաս-դաս եկել ուրախակցություններն էին հայտնել՝ Գևորգ աղային խայտառակ դռնից ճանապարհելու համար: Ոչ միայն շխնոցիները, այլ մինչև անգամ մոտակա գյուղացիները, Գևորգ աղայից վառվածները մեկ-մեկ եկել խնդակցել և մանրամասնությունների հետ ծանոթանալով, հեռացել էին: Արդեն ոչ միայն Սազում, այլ մինչև անգամ Արզրում քաղաքում ամեն փողոցում ու սրճատներում խոսակցում էին Գևորգ աղայի անհաջող խաբեության և Վարդևանի դռնից խայտառակ հեռանալու մասին: Բանը այն դրության էր հասել, որ Գևորգ աղան ոչ միայն զանգատ էր սկսել Վարդևանի վրա ունեցած տասներկու լիրա պահանջի մասին, այլ տքնում էր օր առաջ պաշտոնյա տանել ու խայտառակել, ստորացնել և քարուքանդ անել մի այդպիսի ըմբոստ շինականի, որպեսզի պատիվը վերականգնի, և մյուս պարտապանները նույնանման քայլեր անելու սիրտ չանեն: Բայց գործը օրեցօր հետաձգում էին պաշտոնականները, որպեսզի մի բան կարողանան պոկել ժլատ վաշխառուից, որի քսակի բերանը անհամեմատ նեղ էր դրամ դուրս հանելու դեպքում:

Վարդևանը սկզբում սովորական մի այցելություն կարծեց այդ դեպքը, բայց երբ առակներով ու օրինակներով տերտերն սկսեց Մանուկ աղբոր դիտավորությունը հայտնել Մարգարիտին իրենց տունը հարս խնդրելու մասին, մռայլեցավ Վարդևանը, դառն մտքերը և ծանր վշտերը նորոգվեցան նրա սրտի խորքերում, և նա մոլորված չէր իմանում ինչ կերպ պատասխան տալ իրեն այցելուներին: Տերտերն ու ընկերակիցները այդ բանը վերագրելով Վարդևանի պատրաստակամության, կամաց-կամաց իրենց պատգամավորության նպատակը պարզեցին և հայտնեցին, թե իրենք վստահ են, որ Վարդևանը չի մերժիլ յուր դրացու հետ այդ խնամիական կապը կապելու:

Բայց այդ առաջարկը սրտի խորքերից խոցեց Վարդևանին: Նախ, որ նա հիշեց, որ ինքը որպես հայր մի մեծ հանցանք էր գործել յուր անդրանիկ որդու՝ Գեղևոնի նկատմամբ, նրան ամբողջ երեք-չորս տարով նշանած թողնելով և ապա երկրորդ որդու վերաբերմամբ, որի ընկերակցին-տարեկցին արդեն ուզում էր նշանել յուր դրացի Մանուկը: Բացի այդ, որ նրա աղջիկը արդեն վաղուց էր հասել և յուր նեղությունների պատճառով այնքան տունն էր մնացել, որ չեյխի մարաբա Մանուկը եկել էր, նրան հարս էր խնդրել... Ինքն, որ մարաբայությունից այնքան խորշում էր, եկել էին մարաբաների տուն աղջկան հարս խնդրելու: Կտրատվեցավ հոր սիրտը, մտածելով յուր զավակների տարաբախտ վիճակի մասին, բայց հնար չէր գտնում դրանց այդ անել վիճակից ազատելու... Հողը պառավել էր, պարարտացնելու միջոց չուներ, անասունները կոտորվել էին, ծախվել, լծկանները ավելացնելու հնար չուներ, փող չկար, գտնելու էլ ո՞չ հնար կար, ո՞չ էլ ցանկություն, իսկ դաժան պահանջատեր-վաշխառուն քիչ թե շատ եղած-չեղածը տանելուց հետո դեռ սպառնում էր...

Մոլորվել էր Վարդևանը, ո՛չ այո և ոչ էլ ո՛չ ասելու սիրտ չէր անում, իսկ Գարանը դրան ետևից, Մարգարիտը պատուհանից անհամբեր սպասում էին պատգամավորների հետ նրա վճռին: Գոռոզ մշակը չզիջավ, չընկճվեց և հաստատ մնաց յուր գաղափարին: Երկար երերումներից հետո համառությամբ ասաց,

— Մանուկ աղբար, զուր տեղ ես նեղություն քաշել և այս բարեկամներիս էլ ծանրություն պատճառել: Ես քեզ մի տարի առաջ ասացի, որ ես ժամանակ չունիմ հարսնիք անելու: Դեռ նախ իմ որդուս եմ կարգելու, հարսիս տուն բերելու և ապա աղջկաս մասին վճիռ կայացնելու: Բայց քանի որ բանը այդտեղ հասավ, ես քեզանից խնդրում եմ, որ քու տղիդ համար դու աղջիկ ուրիշ դռնում ման արի, ես աղջիկ չեմ կարող տալ մարաբայի տան: Եղբայր, ես ճշմարիտը խոսող մի մարդ եմ, հա՛ անասունը, հա՛ մարաբան, երկուսն էլ նույն բանն են ինձ համար: Քանի որ դու աղաներ ունիս, ո՛չ տունդ քուկդ է, ո՛չ արտդ, ո՛չ լծկանդ, ո՛չ կթանդ, նույնպես քուկդ չեն ո՛չ աղջիկներդ, ո՛չ հարսներդ և ո՛չ էլ կնիկդ: Ուզում եք ելեք բերանիս զարկե՛ք, բայց տեր ունեցողը, իմ կարծիքով, իրեն սեփականություն չի կարող ունենալ: Ավելի լավ է աղջիկս դնեմ մորթեմ, քան թե մարաբայի տուն հարս տամ...

Այնպես սառը տպավորություն գործեցին այս բառերը պատգամավորների վրա, որ նրանցից ոչ ոք չկարողացավ պատասխանել: Երբ դրանք երկար լուռումունջ, միայն տխուր ու աղեկեզ հառաչում էին՝ հանկարծ Գևորգ աղան պաշտոնականներով և ոստիկաններով եկավ, իջավ Վարդևանի դռանը: Տունը շրջապատեցին և սկսեցին ցուցակագրել նրա կարողությունը...

6

— Խոփը ժայռի դեմ առավ, — ասաց Վարդևանը, երբ սկսեց դատարանի գործադիր վարչության գործակալը մեկ-մեկ արձանագրել նրա կայքն ու անասունները: Նա թեև ջանում էր դիմանալ և այս հարվածին, բայց մորմոքի սաստկությունից չէր կարողանում զսպել այլայլությունը և արդեն նկատվում էր, որ մոլորությունը նրան տիրել էր: Երբ գործակալը արձանագրությունն էր կազմում, Վարդևանը բոլոր ճիգը թափեց, մոտեցավ նրան ու ասաց.

— Ի՞նչի եք արձանագրում իմ կայքերս, էֆենդի՛:

— Կգաս քաղաք, բիդայեթում կիմանաս պատճառները:

— Բայց ինձ պետք չէ՞, որ հայտնեք, թե ինչ պատճառով կազմեցիք այս ցուցակը:

— Գևորգ աղային ունեցածդ տասներկու լիրա պարտքի. նրա տոկոսների ու դատաստանական ծախսերի համար:

— Լավ, բայց չէ՞ որ ես այդ տասներկու ոսկի պարտքի դեմ վճարել եմ կանխիկ փողով երկու անգամով երեք և երկուս, ընդամենը հինգ լիրա:

— Ստացական ունի՞ս:

— Բայց նա չի կարող ուրանալ, քանի որ ութ օր առաջ ձեզ մոտ, այսքան մարդու մոտ խոստովանեցավ, թե ստացել է:

— Ես ոչինչ չեմ ստացել, — ասաց լրբաբար Գևորգ աղան: — Այն տվածդ ուրիշ հաշիվ էր, ուրիշ գործի համար էր:

— Երկու սոմար գարի, սոմար ու կես ցորեն է տարել, որ նույնպես չորս լիրա արժե: Չորս լիտր յուղ եմ տարել այս տարի, չորս լիտր անցյալ տարի և տասը լիտր պանիր, որ արժեր երեք լիրա: Էլ ես քեզ ի՞նչ եմ պարտք:

— Քու հաշվովդ, — ասաց դատարանի գործակալը, — պարտքդ ամբողջապես տվել ես, հապա ինչի՞ մուրհակդ ետ չես ստացել կամ վրան վճարածներդ գրել չես տվել...

— Ա՜խ, էֆենդի, մի՞թե դուք չգիտեք, մի՞թե դուք չեք ճանաչում այս անօրենի հոգին: Միանգամից փող չես ճարում, որ տանես և մուրհակդ ստանալով վճարես և դուրս գաս, օձիքդ ազատես այս տզրուկի ճանկից: Գյուղացի-մշակ մարդ, կտոր-կտոր փող է ձեռքներս անցնում, իսկույն տանում ենք տալիս, որ պարտքերից ազատվինք, վախենալով քովերս պահել այդ փողը, քանի որ միշտ նեղության և կարիքի մեջ ենք: Իսկ սրանից խո չե՞նք կարող կտոր-կտոր փող հանձնելիս մուրհակը ետ պահանջել: Մենք գիր չգիտենք և հավատում ենք յուր խոսքին, թե վճարածներս արձանագրում է որտեղ որ պետք է: Ես իմ հաշվով, բացի տոկոսից, մի բան պարտք չունիմ այդ անխիղճ ձրիակերին:

— Այդ իմ գործս չէ, — ասաց էֆենդին, — եթե վկաներ ունիս, եթե կարող ես հաստատել, որ այդ փողերը և ապրանքը հանձնել ես Գևորգ աղային, հաստատիր բիդայեթի առաջ, ապացուցիր, այն ժամանակ պահանջատերերիցդ ոչ միայն կստանաս անտեղի ծախսերիդ վնասը, առանց նրան մի փարա վճարելու, այլ մինչև անգամ նրան կարող ես պատժել տալ, բանտարկել տալ:

— Այո՜, ունիմ վկաներ, բայց եթե գան, վկայեն դատարանի առաջ: Գևորգ աղայի երկյուղից ո՞վ կարող է գալ և նրա դեմ վկայել: Կա՞ ամբողջ Սազի դաշտում մի հայ, որը պարտքով կամ ուրիշ խնամիական կապերով կապված չլինի այդ արյունարբու աղայի հետ: Կամ եթե գան, արդյո՞ք դատավորները կլսեն այդպիսի վկաներին:

— Դու վկա բեր կարգին և պատվավոր մարդիկ, դատավորները քու պահանջիդ բավականություն կտան, — ասաց էֆենդին և հրամայեց, որ անկողինները պատրաստեն, որպեսզի հանգստանան:

Քեհյան հյուրերին յուր տունը տարավ և առավոտ վաղ ճանապարհ

գցեց դեպի քաղաք: Ամենքի խոսակցության նյութը դարձյալ Վարդևանն էր, նա գյուղի մեջ ամենքի ապշության և արմանքի նյութ էր մատակարարում: Վարդևանը առավոտից մինչև իրիկուն խոսում էր այս դրացու, այն բարեկամի, ծանոթի ու անծանոթի հետ, բայց երկու լուրջ, վստահելի մարդ չէր գտնում, որ տանի, ներկայացնի դատարան և պատմել տա հանցավոր վաշխառուին: Ամենքն ասում էին, — որ գիտեն, տեսել են, համոզված են Վարդևանի լույսի նման պարզ վճարումների ճշմարտությանը, բայց ինչ-ինչ պատճառներով, վրեժխնդրությունից վախենալով, չեն կարող մտնել դատարան և ճակատ-ճակատի դիմաց բացատրել արդարությունը: Կային այնպիսիները, որոնք այրված սրտով խոստանում էին Վարդևանին այդ պարտականությունները, իսկությունը վկայելու պարտքերը կատարել, բայց դրանց էլ վստահել չէր կարողանում Վարդևանը, քանի որ դրանցից յուրաքանչյուրը Գևորգ աղայի հետ ինչ-ինչ դատաստանական վեճեր էին ունեցել, և դատավորները նրանց վկայությունները չէին կարող լսել:

Բայց ամենից գլխավորը փաստաբանի կարիքն էր: Քաղաքի ամենահայտնի փաստաբանը պաշտպանում էր Գևորգ աղայի գործերը: Իսկ սրա դեմ մասնակցող և անվանի մարդ էր հարկավոր, որպեսզի խոսքը կարողանար առաջ տանել և դատավորներին ստիպել լսելու Վարդևանի վկաներին: Մի այդպիսի մարդ էլ հեշտ չէր ձեռք բերվի, տասը-քսան լիրայի հազիվ հանձն առնեին մտնել դատարան և պաշտպանել Վարդևանին, իսկ Վարդևանին ո՞վ կտար այդքան գումար: Գործն էլ այնքան չնչին գումարի էր, որ դրա համար ոչ ոք չէր զիջանիլ դատարան մտնել, թշնամություն ունենալ և հակառակություն ծագեցնել Գևորգ աղայի կամ մանավանդ նրա փաստաբանի հետ:

Վարդևանի վիշտը օրեցօր սաստկանում էր: Գեղևոնը Կարսից չէր կարողանում ազատվել, իսկ խնամոնք, զայրացած այդ անտարբեր դանդաղկոտությունից, վեր առին և խեղճի նշանածին մի ուրիշի խոսք տվին, որը խոստացել էր, իսկույն մի ամսից, նոր պսակին հարսանիք անել: Այս բանը թեև ծածուկ էին ուզում պահել Վարդևանից նրա հին խնամիները, բայց ասած է՝ «հալղի բերան — ջվալի բերան», ե՞րբ կպահվի այսպիսի գաղտնիքը: Գարանը կանանցից ծածուկ լսել էր, վիրավորվել և բանը հայտնել էր ամուսնին: Երկու ամուսիններ որքան խորհել էին, ճար չէին գտել, հնար չէին կարողացել մտածել, որ ազատեն իրենց հարսնացուին և իրենց այդ սպառնացող վտանգավոր խայտառակությունից: Գեղեոնին էլ դրել էին, որ անմիջապես գործը թողնե ու գա, բայց թշվառ գործավորը ե՞րբ կարող էր գալ:

Ամբողջ ապրիլ, մայիս և հունիս ամիսներում բանել էր Գեղեոնը և ստակ չէր ստացել: Պետք էր շարունակել գործը, որ կապալառուները փող ստանային գործարանից և վարձերը բաժանեին: Հարկավոր էր ևս մի ամիս դիմանալ, հակառակ դեպքում, եթե թողներ ու հեռանար, այն ժամանակ չարատանջ բանվորը կզրկվեր ամբողջ երեք ամսի աշխատանքից, իսկ արդեն Կարսի բանվորների ամենալավ աշխատության օրերը գարնան վերջին ու ամռան սկզբի ամիսներն են, դրանից զրկվիլը սովի մատնվելու հետ հավասար է:

Թեև Վարդևանը անճարացած դիմել էր խնամիներին և բացատրություն պահանջել, բայց նրանք, առանց այլևս ծածկելու, բողոքել էին նրա ու որդու անտարբերությունից, անվախ հայտնել, պարզել ճշմարտությունը: Շատ էր աշխատել համոզել խնամիներին մինչև աշուն սպասելու, բայց զուր, նրանք հարսանիքը բռնեցին գալստյան առաջի շաբթուն: Հենց հարսանիքի օրը հրավիրված էր Վարդևանը քաղաք, Մեղրանց Գևորգ աղայի հետ դատը վարելու: Իսկ Գևորգ աղան յուր որդուն ուղարկել էր գյուղ, որ քավոր լինի Վարդևանի հարսնացուին, որին հարս տանում էր վերջինի հակառակորդը, Գևորգ աղայի դրդմունքով և օժանդակությամբ: Այս բանը ավելի սոսկալի կերպով ազդեց Վարդևանի վրա, և նա թեև մի քանի վկաներ տարած էր դատարան և ինքը նախապես լավ պատրաստված խոսելու ու պաշտպանվելու, բայց դատավորները անողոք գտնվեցան, նրանք չզիջան լսելու թշվառին, հարստահարվածին ու զրկվածին և վճռեցին, որ Վարդևանը վճարե տասներկու ոսկի Գևորգ աղային, տոկոսով և դատաստանական ծախսերով:

— Վարդևան աղբար, մի՛ համառիլ, մի՛ հաստակողություն անիլ, արի, ինձ լսիր, և ես գործը կարգի բերեմ, — ասում էր քեհյան փարտալով մի գիշեր հովանոցում Վարդևանին, բոլոր ճիգը թափելով նրան համոզելու: — Դու որքան համառիս, որքան հակառակիս, պիտի քեզ վնասեն: Դու խո գիտե՞ս, թե ինչ հաստատամիտն է Գևորգ աղան, որ միտքը դրեց, քեզ տնով-տեղով կփչացնե: Դու արի ինձ լսի՛ր, վնասի կեսից ետ դառնալն էլ մեծ օգուտ է, արի արտերդ տանք ու պրծիր: Ես այնպես կանեմ, որ էլի քու ձեռքը մնան հողերդ, էլի դու ցանիր ու քաղիր արտերդ...

— Ծո անխի՛ղճ, անհոգի՛, ի՞նչ ես ասում, ի՞նչ ես խոսում... Նրա ուզածն ի՞նչ է, Գևորգ աղան ի՞նչ է երազում, մի՞թե նրա երևակայությունը գիշեր-ցերեկ իմ արտերի հետ չէ: Ես իմ հողերս ծախեմ, այն էլ թշնամուս հանձնե՞մ: Կտանիմ թուրքին կտամ, մեր Մանուկ աղային, շեյխին կտամ, թող մեր Շխնոցը շեյխին փայ դառնա, ես այդ անօրենին ոչ թե արտ, մի թիզ հող էլ չեմ տալ: Արդեն շեյխը աչք ունի և ինձ քանի անգամ մարդ է ուղարկել: Թե ծախեմ, շեյխին կտամ, թող դուրս գա Գևորգ աղայիդ աչքը և չտնկե խեղճ մշակի երկու օրավար հողի վրա: Ես, կյանքս ողջ, արևս վրաս, գնամ ինձ Գևորգ աղայի՞դ ծախեմ, նրան մարաբա՞ դառնամ, մանր ու խոշորիս նրան ստրկությա՞ն մատնեմ... Դու, որ գնացել անձնատուր ես եղել, քառասուն հոգվով աշխատում եք և մի փոր կուշտ հաց չեք կարողանում ուտել, հերիք չէ՞, ուզում ես, որ ես է՞լ քու օրն ընկնեմ: Թե՞

քեզ քեհյա է անել տվել, այդ բանից ուրախանում ես: Ո՛չ, ո՛չ, ես փող կգտնեմ, ես նրա պարտքը կտա՛մ, ես իմ հողերս, քանի ողջ եմ, չե՛մ ծախիլ: Իմ մահվանից հետո ինչ ուզում է թող չինի: Ասա՛, ասա տեսնեմ, ահա՝ ինչքան ուզում ես փող վաստակիր, կարո՞ղ ես սրանից հետո քաղաքացուց ծախսած հողերի ետ առնել: Թե կուզես տասն անգամ ավելացրու ծախսածդ գնից տես քեզ մի բուռ հող ետ կտա՞ն: Գյուղի մեջ որքան որ բերրի արտ, շնորքին մարդ կար տիրեցին, հայ, թուրք, բոլորի աչքը մեր հողերի վրա է, էլ մեկ անգամ ձեռքից հանելուց հետո ե՞րբ կարող ես նորից հողեր ձեռք բերել: Մի քանի գյուղացի կան, որ ունին իրենց հողերը, բայց ե՞րբ կծախեն: Անխղճություն չէ՞ նրանց հողին աչք տնկել: Չէ, քեհյա՛, ավելի լավ է, որ ես ինձ սպանեմ, ես իմ մանր ու խոշորին դնեմ դանակի տակ մորթեմ, քան թե մի թիզ հող ծախեմ: Հող չկա, սահմանը քեզ հայտնի է, ամբողջ Սազում մի թիզ թաց հող չկա, իսկ մենք այս պապենական դաշտից չենք կարող դուս գալ: Հինգ ոսկով նա ինձ զերեց ու ստրկացրեց, հինգի փոխարեն տասննհինգ լիրա է ստացել, տասննհինգ լիրայի էլ ձեռքում վճիռքն առած, ուզում է տունս-տեղս բրիշակ անել, հողերս տիրել... Ո՛չ, ո՛չ, այդ բանը նա չի՛ տեսնիլ... Ես նրա փողերը կվճարեմ, կտամ, չեմ թույլ տալ, որ նա աճուրդի հանե իմ կալվածները...

7

Մութն էր, գիշերային խավարը առանց լուսնյակի պատել էր երկիրը: Երկնակամարի կապուտակը մթագնել էր, և աստղերը ավելի բոցավառված շողշողում էին: Աստղերի միջից պարբերաբար ասուպներ գլորվում էին զանազան ուղղությամբ, հետքից շողալեն գիծեր բաց թողնելով, որոնք իսկույն անհետանում էին: Թեև զեփյուռը մեղմ սուլումներով սահում, էր դաշտի երեսով, Սազի մակարդակով, բայց այնքան թույլ էր, որ ուռիների ճյուղերն անգամ չէին թեքվում և հանդերի կիսահաս ցորենի ու գարու կաթնազեղուն հասկերը հազիվ ճոճվում էին: Լուռ էր երկինքը, և մնջած երկիրը, մարդ ու անասուն, մինչև անգամ գյուղացու միակ հավատարիմներն անգամ ուժասպառ մրափում էին՝ երկար օրվա տևողության մեջ տանջված մարմինները կարճ գիշերում հանգստացնելու համար: «Հոգնած-քնած ու մեռածը տարբերություն չունի», — ասում է շինականի առածը:

Բայց հոգնածությունը կարող է ընկճել զորականին, դաղրածությունը կարող է թուլացնել մշակին, քունը կարող է թմրեցնել գիտնականին, իսկ ոչ մի ուժ չի կարող մարել սիրո կայծերը, որը քանի առաջ է գնում, բորբոքվում է, որքան արգելքների է պատահում, արծարծվում է, ինչքան ճնշման է ենթարկվում, այնքան զորեղանում է և նրա համար քունն ու հանգիստը կտրվում են, զօր ու գիշերը հավասարվում: Այդպես էր Մարգարիտի վիճակը Մանուկի որդու՝ Մնացականի հետ: Կարծես թե Մնացականը աշխարհի երեսին միայն Մարգարիտի համար էր մնացել և Մարգարիտից ջոկ էլ աղջիկ չէին նկատում Մնացականի աչքերը: Արգելված պտուղը, անհասանելին, դժվարինը միշտ յուր աստիճանով ամենաքաղցր և ցանկալի դառնալով, իդեալի ձև է ստացել և ձգել, քաշել է մարդկանց սիրտը և բարձրացրել, թռիչքներ է գործել տվել: Աշխարհի վրա Մնացականի սիրո աչքերով ու կարծիքով Մարգարիտի նման գեղեցիկ, քնքուշ, բարեմասնություններով և ազնիվ հոգվով ուրիշ աղջիկ չկար, իսկ Մարգարիտի հոգեկան աշխարհը բովանդակում էր ամբողջապես Մնացականին: Վարդևանի խստությունը, անողորքությունը և բռնակալությունը միայն սաստկացրել էր սիրահարների սերը, նրանք էլ ջերմ սիրով կապվել էին և ավելի հետամտել իրար հետ ժամեր, երկար ժամեր անցկացնելու, վշտակցելու և մխիթարվելու:

Մեջգիշեր չեղած սիրահարները դուրս էին գալիս և այնպես վարժվել էին որոշ ժամերին, որ Մնացականը դեռ չհասած որոշված վայրին, Մարգարիտը լուսամուտից դուրս էր գալիս նրան դիմավորելու: Օրեցօր կարծես գեղեցկանում էր Մարգարիտը, և տխրության քողը, արտասվախառն աչքերը նրան ավելի բոցավառում ու քնքշացնում էին: Վիշտը նրա լեզուն ճկունացրել էր, տանջանքը նրա մտքերը խորացրել, հեծեծանքը նրան բլբուլ էր դարձրել և սերը՝ բանաստեղծ, այնպես որ նա առանց կանգ առնելու ասում էր, խոսում էր, երգում, պատմում և յուր գուրգուրանքով քաջալերում ու մխիթարում Մնացականին: Իսկ վերջինս դյութված, հոգվով դրախտ փոխված, առյուծ դարձած, բաժանվում էր յուր սիրեկանից, վստահ լինելով, որ նա յուր սիրեկանի շնորհիվ աշխարհի ամենաբարեբախտ արարածն է: Մնացականը յուր տանջանքը երջանկություն էր համարում և յուր սիրեկանի համար ոչ միայն տանջվիլը, այլ կյանքից զրկվելն անգամ երանություն:

Թե ինչ էին զգում և թե ինչ աստիճանի բախտավորության մեջ էին երկու սիրահարները, կարող են միայն այդպիսի ջերմաջերմ սիրո հարվածներն ընդունողները ըմբռնել, բայց այդ անմեղ սիրո վայելքը շատ երկար չտևեց... Մի գիշեր Վարդևանը, երբ զբաղված էր յուր մտքերով, երբ անքուն մտածում էր հնար գտնել և ազատել յուր ընտանիքը, յուր օջախին սպառնացող մոտալուտ սոսկալի հարվածից, նկատեց Մարգարիտի սողալով դուրս գնալը: Հայրը հետևեց յուր անմեղ աղջկան, ինչպես որսորդը եղնիկին կամ բարակը նապաստակին և աղվեսի նման հեռուն պպզեց, սպասելով տեսակցության հետևանքին:

Բայց բացի անմեղ տրտունջներից, բացի իրավացի բողոքներից, ի՞նչ կարող էին ունենալ անարատ հոգիները: Գանգատվում էին իրենց անողոք վիճակից, իրենց դաժան բախտից և այդ գանգատները սրտակեզ հառաչներով դեպի վեր բարձրացնում, դեպի երկինք ուղղում և բոցափայլ աստղերի վրա նախանձելի հայացք գցելով, դողդողում էին, երբ մի որևէ աստղ սահում էր երկնքում, գլորվում և հետքի գիծն անգամ աչքի նկատելի դառնալու չափ չէր մնում, այլ իսկույն անհետանում էր և չքանում:

— Արդյոք այդ գլորվող աստղը իմը չէ՞ր, Մացակ ջան, — ասում էր Մարգարիտը հառաչելով, — որ այնպես թույլ երևցավ ու մարեցավ, կարծես գետնի տակ թաղվեցավ...

— Բան չունի՛ս, Մարգարիտ ջան, գեշ բան ինչի՞ ես մտածում, ինչի՞ պիտի մարի քու աստղը ու թաղվի, դեռ նա շատ-շատ է բորբոքվելու ու բոցափայլելու ինձ համար, Մացակիդ համար:

— Այո՛, փլփլալու է, փլփլալու և հանգչելու: Ո՞վ մեզի կտա բոցերով ու շողքերով աստղ: Լավ աստղ որ ունենայինք, քաղաքում կծնվեինք և բախտավորների նման կցոլայինք, շողք կտայինք, բայց պարտքատեր մշակի աղջիկն ու մարաբայի որդին ինչի՞ պիտի բոցերով փայլատակին... — Սև սուգն էլ մեզի շատ է տեսել անողորմ բախտը, լացն ու կսկիծն է մեզ բաժին ընկել...

— Ես մեղավո՞ր եմ, հոգիս, որ մարաբայի զավակ եմ դարձել, ես մեղավո՞ր եմ, որ հայրս չկարողանալով պապենական մյուլքը պաշտպանել, տարել ծախել է շեյխին և ինքն էլ նրա մոտ ստրուկ է դարձել: Հորս մեղքի համար ե՞ս պիտի տուժեմ... Հորս սխալանքի, թե հիմարության համար ի՞նձ պիտի դատապարտեն, քեզ զրկիցս խլեն... մեր սերը խեղդեն...

— Բանն այնտեղ է, որ իրենք գործել են սխալը, իրենք իրենց աններելի հանցանքով գլորվել են խորխորատը, վրեժները իրենց նենգամիտ հակառակորդից ու թշնամիներից չեն կարողանում լուծել, եկել են մեզ տանջում, մեզնից են ուզում, կարծես, վրեժները լուծել: Ո՞վ ասաց քու հորդ, որ օդան ու ախոռը շինելու համար երթա քաղաք, շեյխից հազար դուրուշ պարտք անե, թե ինչ է Շխնոցի մեջ գլուխ ցույց տա, խոսացնել տա, թե Մանուկը մի այնպես օդա, մի այնպես ախոռ շինեց, որ մեր գյուղում նմանը չկա... Բայց հետո մեկ օդա ու ախոռի համար մեկ օջախ կործանեց, պապենական մյուլքերը շեյխին հանձնեց: Ահա այսօր մեր տունն էլ այդ օրը չէ՞ ընկնելու: Գարանս հարյուր անգամ ասաց. Վարդևան, մենք մի լուծ գոմեշի կարիք չունինք, մեզ պետք չէ՛, որ դու պարտքով լրացնես գութանիդ պակասորդը: Համբերի՛ր, աստված երբ գործիդ հաջողություն կտա, կալերդ լիք-լիքը բարով կլցվի, հաջող կծախես ամբարիդ ցորենը, փողը գրպանումդ կլցվի, այն ժամանակ մեկի տեղ երկու լուծք առ: Բայց չէ՛, կնկա խոսքը տղամարդը ինչի՞ պիտի լսե: Լուծը ծախվեց, մյուս լուծն էլ հակառակի նման քաղցից կոտորվեց, կալը դատարկեց պարտատերը, կթանի եղն ու պանիրն էլ վրա գնաց, բայց անկուշտ պարտատիրոջ ճանկից չխալսեցանք: Ես առանց գութանի չեմ կարող ապրել, — ասում էր մեծ-մեծ կոտրտելով հայրս, բայց այժմ գութանից ջոկ մյուլքերն էլ պիտի տա...

— Օ՜ֆ, — սրտի խորքերից հառաչեց Մնացականը, որին իսկույն արձագանք տվեց Մարգարիտը, և լռեցին երկուսն էլ մի պահ... Բայց Մնացականը հորն ու աներոջ սխալը այնքան մեծ չնկատելով, չկարողացավ սրտում դատածը չարտահայտել իսկույն յուր սիրեկանին:

— Բայց նրանք քու ցույց տվածի չափ էլ մեղավոր չեն, առանց ախոռի ու օդայի ապրելն անհնար է, վնասակար է, պետք էր դրանք շինել, իսկ առանց գութանի գյուղացին միայն չոր հաց կարող է կրկտել և միշտ պարտքի տակ տոկալ: Այս ահագին խարաջին ու փեշքյաշներին միայն գութանով կարելի է բավարարություն տալ:

Մարգարիտը չպատասխանեց և լռելյայն գրկվեցին երկուսն էլ, թիկն տվին պատին: Նրանց նստարանը քար էր, նրանց հենարանը կոշտ քարի պատը և բազուկներով իրար գրկած, անմռունչ ու լուռ իրենց վիշտն էին արտահայտում և այն լռությունով շատ ու շատ մտքեր էին փոխանակում, քան թե բառերով:

Իսկ Վարդևանը արձանացած, դարանի մեջ տարածված, լսեց նրանց ու դառն մտքերի մեջ սուզվեց: Սկզբում շատ վրդովվեց, երբ լսեց ծնողների արարքների քննադատությունը, ուզեց խզել այդ խոսակցությունը և իսպառ բաժանել սիրեկաններին, բայց մտածելով ըմբռնեց նրանց ճշգրիտ նկատողությունը, հոգվով խռովեցավ, դառնացավ և անզգայանալով թմրեց, չկարողացավ անգամ սթափվել...

Թմրությունը այն աստիճան ծանրացել և թուլացրել էր Վարդևանին, որ նա մինչև անգամ չզգաց, թե ինչպես սիրահարները բաժանվեցին և վերադարձան իրենց բները, խոստանալով հետևյալ օրը ժամադրած վայրը ներկա գտնվել և իրար պարզել օրվա անցկացրած դեպքերը: Երբ սթափվեց Վարդևանը և նրանց չգտավ իրենց տեղում, սկզբում սոսկաց, քիչ-քիչ երբ համոզվեցավ, որ նրանք արդեն չկան, շտապեց տուն մտավ և Մարգարիտին յուր վերմակի մեջ պլլված, պարկած նկատելով, հանգստացավ, գնաց ինքն էլ տարածվեց յուր անկողնում: Բայց խաղաղ քունը չմոտեցավ Վարդևանի աչքերին, և նա մինչև լույս ալեծուփ թափառեցավ երևակայությունների մեջ, կամա-ակամա զիջավ, ընկճվեց հանգամանքների առաջ:

Օրերը իրար ետևից գլորվում էին, և ցերեկը աստիճանաբար երկարում: Հորդ անձրևները ողողեցին և սար ու ձոր դալարներով ծածկեցին, այնպես որ տարին մեծ հունձ էր խոստանում: Մշակը, հողագործը հրճվում էր դիտելով յուր քրտնաթոր վաստակով ցանած արտերը: Այնպես ցողուն էին տվել ցորենն ու գարին, այնպես լիք հասկեր էին տվել ու լցվել, որ անցորդի քեֆն էր գալիս և զննելուց չէր կշտանում: Վարդևանի արտերը մեծ-առատ բերք էին խոստանում, այնպես որ ընկճված ու միջավայրի առաջ խոնարհած երկրագործը դարձյալ ձգվեցավ, նորից հպարտացավ, կրկին երազեց յուր անկախությունն ու ազատությունը:

— Մի քսան սոմար ցորեն, պարտքից էլ կպրծնիմ, խարջից էլ: Գեղնոնիս բերեմ, այնպես աղջիկ առնեմ, այնպես հարսանիք անեմ, որ խնամիներիս սիրտը ճաքի:

Վարդևանի ոտքը արտերից չէր կտրվում, թեև մոտկամ էր մտել և հերկ էր վարում դրացիների հետ, բայց ազատ ժամանակները անցնում էր հանդով, հասնում էր յուր արտերը և նրանց կողքով անցկենալիս այնպիսի վեհ դիրք էր բռնում, որ կարծես ինքն ստեղծած լիներ այդ բոլորը:

— Ա՜խ, մեկ քաղեի, մեկ կալս կրեի այս բարին, ես ցույց կտայի Գևորգ աղային, թե ի՞նչ է նշանակում արտերս գրել տալը: Ինչի՞ չունենա մարդ տասը-տասնհինգ ոսկի, տանե առաջը զցե ու ասե. շո՜ւն, առ, այս է քու ուզածդ, ա՜ռ կե՜ր, ա՜յս էլ կեր, աստծու կրա՜կն էլ: Հինգ ոսկու փոխարեն տասնհինգ ոսկի կերել է, չէ կշտացել, աչքը դրել է արտերիս: Անիծված, փողի խնդիր չէ՞, փո՜ղ չէ՞ ուզածդ, ա՜ռ տասնհինգ ոսկի էլ, և թող քեզ ու քու ընտանիքի համար այդ փողը դեղի ու դեղտուրի բաժին դառնա: Իմ դառն քրտինքով դատածս, իմ մանր ու խոշորի աղի արտասուքով ժողոված ի՞նչ սրտով պիտի լափես... Բան չեմ ասում, փո՜ւշ դառնա, բուկդ մնա, հավիտյան դեղի դիմես, ճար չգտնես: Հալբաթ որ ամեն հինգ ոսկու փոխարեն եթե երեսնականներ ստանան, նրանք ոսկին չի տեղավորիլ ո՜չ ամբարներում, ո՜չ քիլարներում, և աշխարհը կտիրեն իրենց փողով: Բայց այդ ստակը, այդ հարստությունը իրենցը չէ, մերն է, մեր, մշակներինս է, մեզնից են խլել, գցել ու դարսել...

8

Արշալույսը պարզվել, արևն արդեն հորիզոնից մի նիզակաչափ բարձրացել էր, Շխնոցի նախիրը հեռացել, հորթերի — կովերի բառաչըը, ոչխարների-զառների մայոցը, այծերի–ուլերի կտկտոցը դադարելու վրա էին, երբ Վարդևանը մալերի ետևից Գարանի վերադառնալը նկատելով, ասաց.

— Այդ ոչուփուչիդ խելքը գլուխը բեր, ասա, որ եթե նա մեկ էլ գիշերը դռնից դուրս գա, Մանուկի լակոտի հետ տեսնվի, երկուսին էլ մի մահակով շանսատակ կանեմ...

Գարանը մի այնպիսի կերպով ծամածռեց դեմքը, որ կարծես ուզում էր ասել. «Մարդ, գժվե՞լ ես, ինչե՞ր ես խոսում, ո՞վ... ի՞նչ է պատահել» և ամբողջ մարմնով մի հարցական նշան դառնալով՝ ամուսնին ոտքից գլուխ զննեց, հայացքը քննեց և նրա դեմքից սածների շարունակությունը բոպեական կերպով կարդալուց հետո ներս մտավ. Վարդևանը, մի խոժոռ հայացք նրա ետևից ուղղելով ասաց.

— Անզգա՛մ, իբրև թե չես իմանում և ջանում ես անմեղ հրեշտակ երևալ աչքիս և ինձ մոլորեցնե՞լ:

Արևը աստիճանաբար բարձրանում էր, կիզելով լեռ, դաշտ, հետզհետե սաստկացնելով ջերմությունը: Գյուղացիք արդեն մտել էին մարգերը՝ խոտերը հնձելու և մեծ ջանքով էին գերանդին շարժում, հուսալով իրենց բերքով ոչ միայն նույն և հետևյալ ձմեռը իրենց անասուններին կերակրել, այլ մինչև անգամ մի մասն էլ ծախելով կարիքները հոգալ: Հարս-աղջիկ, պառավ թե դեռահաս, կանայք անգամ մասնակցում էին հնձին: Ուրախությունը ընդհանուր էր: Խուրձ կապվողները թռչկոտելով հասնում էին գործի և դաշտի մեջ կարգավ բլուրների նման բարձրացնում էին քաղված խոտի դեզերը: Հուսահատ մշակը ողնորված առատ բերքով, ոչ միայն քրտնաթոր վազում էր գործին, այլև ընկճված, մորմոքած սրտերը ուրախությամբ զեղված, դուրս էին մղում հոգու խորքերից զգացածները օդը թնդացնող երգերի ձայներով: Մրմունջները, հառաչանքները արտահայտելը արգելված էր, իսկ ցնծությունները սանձելու կարիք չունեին մշակները: Մի՞թե կարող է մշտաչարչար հոգին հուսալի րոպեներում զսպվել մանավանդ դեռահասի կրծքում, որը հուսախաբ բախտի տատանմունքներին չէ մատնվել և չէ փորձվել: Երբ որոտընդոստ ձայնով երիտասարդներն ու պատանիները զնգզնգացնում էին ամբողջ դաշտը և նրանց արձագանք էին տալիս հեռավոր լեռները, մի փորձառու ծերուկ հնձվոր ասաց,

— Արևը սաստիկ կծում է, երևի անձրև և հորդ անձրև է գալու: Աղջիկնե՛ր, թան չունի՞ք կամ մի թաս մածուն չունի՞ք, տվեք, չախլամա անեմ ու խմեմ:

Ծերուկին տվին պահանջածը, և շատ չանցած սկսեցին մռայլ ամպերը Գյավուր–Դաղից դեպի հարավ շարժվել և շուտով ծածկեցին հորիզոնը: Մռայլեց երկինքը, կուտակվեցին ամպերը, բայց արևը կարծես բոլոր ուժը ամփոփած, ուզում էր աներևութացնել այդ արծաթափայլ երկնային քուլաները և անընդհատ ամպերի ճեղքից տարածում էր յուր ոսկեփայլ ճառագայթները: Մեկ-մեկ կաթկթում էր թաթավը, տեղ-տեղ հոսում էին անձրևի լիք-լիք զնդիկները, և քամին ընդհատում էր նրանց: Հանկարծ նորից դիզվեցին ամպերը, փայլատակեցին, մռայլեցին և սոսկալի մռնչյուններով որոտացին ամպերը, սարսափ սփռելով կենդանի աշխարհում: Կաթկթեց թոնը, ընդհատվեց, հորդ սահեցան և անձրևի հետ վար թափվեցան կարկտի խոշոր հատիկները: Եվ ի՜նչ սոսկալի կարկուտ, ամեն մի հատը կակալի ձվի չափ, կապարի նման ծանր, սայթաքում և դիպածին ջարդուփշուր էին անում: Ամբողջ ժամ չտևվեց, բայց դաշտումն էլ բարի չթողեց, ցանքսերը հողի հետ հավասարեցրեց, տրորեց ու փշրեց:

Ամբողջ Սազը սպիտակ սավանով կարծես ծածկվեց, դաշտը ողողվեց ջրով ու կարկուտով: Հանդում գյուղացիք պատսպարվեցին իրենց խոտերի դեզերի մեջ, բացօթյա մնացողներից շատերը, մինչև ապաստանի հասնելը, վիրավորվեցին կարկտի հատիկներից: Կարկուտի դադարելուց կես ժամ անցած դեռ ոչ ոք սիրտ չէր անում դուրս գալ խոտերի դեզերի միջից, իսկ այնտեղից դիտելով արտերի սոսկալի վիճակը՝ սկսեցին մորմոքալ: Շինոցի արտերը մեծ մասամբ անխնա տրորվեցին այդ անողորմ հարվածով, և կենդանի զոհվեց թշվառ շինականը, այնպես որ ապրուստի միջոցը կտրվեց, և ամենքն էլ սկսան անմիջապես ողբալ իրենց զարհուրելի վիճակը: Հուսահատվեցին ծերերն ու պառավները, լքան դեռահասները, և տխրությունը պատեց բոլորի սիրտը:

Տղմի, ցեխի ու ապականության մեջ է՛լ չէր կարելի աշխատել, դատելու էլ սիրտ չմնաց: Առին գերանդիներն ու գործիքները և թախծալի դեմքով, համր քայլերով ուղղվեցին դեպի գյուղ լռիկ, մնջիկ: Հուսահատ, փորձանքը այնպես էր ազդել, այնպես վհատեցրել և կյանքը դառնացրել թշվառ հողագործի, որ չապրողներին երանի էին տալիս իրենց մտքում: Վարդևանը այնպես էր թուլացել և մոլորվել, որ կորցրել էր խելքը, միտքը, չէր իմանում, չէր զգում շուրջը անցած-կատարվածները: Երբ աղիողորմ հառաչներ էր բարձրացնում ու շնչասպառ տքում, մոտեցավ նրա հարևան Մանուկն ու ասաց.

— Հա՜ն, Վարդևան աղբար, ա՞յս էլ քրդերն արին, ա՞յս էլ թուրքերն արին, ա՞յս էլ վաշխառուներն արին... Աստված մեզնից ձեռք է քաշել, ձեռք... Եթե աստված չի կամենում մեր գործի հաջողությունը, ես ի՞նչ անեմ, դու ի՞նչ անես: Բացի տանջանքից, բացի սովամահ ու ցրտահար չարչարանքից, ուրիշ բաժին մեզ չի թողել: Դու ի՜նչ ուզում ես արա, որ կողմն ուզում ես ձգվիր, նա, որ չկամենա, մեկ էլ տեսար մի կողմից թրըմփ՝ գլխիդ զարկեց ու տեղոց-տեղ քեզ չորցրեց: Ես ի՞մ կամքովս մարաբա եղա, քո՞ւ կամքովդ դու Գևորգ աղայի ճանկն ընկար... Ո՜չ, ո՜չ, նա մեզ պատժելու համար գլորեց այդ բոցերի մեջ և պիտի մնանք, քանի որ նրա բարկությունը չի իջել...

— Է՛հ, ի՞նչ ես դուրս տալիս, ի՞նչ ես հիմար-հիմար քարոզներ կարդում: Նա մեզ խելք է տվել և ազատ կամք, որ մենք մեր գործերը կարգադրենք ու կառավարվինք: Մենք որ հիմար ենք, մենք որ տգետ ենք և գլորվում ենք անդունդը, նրա դեմ էլ ինչի՞ մեղանչենք և մեր բոլոր տանջանքները նրան վերագրենք: Եթե դու փառասիրությանդ համար չգլորվեիր շեյխի դուռը, պարտք չառնեիր, ինչի՞ այսօր պիտի նրա մարաբան դառնայիր: Եթե ես չագահանայի, գութանս մեծացնելու չձգտեի, համբերեի, ինչի՞ պիտի Մեղրենց լակոտները ինձանից հինգ լիրայի փոխարեն տասնևհինգ լիրա առնելուց ջոկ՝ տասնևհինգ լիրայի էլ վճիռք ձեռք բերեին: Մենք միշտ մեր խելքի ծայրից ենք կործանված և պիտի կործանվինք: Եթե աստծու մեզ տված շնորհքը խելացի կերպով բանեցնենք, ինչի պիտի հուսահատ օրերի մեջ մնանք: Դեռ հինգ տարի առաջ ամերիկական ընկերության մարդը եկավ, խնդրեց, աղաչեց, համոզեց, որ մենք տարեկան մի թեթև հարկ տանք, մեր արտերը, կարկտի ու մկի դեմ ապահովենք: Ես այս տարին քիչը քանննիհնգ սոմար ցորեն ունեի վերցնելու: Եթե մի սոմարի գինը՝ մի լիրա, ամերիկացուն տայի, այսօր կգնայի, նրան կբերեի և արտերիս վիճակը ցույց տալով, քանննիհնգ լիրաս կանխիկ կստանայի: Բայց մենք իրար աշելով նորությունից փախչում ենք, պապերի ճամփից դուրս չենք գալիս և այս տեսակ դեպքերում միշտ մեղքը բարդում ենք մեր բախտի վրա:

Նրանք էլ ամեն բան խոստանում և ոչինչ չեն տալիս, բոլորը խաբեություն է: Մակարյանը կյանքը ապահովցուցած է եղել երկու հազար լիրայի, ահա հինգ տարի է ժառանգները մի ստակ էլ չեն ստացել:

— Այդ սխալ է, նա տասը տարի շարունակ վճարել է ապահովավճարը, վերջին տարին տված չի եղել, հայտնի բան է չեին էլ տալ: Թող վերջին տարվանը վճարած լիներ, տեսնեիր, թե ինչպե՛ս պիտի լվլվային նրա աղջիկները այդ հազարների մեջ: Մերոնք, անհամբեր կովի նման, կաթը կտան, կկթվին, երբ կովկիթը կլցվի: Կից կտան ու կաթը կթափեն: Ինձ Յանգյանն ասաց, որ եթե ուզենամ ո՛չ թե մինակ կարկուտի, մուկի, այլ մինչև անգամ հրդեհի դեմ կարող եմ ապահովել բերքս, մինչև տուն կրելս: Արդեն քրդերը, թրքի լամուկները քանի՛–քանի՛ անգամ արտերիս կրակ են տվել, դեզերս են վառել և կալերս են մոխիր դարձրել: Այն որ պիտի տանք աշարին, էղնամին, պահապանին, բեգին ու շեյխին, իրիցուն ու միանձնին, տանք մի փոքր էլ ամերիկացուն և հանգիստ ապրենք, սրտերս խաղաղենք, ի՞նչ կորուստ կունենանք: Բայց չէ, մեկ որ մարդու թամահ է, մեկ էլ որ պապս չի արել, դրացիս չի արել, ես ինչի՞ պիտի անեմ:

— Տա՛նք, տա՛նք, բայց մեզ ի՞նչ պիտի մնա, որ տուն պահենք, մանր ու խոշոր կերակրենք, հագցնենք և ցանքսի էլ բաժին պահենք: Թողնո՞ւմ են, որ ազատ շունչ առնենք և մի բան ետ զցենք սև օրվան չմնալու համար:

— Ա՛յդ ասա, այդ մասին զանգատվե, տե՛ս, դրա դեմ բան չունիմ ասելու: Օրենքով մեր բերքի տասից մեկն ենք տալու աշար, մյուլլթեզիմը հնգից մեկը վեր է առնում ու էլի չի կշտանում: Դեռ հլա պիտի կերակրենք մյուլլթեզիմի հինգ–տասը ծառաներին և ձիաներին ամիսներով: Էղնամը ամեն անասունից պիտի տանի երկու դուրուշ, երեք դուրուշ, տանում են հինգ-տասը, էլի աչք են տնկում մեր մատակների, հորթերի և գառների վրա: Հազար խնդիր տուր, թե հայրդ մեռել է, եղբայրդ կորել է, ծնված երեխան յուր երրորդ ամսում մահացել է, հարկահանը չի լսում, հիսունհինգ դուրուշի փոխարեն վաթսուն է պահանջում ամեն մի մեռած, թե կենդանի արարածի համար: Կաշիդ դուրս զա, տանջվի՛ր, այրվի՛ր և մորմոքա՛, մինչև չտաս, դռնիցդ չի հեռանալ անհոգի պաշտոնականը: Քեհյային տո՛ւր, հոգեբաժինը տո՛ւր, տո՛ւր ու տո՛ւր: Հապա վաշխառո՛ւն... մեկին տա՛սը տուր...

— Տո՛ւր ու տո՛ւր, հիմի էլ ապահովության համար ամերիկացուն տո՛ւր...

— Չես տալ՝ չե՛ս ապրիլ, կտաս՝ սովա՛ծ կմնաս, տկլո՛ր կմնաս...

Դարձյալ լռեցին դրացիները, դարձյալ մնջեցին, մտքերով խորասուզվեցան վշտերի դաշտը և ընկղմեցին: Միայն շնչառություններն էր լսվում և երբեմն-երբեմն էլ տխուր ու թույլ հառաչում էին: Վերջալույսի վերջին ճառագայթներն էլ թռան Սազի դաշտավայրից, Փալան-Թեոյանի լանջերից ու գագաթներից և արևն էլ Իլիջայի սարերի ետևը ընկղմելով, խավարի ու մթության մեջ թողեց վշտահար և հուսակտուր սազեցի մշակներին...

9

Էլ հույսը բոլորովին կտրվել էր: Արդեն մի ամբողջ շաբաթ անցել էր կարկտի օրից, և արևի ջերմությունը, գիշերվա ցողը, հողի ուժը չէին կարողացել փշրված և տափակացած ցորենի ու գարու եղեգները բարձրացնել: Մինչև անգամ որպես խոտ կամ դարմանցու չէր կարելի քաղել արտերից, որոնք օրեցօր փչանում էին: Գյուղացին մնացել էր ձեռքերը ծալած, ո՛չ հորում ցորեն, ո՛չ ամբարում ալյուր և ո՛չ էլ տաշտում հաց ուներ: Սովի սոսկալի պատկերը յուր քստմնեցուցիչ տեսարաններով նկարվում էր շինականի մտքում և նա դողդողում, սարսռում էր, մտածելով չարատանջ աշնանը հաջորդող տաժանելի ձմռան մասին:

Պարբերաբար քաղցին ու տկլորությանը դիմադրող հողագործը վարժվել էր չարքաշ կյանքին և ամեն միջոց գործ էր դնում միշտ, մի կերպ յոլա գնալու ներկա տագնապում, բարեհաջող ապագայի հուսով: Եթե ցորեն-գարին անգութ հարստահարիչները, վաշխառուները և կամ բնության ավերիչ ձեռքը խլում, փչացնում է, շինականին մնում էր յուր անասունների նման բույսերով, վայրի խոտերով և սրանց արմատներով կերակրվել: Ինչպես մուկը կտրում է, փչացնում է մարդու դառն աշխատանքով ցանած ու աճեցրած ցորենն ու կրում իրենց համար գետնի տակ, այս ու այն կողմն ամբարում, ձմռան բքին իրեն պաշար պատրաստում, այդպես էլ մարդիկ բահ ու փետատ ձեռք առած, ընկնում են հանդի մեջ մկների ժողոված ատոլն ու կոճղեզը իրենց տունը կրելու: Բայց այս բույսերով որքա՛ն էլ առատ լինին, ապրելն եթե անհնար չէ, անտանելի է: Էլի պետք է աշխատել, ընկնել դեսուդեն և քիչ ալյուր, ցորեն, կորկոտ ձեռք ձգել և քչից-շատից տան թթխմորը գոնե չպակսեցնել, առանց որի հայ գյուղացին չի կարող ապրել:

Արդեն այս տագնապալի օրերում շինականին իր ամբողջ անցյալը յուր լավ և վատ գույներով ներկայանում է երևակայությամբ: Այդ բանը նրան քաջալերում է և թույլ չի տալիս քաղցր կյանքից ձեռք քաշելու, ապազայի քաղցրագույն հույսով: Հիշում է, որ նա ունեցել է բարեհաջող տարիներ, լիքն են եղել հորերը ցորենով և քիլարները՝ բարով: Հաց է եղել նրա պահեստը ո՛չ միայն անցորդի, աղքատի, այլ մինչև անգամ սարի այս ու այն կողմի ազգակիցների համար, որոնք իրեն պես պատահարներից ընկճված, եկել ու պարկերը լցնելով առատությամբ, տարել ու ապրել էին: Հիշում է, որ ինքն էլ փոխադարձաբար գնացել է, բերել ու սև օրերը անցկացրել: Ավելի ևս այդ օրերը հիշում է, թե ում փոխ է տվել և ում ցորեն կամ մի ուրիշ նյութ պարտք ունի: Նեղ օրում պահանջները ուզելը ամոթ չէ, պարտապանը, պահանջատիրոջ կարոտությունը աչքի առաջ ունենալով, ձգտում է վերադարձնել պարտքը և փոխարինել բարիքը:

— Վարդևան աղբա՛ր, — ասաց մի օր նրա հարևան Մարուքը, — թե կարելի է թոխլիների գինը տաս, գիտես մեր հալը: Գիտեմ, որ քու էլ միջոցդ շատ լավ չէ, մանավանդ որ թոխլիներն էլ տարիր քաղաք, այն դատարանի անդամների բերանը ոսկոր գցեցիր, քեզ էլ օգուտ չբերեց, բայց մեր վիճակը խո՞ լավ գիտես, մի թիզ արտերս չազատվեց... Փառք աստծո՛ւ, էլի քու արտերից մեկ-երկուսը կքաղվի, հերկերդ փրկվեցին խշմից:

— Մարուք աղբա՛ր, աստված գիտե, մոլորվել եմ... Մտքիցդ չանցնի, թե Վարդևանը մոռացել է պարտքը կամ քեզ խաղցնում է... Միտքս դրել եմ մոզիկներս ծախել և նախիրն եմ ուղարկել, որ լավ գիրանան: Ուզում ես հիմիկուց գին դնենք, վեր առ, չես ուզում, մնա՛, աշնանը ծախեմ և թոխլիներիդ գինը տամ:

— Ինչպես ուզում ես, այնպես արա, միայն մի՛ մոռանալ, որ շատ նեղության մեջ ենք:

— Խոսքս խոսք է, վստահ գնա գործիդ:

Դեռ հազիվ ճանապարհել էր Վարդևանը Մարուքին, ինքն էլ շշմած մտածում էր անելիքի մասին, երբ նրա դուռը կտրեց մի ուրիշ հարևան, որից մի լիրա էր փոխ առել Վարդևանը ու դատաստանական գործադիր մարմնի ներկայացուցչին տվել որպես վարձ:

— Այն մի լիրան, Վարդևան աղբար, հոգուդ մատաղ: Մուտուրկանցուց մի սոմար ցորեն գնեցի, կալին պիտի տա, այսօր նեղություն ունի, եկել է, պահանջում է:

— Մի լիրա՛ն... Բայց փող չունե՛մ, ճար չկա: Չի սպասել մի տասնևինգ օր, Ղարսից՝ Գեղնոնիցս փող պիտի գա, իսկույն կտամ:

— Հավատացի՛ր, շատ նեղն եմ, մարդը եկել է դուռս, չտամ, վախենամ ցորենը թանկե, հետո մանր ու խոշորս նեղության մեջ գցեմ...

— Մի տեղից գտի՛ր, Մարգար ջան, արևս վկա՛, Գեղնոնիցս փող ստանալուն պես առաջին անգամ բերեմ քեզ վճարեմ... Մի՛ վախենալ, շատ չեմ ուշացնի, մի՛ կասկածիլ, նամակ ունիմ, կարելի է, որ հիմի Պոլիս էլ եկած, քաղաք հասած լինի:

Իրար ետևից, կարծես միախորհուրդ, գալիս էին Վարդևանի պարտատերը, և նա մոլորված ամեն մեկին մի-մի պատասխան տալով ճանապարհում և մորմոքալով հառաչում էր: Քանի որ արտերը ցոլում էին, առատ բերք խոստանում, մարդ չէր հիշեցնում Վարդևանին յուր պարտքերը: Երբ կարկուտը ոչնչացրեց և փչացրեց նրա աշխատության պտուղը, ամենքն էլ կասկածեցան նրա պարտաճանաչության մասին (գոնե Վարդևանը այդպես էր բացատրում), սկսեցին խստիվ իրենց պահանջները ուզել: Մարդ է, դրացիություն է, կարիք է, ամենքն էլ ունին պարտք ու պահանջ, բայց պարտապանը չունեցածից ի՞նչ կարող է տալ:

Հենց այդ դառը մտքերը Վարդևանին պաշարած օրերը քաղաքից մի պաշտոնական եկավ և մի հայտարարություն նս հանձնեց, թե օգոստոսի մեկին աճուրդով ծախվելու է Վարդևանի շարժական կարողությունը: Եթե այդ կարողությունը չլրացներ նրա Գևորգ աղային ունեցած պարտքը, այն ժամանակ հետևյալ ամսում ծախվելու էր նս անշարժ կալվածքը: Բավական չէր այս գույժը, Վարդևանը պարտավոր էր գուժկանին կերակրել, պատվել և մի փեշքյաշ տալով, արձակել: Քեհյան և նրա խորհրդականները այդպես էին խորհուրդ տալիս: Թեև Վարդևանը հակառակվեց, բայց պաշտոնականը բռնությամբ մինչև չկորզեց մի մեջիդե[39] , չհեռացավ, դեռ առանց հաշվելու կերած հավերն ու ձվերը, տարած մածունն ու կարագը, վառեկներն ու գառը:

Հարվածը սարսափելի էր, Մեղրենց արյունարբու լակոտը մտադրածը պիտի կատարեր: Գեղի մեջ պարծեցածը պիտի գլուխ բերեր... Վարդևանի կայքը, արտերը պիտի Արզրումի մեջ մունետիկի ձեռքով աճուրդով ծախել տար: Այս միտքը սպանում էր Վարդևանին, այս հարվածը խելաբժուժ արավ հողագործին, որը գիշեր և ցերեկ հանգստությունը կորցրեց: Քեհյան ու տերտերը անընդհատ հետևում էին Վարդևանին և երկուսն էլ քննում էին նրա բոլոր արարքները ու տեղեկացնում մանրամասնաբար Գևորգ աղային, որի մարաբաներն էին: Գևորգ աղան խոստացել էր աճուրդից գնել Վարդևանի կալվածները և հանձնել նրանց մշակելու մարաբայական կարգով: Այս բանից մասամբ տեղեկություն ստացել էր և ինքը՝ Վարդևանը:

— Ողջո՛ւյն, — ասաց մի իրիկուն տուն մտնելով տերտերը Վարդևանին և անցավ բազմեցավ բազմոցի գլխին, առանց սպասելու տանտիրոջ բարի «հրամմեցեքներին»: Շատ չանցած նրան հետևեց քեհյան, որը նույնպես տեղ բռնեց տերտերի դիմաց: Վարդևանը անմռունչ նստած էր, առանց լսելու և մասնակցելու անգամ նրանց խոսակցությանը: Տրտնջում էին գյուղի ջոջերը իրենց վիճակից, անողորմ բախտից և հուսահատությունները արտահայտում: Վարդևանը միայն երբեմն-երբեմն հառաչում էր:

---

[39] Մտտ 2 ռ.:

— Է՜հ, Վարդևան աղբար, — ասաց տերտերը խրատչի տոն տալով յուր ձայնին, — ի՞նչ շատ հառաչեցի՜ր, ի՞նչ շատ մնջեցի՜ր; Աշխարի է, մի օր այսպես, մի օր այնպես կմթնեցնենք, կանցնի, կերթա: Աշխարիի համար ի՞նչ ես այդքան հոգս քաշում: Այս անցավոր կյանքն ի՞նչ է, որ մարդ դրա համար այդքան մտատանջվի, դառն ցավերի ու հոգսերի մեջ մոլորվի: Ինչ ուզում ես արա, կերածդ մի փոր հաց, հագածդ մի ձեռք հալավ է: Դու հավիտենականի համար մտածի՜ր, որ կամ մշտնջենավոր երանություն է կամ անվերջ տանջանք: Վախենաս այս փուչ աշխարիի վրա մի աղքատ ապրուստ չճարե՞ս: Մի լինիլ մյուլքատեր, եղի՜ր մեզ նման մարաբա, ի՞նչդ կպակսի: Մյուլքատեր, թե մարաբա. զանազանությունն ինչի՞ մեջ է: Ամեն դեպքում էլ մի ապրուստ, մի աղքատիկ կեցություն: Քանի որ մեզ այնպես է վիճակվել, որ մեզ պիտի թալանեն մյուլթեզիմները, էղնամի մեմուրները, վաշխառուները, չարչիները և մեր բերքի մեծ մասը պիտի կողոպտեն, տանեն, ավելի լավ չէ՞, որ մենք էլ մտնենք մի-մի ուժեղ աղայի հովանու տակ, որ նա մեզ պաշտպանե... Ի՞նչ անենք, թե աղան պիտի կիսե մեր բերքերը, խո գոնե մեր բերքի կեսը մեզ կմնա և մեզ ամեն պատահական չի կարող ճզմել ու ճխլել: Արի ինձ լսե՜, գնանք, չթողնենք, որ հողերդ աճրդով ծախվեն, տանք Գևորգ աղային, պայման անենք, դարձիր մարաբա, պրծավ գնաց...

— Ի՞նչ ես ասում, տերտե՜ր... Ես գնամ ու լիզեմ իմ թշնամուս ոտքե՞րը, այն անգութի՞, որը ինձ քարուքանդ արավ... Ես մարաբա դառնամ, ինքս ինձ իմ ձեռքով գերության մատնեմ և ամբողջ ընտանիքս աղային ճո՞րտ շինեմ...

— Մարաբան չե՞ս. իբր թե ստրկությունից ազա՞տ ես: Ի՞նչ տարբերություն կա մի մարդու կամ տասը մարդու ճորտ լինելու մեջ: Եթե մարաբա լինես, մի մարդ պիտի քեզ դատեցնե ու լափե քու վաստակը, եթե անձնիշխան լինես, ոչ թե մեկ, այլ գուցե և հարյուր մարդ քեզ պիտի կեղեքե և առանց զգալու պիտի դրանց անուղղակի ճորտը լինիս:

— Մարաբա լինելով էլ կողմնակի կեղեքողներից չե՜ն ազատվում... բայց հազար անգամ նախապատիվ եմ համարում հարյուրներից կեղեքվել, քան թե տանս, ընտանիքիս իշխանությունը հակառակորդիս հանձնել:

— Մեկ է, առաջ թե վերջը, կալվածներդ ծախվելու են: Կարող է պատահել, որ աճուրդում մի թուրք կամ մի քուրդ գնե արտերդ և այն ժամանակ...

— Ավելի լավ է թուրքի, քուրդի մարաբա լինել, քան թե հայի, արյունակցիս, որն ինձ կործանեց և աշխատում է գիշեր-ցերեկ կործանել իմ դրացիներիս էլ:

— Այն, որ կորցնելու ես հողերդ, ավելի լավ չէ՞, որ համկրոնակիցդ առնե:

— Ո՜չ, ո՜չ, ես ուրախությամբ քուրդին կտամ, մոլլին կտամ, թուրքին կտամ հողերս և նրանց ստրուկ կդառնամ, քան թե հայի, որ փափուկ-փափուկ օրորելով պիտի ծծե արյունս, ապականե կյանքս: Քուրդը, զանազան կամ յուր շահի համար ավելի լավ կպաշտպանե ինձ, կամ մի հարվածով կսպանե և չի տանջիլ բութ, սղոցի նման դանակով...

10

Գիշեր էր, մառախլամած գիշեր, նման աշնան գիշերներին, որոնք ձմռան շուտափույթ մերձենալն են բոթաբերում: Անձրևի, թոնի շատ մանրուք էր թափվում և ավելի գարնան, քան ամառային գիշերվան էր նմանում: Խոնաված, թրջված հողի երեսով չստերը ցեխոտելով առաջ էր գնում Վարդևանը համր քայլերով և մտորելով: Գյուղում ոչ մի շշուկ չէր լսվում, ոչ իսկ քամու նշույլը կար, որ գոնե նրա սուլոցին վարժ ականջները չծակեր: Գնում էր պատից պատ բռնելով և երբեմն-երբեմն էլ կանգ առնելով: Նա մի երկու անգամ քայլերը ետ դարձուց և, երեք քայլ չփոխած, կրկին շարունակեց նախկին ընթացքը: Վարդևանը ավելի գլորվում էր, քան թե գնում, նա ավելի դիականման թավալումներով էր տատանվում: Նրա գույնը մեռելային տիպար էր ստացել, նրա խրոխտ աչքերը փոսն ընկած, հանգածի էին նմանվում և նրա անդամները սայթաքելով էին շարժվում: Կանգ առնելով, խորհելով վերջապես նա հասավ Մանուկի դռանը և բախեց: Ներսից երկար պատասխան չստանալով՝ կրկին բախեց, և վերջապես Մնացականը դուռը բաց արավ, առանց ճրագի մութ բակից ներս առաջնորդեց յուր ապագա աներոջը: Մանուկը նրան ուրախությամբ դիմավորեց և նստեցրեց յուր բարձր կողմը: Երկար տատանվելուց և սովորական խոսակցությունները կատարելուց հետո ասաց Վարդևանը.

— Մանուկ աղբա՛ր, վաղը քու աղադ՝ շեյխը, գեղ պիտի գա՞:

— Այո՛, նա ինձ այսօր խաբար էր արել:

— Ուրեմն այզվան անպատճառ կգա՞:

— Եթե մի արգելք չլինի:

— Գիտե՞ս ինչ կա, ես ուզում եմ դրանից մի տասննհինգ լիրա վերցնել և այդ Մեղրենց լակոտների գործը վերջացնել: Դու մեկ դրան կամաց իմացուր և տես, թե գլուխ գալու բան է՝ գամ ու վերջացնենք:

— Բայց նա առանց գրավականի և դաշնագրի չի տալ:

— Այդ էլ կտամ, ճարս ի՞նչ է... Փոխանակ թողնելու, որ աճուրդով ծախվի և այն անգութ արյուն ծծողների ձեռքն անցնի, ես ինքս գրավ կդնեմ: Գուցե բախտս բերեց, պարտքս կտամ և կայքերս կազատեմ... Թե ո՛չ, ավելի լավ է շեյխի ձեռքն անցնի և Շխնոցը շեյխին բաժին դառնա, քան թե այն տուն քանդող, օջախ կործանող Գևորգ աղան տիրե իմ կայքերիս: Հազար անգամ լավ է շեյխին մարաբա դառնալը Գևորգ աղային ստրկանալուց:

— Դրան կարիք չկա, մանավանդ որ շեյխը հոգվով կպած է գործի և ոչ ոքի չի թույլ տալ, որ յուր մարաբային կեղեքե, այն ինչ Գևորգը, ինչ էլ որ լինի, էլի մի հայ է և կողոպտման ենթակա: Լավ, ես առավոտ կխոսեմ ու քեզ կկանչեմ:

Հետևյալ օրը, ճաշից առաջ, Մանուկը կանչել տվեց դրացուն և ներկայացրեց յուր աղային: Շեյխը Վարդևանին ոտից-գլուխ քննելուց հետո ասաց.

— Տղա՛, փող ես ուզել, նեղության մեջ ես եղել, այդ անօրեն Գևորգը քեզ էլ յուր թակարդն է գցել: Բայց ի՛նչ օգուտ, փող չունի՛մ քեզ տալու:

— Աղա ջա՛ն, դու գիտես, օջախդ եմ ընկել, դու պիտի ինձ ազատես: Տասնհինգ լիրայով ինձ գերությունից կազատես:

— Ես փող չունիմ, այսինքն՝ հիմի ազատ փող չունիմ, բայց տասնհինգ օրից, մի ամսից հետո կարող եմ տալ, ոչ թե տասնհինգ, այլ հիսուն, հարյուր, որքան որ ուզես:

— Աղա ջա՛ն, քեզ մատաղ, քու զավակներիդ մատաղցուն հաշվելով, փրկի՛ր ծառայիդ մանր ու խոշորին այս գերությունից: Որ կամենաք, կարող եք գտնել... Ի՞նչ դժվար է քեզ համար տասնհինգ կամ երեսուն լիրա գտնելը:

— Ես մարդու դուռ չեմ գնալ և ոչ ոքից փող չեմ խնդրիլ: Եթե ուզում ես, կարող ես համբերել, մի չորս-հինգ օր հետո եկ քաղաք և եթե պատրաստի փող ունենամ՝ կտամ, չեմ խնայի. միայն գրավականով և ապահովությամբ:

— Ինչպես կամենում եք, ես պատրաստ եմ բոլոր կայքերս ձեզ մոտ գրավ դնել:

— Քու քոչանները[40] ուրտե՞ղ են, նրանք վեր առ և բեր: Մինչև օրինական դաշնադիր չկապես, մինչև բոլոր քոչաններդ չհանձնես ապահովության, չեմ տալ: Տոկոսն էլ օրինական, ես ձեր հայերի նման անխիղճ չեմ, մեկին տասը չեմ առնիլ, իմս հարյուրին քսանչորս, որոշ, կտրական, ոչ ավել և ոչ էլ պակաս: Խոսքս էլ տղամարդու խոսք, ինչպես կտամ, այնպես կկատարեմ, ինչպես խոսք առնեմ, այնպես էլ խիստ պահանջում եմ: Օրը-օրից չեմ անցկացնի, որոշյալ ժամին ու ժամանակին ետ կպահանջեմ: Ինչպես տալուց երես չեմ դարձնիլ, այնպես պահանջելուց չեմ վախենա, չեմ կասկածի և չեմ մեղմանա: Պայմանիցս մի մազ անգամ չեմ շեղվիլ և սկզբից գեշ մարդ կլինեմ, ճշմարիտը կհայտնեմ, որ ապազայում ո՛չ թե ես, այլ ինձ հետ գործ բռնող պարտազանց գտնվողը ամաչե և լեզուն չհամարձակվի առաջս շարժելու: Ուզում ես, ա՛ռ, չես ուզում, մի՛ առնի: Խելքդ կտրում է, մոտեցի՛ր

[40] Կալվածագիր:

փողերիս, թե ո՛չ, հեռու կեցի՛ր ինձանից, որովհետև ես խոստումնադրուժի գլուխը կփշրեմ:

— Մարդն էլ այդպես է պետք, աղայի պարտականությունն էլ այդ է, որ ճշմարտությունը սկզբից խոսի և շողոքորթ շարժումներով ու խոսքերով չխաբե իրեն դիմողին:

— Ուզում ես, տա՛ր, չես ուզում մի՛ տանիլ: Որքան ժամանակի ուզում ես, այժմվանից որոշիր և հաշիվդ լավ քննե, որ վերջը չզղջաս, — ասաց խրոխտ նայվածքով շեյխը, ջանալով դեմքին աղայական միմիկաներ տալ:

Արդեն ժամանակն էր, Վարդևանը հեռացավ, հուսադրված և հինգ օր հետո քաղաք գնալով, գրավ դրեց յուր բոլոր հողերը տանը հետ, շեյխի մոտ քանվեց լիրայի: Նա ստացավ միայն տասնուվեց լիրա ու կես, որը հանձնեց Գևորգ աղային և արդարադատության պաշտոնյաներին ու ազատվեց Մեղրենց ժառանգների ճիրաններից: Կես ոսկի դրոշմաթղթի վճարեց, երկու ոսկի նոտարական ծախսերին, մի ոսկի դաղիին և մի ոսկի էլ կալվածական պաշտոնակալին, որ արձանագրություն կազմեց Վարդևանի կալվածագրերը շեյխի մոտ գրավական թողնելու մասին: Այնպես որ շեյխին, ճշմարիտ է, Վարդևանը տվեց միմիայն քանչորս տոկոս՝ քանմեկ լիրայի համար մի տարեկան հինգ լիրա շահ, բայց իսկապես Վարդևանը վճարեց ոչ թե քանչորս տոկոս, այլ նա պարտավորվեց վճարելու մոտավորապես վաթսուն տոկոս:

Ուղիղ է, շեյխը քանմեկ լիրա վճարեց և քանվեցի մուրհակ ստացավ, այնպես որ ամեն տեղ կարող է արդարանալ, քանի որ վեր է առել լոկ յուր դրամի համար քանչորս տոկոս, բայց Վարդևանը դրոշմաթղթի, նոտարի, դաղիի և կալվածական ատյանի ծախսերը, այդ փոխարինության պատճառով վճարելով, նրա գրպանից դուրս եկավ իրեն հարկավոր գումարի համար մոտ վաթսուն տոկոս: Հանկարծ երբ ամեն վճարումները կատարելուց հետո հաշիվը կարգի դրեց շեյխը և քննելով հայտնեց Վարդևանին տարեգլխին վճարելիք գումարի քանակը, վերջինս մնաց ապշած: Ամեն վճարում յուր ներկայությամբ էր եղել, շեյխը պարտական չէր նրա փոխարեն ծախսեր կատարել, հետևաբար ինքը պարտավոր էր դեռ համբուրել յուր շեյխ աղայի ջյուպպեի փեշերն ու հեռանալ անվերջ շնորհակալիք հայտնելով:

Բայց Արզրումից Շխնոց հինգ վերստաչափ ճանապարհը մինչև հասնելը, Վարդևանը դառն մտքերով և առաջիկայում իրեն սպասող սոսկալի ապագայի խնդրով այնքան տանջվեց, որ գունատված, մեռելատիպ հազիվ տուն ընկավ: «Քանվեց լիրա», կրկնում էր նա անդադար, «քանվեց օսմանյան ոսկի» և հուսահատվում: Այդքան գումար որտեղի՞ց պիտի միանվագ ձեռք բերեր և շեյխին տալով, կալվածքը գրավից ազատեր: Թեն զգում էր, հայելու նման աչքի առաջ տեսնում էր յուր սոսկալի անկումը, նկատում էր և հավատացած էր, որ պարտատերը ամենադաժան կերպով իրեն թևից բռնելով, դուրս էր վանելու հողերից ու տանից, բայց մի խաբուսիկ հույսով, մի աղոտ հույսի նշույլով նա տատանվում էր: — Կարելի է գալ տարի աստված տվեց հերկերս քսան-քսանհինգ սոմար ցորեն բերին: Կտամ, կպրծնեմ և կազատեմ հողերս...

Անբեր տարուն հետևեց ցրտաշունչ ձմեռը, յուր սոսկալի սառնամանիքով ու բքերով: Վարդևանը յուր մանր պարտատերերին գոհացնելու համար շատ բանից զրկվել էր այդ ձմեռ և մեծ զրկանքի մեջ էլ մնացել էր ընտանիքով: Ինչպես դատարկ էր նրա ամբարը, այնպես էլ պարպված էր քիլարը, մառանը: Արդեն օգոստոսի մեջ, երբ նկատել էր, որ քաղելու բան չէր մնացել արտերում, փոքր որդուն՝ Մելքոնին էլ ուղարկել էր Ղարս, յուր ծանոթ որմնադիրների մոտ քար տաշելու և օրական ստանալով, իրենց օգնելու: Գեղևոնի և Մելքոնի օրականները ոչ միայն պետական հարկերը պիտի ծածկեին, այլ պիտի ընտանիքի ուտելիքն էլ մատակարարեին, քանի որ իրենց բախտից տարին ստերջ էր եկել:

Բայց գործավորի օրավարձը, բանվորի էլ վիճակը շատ մխիթարական չէր Ղարսում, նրանք նոյեմբերի սկզբներին Ղարսի սառնամանիքից ստիպված հեռացել էին դեպի Բաքու–Բաթում՝ երկաթուղու գծի վրա գործ գտնելու և Միխայլովի կայարանում կամուրջների համար քար էին տաշում: Այդ հեռավոր անկյուններումն էլ շատ հեշտ չէր փող վաստակելը և տուն հասցնելը, այնպես որ Վարդևանը խիստ նեղության մեջն էր ինչպես մանր պարտքատերերից, նույնպես ուտելիքի կողմից: Օրեցօր վիճակը վատթարանում էր և հուսահատություն տիրում:

Այդ դժբախտությունների վրա ավելացավ մի նոր խայտառակություն ևս, մի գիշեր Մարգարիտը Մնացականի հետ փախավ: Այդ փախուստը ինչպե՞ս կայացրին, ոչինչ չիմացան ծնողները, մինչև անգամ տարակուսանքի մեջ էլ մնացին, կասկածելով, որ չլինի՞ թե թուրքերի ճանկն ընկան սիրահարները և փորձանքների մատնվեցան: Գարանը որքան ողբում էր և ինչ փաստեր ներկայացնում էր, չէր կարողանում Վարդևանին համոզել, յուր անմեղությունը հավատացնել: Առավոտից մինչև իրիկուն լացեց թշվառ մայրը, երդվեց, ողբաց ու սգաց, բայց Վարդևանը անհողդողդ մնաց յուր կարծիքի մեջ: Մանուկն էլ փնտրում էր յուր Մնացականին, բայց չէր համարձակվում մոտենալ յուր հարևանի դռանը: Վերջապես երկու խնամիներն էլ մոռացան անցյալը և սկսեցին միջոցներ ձեռք առնել, որոնելու և գտնելու տարփավորներին: Գյուղ-քաղաք, չորս կողմը մարդիկ սփռեցին, որ գտնեն իրենց կորուստը, բայց ոչ մի կողմից տեղեկություն, բացատրություն չեղավ, այնպես որ ամբողջ շաբաթն անցավ և չհայտնվեցավ, չիմացվեցավ սիրահար փախստականների հետքը: Սազում, Օվայում գյուղ չմնաց, որ չորոնեին,

Բասենից, Թորթումից ու Դերջանից անհույս վերադարձան փնտրողները և բավական չէր քաղցի, ցրտի և պարտքերի մեջ նեղվիլը, Վարդևանին պետք էր նաև հալումաշ լինել Գարանի հետ իրենց փախստականների համար...

11

Անցավ տասնևհինգ օր, անցավ և ամիս, բայց Վարդևանն ու Մանուկը իրենց զավակների տեղը չիմացան: Եթե ձեռքերում մի քանի սև փող էր ընկնում, ախոռներում զառից, հորթից և հավից ինչ էլ որ ունեին, ծախում էին և վաղը փոստի, հեռագրի և մասնավոր անհատների վրա ծախսելով, անցկացնում էին օրերը: Սառնամանիքը օրեցօր սաստկանում էր, բուքն ու թիփին չէին կտրվում, սրանց հետ միասին չունևորությունը տանջում էր գյուղականին: Արդեն երեք ամսից ավելի էր, որ ո՛չ մի փարա փող, ոչ էլ նամակ էին ստացել Գեղոնից ու Մելքոնից:

Բավական չէր, որ քաղցից ու բքից տանջվում էին Վարդևանն ու Գարանը, մանր պարտատերերն էլ նրանց դադարումը կտրել էին: Օր չէր անցնիլ, որ հինգ-տասը մարդ չկտրեր նրանց դուռը և փող չպահանջեր: Էլ ո՛չ պատիվ էր մնացել, ո՛չ էլ երեսի ջուր, խոսքի էլ հավատ չէին ընծայում, երդումի էլ, քանի որ անչափ անգամ խաբվել և միշտ դատարկաձեռն էին հեռացել պահանջատերերը Վարդևանի դռնից: Հաճախ Վարդևանը աղջկան փնտրելու պատրվակով գնում էր քաղաք մի քանի օրով, այս ու այն գյուղը, գլուխը մի կերպ պահելու պարտատերերի ձեռքից, որոնք նրան յուր տան մեջ հանգիստ չէին թողնում: Բայց ոչ մի միջոց չէր օգնում, գյուղից ձեռք չէր կարողանում քաշել, իսկ երբ վերադառնում էր, բոլոր պահանջատերերը միասին գալիս և սկսում էին իրենց պահանջներով տանջել:

Վախով ու ախով Վարդևանն անցկացրեց յուր տոները՝ ծնունդն ու մկրտությունը, չոր ու ցամաք խաշած խոտերով ու արմտիքներով կատարեցին բարիկենդանները և պահոց օրերին դիմավորեցին նվազած ու չորացած մարմնով: Թեքվեց փետրվարն էլ, և գարնանամուտն էլ հասավ, բայց ձյուները հալչելու կամք չունեին, հյուսիսի սոսկալի քամիները փչում էին դեռ և սարսռեցնում ամեն բան: Մարդիկ, անասունները իրենց որջերից, իրենց ախոռներից չէին կարողանում դուրս գալ:

Հենց այդ օրերում հազիվ մի նամակ էր ստացել Մանուկը յուր որդուց՝ Մնացականից, որը ձեռքին շտապել էր Վարդևանի քով՝ կարդալ տալու և մխիթարվելու հույսով: Վարդևանը վշտաբեկ և հուսահատ առավ նամակը և ծանր ու հեկեկալով, հեղձուցիչ ձայնով սկսեց կարդալ:

Գարանը և Մանուկի կինը՝ Մարիամը, քիչ հեռուն, մթնում կանգնած լսում էին բովանդակությունը:

«Սիրելի ծնողնե՛ր, հայրե՛ր ու մայրե՛ր:

«Մենք լսեցինք, որ դուք մեզ շատ փնտրել, շատ տրորվել և շատ էլ տանջվել եք: Լացինք ձեզ համար, ցավեցանք ու մորմոքացինք, քանի որ աշխարհում ձեզանից ավելի սիրելի, ավելի մերձավոր ցավակից և բարեկամ չենք կարող գտնել: Որքան որ դուք մեզ համար եք տանջվել, այնքան էլ մենք ցավերով ենք տապակվել և հառաչել ձեզ համար: Այժմ սույն նամակով ձեզ դիմելով, խնդրում ենք, որ մոռանաք անցյալը, մոռանաք մեր պատճառած բոլոր սրտմաշուք կսկիծները և օրհնե՛ք մեր ամուսնությունը:

«Գյուղից հեռանալով մենք Բասենի վրայով եկանք հասանք Ղարաուրղան մի օրվա մեջ, այնպես որ երկրորդ օրը առավոտյան անցնելով ռուսական սահմանը, մենք արդեն ապահովված համարեցինք մեր կյանքը: Հայրի՛կ ջան, ապրի՛, շատ ապրի մեր Ֆաթման՝ մատյանը, նա կարծես զգում էր, որ մենք շտապում ենք փախչել ու ազատվել Շխնոցից, թուրքերից և աղաներից, փշրել մարաբայության շղթան, դրա համար էլ թռչում էր, թռչկոտում էր մինչև մեզ տեղ հասցնելը: Բայց ցավում եմ, սիրտս կտրտվում է, որ ես պարտավորվեցա այդ մատյանը ծախել Բաշ-քյոյի քեհյային և նրա գնով կաշառել տեղի տերտերներին, որ մեզ պսակեն: Առանց ձեզ մենք պսակվեցինք Բաշ-Քյո: Խնդրում ենք օրհնեցեք մեզ, ներեցե՛ք մեր կամապաշտությունը և թողություն տվեք:

«Հարյուր ռուբլով ծախեցինք Ֆաթմայիս, բայց երկու հարյուրից ավել կտային, եթե մենք անցագիր ունենայինք, վախ չունենայինք գյուղապետից: Լավ էր, այդ փողից մի քառասուն ռուբլի ետ պահեցինք, որով երեք ամիս գյուղերում գլուխներս պահելուց հետո, եկանք Ղարս և ահա քանի օր է Ղարսում տուն բռնած աշխատում և ապրում ենք: Գիտեմ, հայրի՛կ, շեյխը Ֆաթմայի համար քեզ շատ է տանջելու, շատ է զրկանքների մատնելու, բայց ի՞նչ անեմ, առանց Ֆաթմայի ո՛չ կարող էի Մարգարիտիս փախցնել, ո՛չ էլ գլուխս պահել ճանապարհին հետևիցս ընկած ստոր զապթիեներից և քուրդ ավազակներից: Այդ ձիու գինը մեզ փրկեց, օրինական պսակին արժանացուց և այս օտար երկրում մեզ ապրուստ տվեց երեք ամիս ավելի, մեկ խոսքով՝ մեզ նորից գնեց:

«Դուք գիտեք, որ մենք ճարահատ դիմեցինք այս միջոցին, եթե դուք օրհնեիք մեր ամուսնությունը, եթե Վարդևան ապարը դեմ չկենար մեր միացման, եթե մենք մարաբայության ենթարկված չլինեինք, հայտնի բան է, այս բոլորը չէր կատարվիլ, բայց մեր վիճակը մեզ ստիպեց ո՛չ միայն ձեզ զայրացնել մեր փախուստով, այլև ձեզ նեղության ենթարկել Ֆաթմայի՝ մատյանի, պատճառով: Հաշվի՛ր, հայրի՛կ, թե ինձ բաժին տվիր, տանից հեռացրիր: Լավ համոզված ես, որ ես այլևս չեմ կարող ետ դառնալ, քանի որ Վարդևան ապարը առողջ է, ես նրա աչքին երևալ չեմ համարձակվիր: Մանավանդ որ շեյխի նման աղայի ձեռքի տակ մարաբա լինելը մեզ բնավ հաճելի չէ: Տարին տասներկու ամիս նրա համար աշխատելուց, հոգնելուց, դաղրելուց և մրմռքալուց հետո նրա և յուր տոփոտ լակոտների կրքերին զոհ դառնալու առիթներից փախչելու է...

«Ես արդեն այստեղ մտա դվնիկցի վարպետների մոտ քար տաշելու, օրական առայժմ մինչև մի ռուբլի վաստակում եմ, այնպես որ այդ փողով մենք երկուսով հանգիստ ապրելուց ջոկ, կարող ենք մի բան ետ գցել և ձեր նեղություններին էլ օգնության հասնել: Թեև այստեղ էլ գարուն չի եկել, բայց շատ գործ կա, որոնց համար քար են պատրաստել տալիս ձմեռը, տաշում և գարունը բացվելուն պես գործերը կարգի դնում:

«Ուղիղ է, այստեղ էլ աշխատում ենք ուրիշի դռանը, այստեղ էլ մեր աշխատանքից մաս ու բաժին են հանում վարպետները, վերակացուները, կապալառուները, այնպես որ մեր աշխատության գնի կեսն էլ մեզ չի հասնում, բայց համեմատաբար այդտեղից շատ ու անչափ հանգիստ ենք և հոգիներս չի խռովում անգութ աղաների, դաժան գործակալների և դատարկապորտ ոստիկանների ներկայությամբ: Այդտեղ պարտավորված էինք դառն աշխատելուց հետո ոչ միայն չոր ու ցամաք ապրուստով զրկանքների մատնել մեր անձը, այլ մինչև անգամ լռելու, մնջելու և գլուխներս կախած հնազանդելու այն հարվածների առաջ, խոնարհիվելու այն ձեռքերի տակ, որոնք մեզ տանջում էին: Այնինչ այստեղ մենք ոչ միայն մեր վաստակը ուտում, խմում, կարգին հագնվում ենք, այլ մինչև անգամ մեզ գործ հանձնողների դեմ բողոքում ենք, երբ մեզանից բան են ուզում քաշել, մեր պահանջներից, օրավարձերից զեղչել:

«Միայն ձեր կարոտն է մեզ տանջում, միայն ձեր սերն է մեզ հիշեցնում հայրենի օջախը, թե չէ մարաբայական լուծը այնպես է դառնությամբ լցրել սիրտներս ու հոգիներս, որ հավիտյան Շխնոցի անունը չէինք ցանկալ տալ, շեյխին չհիշելու համար: Մեր վերադարձին մի՛ սպասեք, մեր վզին ձեր դառնության շղթան անցկացնելու մի՛ տքնիք, ո՛չ ետ կգանք, որ ոչ էլ թուրքի, բեգի և աղայի երես տեսնենք: Հերիք է, որքան սրտերումս կուտակված մաղձը, թույնը պարտավորվել ենք փսխել ու կրկին կլանել, կուլ տալ, լռել ու համբերել: Ավելի լավ է օրականի հույսով մնալ և այս պանդխտության մեջ չարչարվիլ, գլուխ պահել, քան թե տուն դառնալ և աղայի առաջ գլուխ թեքել ու մրմռքալ:

«Գիրս մասնավորի երկար գրել տվինք, մեր վիճակը ձեզ հայտնեցինք, որ էլ ո՛չ մեզ փնտրեք, ո՛չ էլ մեր վերադարձին սպասե՛ք: Միայն ձեզանից կրկին ու կրկին խնդրում ենք, որ մեզ օրհնե՛ք, մեր արարքը մոռանա՛ք, մեզ թողություն տաք:

«Համբուրում ենք ձեզ բոլորիդ՝

Ձեր որդիքը՝ Մնացական և Մարգարիտ»:

«Հ. Գ. Գեղեոնն ու Մելքոնը Միխայլովո են աշխատում, զալողներից

լուր ստացանք, որ առողջ են, հաջող և ինչ-որ կամուրջների վրա են աշխատում»:

Կարդացին ու հառաչեցին հայրերը, արտասվեցին մայրերը, և սրանց արտասուքը թրջեց իրենց կրծկալները, ողողելով իջավ գոգնոցները, թացցուց: Վարդևանը տեղ-տեղ նամակը մի քանի անգամ կարդաց, մի քանի անգամ զննեց և վար դրեց: Մանուկը մոլորված տնքում էր և խեղդված ձայնով շրթունքների միջից դուրս մղում յուր այրված սրտից բխած հառաչանքները: Երբ ընթերցանությունը ավարտեց Վարդևանը ու վար դրեց նամակը, Գարանն ու Մարիամը հեռացան հյուրասենյակի մթությունից տան խորքերը և սկսեցին հեկեկալ:

— Հիմի բան չունիմ ասելու, — մրմնջաց Վարդևանը, — դոչաղ տղա՛, հալալ լինի քեզ աղջիկս: Աշխատի՛ր ու ապրեցե՛ք: Մարաբայությունից փախչողը աստծուն կմոտենա, խելքը գլխին մարդն էլ երթա ու մարաբա՞ դառնա: Բայց ի՞նչ եղան այդ անխելքները: Այդ հիմար Մելքոնը չի էլ մտածում, որ ցանքերը մոտեցան, և հայրը մենակ է, միսմենակ: Ես այնքան հողս ինչպե՞ս կարգի բերեմ մենակ: Հիմարը չի մտածում, որ յուր ամբողջ տարվան վաստակից իմ արտերս ութ-տասն անգամ ավելի կբերեն, եթե փորձանքի չենթարկվեն:

Լռեցին երկու խնամիները, և Վարդևանը սուզվեց յուր ցավերի մեջ, այնպես որ իսկույն մոռացավ աղջկան: Նրա աչքերի առաջ ներկայացան Գևորգ աղան, շեյխը, պարտատերերը, որդիքը և նա թմրած, ինչ անելիքը չէր կարողանում վճռել: Մանուկն էլ նույնպես խրված էր յուր ցավերի մեջ: Որդուց հավիտյան բաժանվելու հարցը բաց արեց նրա աչքի վրայից այն քողը, որը թույլ չէր տալիս իսկությամբ զննելու յուր վիճակը:

Խնամիները իրարից շուտով բաժանվեցան, առօրյա հացի խնդիրը, տիրող սովը, քաղցից առաջացած մորմոքը նրանց ստիպեց առժամանակ մոռանալ նույնպես իրենց սիրելիների կորուստը, որոնց մասին նամակի առթիվ քիչ փղձկացել ու լացել էին: Իսկույն նրանք ընկան այս ու այն դատարկ ամանները, ողողեցին պտուկներն ու բղուղները, ավլեցին ամբարների անկյուններն ու արանքները, որպեսզի այդ օրն էլ լցնեն իրենց անհատակ ստամոքսները, մինչև հաջորդ օրվան մի կերպ հանելու...

12

Օր-օրի վրա Վարդևանը գնում էր Արզրում և ետ գալիս, բայց ո՛չ միայն փող, այլ մինչև անգամ նամակ էլ չկար: Որտե՞ղ էին Գեղևոնն ու Մելքոնը, տեղեկություն անգամ չուներ Վարդևանը: Ցանքսի օրերը մոտենում էին, մոլորությունը տիրել էր թշվառ պարտապանին: Շեյխի պարտքի ժամանակամիջոցին մնացել էր և ոչ իսկ վեց ամիս, եթե արտերը չցանվեին, արդեն պետք էր ձեռք քաշել ամեն բանից: Ղարսից դարձողները ո՛չ մի տեղեկություն չէին բերում Գեղևոնից, իսկ համբերությունը համարյա թե կտրվել էր:

Այդ բոլորի վրա ավելացավ նաև զինվորական տուրքի խնդիրը. գործակալները զյուղ էին եկել և բռնադատում էին երեք օրվան մեջ հավաքել հանձնել տուրքը: Քեհյա ու զզիր, զապթիե ու զաբիթ ընկել էին դռնեդուռ, մտրակի հարվածներով գանակոծում, հայհոյում և անհամբեր պահանջում էին անմիջապես լրացնել գումարը: Այդ բոլոր նախատինքի հետ դեռևս ստիպում էին, որ իրենց հյուրասիրեն զառներով, հավերով, կարագով, շաքարով ու մեղրով:

— Անօրեննե՛ր, — գոռում էր զապթիեն, — զարունը մտաք, դեռ տասը-քսան օր էլ անցավ, ինչի՞ չեք շտապում գլխագինները վճարել, որ ազատ ապրիք: Անհավատներ, ինչի՞ եք տանջում մեզ, ինչի՞ եք ստիպում գոռգոռալ ու պահանջել: Դուք ձեր կյանքերը փրկելու համար պարտավոր եք ինքներդ օր առաջ, ամեն գործից առաջ փրկանքներդ պատրաստել և վճարել: Այս ի՞նչ հարկ է, որ խաղ եք անում, ձեր գլխից ձե՞ռք եք քաշել, ի՞նչ է...

Ամեն մարդ ճար-ճուր էր անում, զրավական էր գտնում, պարտք անում, որպեսզի ազատվեր անօրենների ճիրաններից, գլուխը փրկեր փրկանք պահանջողներից: Ուղիղ է, սուլթանները եվրոպացիներին խաբելու համար գլխագնի փրկանքի անունը փոխել ու զինվորական տուրքի էին վերածել, բայց նրանց գործակալների համար, հարկը վճարողների համար դարձյալ այս տուրքը գլխագինն էր: Դեսից-դենից ոլոր-մոլոր գալարվելով գալիս էին շինականները և քառասուն կապոցների մեջ հանգուստած ոսկիներն ու արծաթները թափում հարկահավաքների առաջ:

Եկավ Վարդևանն էլ, բայց ճար չուներ, փող չուներ, մոլորվել էր ու մնացել: Վրա հասավ զապթիեին ու մտրակով լեռդին, գլխին ու ազդրերին սկսեց մտրակել ու գոռգոռալ,

— Անհավա՛տ, այս երեք օր է խաբում ես, խաբում ու մինչև անգամ չես էլ գալիս աղային[41] տեսնելու: Մենք ձեր գերի՞ն ենք, որ զանք այստեղ սպասենք, օրեր մթնեցնենք, թե ի՞նչ է դուք ջեզիե պիտի տաք:

Բոլորը դողդողում էին, և Վարդևանը, աչքերը արյունով լցված, չէր իմանում, թե ինչպես զսպի յուր արդար զայրույթը: Նա բորբոքված, բայց հանդարտ ձայնով ասաց.

— Աղա, ի՞նչ իրավունքով թողնում եք, որ այս զապթիեն սուլթանի շնորհած օրենքների հակառակ բռնություններ կատարե, մարդ մտրակե, արյունլվա անե: Այս ի՞նչ խիղճ է, այս ի՞նչ կարգ է, որ սուլթանի պաշտոնականը նրա հրովարտակների հակառակ շարժվի: Ես, աղա,

---

[41] Պաշտոնյա:

հիմա գնալու, բողոքելու եմ վալիին, հեռագիր եմ տալու սադրազամին... Ես այս անարգանքը չեմ կարող տանել... ես...

— Անհավատին նայի՜ր, անօրենին մտիկ տո՜ւր, մեզ օրենք պիտի սովորեցնե, — ասաց մտրակելով զապթիեն, սարսափ սփռելով քեհյայի, զգիրի ու գյուղացիների վրա: — Անհավատ հաստակողե՜ր, մինչև չմտրակեն, մինչև որ թոփուզը ձեր գլխին չտան, պարտքերդ չեք վճարիլ:

— Աղա, խոսք հասկացրեք այս զապթիեին, լսեցեք, ի՞նչ եմ ասում, հետո վճիռ տվե՜ք, ինչ անելու եք արեք:

— Օսմա՜ն, — ասաց գործակալը զապթիեին և նշան արավ, որ դադարի...

— Աղա՜, դուք տեղեկություն չունի՜ք, սրանք տերության պաշտոնականներին դիմադրելու համար հոգի են տալիս: Խելքերը, մտքերը մեզ ընդդիմանալու հետ է, — ասաց զապթիեն և ետ քաշվեց, սպասելով տիրոջ ակնարկին: Վարդևանը մոտեցավ և ասաց աղային.

— Դուք ինձանից ի՞նչ եք պահանջում:

— Քեզանից պահանջում ենք յոթ լիրա և քսան դուրուշ:

— Պատճա՞ռը, ես քանի՞ հոգի ունիմ, խնդրում եմ, կարդացեք ցուցակը:

— Անհավա՜տ, կարծում ես քեզանից ավել են պահանջո՞ւմ, ինչ որ գրված է տոմարում, այն էլ պիտի տաս: Տասնմեկ հոգի եք և որպես համբա կորածների և աղքատների համար էլ մի գումար, մի նուֆուզի[42] փող ավել պիտի տաք, վաթսուն դուրուշ, գումարը յոթ հարյուր քսան դուրուշ:

— Ախր ես երեք շնչավոր ունիմ, ինչի՞ պիտի տասնմեկ հոգու հարկ տամ: Ախր գութ ունեցե՜ք, խիղճ ունեցե՜ք: Հավատի կրոնի կեսը խիղճն է կազմում: Երեք հոգու փոխարեն ես ինչի՞ պիտի տասներկու հոգու ջեզիեն տամ: Ես եմ ու իմ երկու որդիքս:

— Այդ մեր գործը չէ, գնա՜ բողոքիր նահանգական արձանագրության ատյանում և արձանագրությունները փոխել տուր: Ահա քու ընտանիքի ցուցակը: Գալո՜...

— Այդ հայրս է, որ մեռել է տասներկու տարի առաջ, քանի՜ մեկ ես դրա հարկը պիտի վճարեմ, մեռածի համար էլ փրկանք կվճարե՞ն: Ամեն տարի գնում եմ ու ջնջել տալիս ցուցակից դրա անունը, իսկ դուք ամեն տարի գալիս ու կրկին պահանջում եք:

— Այդպես չի կարելի, անհավա՜տ, ձայնդ կտրիր, մեր հիմնարկությունները մի՜ գցի կասկածանքներիդ տակ: Դու լսիր, Վարդո, Մաքո, Սաքո:

— Աղա, Վարդոն ես եմ, բայց Մաքոն ու Սաքոն գնացին Ամերիկա և

[42] Շնչավոր:

այնտեղացի են գրվել, ես ի՞նչ մեղավոր եմ, որ եղբայրներիս հարկն էլ տամ:

— Այդ մենք չգիտենք, դու լսիր: Օհան, Արթին, Գեղնոն, Մելքոն:

— Աղա ջան, Օհանն ու Արթինը մեռան հե՛ խոլերին:

— Զայնդ կտրի՛ր, անօրե՛ն, խոսք իմացիր: Մանի՛կ, Փիլո և Գրիգոր:

— Աղա ջան, ալլահի սիրուն, աղա ջան, սուլթանի կյանքի արնշատության համար խնդիրքս լսեցեք ու էլի ձեր ասածն արեք: Մանուկ, Փիլո և Գրիգոր իմ որդիքս էին, որոնք մեռել են երեք-չորս ամսական ժամանակները, ախր ես...

— Մենք չգիտենք, խո իմացա՞ր, որ մենք տոմարի համաձայն ենք պահանջում քեզանից այդ փողը և տերության մատյանի մեջ սուտ չի կարող սպրդիլ:

— Չեմ ասում սուտ, մեղա, բայց կարող են սխալվել, մեռածներին չջնջել կամ մոռանալ ջնջելու...

— Դատարկ խոսքեր պետք չէ, փողե՛րը, թե չէ ես մարդ կուղարկեմ հիմա, բերել կտամ և աճուրդով կծախեմ քո տանդ եղածն ու չեղածը:

— Ես փող չունիմ և երեք մարդուց էլ ավելի չունիմ, որ չորս անգամ ավելի հարկ տամ, ինչպես ուզում եք արեք:

— Անհավատի համարձակությանը նայիր, զարկ այդ շանը, ձայնը կտրե, — ասաց գործակալը նշան տալով զապթիեին, որն իսկույն տեղաց մտրակի հարվածները:

Բայց զուր, Վարդևանը փող չուներ, վարկ էլ չէր մնացել, հնարք չկար, որ կաշին ազատեր հարկահանների ձեռքից: Գյուղում ոչ ոք նրան փոխ տալու սիրտ չէր անում, քաղաքացիք բոլորն էլ իմացել էին, որ նրա կալվածները գրավ էին դրված շեյխի մոտ: Հարկահանները պարտավորված ծախեցին Վարդևանի լծկան անասունները, կովերը և փոները, մի բան էլ ավելի գանձեցին ու հեռացան: Անասուններից զրկված, անսերմ, օրական ուտելու հացի կարոտ և կարևոր կարասիքներից ու գործիքներից բաժանված մնաց ապուշի նման Վարդևանը յուր տան մի անկյունում: Ամոթից դռնից չէր կարողանում դուրս գալ, մարդու աչքի երևալ:

Բարեսիրտ և ցավակից տերտերն ու քեհյան երես շուռ տվին Վարդևանից, քանի որ նրանց իղձը չկատարվեց, կալվածները չանցավ Մեղրենց ձեռքը: Դուռ-դրացի երես էին պահում, որ չպարտավորվեին Գարանին կամ Վարդևանին բան փոխ տալ: Պահանջատերերն էլ հարկահաններից ավելի ագահաբար մոտեցան և Վարդևանի տանը մնացած տան կարասիներով փակեցին իրենց հաշիվները:

Էլ հնար չգտավ Վարդևանը արտերը ցանելու, էլ ոչ ոք սիրտ չարավ նրան ձեռք բռնելու, ցանքսի ժամանակը հասավ ու անցավ, և նա չկարողացավ մի բուռ ցորեն ցանել: Գեղնոնից ու Մելքոնից խաբար չկար, իրենք էլ համարյա մուրացկանությունով էին ապրում: Ամենքը, գյուղացիք միաբերան ասում էին. «Շեյխը կուլ տվեց Վարդևանի կալվածները»:

Վարդևանն էլ հուզված ու բորբոքված, կրկնում էր. Ավելի լավ է շեյխն ուտե, շեյխը տիրապետե իմ մյուլքերը, քան թե անօրեն, անխիղճ ազգակիցս:

Վերջապես անտանելի դարձավ կյանքը Վարդևանի և Գարանի համար, նրանք մի գիշեր հավաքեցին մի քանի կարևոր իրեր ու ճանապարհ ընկան դեպի Ղարս: Վարդևանը տարավ իրեն հետ ևս յուր հյուսնության գործիքները, հուսալով երկու զավակների հետ գարունն ու ամառը մի կերպ քսանհինգ լիրա աշխատել, գալ գույքերն ազատել: Բայց պանդխտության մեջ վաստակածից, օրական ստացածից բան չէին կարողանում ետ գցել...

Ասում են շեյխը հետևյալ տարին Վարդևանի տունը հանձնել է Մանուկին՝ արտերի հետ և բերքերը կիսում են: Վարդևանը հույս ունի մի կերպ քսանհինգ լիրա վաստակել, հողերը ազատել և նախկին խաղաղ ու անկախ գործը ձեռք բերել...

1898 թ.

ՔՌՌ-ԵՂԻԿ

(Շիարկեցիների կյանքից)

1840-ական թ.

— Տո՛, շան ցնդնած, կզարկեմ մեկ աչքդ էլ ես կքոռացնեմ, աստծու լսից կզրկեմ, — ասաց գյուղից դուրս գնացող հովվին մղդսի Կյուրեղը, աչքերը կատաղությունից չռած: Հովիվը, որ նրան անվերջ հեգնական շարժումներով էր պատասխանել, դարձյալ ուսերը թոթվեց և նախիրի ետևից մահակը բարձրացնելով, կանչեց. — Հո՛, հո՛, հո՛:

Մղդսի Կյուրեղը ավելի կոտրված՝ կրկին պոռաց չոբանի ետևից.

— Մեկ էլ դու Գալո քեհյենց դռնից անցի՛ր, տես ոտքդ կկոտրե՞մ, թե չէ:

— Ջը՛րթ, — պատասխանեց ետ դառնալով չոբանը, որով բոլորովին կատաղեցրեց ալևոր մղդսուն, որ առանց ամաչելու կռացավ, մի քար առավ ու շպրտեց չոբանի ետևից ասելով, ա՛յ ոչուփուչ, կեցիր, հալբաթ հախ ուզելու կգաս, թե քոռ դոռշ ստանաս՝ դու իմ մեռելս լացուր: — Հովիվն արդեն վտակն անցել, բավական հեռացել էր. քարը ո՛չ միայն չհասավ, այլ հայհոյանքներն անգամ բոլորովին անլսելի մնացին: Գլուխը շարժելով, մղդսին դարձավ դեպի տուն:

— Տո՛, աշխարհը քարուքանդ եղավ, կարգն ու օրենքը վերցավ, թիզուկես լակոտին էլ չենք կրնար զսպել: Որտե՞ղ գտնեմ Ահմադ փաշան, որն անօրեն տեղովը հասկացավ սրա, ոչուփուչ հորն ու կախել տվեց... Կախաղանն ու ջալաթն[43] էլ վերցավ աշխարհից: Ո՛չ մեծի պատիվ մնաց, ո՛չ պստիկի, ո՛չ համփա, ո՛չ չոբան, ո՛չ մղդսի, ո՛չ քեհյա, ո՛չ տերտեր, քուլլի հավասարվեցին պրծան: Գող Պապիկի տղան իմ որդուս դեմ մեյդան գա ու Գալու քեհյի աղջկա վրա ա՞չք տնկե: Քաղցած փորը զկռտում է, չլտ արխալուղի մեջ դողում է, կյանքը անցուցել է ուրիշի դռանը ծառայելով, վարը կշտացուցել է սրա-նրա սեղանի փշրանքով, մերը խալխի բանն անելով չորացել է. մի բլրկած տուն ունի, որ մեր հավի բնիցն էլ պստիկ է, եկել է ոտք է զցում մղդսի Կյուրեղի որդու հետ: Տո՛, մարդու շնորհք էլ ունենա, էլի գլուխը քարը, թիզուկես լայ ունի, կաշու վրայից ոսկորները մեկ-մեկ կարելի է համրել, ռանգը արաբից չի ջոկվիլ, քսան տարին անցուցել է, դեռ երեսին տղամարդու շնորհք չկա՝ քյոսա: Աչքի մեկը Զքեի տղերքը զարկին փչացուցին (վարդ բուսնի դրան կուրացնող ձեռքերի վրա), երեսի չեչերի մեջ բուռմ լաբլաբու զցես, ոչ մեկը վար չի թափվիլ, էդ օրին գեշ կատվի պես էլի մեջքին չի զալ ու գիշեր-ցերեկ կտրել է խեղճ Ասլի ճարն ու ճանապարհը: Հա՛ն, ես քո մորն ինչ ասեմ, շո՛ւն ցնզներ ու անցներ ավելի լավ չէ՞ր... Մղդսի Կյուրեղը պտպտալով փողոցից անցնելիս, նրա զայրույթը նկատեց հարևան Թորոս աղբարն ու հարցրեց. էլի ի՞նչ է եղել, մղդսի, ինչի ես նեղացել...

— Էլ ի՞նչ պիտի եղնի, Նեռը ծնվել է, աշխարհիս վերջը հասել: Տո՛, գեղվորի մի մարդավարի չոբան չգտաք, գնացիք եկաք գող Պապիկի տղին բռնեցիք: Իրիկունը նախիրը բերելիս կովին յառից զցել է, ոտքը կոտրել...

— Բան մի ասիլ, մղդսի ջան, ես կկապեմ, ի՞նչ անենք, մեր աղքատն է, մենք պիտի տիրություն անենք: Քուրդ որ բերենք՝ դրանից լավ չոբանություն անելու խո չէ՞: Փառք աստծո, դեռ մինչև օրս դրա ձեռքից մի մազիկ անգամ գողցել չեն: Տնաշենի գյուղի ձեռքից թարաքյամեքը «յամանալլահ» են կանչում:

— Ինքն էլ սատկի, իրեն գյուղեն էլ... Զաթի էդ չի՞ մեր տունը քանդողը...

Եվ ուղիղ, մղդսի Կյուրեղը վախենում էր Եղիկի գնդակից, թե չէ վաղ գնացել Գալո քեհյի աղջկա նշանն օրհնել էր տվել Տեր-Եղեին: Գալո

[43] Գլուխ կտրող — դահիճ:

քեհյեն էլ հարուստ մղդուն չէ չէր ասիլ, բայց դեռ աղջիկը փոքր էր՝ տասննչորս տարեկան, չտապելու ի՞նչ ուներ: Եղիկը մի քանի անգամ մղդուի որդու՝ Բարսեղի ականջում ասել էր. «Գյուլլա պաղեցնել թե չես ուզում, հեռու ման արի Ասլիից» — և այդ խոսքը հասել էր մղդուի ականջին:

Խլի-Ղարաքիլիսի գյուղի առվակի ամենաստորին մասում գտնվում էր Քոռ-Եղիկի տունը, որ հոր թողած միակ ժառանգությունն էր: Տուն ասելով պետք է իսկական բառի նշանակությամբ չհասկանալ, այլ աչքի առաջ բերել միաչքանի բոստանի բալական, հողի մեջ փորված և կոշտ ու կոպիտ քարերով երեք կողմը երեք արշինի չափ բարձրացրած, կտուրն էլ բարդու և ուռիի ճոներով մի կերպ ծածկած: Դուռը, որ յուր հնությամբ հնագիտական արխիվը մտնելու արժանավորություն ուներ, վարից-վերից մեկ-մեկ թիզ բաց էր մնում ծածկելիս, որոնք լուսամուտի և օդանցքի տեղ էին ծառայում: Սյովա չուներ և պատի մնացորդ մասը հինգ-վեց ջարակով կապած էր, որոնց միջոցները ներսից-դրսից թրքով ծեփել էր Եղիկի մայրը՝ Սոնա բաջին, ձմեռվա ցրտի ազատ ներս մտնելը արգելելու մտքով: Նահապետական թոնդիրը տան մեջ էր թաղած, որի ծուխը հաց եփած ժամանակ դուրս էր գալու դռնից: Մի կողմ մի հին խսիր էր փռած, որը հասան խանի ավերածի ժամանակ սարդարի սարվազների ոտքի տակ քրքրվելու պատիվ էր ունեցել: Մի կարպետ երեսով բարձ կար, որն այնքան մաշված էր, որ ավարի նյութ դառնալու չէր արժանացել Աղա Մահմադ խանի հրոսակների ձեռքը: Թարեքի վրա մի սահան, մի լանգարի և մի թանջարա երևում էին ժանգի մեջ կորած: Գդակալում՝ մի շերեփ, այն էլ կոտրած: Ծալքում մութ տեղը կեղտոտ անկողնու նման մի բան էր երևում, որը կարելի էր փաթաթել և մի աքաղաղի վրա բառնալով, երեք օրվա ճանապարհ հեռու տեղափոխել:

Վերջապես դրան ետևը երևում էր հայկական տների կահ-կարասիների պարծանքը՝ բոլորակ խոնչան, որի երկու ոտքը կոտրած էր, և հյուրերի առաջ դրվելու համար Սոնան անձյունում երկու միաչափ քարեր ուներ, որոնք լրացնում էին կարասիների պակասորդը:

Այս տունը համարյա միշտ ցերեկը դատարկ էր լինում, և գիշերն էլ շատ ուշ ժամանակ Սոնան գալիս էր հանգստանալու, կազդուրվելու և առավոտները արշալույսին հեռանում ծառայելու ուրիշի դռները: Ծառայելու միայն մի փոր հացի և ուրիշի հին ու նորով, պատռած-ճեղքածով հագնվելու փործով: Նրա էնթարիից մի թել քաշեիր՝ հազար կարկատան կթափվեր, նրա գլխի չիթը ախտի մեջ կորած էր, միշտ բոբիկ և արմունկներն ու սրունքները մերկ, կուրծքը կիսով չափ բաց և դառնալի արտասուքով աչքերը միշտ լցված:

Գարնան ամպամած մութ գիշեր էր: Երկինքը անընդհատ փայլատակում և գոռգոռում էր: Տանը, քուրջերի մեջ փաթաթված պառկած էր Սոնան: Պառավը տնքում էր՝ սրտի խորքերից հառաչանքներ բարձրացնելով: Մենք պառավ ենք անվանում Սոնային՝ համաձայն նկատողի աչքում նրա թողած տպավորության, այնինչ թշվառը քառասունհինգ տարին դեռ չէր լրացրել: Սոնայի օջախի մուխը տարիներով դադարել էր, իսկ ճրագը ամուսնու կախվելուց հետո հանգել էր և չէր վառվել: Լսի էլ կարիք չէր զգում, դատարկ տանը փնտրելու ի՞նչ ուներ: Թեև սովորական անկողնու վրա տարածել էր յուր կարկատած շորերը, բայց դարձյալ դողում էր: Կուչ էր եկել պառավը, գլուխն էլ ծածկել և շնչառությունը վերմակի տակ էր կատարում քիչ տաքանալու հույսով, բայց իզուր, ցուրտ ու խոնավ օդը ազատ մտնում էր նրա ծածկոցների անթիվ պատռվածքներից: Մի կատու անգամ չուներ Սոնան, որ անկողնի վրա պառկեր և թիկունքը մի քիչ տաքացներ: Մկների սնունդ չգտած տան մեջ կատուն ե՞րբ կապրի:

Թեև խոխոոցի հետ մի տեսակ հեկեկալու ձայն էր լսվում, բայց պառավը չէր լալիս, նա այնքան դառնություններ էր կրել որ լալու և արտասվելու ընդունակությունը կորցրել էր: Ո՛չ դուռ ուներ, ո՛չ դրկից, որոնց կանչեր, և որոնք լսեին, գային իրեն օգնելու: Կարիք էլ չկար, նրա համար սովորական էր, ամեն իրիկուն միևնույն տեսարանն էր կատարվում, միայն թե օդի ցրտության և խոնավության պատճառով երբեմն ավելի սաստկանում էր պառավի տնքոցն ու խոխոոցը: Այդ գիշերը սաստկագույն տեսակիցն էր. պառավն անկողին մտնելուց երկու-երեք ժամ թեև անցել էր, բայց խաղաղացող քունը դեռ վրան չէր եկել: Ցավի սաստկությունը նրան ակամա խոսեցնում էր, պառավը դելին էր տալիս, տրտնջում էր, անիծում էր վիճակը, անիծում էր յուր ծնունդը, անիծում էր յուր բախտը, յուր թշնամիներին, յուր մարդու դահիճներին, հարստահարիչներին, մինչև անգամ երկնային դատաստանը: Մի՞թե դեռ քիչ է, մի՞թե դեռ քաշելու եմ, աստվա՛ծ, դավթարս գտիր ու ինձի տա՛ր, տա՛ր, տա՛ր...

Կեսգիշերին մոտ դուռը բացվեցավ, Եղիկը ներս մտավ, պառավը ոչինչ չլսեց. նա մահակը և խլիկը վայր դնելուց հետո ասաց.

— Ազի՛, ազի՛:

— Ջա՛ն, Եղիկ, ա՛յ տղա, ո՞ւր թողիր նախիրն ու եկար...

— Նախիրն էլ սատկի, նախրի տիրվտանքն էլ: Բողարն ու Բասարն (գամփռ շներ) այնտեղ են, իմ անունս էլ վրաներն է, մի՛ վախենալ, մարդ չի անցնիլ Եղիկի նախրի մոտովը:

— Ա՛յ տղա, ինչի՞ ես եկել, ի՞նչ ունիս մեջ գիշերին:

— Ուզում եմ թողնել ու գնալ օսմանցու հողը, ինձ ի՞նչ օգուտ նախրից. ահա տասնհինգ տարի է սրա-նրա դուռի նոքրություն արի, սրա-նրա մալի համար կռիվ տվի, կյանքը չխնայեցի, տարի չեղավ, որ հախիս կեսն էլ ձեռքս անցներ, վա՛յ էն անցածին էլ. ո՛րը ցորնով, ո՛րը շորով կտոր, փտոր... Հային ծառայեցի՝ չեղավ, թուրքին ծառայեցի՝ չեղավ, քաղաքում ծառայեցի՝ չեղավ, վերջապես, ինչպես տեսնում եմ ծառայելով մարդ դառնալու չեմ:

— Տղա՛, խելռա՞ր, ի՞նչ է, էդ ամենը էսօ՞ր միտքդ ընկավ:

— Չէ՛, էլ կեցողը չեմ, թե գեղը մնամ, իմ գլխիս մի փորձանք կբերեմ: Էսօր մղդսի Կյուրեղը ետևիցս գոռում էր. կեցի՛ր, հալբաթ հախ ուզելու կգաս, թե գրոշ հախ ստացար, պարծեցիր: Էս անձրևին, քամուն ես հոգիս բերանս առած նրանց նախիրը ամենալավ տեղերը տանեմ արածեցնեմ, օգուտս ի՞նչ...

— Օսմանցուի մարդիկն էլ հողից չե՞ն, այնտեղ նոքար, այստեղ նոքար, քեզ փաշայություն խո չե՞ն տալ:

— Ես նոքար էլ չեմ դառնար...

— Էդ էն օսմանլին չէ՞, որ հորդ կախեց:

— Թե ձեռքներն ընկնեմ՝ թո՛ղ կախեն, կախվելը չոբանությունից գեշ խո չէ՞, մի անգամ մեռնել պրծնել...

— Լա՛վ, լա՛վ, էլի իծանդ եկել են: Այդտեղ թարաքը զաթա եմ դրել, ինձ փայ տվին Մղդսենք, չկերա, վեր առ կեր ու գնա գործիդ:

— Էդ ի՞նչ զաթա է:

— Ես գիտե՞մ, խնամախոս պիտ էրթան, ի՛նչ է:

— Խնամախո՞ս... Էդ ի՞նչ խնամախոս է...

— Ես գիտե՞մ, — ասաց Սոնան և հազիվ տաքացրած տեղից գլուխը բարձրացրեց նստավ: — Տղա՛, դուռը վրա դիր օ՛ֆ, ինչ ցուրտ է, դողոցս բռնեց:

— Հալբաթ ի՞նչ խնամախոս է:

— Գիտե՞մ, ինձ կասե՞ն... Գիտես թե՝ էգուց միտք ունեն Գալո քեհյի տուն էրթալ...

— Գալո քեհյի՛...

— Հա՛, օղուլ, Գալո քեհյի, — կրկնեց պառավը խորհրդավոր ձև տալով խոսակցությանը և սրտի խորքից հառաչեց: Բավական լռություն տիրեց, և երկուսն էլ խոր մտածության մեջ ընկան: Վերջապես հարցրեց Եղիկը.

— Ղոնաղ խո չունե՞ր գիշերս մղդսին:

— Չէ՛:

— Ախպրտանքը, տղերքը, ամենը տո՞ւնն էին:

— Քուլլի: — Մի քիչ լռությունից հետո ասաց կրկին Եղիկը:

— Ազի՛, ես գիշերս կերթամ, էգուց թե քեզ բան հարցնելու կլինին, ասա՝ խաբար չեմ:

— Տղա, ո՞ւր... ինձ ո՞ւր ես թողնում...

— Մի ամիս էլ կեցիր, քեզ այնպես տեղ տանիմ, որ էլ սրա-նրա դուռը չծառայես, ուրիշները քեզ ծառայեն...

— Որդի՛, ես բան չեմ ուզեր, դու լավ եղիր, դու ազատվիր էդ անօրենների ձեռքից, ինձ բան հարկավոր չէ... մղդսի Կյուրեղի տունը ավիրվի, ինչպես նա ավերել տվեց քո հոր տունը, Աիմեղ փաշային կաշառելով, սուտումուտ, զուրումուր քսելով քո հոր վրա: Տուն էլ ունեի, ծառա էլ ունի, տունս բարի էլ, կարողություն էլ կար: — Է՜յ, որդի՛, մոռացիր էդ դատարկ բաները, գլուխդ քաշ գցի, հախըդ կստանաս, քեհյեն խոստացել է, որ քեզ վարուցանքի հող տա, բայքի հորդ տներն էլ ազատես պարտատիրոջ ձեռքից...

— Թո՛ղ էդ քարոզներդ, ես քեզ ինչ որ ասացի՝ լավ միտքդ պահիր:

— Տղա՛, ես կխելռիմ, ես կմեռնիմ առանց քեզ...

— Ես էլ կխելռիմ, եթե էլի գլուխս կախած մղդսի Կյուրեղի մալերը արածելու տանիմ տարին տասներկու ամիս, առանց հախի սարերում, ձորերում մի չոր հացով փորս կշտացնեմ և թողնեմ, որ մղդսու դնդըշած տղեն երթա նշանածս ձեռքիցս խլե՞...

— Երազներ մի՛ տեսնի, Գալո քեհյեն քեզ աղջիկ չի տալ, զուր տեղը դուշմաններդ մի՛ շատացնիլ: Տուն չունիս, տեղ չունիս, երկնքի տակ չոր գլխիցդ ջոկ բան չունիս, կուզես Գալո քեհյի աղջիկը հա՞րս բերես:

— Հա՛, եթե իմ տասննուց տարվան հախը չուտեին, ինձ հասանելիքը եթե այսօր բերեին, համրեին, ես էլ կդառնայի մեկ համփա, մղդսի, ես էլ կունենայի նախիր, իլխի, լավ մատակներ... Հորս փաշայի ձեռքից ազատելու համար Ավազ ամին հիսուն մանեթ է տվել (հազար ղուրուշ), տներիս տիրացել է... Քանի՛-քանի՛ հիսուն ռուբլի պիտի խարջես, որ այնպես տներ շինես:

— Է՛հ, ի՞նչ անենք, մեր բախտն է, որդի՛...

— Էդ քու խելքի բանը չէ, աշխարհքում թե գլուխդ կախես, մինչի մահ վզիդ նստողներն անպակաս կլինին, — ասաց ու դուրս եկավ Եղիկը:

Դռան առաջ մի քիչ կանգ առավ, ուշքը հավաքած անշարժ և անշշուկ ականջ դրեց: Միայն մեղմ անձրևի ձայնն էլ լսվում, ամեն մարդ, ամեն կենդանի խոր քնի և հանգստության մեջն էր: Տների պահապան շներն անգամ մտել էին իրենց բները, կուչ արել մնացել: Այդ անշարժության մեջ Եղիկի մտքից չէր հեռանում յուր անցյալի զարհուրելի, տխուր պատկերը, և ներկա սոսկալի կացության մեջ բարեհաջող ապագայի մասին հույսը կորցրել էր:

— Երեսուն մանեթի ամբողջ տարին ծառայիր, կռվիր եսիրի պես գիշեր-ցերեկ, արևի այրող ճառագայթների տակ, քամու զարհուրելի մռնչյունի դեմ, անձրևի, կարկտի, ձյունի, բքի հետ, ամեն րոպե պատրաստ կեցիր գայլի, արջի, փելենդի հետ կռվելու, հոգիդ բերանդ ա՛ռ, գլխիդ հետ խաղա՛, ինչ է տարեկան երեսուն մանեթ ձեռք գցելու հույսով, և այդ աշխատությանդ վարձը, որ ողջ գյուղից հավաքում են արյունդ ծծող համփաները, առանց իրենց քիսային դիպչելու, իրենք կուլ տան ու դուն էլ տկլոր, էլի պատառոտած, էլի դատարկ արորե փորդ ու ա՛խ քաշե: Ծնածս գյուղումն էլ ինձ զրկեն. քովի գյուղումն էլ, հայն էլ, թուրքն էլ, ազգականս էլ, դուշմանս էլ... Հայրենական տներդ ուրիշը նստի, պապենական արտերդ ուրիշը վարի, մարգերդ դուշմանդ քաղե, ինչ է, ինչ է... հորդ կախել են, դու որբ ու խեղճ ես մնացել և մինչև մահդ էլ դու զնա՛ աշխատիր, որ մղդսի Կյուրեղի, Ավագ ամու, Գալո քեհյի, Կուրդին աղբոր տղերքը հանգիստ ուտեն... Օխտը տարվա սիրականդ էլ, Ասլիիդ էլ դնդրոշ Մուքեն ձեռքիցդ խլե... Չէ՛, չէ՛, դրկիցներ, չէ. Եղիկը էլ չէ կարող, թող ինձ էլ կախեն, գլուխս կտրեն, գյուլլի բռնեն...

Եղիկը կամաց-կամաց առաջ գնաց, կարծես կատվի նման ճանկերը մոտ էր քաղել, գնում էր առանց քայլերի ձայնը բարձրացնելու: Մի քանի օձապտույտ թաղեր անցնելուց հետո հասավ Գալո քեհյի դռան առաջ, քարե սանդուխներից բարձրացավ և երդիքի տախտակը վերցնելով կամաց քիլարն իջավ: Այնքան վարժ էր կատարում բոլոր շարժումները, որ կարելի էր կարծել, թե տան տերն ինքը լիներ և ոչ ոքից երկյուղ չունենար: Երկու քայլ առաջ նրա քայլերը դիպան խեղճ Ասլիին, որը սպասել, սպասել ու քնել էր: Ո՛վ է իմանում, թշվառ աղջիկը ի՛նչ էր երազում: Եղիկը մի քանի անգամ քաշեց նրա թևերից, բարձրացրեց, բայց նա անզգա կրկին գլորվեց գետին:

— Ասլի՛, Ասլի՛, — խեղդված ձայնով կանչում էր բորբոքված երիտասարդը, բայց անմեղ կույսը չէր սթափվում: Ժամանակը սահում էր: Եղիկը դեռ շատ գործ ուներ կատարելու: Նա պարտավորված էր բուռն միջոցներ գործ դնելու: Կռացավ չոքանը, երկու ձեռքերով գրկեց սիրեկանին, երկու կողերից ու այնպես բարձրացրեց, որ կարծես նորածին գառ գրկած լիներ հոտի հետ տուն հասցնելու համար: Սարսափելի էր Եղիկի կացությունը, դողում էր ամբողջ մարմնով, կարծես ծնկները անճարացել, անկարող էին դիմանալու և թևերում ուժ չէր մնացել կանգնած բռնելու յուր սրտի հատորին: Սրտատրոփ նա թոթովում էր. Ասլի՛, Ասլի՛, և ցնցում հոգյակին: Հանկարծ աչքերը բացեց Գալո քեհյի աղջիկը, զարթնեց և թևերը Եղիկի վզով տարածելուց և զանգուր մազերը շոյելուց հետո. — Եղի՛կ, դո՞ւ ես, — հարցրեց և դեռ պատասխանը չլսած կրկին ուժը սպառվեց, գլուխը կախեց նրա կրծքին, ուշքը անցավ, մարեցավ... Եղիկը ձախ թևով գրկած Ասլիին, մոտեցավ բղուղներին և աջ ձեռքով զոխի ու ժախի աղի, բայց սառը ջրով այնքան տրորեց թշվառ աղջկա կուրծքն ու ճակատը, մինչև նրան բոլորովին սթափեցրեց:

Բավական երկար վշտակցելուց, երկար տատանվելուց և զանազան առաջարկներ անելուց հետո ասաց Եղիկը.

— Ասլի, ես այս գիշեր անցնելու եմ օսմանցու սահմանը:

— Ինչի՞:

— Պատճառները շատ են, — ասաց հառաչելով Եղիկը: — Չոքանություն անելով այս դարին մարդ դառնալ անկարելի է, ուրիշ գործի պետք է ձեռք զարկել:

— Էդ քո գործն է, ամա...

— «Ամա» չի ուզիլ, ութ օր, ութ օր ինչ կուզես արա և մի՛ թողնիր, որ մարդ քու փեշին դիպչի ես ութ օրից այստեղ կլինեմ և քեզ թե հայրդ չտա, կփախցնեմ...

— Ութ օր... թե ուշացա՞ր...

— Թե սաղ եմ, էսօր ի՞նչ է, լուս կիրակի, մեկել կիրակի գիշեր էլի այստեղ ինձ սպասե:

— Աստված քեզ հետ:

Երկու սիրահարները գրկվեցին, և Եղիկը մի կերպ Ասլիի գրկից պոկ եկավ, ճանկռտելով պատից վեր ելավ և եկած ճանապարհով ետ դարձավ դեպի մղդսի Կյուրեղի տունը, որ իրենց քոխից շատ հեռու չէր:

— Ո՛չ, քեզ առանց ոսկու, առանց խաս ու ատլաս կտորների չեմ թողնիլ: Դու, որ ինձի՝ որբ և անտերիս, սիրտ տալով գյուղի ամեն տղերքից բարձրացրիր, ես էլ քեզ զուգով ու զարդարանքով Շյորագյալի քուլլի աղջիկներից բարձրացնելու եմ, — ասում էր Եղիկը մտքումը մղդսի Կյուրեղի տանը մոտենալիս: Գալո քեհյի տունը մտնելիս էլի զգուշանում էր, վախենում էր բամբասանքից և պատրաստ էր զոհվելու Ասլիի պատիվը չարատավորելու համար, իսկ մղդսի Կյուրեղի տունը մտնելու համար նախազգուշությունների չդիմեց, նա այդ տանն էր մեծացել, ամեն մի մանրամասնություն գիտեր և եթե դեմը մեկը դուրս գար, կարող էր մի առիթ գտնել և առանց կասկածանքի պատճառ տալու հեռանալ:

Եղիկը ձախ ձեռքը գցեց դռան ճակատի լուսամուտին, ողջ մարմնով կախվեցավ, աջ թևը լուսամատից ներս կոխեց և փայտե հաստ մանտալը ետ հրեց ու վար իջավ: Խլիկը և միակ զենքը՝ մահակը, բակը թողեց և հյուրանոցի սենյակի դռնից ներս մտնելով, շտկվեցավ գոմի կողմը: Գոմից այնքան հանդարտ անցավ, որ ոչ մի անասուն տեղից չշարժվեց: Այդտեղից մտավ ախոռը, մոտեցավ մղդսի Կյուրեղի որդու դնդրոշ Մուքեի միակ պարծանք ֆարաշին (նժույգ-ձի՝ արաբական ընտիր տեսակից): Քյահլանը ճանաչում էր Եղիկին, ոչ մի անսովոր նշան չարեց, բայց Մուքեն ֆարաշի ոտքը բխովել էր և նրա չվանի կապը դոչաղ տղի նման պատը ծակել, անցկացրել էր յուր ննջարանը և գիշերները քնելիս մեջքովն էր կապում, որպեսզի ձիուն փորձանք պատահելիս իսկույն լսի, դուշմանների հախից գա ու ծաղրի չմատնվի ընկերների մեջ: Մուքեի ննջարանի դուռը տան խոհանոցի կողմից էր, որտեղից անցնելը կարող էր տան մեծ ու պստկին ոտքի հանել: Կամ պետք էր մի կերպ բխովը կոտրել՝ ձին դուրս հանելու համար, կամ պատի ծակը մի քիչ լայնացնել, մտնել Մուքեի բարձի տակից բանալին դուրս բերել: Եղիկը պառկեցավ ու փորձեց յուր փոքր մարմնով մի կերպ ներս սողալ այդ ծակից, բայց հնար չեղավ, գլուխը չէր մտնում, ճանկերին ու մատներին դիմեց, մի քար հանեց ծակի մի կողմից և ներս սողաց:

Մուքեն խորդալով հանգիստ քնած էր սենյակի մեջտեղը, հատակի վրա: Եղիկը չորս կողմը պտույտ արավ՝ թաթերի ծայրին ման գալով, բանալին բարձի տակը չէր, սխալվել էր յուր ենթադրության մեջ: Եղիկը զգուշությամբ ձեռքերը շուռ տվեց անկողնի չորս բոլորը, այնտեղ էլ չկար: Մուքեի արխալուղի, շալվարի գրպաններում փնտրեց՝ չկար, չգտավ: Մտածմունքի հետ քրտինքը պատեց Եղիկին, և նա հոգնածություն զգալով, հարբածի նման նստեց բղուղների տակի կոնդին: Մի քիչ զովանալու հույսով ձեռքերը ետևը տարավ բղուղները շփելու, և հանկարծ մի թել դիպավ ձեռքին, որ քաշելուն պես բխովի բանալին մի դատարկ կարասի դիպավ և բավական բարձր ձայն բարձրացրեց: Այդ ձայնը սոսկացրեց և սթափեցրեց Եղիկին, որը գանձ գողացողի նման պատրաստվեց գանձի տիրոջ հետ ցմահ կռվելու: Բայց անտեղի էր նրա երկյուղը: Մուքեն խաղաղ խորդում էր: Քիչ սպասելուց հետո, երբ ապահովեցավ Եղիկը, զգուշությամբ բացեց Մուքեի սնդուկը, նրա նոր շորերը հագավ, զանգյալները կապեց, չստերը ոտքը քաշեց և յուր հները նրա մեջ տեղավորելուց հետո՝ դուռը ծածկեց: Պատից վար առավ շեշխանա թվանքը, ղարաբինեն, լազզու փշտովը, խանջալը և ֆիշանգլղները ու ետ սողաց ախոռը:

Ֆարաշի բխովը բանալուց հետո զգուշությամբ մադյանի ոտքերին կապեց, որպեսզի եթե Մուքեն զարթնի և քաշե շղթան, բխովի ձայնը լսե: Հետո թամքեց քյահլանը և խանջալովը չլի քեչաներից մի քանի կտոր կտրեց կապեց նրա ոտքերին, որպեսզի աղմուկ չբարձրացնե: Նժույգը սանձելուց հետո նախ գնաց և գոմի միջի ճանապարհը կրկին քննեց, ետ եկավ «Հայր, Որդի և Հոգի Սուրբ» ասաց ու քաշեց:

Անձրևը դարձյալ բարակ մաղում էր. երկինքը մութ, գետինը թաց, տեղ-տեղ լճացած: Եղիկը ձին քշեց նախիրի կողմը: Բողարն ու Բասարը սարսափելի հաչոցով վրա տվին և երբ իրենց հովվի ձայնն առան՝ ձայները իջեցրին, բայց դարձյալ չրմխտում էին, կարծես ուզում էին ասել «մեզ ինչի՞ թողնում-հեռանում ես»:

Եղիկը մտավ անձրևի տակ թրջված մալի մեջ և մղդսի Կյուրեղի, Ավագ ամու, Կուրդին աղբոր ապրանքից տասը գլուխ լավ կով ջոկեց և առաջը խառնելով, դիմեց դեպի Արփաչայ, սահմանը անցավ թուրքի Ղարաքիլիսի մոտով, դիմեց դեպի Մոլլա-Մուսա: Սահմանապահ կազակներն ու օսմանլուի սուվարիները անձրևից ու ցրտից կուչ եկած քնել մնացել էին, ո՛չ մի կողմից չնկատեցին նրան: Մոլլա-Մուսայի ձորով անցավ սարը, կարճ ճանապարհով դիմեց դեպի Աղբաբա: Արշալույսին նա արդեն անցել էր Շիրակի սահմանը:

Արևը բարձրանալուն պես Աղբաբա լեռան փեշերի վրա երևցան անհամար հովվական չադրներ ու քրդերը և նրանք մոտերքը՝ անթիվ խաշների հոտեր, որոնք կամաց-կամաց բարձրանում էին արոտները: Հազարավոր տեղերից ծուխ էր բարձրանում, բարձունքում մնացած հատուկտոր ամպերի հետ միապաղաղվում և ծածկում Ոսկե-Գլուխ (Ղզլ-Թեփե) դիցուհու հանգստավայրը մահկանացուների աչքերից:

Արեգակի անդրանիկ ճառագայթների մի մասը այդ ամպերի վրա կոտրվելով ետ էին դառնում ցոլալով, մյուս մասը կողքերից սահելով ընկնում էր լեռան գագաթին ու լանջքերին, որի վրայի մանուշակագույն, դալար խոտերը իրենց վճիտ ցողիկներով պսպղում էին թավիշի նման: Եղիկը հանդարտ քայլերով քշում էր նժույգը և նախիրից ջոկած տասը կովերը: Ինչպես նժույգը, նույնպես և ինքը պարտավորվել էին կովերի քայլով գնալու և այդ դանդաղկոտ ընթացքը զանազան տխուր մտքեր էր առաջացնում կլապիտոնով զարդարված հովվին:

— Որքան հիմարություն արի, — ասում էր Եղիկը մտքումը, — շորերս ինչի՞ թողի դնդրոշի սնդուկում, այս հալավը կարող է կասկածներ ծնեցնել թարաքյամաների մեջ, քանի որ լեն ու երկար է ինձ համար:

Քանի առաջ էր գնում, այնքան սաստկանում էին կասկածներն ու երկյուղը, որոնք ստիպում էին նրան լեռնային ճանապարհներով, բնակություններից հեռու շարունակել յուր ընթացքը: Որքան աշխատում էր խույս տալ այդ մտքերից, ուրիշ բանի մասին մտածել, հնար չէր լինում:

— Հիմար մեծարտություն, — ասում էր ինքն իրեն, — Մուքեին և մղդսի Կյուրեղին տրաքացնելու համար շորերս թողի նրա սնդուկում, այն շորերը, որոնք ամեն ժամանակ ինձ հարկավոր են:

Երբեմն մտածում էր թողնել կովերին սարի գլուխը, քշեք ձին, դիմել դեպի Արդահան, Օլթի, բայց ափսոսում էր, նամանավանդ, որ փողի կարիք էր զգում, Ասլիի համար զարդարանք էր գնելու, տուն էր վարձելու և տեղ էր պատրաստելու յուր ապագա ամուսնու համար: Մտատանջության մեջ խորասուզված, առաջ էր գնում մեքենաբար և չէր էլ զգում ենչ էր կատարվում շուրջը: Այդ միջոցին հեռվից երևցավ ցնցոտիների մեջ փաթաթված մի չարչի, որը վազելով դիմում էր Եղիկին՝ թևի տակ մի փոքրիկ կապոցով: Նրան հալածող երկու թարաքյամա լակոտները, նկատելով զինվորված ձիավորին փափախը գլխին, թողին և ետ փախան: Չարչին մոտենալով, ընկավ Եղիկի ոտքերն ու ասաց.

— Աղա, դու գիտես, քո ոտքն եմ ընկել, ազատե՛ ինձ, քեզ մատաղ ունեցած-չունեցածս:

— Ա՛յ տղա՛, — ասաց Եղիկը զայրացած, — դու որտեղի՞ց ես:

— Աղա, ես Ղարսա եմ...

— Ձայնդ կտրե, ստախո՛ս, լեզուդ ցույց է տալիս, որ դու ղարսեցի չես:

— Աղա՛, մենք Բիթլիզու[44] ենք , եկել ենք Ղարս կու մնանք:

— Հա՛, լա՛վ, աղ եղավ: Հաց ունի՞ս ուտելու:

— Խրամանքա, աղա՛, — ասաց ու գոտին բացեց չարչին: Եղիկը վար

[44] Բաղեշ:

իջավ և չարչու հետ նստավ հացի: Տխուր մտքերը ճաշելիս էլ չհեռացան Եղիկից, և նա կցկտուր հարցեր էր տալիս չարչուն, որ նույնպես մտածությունների մեջ ընկավ տարօրինակ մարդու հանդիպումից:

— Ինչի՞ էիր փախչում, չէի՞ր կարող այդ լակոտների հախից գալ:

— Ի՞նչ արած, աղա, թուրք են, հյուքմաթը (պետությունը) իրենցն է:

— Աhագին մարդ ես, ի՞նչ պիտի անեն նրանք քեզ:

— Բոխչես կթալնեին:

— Դեմ դնեիր կամ թե թող տանեին: Ի՛նչ մեծ կորուստ կունենայիր:

— Աղա՛, եղածս-չեղածս էս է, էս էլ որ տանեին՝ մանր ու խոշորս քաղցած կմնային:

— Քանի՞ տղա ունիս:

— Խինգ, քեզ ծառա...

— Արի քեզ հետ ընկերություն անենք, բայց մի պայմանով, որ վախկոտությունդ թողնես:

— Դու որ ինձ խետ ըլնիս, աղա՛, էլ չեմ վախենա:

— Էդ շորերդ հանի՛, իմ շորերս հագի՛ր, ձիս էլ նստի՛ր, ես քու շորերդ հագնեմ դառնամ քեզ նոքար:

— Ինչի՞:

— Տանենք մալերը ծախենք, քեզ էլ բաժին կտամ:

— Լա՛վ, լա՛վ, խրամանը քոնն է:

Եղիկը չարչու պատռած շորերը հագավ, թվանքը, ղարաբինեքն ու ֆիշանգլըղը ինքը վեր առավ, մնացյալով չարչուն զարդարեց, ձին հեծցրուց, ինքն էլ մահակը ձեռքին՝ հո՛, հո՛ անելով դիմեցին դեպի թուրքի գյուղերը:

Գողը, ավազակը կարծում է, որ աշխարհի բոլոր մարդիկ գողեր են: Չլդրի թարաքյամաները, որոնց միակ պարծանքն է ճարպիկ գողությունը, ամեն անցքի, արկածի մեջ գողության հետքեր են որոնում և գողածունն անհետացնելը իրենց սրբազան պարտականությունն են համարում, հայտնի բան է, հուսալով, որ իրենք էլ իրենց բաժինը, աշխատության վարձը կունենան: Երեկոյան դեմ Կամարվան գյուղի հայտնի մի թուրք հանդից տուն էր դիմում ծանր քայլերով: Նա ափսոսում էր առանց մի ճարպիկ գողության կորցրած օրը: Թեև հիսուն տարիքն անցկացրած մարդ էր, բայց ուժն ու ճարպկությունը դեռ չէր կորցրել: Նա պատրաստ էր ձիավորվելու գիշերները հարձակումներ անելու համար, բայց արդեն այնքան կարողության տեր էր, գավառում այնպես դիրք էր բռնում, որ հայտնի աղաների շարքն էր անցել և ամեն մարդ նրան ճանաչում էր, ծպտիլ չէր կարող: Հեմեդ աղա էին անվանում և որովհետև կույր էր, Քոռ-Հեմեդ էին կանչում նրա ետևից: Այս տիտղոսից ազատվելու և ավելի մեծ հավատարմության արժանանալու դիտմամբ, նա մոտ հարյուր հիսուն ոսկի էր ծախսել, Մեքքե էր գնացել և հաջի էր դարձել, բայց շատերը դարձյալ երեսին Հաջի աղա և ետևից

Քոռ-Հեմեդ էին կանչում: Ինչպես որ սարդը, այնպես էլ Քոռ-Հեմեդը ման գալիս միշտ ձախ աչքը պտտեցնում էր հորիզոնի շուրջը մի որս ձեռք ձգելու հույսով: Նա շատ վաղ տեսել էր չարչի ձիավորին յուր արաբական ընտիր նժույգով և Եղիկին՝ եզները արածացնելիս, որոնք իրեն կասկածանքների մեջ էին գցել:

Մի քանի ժամ շարունակ նա անտեսանելի պտույտներ էր արել և վերջապես, երբ նրանք յուր գյուղը ուղղվելու դիրք էին բռնել, ինքը ճանապարհները կտրել էր և այնպես ընթացք էր բռնել, որ իբր թե անմեղ գնում է յուր տունը: Մինչև անգամ նա ետևը չնայեց, մինչև որ չարչին և Եղիկը չբարևեցին նրան:

— Բարով եկաք, հազար բարով, — ասաց Քոռ-Հեմեդը նահապետական հյուրասեր մեծատան ձևերով, կարծես առանց հյուրի գիշերելը իրեն մեծ տխրություն էր համարում: — Ո՞ւր առաջ բարի, գիշերս չե՞ք հաճիլ հյուր մնալ մեր տանը և մեզ ուրախացնել:

— Ճշմարիտը, — ասաց չարչին, — Ուրթա ենք գնալու, բայց արդեն ուշ է, ձեզանից խնդրում եմ, որ գիշերս մեր ապրանքներին տեղ տաք, առավոտը կշարունակենք մեր ճանապարհը:

— Ուրախությամբ, ուրախությամբ, — ասաց Քոռ-Հեմեդը և աչքի ծայրով ագահաբար զննեց ֆարաշին: — Ո՞ր կողմից է ձեր բարի գալուստը, — ավելացրեց, հետաքրքրությունը չկարողանալով զսպել:

— Մենք ռուսի սահմանից ենք գալիս, իմացանք, որ Ուրթա մեկ-երկու չստար մատղաշ մալը մեծ մալի հետ փոխում են, եկանք առուտուր անելու: Մենք որ տանենք քաղաք ծախելու, մեր ապրանքին գին չեն տալ, բայց չստարը ամեն ապրանք յուր գնովն է առնում-ծախում:

— Այդ միշտ այդպես է՝ «Խմորը հացթուխին տուր, մի հաց էլ վրեն տուր»:

Զանազան խոսակցություններով եկան հասան Քոռ-Հեմեդի տունը և մալը, նժույգը ներս քաշեցին: Ճանապարհին ֆարաշը Քոռ-Հեմեդի մուխը մարեց, նա շատ նշանավոր քյահլաններ էր տեսել, բայց սրանցից ոչ մեկը սրա մի սմբակի հետ չէր փոխիլ: Երբ ձին շեմից ներս էին քաշում, Հեմեդը ասաց չարչիին.

— Մաշալլա[45], աննման ձի ունիս, դեռ մեր ախոռը այդպիսի ձի մտած չէ: Ես պիտի պարծենամ սրանից հետո, որ մի գիշեր մի աղա հյուր ունեցա իմ տանը, այսպիսի ընտիր նժույգով:

— Քեզ փեշքեշ, Հաջի աղա, — ասաց վեհանձնությամբ չարչին, տուն մտնելով Հեմեդի հետ:

— Տիրոջը փեշքեշ ինձանից էլ, բարով վայելես:

Երեկոյան երկար խոսակցությունից և ընթրիքից հետո փորձի համար ասաց Քոռ-Հեմեդը.

[45] Տերը պահե:

— Միրզա աղա (այսպես էր կոչվում չարչին), արի մեզ ծախիր կովերը, ինչի՞ ես գնում Ուրթա, կուզես փող կտանք, կուզես ջահիլ մալ կտանք:

— Հաջի աղա, դու մեզ այնպես սիրով ընդունեցիր ու պարտավորեցրիր, որ բոլորը քեզ փեշքեշ որ անենք, կորուստ չենք ունենալ, բայց ինչպես ասի, մեզ ջահիլ մալ է պետք, թե ունիք, փոխենք:

— Ինչի՞ չէ, առավոտ բարի լուսուն ես խաբար կանեմ տղերքին, որ մեր մալը բերեն գյուղ. ջոկենք, նրանց էլ գին դնենք, սրանց էլ, և ապա առուտուրներս գլուխ բերենք: Եթե չհամաձայնիք, էլի գնացեք Ուրթա:

— Լա՛վ, լա՛վ, — ասաց կիսաբերան չարչի Միրզան և խոսքը կտրեց այնպես, որ լռություն տիրեց: Եղիկը չէր սխալվել չարչիին ընկեր վեր առնելով, ինքը ո՛չ առևտուր արած ուներ, և ո՛չ էլ մարդու շարք նստած-ելած: Միրզան բիթլիսի սնանկացած բազիրգյաններից էր, նա գիտեր ամեն մարդու դամարը գտնել և նրա համաձայն շարժվել: Ապրանքը թանկ ծախելու համար այնպիսի դիրք բռնեց և այնքա՛ն ճարպիկ շարժվեց, որ Քոռ-Հեմեղը շվարեցավ. և նա, որ մինչև այդ ժամանակ գողածուն ապրանք էր համարում կովերը, սկսեց տարակուսել: Այնինչ Հեմեղը բոլորովին միտք չուներ դրանք գնել, նա փորձեր էր անում ձիու մասին հարց առաջարկելու և եթե ձին էլ գողացված ապրանք չլիներ, դժվար կլիներ գնել: Հյուրասիրական օրենքների դեմ չէր կարող մեղանչել, նամանավանդ որ կարող էր բոլորովին պատվից ընկնել: Երկար լուռումունջ ծխելուց և գյուղական հյուրերը ճանապար դնելուց հետո Հեմեղը կրկին խզեց լռությունը և ասաց,

— Միրզա աղա, չի՞ կարելի, որ մեր արաբական մադյանի վրա քաշենք առավոտ ձեր ֆարաշը, ձեզ մի լավ խալի ձիու դուլ փեշքեշ կտամ:

— Հաջի աղա, ֆարաշը քեզ փեշքեշ, բայց եթե էգուց ճանապարհ չգնայի, իմ կողմից արգելք չէր լինիլ:

— Ողջ կարողությունս կզոհեի այդպիսի մի ընտիր ձի ունենալու համար, կառաջարկեի ծախել, բայց դա, որ կա, մուրազ է, դուք բարով վայելեք:

— Ես առևտրական մարդ եմ, կծախեի այդ ձին քեզ, բայց տանը մի փոքր նշանած եղբայր ունիմ, որ ջիրիդ խաղացող է, հետո նրա ձեռքից չեմ ազատվիլ:

— Նա ձեր առաջ բան չի կարող խոսել, — մեջ մտավ Եղիկը, — եթե դուք կամենաք...

— Բայց այնպես պիտի գործ բռնե մեծ եղբայրը, որ յուր փոքրերի սիրտը չցավեցնե: Այս ձիու մայրն էլ, հայրն էլ մեր ախոռումն են, ամեն տարի մի-մի թայ տալիս են. տանը մի հատ կա սրանից մի տարի փոքր, բայց սա նրա անունովն է:

— Որ այդպես է, աղա, ծախիր ինձ այդ քյահլանը, քո շնորհիվ մեր տանն էլ մի այդպիսի զարդ ունենանք:

— Ախր ծախեմ, բայց էգուց ես ինչպե՞ս ետ երթամ...

— Քեզ փեշքյաշ, մեր ախոռում տասներկու ձի կա, ընտրի՛ր, որը կամենաս:

Եղիկը կատաղում էր սրանց երկար ու ձիգ խոսակցություններից և յուր միսն էր ուտում, նկատելով, որ Հեմեղը ամեն ջանք գործ էր դնում մի կերպ իրենց ձին խլելու:

Առավոտյան վաղ վեր կացան և երկար բանակցություններից հետո նժույգի և տասը կովի տեղ՝ վեց մոզիկ, չորս աչառ, երկու ձի և մեկ էլ մի մեջիդիե ոսկի ստացան, լավ նախաճաշ արին, մի կարպետ և երկու խալի ձիու չուլ փեշքյաշ թարքները կապեցին ու դիմեցին դեպի Ղարս:

— Շան որդին լավ կապերս քաշեց, — ասաց Եղիկը ճանապարհ ընկնելով:

— Հյուքյումաթը իրենցն է, — պատասխանեց Միրզան:

Քոռ-Հեմեղի տանից բերած ապրանքը Միրզան աներկյուղ բազարում ծախելուց հետո քան մեջիդիե ոսկու չափ փող հանձնեց Եղիկին, որը առատությամբ տասը ոսկի բաժին տվեց չարչի Միրզային: Եղիկը Ասլիի ճակատի համար քառասուն դազի գնեց, թանկագին շորեր առավ և Միրզայի ընտանիքով վեր առնելով Ղարսից, դիմեցին դեպի Ծբնի, տանելով իրենց հետ զանազան բազազի ու էթարի ապրանքներ: Գյուղում մի հարմարավոր տուն վարձելուց հետո չարչին սկսեց յուր առուտուրը: Եղիկին տիրել էին մտածմունքները, երկու օր հետո նա անպատճառ լինելու էր յուր Ասլիի մոտ, իսկ նա դեռ պատրաստություն չէր տեսել:

— Գիտե՞ս ինչ կա, — ասաց Եղիկը Միրզային, — ես կիրակի կամ երկուշաբթի գիշեր կմտնեմ գյուղ, այնպես պիտի անեք, որ իսկույն գիշերը դուռը բանաք, և գյուղացիք բան չիմանան: Դեռ ավելի լավ է ես գիշերը կբերեմ նրան մինչև յառի տակը, դու Գյուլնազի հետ արի, այնտեղից Գյուլնազը (Միրզայի կինը) թող նրան տուն տանե, մենք կերթանք մեկ– երկու օր ուրիշ գյուղեր կպտտինք առուտուրի ու հետո օրը ցերեկով կմտնենք գյուղ, այնպես որ մարդ բան չիմանա:

— Լա՛վ, աղբեր, ինչպես որ կուզես, մենք քո ծառան ենք:

— Ինձ ծառա պետք չէ, ես ընկերի կարոտ եմ:

Եղիկը, միայն խանչարով ու թվանքով զինված, ճանապարհ ընկավ, անցավ Շիրակը և ուղղվեց դեպի Աղբաբա: Իրիկվան մթանը նա մի քարափի տակ իջավ, թվանքը և խանչարը զգուշությամբ պահեց, ուղղեց քայլերը դարձյալ Կամարվան ու գնաց իջավ Քոռ-Հեմեղի տանը: Տանտերը թեև տանը չէր, բայց որդիքը նրան սիրով ընդունեցին, որպես իրենց բարեկամի ծառային:

— Աղայիս արծաթե մուշտուկը այստեղ խո չէ՞ մնացել, — հարցրեց Եղիկը միամիտ դեմք ընդունելով:

— Ոչ, մենք չենք տեսել, — ասացին:

Երբ իրիկվա հացը կերան պրծան, ելավ պատրաստություն տեսավ Եղիկը ճանապարհ ընկնելու:

— Ո՞ւր, ո՞ւր ես գնում, — ձայն տվին ամեն կողմից, — գիշերս կաց, առավոտ կգնաս:

— «Շուտով ետ դարձիր», հրամայեց ինձ աղաս, գնամ, թե չէ խոսք կգա վրաս: Հախով ծառայող մարդու վիճակը հո գիտե՞ք:

— Մենք քեզ չենք թողնիլ, — ամեն կողմից մեջ մտան, — այս գիշեր ժամանակ հազար ու մի շուն ու գել կա, կարող է փորձանք պատահել, հետո մենք չենք ազատվիլ մեր հոր ձեռքից: Մեր հյուրն ես մինչև առավոտ, լուսուն բարի ճանապարհ, ուր կուզես գնա՛:

Այս միջոցով բոլորովին ապահովեցրեց Քոռ-Հեմեդի տանեցվոց, որոնք տեղ շինեցին և հանգիստ քնեցան: Բայց Եղիկը, թեև սաստիկ հոգնած էր՝ վաթսուն վերստ ճանապարհ ոտքով էր եկել այդ օրը, անկողնում չկարողացավ հանգստանալ: Նա մտածում էր Ասլիի մասին, մտածում իրեն կողոպտողներից վրեժը լուծելու մասին:

Մեջ գիշերին նա վեր կացավ, ներսեներս ախոռից զգուշությամբ դուրս քաշեց ֆարաշը առանց թամքի, միայն մի համետով և առանց ուշադրություն դարձնելու սլացավ դեպի այն քարափը, որտեղ պահել էր զենքերը: Նժույգը դեռ չհասած ապառաժի տակը, համառեց, կանգնեց և չէր ուզում առաջ գնալ: Եղիկը իջավ ձիուց, քաշեց յուր ետնից, մի կերպով առաջ գնաց, մոտեցավ այն քարքարուտին, որտեղ թաքցված էր հրացանն ու խանջարը: Գիշերը սոսկալի կերպով մութն էր, և Եղիկը անդադար զարկվում էր այս ու այն ժայռի կտորներին: Հանկարծ նրան շրջապատեցին երկու կողմից երեք հոգի և փշտովները կրակեցին: Նժույգը կատաղած քաշեց յուր համետը թուլացած ձեռքից, ետ փախավ: Հարձակվողները պինդ կապեցին Եղիկին ու ընկան նժույգի ետնից, որն ուղղակի ճանապարհի ընկավ դեպի Ղարաքիլիսա, յուր տանտիրոջ մոտ: Մթնումը նրա հետքը կորցրին թուրքերը, վերադարձան, քիչ թուլացրին Եղիկի կապերը և առաջները խառնած ճանապարհի ընկան դեպի Հաջի Վելի Մեղեդ բեգի բնակարանը: Մեղեդ բեգի մարդիկը Շյորագյալում հեռվից տեսած լինելով օտարական հրացաններով Եղիկին, կասկածել էին և նրա հետքից գնալով ու քարափում զենքերը պահելը նկատելով, դարան էին մտել, համոզված լինելով, որ կրկին գիշերը այնտեղ վերադառնալու էր:

Մեղեդ բեգը Շիրակի վերջին վասալական իշխանն էր, որի հորից սուլթանը գավառական հողերը մի կերպ խլել էր, բայց դրա փոխարեն ժառանգական թոշակ տալուց հետո դարձյալ յուր վիճակին դայմաղամ էր նշանակել, այնքան, որ յուր գլխատված հոր և պապերի նման էլ Մազխաս բերդում չէր ապրում և սեփական ձիավոր, հետի և թնդանոթաձիգ զորք չուներ, բայց Հաջի-Վելիում յուր առանձին սարայն ուներ և առաջվանից ավելի մեծ իշխանություն ժողովրդի վրա: Թեև

Ղարս այալաթի փաշան էր նստում, բայց Շյորագյալի գավառից զատ այալաթի գլխավոր գործերը տնօրինում էր նույնպես Մեղեդ բեգը: Այալաթի ժողովի ամենապատվավոր անդամն էր, և ժողովականները առանց նրա կնիքը տեսնելու ո՛չ մի թղթի վրա չէին համարձակվում դնել իրենց մատանին: Մեղեդ բեգը գավառապետի անունով դարձյալ մի իշխան էր. նրա կամքից էր կախված կախել տալ մեկին, ազատել մի ուրիշին, մեկին զրկել յուր բոլոր կարողությունից, մյուսին բարձրացնել հայտնի պաշտոնների: Նրա Հաջի-Վելիում ունեցած բանտում միշտ լինում էին ութ-տասը թյարաքամա գողեր և պարտատեր հայեր: Դրանց թվում ընկավ նույնպես Եղիկը:

Բանտը առաջ գոմ էր եղել և ձմեռը դարձյալ այդ նպատակին էր ծառայում, միայն մսուրքների վրա ամրացրած էր պինդ «լալա» կոչված շղթաներ, որոնցով շատ անգամ ավազակներին անասունների հետ միասին էին կապկպում, այն տարբերությամբ, որ անասուններին միայն վզերից էին կապում, իսկ հանցավորների, վզերից ջոկ, ոտքերն ու ձեռքերն էլ էին շղթայում: Եղիկի ոտքերը շղթայած էին, իսկ գիշերները ձեռքերն ու վիզն էլ էին շղթայում: Բանտում մի քանի ընկեր ուներ Եղիկը, որոնց մեջ հայ չկար:

Առավոտից մինչև իրիկուն տխուր-տրտում, բորբոքված նրան տանջում էր Ասլիի վիճակը, արդեն խոսք տված օրը եկել անցել էր: Այնքան տանջում էր նրան այդ միտքը, որ երբեմն խելագարի նման կատաղում, կռվում էր ինքն իրեն հետ, երբեմն ցնորածի նման անզգա ընկնում էր մսուրքի տակ և խորասուզվում մտքերի մեջ: Ախորժակն անգամ կորցրել էր և որպես ողորմություն Մեղեդ բեգի հարճերն օրական մի անգամ ուղարկած թանապուրն անգամ երբեմն չէր կարողանում ուտել: Թյարաքյամա անտարբեր ավազակները ցավում էին թշվառի վրա և որքան աշխատում էին մխիթարել, հնար չէր լինում: Բանտարկվելուց արդեն ութ-տասն օր անցել էր, ո՛չ ոք չէր հարցրել, թե արդյոք ի՞նչ հանցանքի համար էր բանտարկվել և ոչ ոքի հայտնի էլ չէր, թե երբ է ինքն ազատվելու այդ գոմից: Դատի, դատաստանի, մեղքը լսելու նրանցից ոչ ոք չէր արժանանալ: Մեղեդ բեգին եթե մի որդի ծնվեր, կամ ինքը մի լավ երազ տեսներ, կամ Գյուրջիստանից մի գեղեցիկ աղջիկ փախցրած կույս նվեր բերին, կամ մի լավ տրամադրության մեջ լիներ, կմտներ և բանտարկյալներից մի քանիսին կազատեր իբր զոհաբերություն ալլահին իրեն հասած բարիքների փոխարեն, իսկ եթե զայրացած լիներ, կամ մի դժբախտություն պատահած, դուրս կհաներ մի քանիսին, լավ ծեծել կտար ոտքերը փալախա դրած, մի քանիսին մահամերձ կարձակեր, մի քանիսին էլ Ղարսի բանտը կուղարկեր գործերը քննելու:

Այս ընթացքը ավելի ձեռնտու էր չարագործներին էլ, Մեղեդ բեգին էլ: Եթե իսկույն դատաստանի հանձնեին, կարող էին դատապարտվել կախաղանի, գլխատության, երկար տարիների բանտարգելության և ուրիշ զանազան տանջանքների, այնինչ, մնալով բեգի ախոռում նրանք ազատության հույսը չէին կորցնում: Կանցներ ժամանակ, բեգը կմոռանար, բարկությունը կիջներ, և բանտարկյալների ազգականները, բարեկամները կհավաքվեին, մի գումար պատրաստելով պատգամավորություն կուղարկեին բեգի մոտ և կազատեին իրենց ազգականին այլևայլ միջնորդների միջամտությամբ:

Բայց ո՞վ էր մտածելու Եղիկի համար, ո՞վ կգար նրա համար բեգից ազատություն խնդրելու, ո՞վ ուներ: Մինչև անգամ եթե յուր գյուղի համբաները, նախկին հայ-թուրք տերերը իմանային նրա բռնված լինելը, մի պատգամավորություն կուղարկեին, Մեղեդ բեգին կկաշառեին և մի կերպ նրան կախել կտային: Եղիկը քիչ հույս ուներ չարչի Միրզայի վրա. նա էլ ինչպե՞ս իմանար, որ Եղիկը բանտարկված էր, կամ թե նա էլ յուր ընտանիքը թողած կմտածե՞ր Եղիկի մասին: Երկնքի և երկրի տակ իրեն օգնելու պատրաստ մարդ չէր գտնում, իրեն համար տանջվող և մտածող երկու անզոր արարած կային, որոնք երկուսն էլ յուր պաշտպանության կարոտ էին, իսկ իրեն օգնելու անկարող: Այդ թշվառները մայրն ու նշանածն էին, որոնք առանց Եղիկի, ողբով ու կոծով գերեզման էին իջնելու, և միայն Եղիկը կարող էր նրանց փրկել, երջանկացնել:

Երբեք Եղիկի աչքի առաջից չէր հեռանում Ասլիի պատկերը, նրա հրացայտ աչքերը մարած, արյուն արտասուքով լեցված, գլուխը կախած, վշտի քողը դեմքը պատած կանգնած էր նրա մտապատկերներում: Այնքան հափշտակվում էր, այնքան վրդովվում Եղիկը, որ կարծես լսում էր սիրեկանի անվերջ հառաչանքները, հեկեկանքները և ողբաձայն մանիներն ու երգերը: Մռնչում էր այդպիսի րոպեներում վանդակում կապված առյուծի նման, զարկվում պատերին, քաշքշում էր շղթաները, փոքրիկ միակ աչքը չռելով շուռ էր տալիս շուրջը և սթափվելով, հուսահատ ընկնում դարձյալ սալահատակի վրա անզգա և անշունչ:

Ծերունի բանտապետը և բեգի հարճերը, նրա սոսկալի տանջանքները տեսնելով ցավում էին նրա վրա և ամեն կերպ աշխատում էին մխիթարել, ծածուկ կերակուր էին բերում նրան, թուլացնում էին տանջանքները, և բանտապետը շատ անգամ գիշերները չէր շղթայում նրա ձեռքերն ու վիզը:

Մի օր բավական տաքություն ուներ Եղիկը: Բանտապետը ձածուկ բեգի հարճերից մեկին ապսպրել էր հավի ջրով, բրնձով մի լավ ապուր եփել, որ Եղիկը ուտելով բավական կազդուրվել էր: Երեկոյան մի կարպետ և մի կտոր թաղիք բերել, գցել էր նրա տակը և յուր քյավալով[46] ծածկել նրան, քնտեցրել էր բարեսիրտ բանտապետը: Այդ գիշերը նրա ձեռքերը և վիզը չէր շղթայել, միայն ոտքերի շղթայով էր թողել Եղիկին:

[46] Ոչխարի մորթուց մուշտակ:

Ինքը՝ բանտապետը մինչև կեսգիշեր հսկելուց հետո հոգնած, դադրած ընկել, քնել էր գոմի սյաքյուն[47] :

Եղիկը մեջ գիշերից հետո բավական կազդուրված լինելով վեր կացավ, նստեց անկողնում, չորս բոլորը զննեց, հազաց, խորխեց և բոլոր ընկերներին ու բանտապետին խոր քնի մեջ գտավ: Նա մի քիչ մտածելուց հետո յուր ծրագիրը կազմեց: Տասննինգ օրվա ընթացքում նա լավ էր ուսումնասիրել Մեղեդ բեգի տունը: Զգուշությամբ ձեռքերը, ոտքերը տարավ և սկսեց փորձել մի կերպ շղթաներից ազատվելու: Նրա սրունքները շատ բարակ էին, ոտքերը մանր, դրա համար էլ որքան որ փոքր շղթաներ էին ջոկել նրա համար, դարձյալ լայն և ազատ լինելով, դարբնին կանչել փոքրացրել էին տվել, բայց դարբինը նորից ծակ չբանալու, այդ սոխրա[48] գործը գլխից մի կերպ ռադ անելու համար մի քանի մուրճի հարվածներով նեղացրել, բայց երկարացրել ու զարկել էր Եղիկի ոտքերը: Բանտապետը՝ Եղիկի նիհար, վտիտ ու թույլ կազմվածքը աչքի առաջ ունենալով, բավականացել էր, վստահ լինելով, որ գյավուրը փախչելու փորձ երբեք չի անիլ:

Եղիկը մի քանի անգամ սրունքների շղթայի երկաթե օղերը քաշելուց հետո բավական լայնացրեց և ձախ ոտքը լավ թքոտելուց հետո բավական չարչարվեց և դուրս հանեց: Այս աշխատությունը նրան քրտնեցրեց, և նա ուժասպառ մի քիչ տարածվեց կազդուրվելու: Բայց ուրախությունից նա այնքան ոգևորվել էր, որ էլ երկար չսպասեց, մի կերպ մյուսն էլ դուրս հանեց: Բանտի դուռը ներսից-դրսից հաստ երկաթե կողպեքներով փակված էր. պահապանները, Մեղեդ բեգի դռան ծառաները շնից շատ էին, հույս չկար բակերից անցնելու, պետք էր շտապել անմիջապես ճանապարհ ընկնել: Եղիկը յուր թևի ու ոտքերի շղթաները շալակած, ճանկռտելով պատից բարձրացավ և երդիկից դուրս եկավ: Կտուրների վրայից մի քանի պտույտներ անելուց հետո ճանապարհ ընկավ դեպի ձորը: Այդտեղ քարի տակ դրեց շղթաները, կոտրեց և կտորները ցրվեց, որպեսզի հետևյալ օրը ջրի եկող կանայք գտնեն, Մեղեդ բեգին համոզեն, որ Եղիկը շղթայակապ է բանտից փախել, որպեսզի ծերունի բանտապետին չնեղացնե:

Այդտեղից ճանապարհ ընկավ դեպի Ծբնի լեռների և կիրճերի ճանապարհով և չորս ժամվա ճանապարհը գնաց տասնչորս ժամում: Գիշերը ուշ ժամանակ մտավ գյուղը: Չարչի Միրզան և կինը շատ ուրախացան նրան տեսնելով, բայց հարսին՝ Ասլիին, չբերելու իսկական պատճառը և Եղիկի գլխին անցած արկածները չկարողացան իմանալ: Եղիկը նրանց հարցերին վերջ տալու համար ինքն սկսեց հարցեր տալ.

— Հա՛ն, դո՞ւք ինչ արիք, ապրանքը լավ ծախվո՞ւմ է:

[47] Գոմի մեջ տախտակով կապած վերին հարկ:

[48] Անվարձ:

— Լավ, լավ, բայց...

— Էլ բայցը ո՞րն է, ասա, ի՞նչ կա:

— Մատո քեհյեն մեզ նեղացուց...

— Ինչպե՞ս թե...

— Ասաց. — ի՞նչ անենք, թե Դանելը ձեզ քրեհով է տվել յուր տունը. քրեհել եք, նստե՛ք, բայց առուտուր անելու չեմ թույլ տալ... այստեղ առուտուր անելու համար ինձնից պիտի իրավունք ստանայիր: — Նրա դարդն այն է, որ ուզում էր իրեն մարազը տուն ու խանութ շինելով մեզ տալ: Տեսա, որ ուզում է կապել խանութս և ինձ էլ Մեղեդ բեգի քով ուղարկել, երկար մտածեցի, վերջապես կնիկս մի լավ փիրուզ խզմա (քթի զինդ) ուներ, որ չէր բանացնում, տվի ձեռքը և ուղարկեցի նրա կնոջ մոտ խնդիրքի: Այդ փիրուզ խզման արժեր հիսուն դուռուշ. վեր առավ, լեզուն քաշեց և իրիկունը մի քանի մարդով եկավ ութ-տասը դուռուշի էլ առուտուր արավ, փողը չտվեց: Չուզեցինք զլուխն ուտե, թույլ տա ազատ առուտուրը շարունակեմ:

— Լա՛վ, լա՛վ, — ասաց մտածելով Եղիկը և սկսեց ծոծրակն ու գլուխը քորել. քիչ լսելուց հետո ասաց, — ուրիշ առուտուրներդ...

— Փառք աստծո, լավ է, բայց...

— Էլի՞ բայց...

— Ապրանքս քիչ է, թե մի հազար դուռուշի ապրանք ունենամ, ես էլ դարդ չեմ ունենալ...

— Կունենա՛ս, կունենա՛ս, դարդ մի՛ անիլ, ութ-տասն օր էլ սպասիր, — ասաց Եղիկը հուսադրելով: — Բայց ավելորդ չէ ապրանք ավելցնելը, էգուց էլի Մատո քեհյեն կգա առանց վճարելու կտանի:

— Քու կյանքդ ողջ մնա, դու որ իմ գլխի վրա ես, էլ իմ ի՞նչս կպակսի:

— Ես գիշեր-ցերեկ քեզ վրա դարաւլ խո չե՞մ կարող կանգնել. ախր դու էլ տղամարդ ես, գլխիդ գդակ կա դրած, ինչի՞ ես թողնում, որ քոսոտ քեհյեն գլխիդ նստի, այսօր տասը դուռուշի տանողը էգուց հարյուրի էլ կտանի:

— Այդ ոչինչ, մեկ գյուղում հաստատվիմ, նրա տարածով չեմ քանդվի: Աստված ողորմած է, էգուց մեկել օր նրան այնպիսի գնով ապրանք տամ, որ տարածից երեք անգամ ավելի վզին բեռ բառնամ: Դավթարն իմ ձեռքս չէ՞:

— Դու գրե դավթարը. աղքատը վիզը ծռած, անճարացած ունեցած չունեցածը քեզ պիտի բերե պարտքից ազատվելու համար, բայց համբաների ու քեհյաների հետնից ման արի, խնդրի՛ր, աղաչի՛ր, որ քեզ փող տան:

— Մի վախենալ, ես նրանց չեմ թույլ տալ, որ փողս կուլ տան: Մեկ էլ որ, աշխարհի կարգն է, ով որ զորեղ է, տկարին պիտի կուլ տա: Դրանց պիտի քիչ շահենք, պատվենք, որ մեր առաջը քար չդնեն: Երեսանց որ ես ասում եմ՝ քեհյա ջան, ես քոնն եմ, ինչ որ ունիմ քոնն է, թե մի պատառ հաց էլ ուտում են իմ մանրը ու խոշորը, էդ էլ քու շնորհիվն է, մի՞թե մտքովս էդ եմ ասում: Ի՞նչ անեմ, որպեսզի կաշիս ազատեմ, ես նրան կուլ չգնամ, քիչ շողոքորթում եմ, նա էլ ուռչում է տկի պես, թող ուռի, մի օր այնպես կողքը կծակեմ, որ իջնի, գետնի հետ հավասարվի: Միրզան իր բանը գիտե:

Եղիկը նույն գիշերը հանգիստ չկարողացավ քնել:

Մտածում էր առավոտ վաղ գնալ սահմանը անցնել և Ասլիին փախցնել մի կերպ Ծբնի, բայց գյուղի քեհյեն, չկամ դրացիները, Շյորագյալի դայմաղամ Մեղեդ բեգը, անապահով դրությունը, յուր հետքը փնտրողները նրան տատանման մեջ էին գցել, չէր իմանում ինչ ընթացք բռնի: Թեև սրընթաց ֆարաշը փախել էր, բայց Եղիկի համար այդպիսի նժույգներ ձեռք բերելը դժվար չէր. Շիրակի ամեն մի մեծատան ախոռում այդպիսի քյոհլաններ կարելի էր գտնել, բայց նա հավատարիմ բարեկամ և չնախանձող ընկեր չուներ, որին հնարավոր լիներ կյանքը հավատալ: Միրզայի շարժումները արտահայտում էր նրա հոգու ստորությունները և ամեն կեղտոտություն անելու ընդունակությունը, բայց չէր գտնում երկնքի տակ մի ուրիշ անձնավորություն, որ նրանից նվազ վնասակար լիներ իրեն համար: Առանց մեկին վարձելու հիմարություն էր համարում անձնատուր լինելը:

Բայց ճանապարհորդությունը անհետաձգելի էր, մղդսի Կյուրեղը և Մուքեն կարող էին դեպքից օգտվել և Ասլիին տանջելուց ջոկ, իրենց ճիրանները գցել:

Թեև մտածում էր նախ մի կերպ Մատո քեհյից վրեժ առնել և նրան ստիպել, որ չհանդգնի Միրզայի շվաքովն անգամ անցնելու, բայց ժամանակը չէր: Վերջապես երկար մտածելուց հետո որոշեց դուրս գալ Մեղեդ բեգի վիճակից: Գիշերը վեր կացավ Միրզային ձայն տվեց.

— Աղբե՛ր, էգուց ելիր, գնա Քերս: Ապրանքից մի մաս տա՛ր, տուն բռնե, կարգի դի՛ր, Մելոյին այնտեղ թող, հետո տունն էլ վերցրու տար: Աշխատիր գեղի ամենից ուժեղ քեհյի տունը վարձել և տանտիրոջը շահել: Եթե Ղազար քեհյի ջրաղացի քովը տուն բռնես ամենքից լավ է: Ես երեք օրից հետո կգամ Քերս, կարելի է նշանածս էլ բերեմ:

— Լա՛վ, բայց այստեղ տվածս քրեհը, քեհյի կուլ տվածնե՞րը:

— Ես նրա քթից կհանեմ, այդ քու բանը չէ:

— Լա՛վ, ինչպես որ կհրամայես:

Միրզան դիմադրելու ուժ չուներ, նա Եղիկի կամքին երբեք չէր հակառակվել: Գիշերվանից սկսեց յուր պատրաստությունը:

— Դրանք թո՛ղ, վերջն էլ կարող ես կարգի դնել, ձիդ թամբե՛, լավ թամբ զարկ, — ասաց Եղիկը հրամայական եղանակով, — ես կերթամ, Ձոչու ճանապարհին կնստեմ, շուտ արի, հասի, թվանքը հետդ վեր առ. այնպես բռնե, որ մարդ չտեսնի:

Եղիկը կնոջ համար առած ոսկին և շորերը մի փոքր կապոց շինած,

թևի տակը դրած գյուղից դուրս ելավ, ճանապարհ ընկավ: Մի քանի րոպեից հետո Միրզան նրա ետևից հասավ: Երկուսով ձին քշեցին դեպի Գյունե լեռան փեշերը, որտեղ արածում էր Մատո քեհյի մաղյանների իլխին: Եղիկը ձիուց իջավ և իլխիին մոտենալուց հետո սողալով մտավ նրանց մեջ: Երկար սողալուց հետո լարը մի լավ ձիու վզովը գցեց, բռնեց ու շալակը թռչելով քշեց դեպի Միրզան:

— Շո՛ւտ ձիու թամբը քանդէ և սանձը ինձ տուր, — ասաց Եղիկը: — Միրզան կատարեց, և անսանձ ու առանց թամբի յուր ձին նստած, վերադարձավ Ծբնի: Եղիկը մտրակեց Մատո քեհյի իլխիից ջոկած ձին և արշալույսը չբացված մոտեցավ Անիի ավերակներին, որոնց կողքից ձին քշեց դեպի Տայլար և ձորն իջնելով Ախուրյանին մոտեցավ: Այստեղ Մատո քեհյի իլխիից ընտրած ձին ցույց տվեց յուր շնորհքը, նա կռվեց վարարած գետի հետ և քաջությամբ անցավ, թեև գետափից ջուր տանելու եկած կարմիրվանքցի կանայք հույսերը կտրած արդեն վայ տվին դոչաղ ձիավորի տիրոջը:

Երբ անվնաս ափը դուրս եկավ օսմանցու սահմանից այդ քաջասիրտ տղեն, բարեսիրտ կանայք շուրջը հավաքվեցին, ամենքն էլ սկսեցին նրան իրենց տուն հրավիրել: Ամեն կին ուզում էր բախտ ունենալ ավելի շատ ժամանակ տեսնելու այդ առանց անձնագրի դոչաղին, որին արիությունն ու բախտը օգնել էին բարի լուսին: Ողջ օրը նրանց շրջանում անցկացրեց Եղիկը, ամեն տեսակ պատիվ արին նրան: Կերուխումից հետո նա մի քանի ժամ էլ հանգստացավ և ետինքի ժամանակ ձին նստավ, ճանապարհ ընկավ դեպի հյուսիս, դեպի յուր սերը Ասլին, որը մագնիսի նման քաշում էր Եղիկի խելքը, միտքը, սիրտն ու հոգին:

Եղիկի՝ մղդսի Կյուրեղենց տանից ֆարաշը, զենքերն ու շորերը փախցրած առավոտը Ասլիին երազող դնդրոշ Մուքեն վաղ վեր կացավ, քանդեց ֆարաշի ոտքից բխովը, հանի կապը, շորերը հագավ, մտավ ախոռը խոտ տալու յուր նժույգին: Ահագին խուրձը գրկած մոտեցավ Մուքեն՝ «ֆարաշ ջան, քյոհլանս» կրկնելով և մսուրքում զետեղելուց հետո երբ ձին չգտավ, մնաց ապշած: Բխովու չվանը քաշեց և երբ նկատեց, որ ալ ձիու ոտքն էր զարկած, իսկույն կասկածեց և կանչեց.

— Մղդսի՛ ապեր, Մատո՛ ամի, Պետո՛ ամի, Սեթո՛, Համո՛, Կարո՛:

— Է՛յ, ի՞նչ է, ի՞նչ ես ղալմաղալ գցել, չես թողնում քնենք, — ասաց Սեթոն պառկած տեղից. — ի՞նչ ես դիվահարի նման մեջ գիշերին վեր կացել ու մարդու անուշ քունը հարամ անում:

— Տո՛, տղա, է՛լ, տո՛, ո՞ւր է ֆարաշը:

— Ի՞նչ ես հիմար-հիմար դուրս տալի...

— Մղդսի ապեր, քյոհլանս չկա...

Իսկույն թափվեցին, քրքրեցին, դռները բացին և նկատեցին ձիու քայլերի հետքերը: Արշալույսը արդեն բացվել էր, ղալմաղալն ընկավ տունը, պառավները վեր կացան, հարսները շորերը հագնվեցան, ծծկեր երեխաների ձայնն ընկավ, կովերն սկսեցին բառաչել, հորթերն արձագանք տվին իրենց մայրերին, նախրչիները թափվեցան, և աղմուկը սկսեց սաստկանալ,

— Տո՜, տղա՜, վազեցե՜ք, այս իզով գնացեք, — գոռում էր մղդսի Կյուրեղը, ցույց տալով ձիու սմբակի տեղերը յուր եղբայրներին և որդիներին...

— Աղջի Սանդո, աբես բե՜ր, — գոռում էր Մատո ամին յուր կնոջը:

— Տո՜, տղա՜, Պետո, չարըխներդ հագի՜ր, այնպե՜ս գնա, — գոռում էր պառավ տատը յուր փոքր որդուն:

— Հավա՜ր, հասե՜ք, է՜ս կողմն արեք, — գոռում, կանչում էին ամեն կողմից, և այդ ձայնը միախառնվելով անթիվ անասունների բառաչների, մայողների, կտկտոցների և խրխինջների հետ, կազմում էր մի գյուղական մուզիկա, որը սովորական է ամեն գյուղերում, մանավանդ գարնան սկզբներին, յայլա գնալուց առաջ: Ձայները քանի գնում հեռանում էին, ավելի նվազում և քաղցր տպավորություն թողնում: Նախիրները գյուղից բավական հեռացել էին, և Եղիկի ետնից գնացողների ձայնը էլ չէր լսվում:

Գյուղում խոսելու նյութ դարձավ, ամենքը իրար տեսնելիս գողության մասին էին խոսում և ամեն մարդ հետաքրքրությամբ սպասում էր գնացողների վերադարձին: Կանայք հետզհետե մտնում էին մղդսի Կյուրեղենց տունը՝ մխիթարելու մտքով, նոր-նոր հարցեր տալով նրանց սիրտը ավելի վրդովում էին և գողցված իրերի պատմությունը լսելով, դուրս էին գալիս և հազար ու մի վրադիրով իրար պատմում: Կովերը կթող հարս-աղջիկները կաթ փռելու համար մարագ գնալիս ու դառնալիս իրար հարցնում էին իրերի գրությունը և հազար ու մի ծաղրալի ածականներով կնքում Մուքեին: Ուրիշները քթոցով շալակած ախոռի աղբը թափելիս, գոմերի թրիքը թխելու համար դուրս կրելիս հեգնական հայացքներով իրենց սիրելիներին կամ մտքում ունեցած ջահիլներին զգալ էին տալիս ամոթալի արկածը, մանիներով հազար ու մի նախատինք էին թափում անկար մարդու գլխին և վայ տալիս տիրոջը:

— Վա՜յ, փողը գլխուդ, մարդու ոտքից քնած տեղը ձիու կապը քանդեն ու չիմանա՜, — ասում էր մի կին յուր հարևանին:

— Էդ ես ասում, — վրա էր բերում մի ուրիշը, — հագի դանավուզ արխալուղը հանին տանեն, նա մեռելի պես տեր չլինի՞:

— Զաթի[49] դնդրշկածի մեկն է, էն ինչ տղամարդ է որ, — ասում էր մեկ ուրիշ կին:

— Մղդսի Կյուրեղի տղեն է. հոր մալը շատ է ու տղի պակասությունները ծածկում է... Դուք ձեր դարդը քաշեցեք, — ասում էր

[49] Արդեն:

մի ուրիշը, — էգուց կերթա Գյումրի, նոր շորեր կարել կտա, նոր ձի կառնե... նրանից ի՞նչ կպակսի:

Մինչև կեսօր ընկան սարից-սար, քարից-քար, վերջապես հետքը գտան, հասկացան, որ Եղիկն էր կատարել այդ ավազակությունը, որն անցկացել էր և սահմանը:

Տխրությունը պատեց մղդսի Կյուրեղին. այս անպատվությունը և կորուստը նրա սիրտը այնպես խոր խոցեց, որ նա քիչ էր մնում գժվի: Իսկույն ձին նստավ, գրպանը լցրեց արծաթ մանեթներով և բաջաղլի ոսկիներով ու ճանապարհ ընկավ դեպի Գյումրի՝ մովրովի դուռը, իսկ Մուքեն մի քանի ձիավորով ընկավ սարեսար, անցավ սահմանը:

Գյումրի նստած մովրովը մղդսի Կյուրեղի համար հարկ եղած թղթերը գրեց, ուղարկեց Երևան, այնտեղից էլ ուղարկեցին Թիֆլիս, որպեսզի կարգադրություն անեն, Էրզրումի կոնսուլին իմացնեն, որպեսզի Ղարս գրեն և գողը փնտրել տան: Մովրովի գրասենյակի գրագիրները և թարգմանները էգուց կգան, մյուս օր կգա քու թղթերի պատասխանը, — ասում էին մղդսի Կյուրեղին և բերած փայլուն բաջաղլիները և ցոլուն մանեթները մեկ-մեկ կուլ տալիս: Խեղճ մարդ, լեզու չէր հասկանում, որ անձամբ գլխավորից կտրական պատասխան ստանար, գնար յուր գյուղը, իսկ գրասենյակի դռան քաղցած սպասավորները, десяток-ուց սկսած մինչև սեկրետարը թեթևացնում էին մղդսի Կյուրեղի գրպանը:

— Աղբե՛ր, ես խո ձիու և հինգ-տասը կովի դարդը չեմ, աստված տվել, չէ խնայել, էլի տեղը կա, էլի կարող եմ ավելացնել, բայց ինձ սպանում է այս արարքը, այն քնձռոտ Եղիկը, որ փչես կգլորի, մեկ զարկես ոսկորները կփշրի, նա իմ տնից ու դռնից մալ փախցնե՞: Այս տարածը ոչինչ, ապա թե որ գործի պոչը բաց թողնես, էգուց էլի նույն խաղը պիտի խաղա իմ գլխին:

— Մի՛ վախենալ, մղդսի ամի, մովրովը այնպես թուղթ է գրել, որ Ղարսի փաշան սատանի ծակից էլ գտնել կտա ու կուղարկի քու մալն էլ, քու գողն էլ: Երբ ձեռքերս անցնի Եղիկը, այն ժամանակ դու տե՛ս ինչ դատաստան անել կտա պստի դիլբանդը նրա գլխուն: Դու այսօր ինձ մի բաջաղլու տուր, մեկ անգամ նշանածիս ուրախացնեմ, քեզ ուրախացնելս՝ այս իմ վզիս պարտքը:

Մուքեն երեք–չորս օր ման եկավ Շիրակում, իրենց ծանոթ բոլոր գյուղերը շրջեց, ամեն տեղի անցքերը հարցուփորձ արավ, լսեց և հուսահատ ետ դարձավ: Ճանապարհին նա մտածում էր, թե ի՞նչ ասե գյուղում յուր ընկերներին, եթե իրեն ծաղրածության առարկա դարձնեն: Վերջապես գլխիկոր ձին առաջ էր քշում մոլորածի պես և չէր իմանում ինչ ընթացք բռնել: Որպեսզի դատարկաձեռն ետ դառնալը չնկատեն գյուղացիք և չծաղրեն նրա անկարողությունը, նա իրիկվան դեմ մտավ թուրքի Ղարաքիլիսա և իջավ իրենց ծանոթ և պարտական մեշադի

Մահմեդ Ալու տունը: Մինչև կեսգիշեր նա խոսում էր նրանց հետ այդ օրերը պատահած արկածների մասին, իսկ նրանք գովում էին այն ճարպիկ երիտասարդներին, որոնք կարողանում էին հեռվից գնալ և գողանալ ընտիր նժույգներ, ուժեղ եզներ, կաթնասուն կովեր և այլն: Գյուղացիք առանց քաշվելու և առանց ուշադրություն դարձնելու մեշադի Մահմեդ Ալու զայրացկոտ ունքերին ու մռութներին գովում էին Եղիկի քաջարտությունը, որը կարողացել էր ֆարաշը փախցնել:

Մեջգիշերին Մուքեն զինվեցավ, ձին նստավ և դիմեց իրենց գյուղը: Ճանապարհին մինչև Արփաչայի ափը նրան ընկերացավ մեշադի Մահմեդ Ալու կրտսեր որդին՝ Հասանը: Արփաչայը անցնելուց հետո շնորհակալություն տվեց, և Հասանը վերադարձավ: Դեռ շատ չէր հեռացած Արփաչայից, Մուքեն լսեց մի ձիու արագընթաց քայլերի ձայնը, որը Արփաչայի մեջ կանգնեց ջուր խմելու: Մուքեն կարծեց, որ ղաչախչի թարաքամ է, զգուշանալու համար ճանապարհից դուրս եկավ և կազակների մարգերի գլուխը մի թումբի ետևն անցավ: Քիչ հետո ձին անցավ ջուրը և արագ քայլերով ճանապարհին ուղղեց դեպի Ղարաքիլիսա: Թեև գիշերը մութն էր, ամպապատ, ոչինչ չէր կարելի տեսնել, բայց Մուքեն նրա քայլերի ձայնից հասկացավ, որ ձին բեռնավորված չէր: Գուցե, մտածեց, իրեն էին հետևում, գուցե Եղիկն էր, գուցե... Այնքան մտատանջության մեջ ընկավ, որ երկյուղից չէր համարձակվում հետևել: Վերջապես սիրտ առավ, մտածելով, որ իրենց գյուղի սահմանումն էր գտնվում և նստած ձին իրեն ամեն դեպքում կարող էր օգնել, առաջ գնալ: Ձին ուղղվեց գյուղ և գնաց կանգնեց մղդսի Կյուրեղենց դռան առաջ: Այնտեղ հասավ Մուքեն էլ և ֆարաշը առանց թամբքի, կտրտած սանձով, արյուն-քրտինքի մեջ կորած գտնելով՝ ապշած մնաց: Բայց իսկույն ուրախությամբ լցվեցավ և սիրտը հրճվանքով զեղված, դուռը սկսեց արագ-արագ բախել: Գյուղի շները ամեն կողմից հաչոցը զցել էին և նրանց որոտման ձայնը զարթեցրել էր շատերին: Պետո ամին Ճրագը ձեռքը դուրս եկավ և Մուքեի ձայնը լսելուց հետո դուռը բացեց: Դուռ-դրացի իսկույն թափվեցին և ամեն կողմից հարցնում էին Մուքեից, թե ինչպես կարողացավ ֆարաշը ետ բերել: Մուքեն առիթից օգուտ քաղեց և հավատացրեց, որ Եղիկին պատահել էր մթանը, Քյուրակ-դարայում սպանել, ձին առել ու վերադարձել:

Թեև շատերը չէին հավատում ստախոս ու դնդրոշ Մուքեին, բայց ֆարաշի ներկայությունը մասամբ ստիպում էր հավատալու նրա խոսքերին:

— Ախպեր, — ասում էր մեկը, — թե ես Եղիկին գիտեմ, նա հոգին բերանը դրա՛ն ձի չէր տալ:

— Տո՛, ախպե՛ր, — ասում էր մի ուրիշը, — դա ի՞նչ թվանք զցող է, որ Եղիկին զարկեր, վար զցեր ու ձին ձեռքից խլեր:

— Ախպե՛ր, թե ես ճանաչում եմ Եղիկին, դա նրա գյուղի առաջից գլուխը պրծցնողը չէր, բայց մի բան կա...

— Տնաշեններ, — ասում էր մի ուրիշը, — գնանք քնենք, վախենաք էգուց էլօր բանը չպարզվի՞: Ստի մենզիլը[50] կարճ է, շուտ կհայտնվի:

Եղիկի արարքը շատերին ուրախացրել էր ներքուստ: Վերջապես մղդսի Կյուրեղին վնասված տեսել էին, իսկ այս դեպքը շատ դուր չեկավ:

Մուքեի մայրը առաջ եկավ, յուր դոչաղ որդու ճակատը պաչեց: Ներս տարին, ձիերին հանգստացրին, խոտ, գարի տվին, և մինչև լույս հանգստություն չտվին տանեցիք և բարեկամները Մուքեին: Օրվա կեղծ հերոսն էր և ամենքը ուզում էին արկածի պատմության հետ իսկությամբ ծանոթանալ:

Լուրը հասավ Ասլիին: Նրա մեծ եղբայրը լսել և տուն դարձել, պատմում էր հորը Մուքեի արկածը: Ասլին, որ գյուղում պատահած աղաղակներից զարթնել էր, էլ չէր քնել, եղբոր տուն վերադառնալուց հետո ծածուկ մոտեցել էր լսելու հոր և եղբոր խոսակցությունը: Եղիկի մահվան պատմությանը թեև նա չհավատաց, բայց տխրությամբ լցված գնաց պառկեց և սկսեց անկողնի մեջ անձայն լալ և աղի արտասուքով բարձը թրջել: Նախազգում էր, որ յուր սիրելուն վտանգ էր սպառնում և այդ վտանգի առաջն առնելու ճար չուներ: Հորը հաղթելը հեշտ էր, բայց մեծ եղբայրն ավելի զորավոր էր, ավելի ազդեցություն կարող էր բանեցնել հոր վրա և մտադրությունը գլուխ բերել: Գալո քեհյեն թեև չէր համոզվում որդու խոսքերով, բայց չէր էլ հերքում նրա ասածները:

Այնքան անկողնում լաց էր եղել, այնքան հեկեկացել էր և այնքան տանջվել, որ թմրել, քնել, մնացել էր: Արշալույսին, երբ նրա ընկերները բանի-գործի էին, երբ նրան փնտրում էին ոչխար կթողները, մայրը մտավ քիլարը և նրան քնած գտավ: Քնած տեղը անդադար նա տնքում էր և հառաչում: Թշվառ մայրը զգաց, որ մի ցավ ուներ աղջիկը, նրան չզարթեցրեց և հարսներին ու թոռներին հրամայեց նրա պարտականությունները կատարել: Տրտնջում էին հարսները սկեսուրի դատաստանի վրա, հայացքներով իրենց դժգոհությունը հայտնում էին ամուսիններին, որոնք թեև անտեղյակ գործից, հայհոյում էին իրենց կանանց:

Երբ ամեն մարդ յուր բանի-գործին էր, պառավն էլ թոնդիրը վառել, պղնձով ջուրը դրել, խմորի տաշտը մոտեցրել էր օրական հացը թխելու համար, մինչև թոնդրի իջնելը, հարսի գալը, գրդնակն սկսելը, կրկին մտավ աղջկա մոտ և բռնելով նրա դաստակը, ասաց.

— Ասլի ջան, աղջիկս, ի՞նչ ունես, վե՛ր կաց:

Ասլին իսկույն թռավ, ելավ հազավ. «Բան չկա, մայրիկ» ասելով գնաց յուր գործին: Բայց մայրը նրա գունատ դեմքը նկատած լինելով, թեև գնաց հացը թխելու, միայն անվերջ մտածում էր Ասլիի վրա:

Մղդսի Կյուրեղը Մուքեին ֆարաշի հետ դառնալու խաբարը

---

[50] Տարածություն, երկայնություն

առնելուն պես արդեն զզված լինելով գրագիրների ձեռքից, վերադարձավ գյուղ: Աչքի լույսի եկան ամեն կողմից, և Գալո քեհյեն էլ շտապեց ուրախակցություն հայտնելու: Մղդսի Կյուրեղը վերադարձին հետը մի տկճոր քիշմիշի արաղ էր բերել, եկող գնացողին շահեց, պատվեց, անխնա խմում էին հյուրերը: Ուրախությունն ու խմիչքը հարբեցրել էր մղդսի Կյուրեղին, և նա արտահայտում էր ամեն թասին յուր անչափ ուրախությունը:

— Այս թասն էլ, Գալո քեհյա ջա՛ն, քու ազիզ աղբերության կենացը, քեզ պես դրկից, քեզ պես բարեկամ և տանս լավը կամեցող չունիմ այս գյուղում, քեզ համար դրած է այս օջախը. ես չեմ տանտերը, դու ես, քեհյա ջա՛ն, հրամայե՛, թող հրամանը կատարվի: Բայց չէ, ես կհրամայեմ, այսօր իմ ուրախությունը մեծ է. ձեր շնորհիվ, ձեզ պես բարեկամների կամեցողությամբ իմ կորուստը վերադարձավ: Ֆարաշը քեզ փեշքյաշ, Պետո, տար քյոհլանը կապե քեհյենց ախոռը, մի ձին ի՞նչ է որ, ես խո ձիու դարդը չէի, ես ձախորդության դարդն էի, էն էլ, փառք աստուծո, դեպի բարին փոխվեց: Պետո, Մատո, մի ոչխար մորթե, մատաղ արա, մենք էլ կուտենք, թե՛ զ, դանակդ սրե՛:

— Մղդսի ապա՛ր, ֆարաշը ես տանեմ քեհյենց տունը, — ասաց Մուքեն կակազելով:

— Հա՛, որդի, տա՛ր, դու տա՛ր, քու ձեռքով փեշքյաշ արա, քու ախպերացուին, ախոռը կապիր ու արի:

— Չէ, ախպե՛ր, չէ՛, շնորհակալ եմ, ձին տիրոջը փեշքյաշ: Թող Մուքայելը բարով վայելե, մուրազն առնե, տունը աչքի առաջ պահե, որ միշտ հիշե, որ տան դուշմանի հախից ինչպես պետք է գալ:

— Մի՛ խոսիլ, Գալո քեհյա, կցավիմ, մի՛ դեմ կենալ, բաշխածը բաշխած է, վերջացած է. տա՛ր, որդի, տար կապի՛ր:

— Մուքո, մի՛ տանիլ, ախպեր, տե՛ղը կապիր, դու ինձ լսիր, հայրդ ինձ բաշխեց, ես էլ քեզ եմ բաշխում, — ասաց մոտենալով Գալո քեհյան:

— Տա՛ր, ասում եմ քեզ, — ձայնը ավելի բարձրացնելով մոտեցավ մղդսի Կյուրեղը, — տա՛ր կապիր, ետ արի:

— Ախպեր ջան, ինչի՞ ես ամաչացնում Մուքեյին, դու տեղը կապիր, դու ինձ լսիր, — ասաց ու քաշեց, գրկելով ներս տարավ մղդսի Կյուրեղին Գալո քեհյեն:

Մուքեն, երևակայական հաղթությունից հետո, ուզում էր մտնել Գալո քեհյենց տունը, Ասլիի աչքին երևնալու, նրա ուշքը գրավելու հույսով, բայց հանգամանքը չնպաստեց, ցանկությունը անկատար փորը մնաց:

Մղդսի Կյուրեղը քիշմիշի արաղով հետզհետե տաքացրեց գյուղի բոլոր քեհյաների գլուխները, մատաղները եփվեցան, խորոված, խաշած բաժանեցին, մինչև իրիկուն քեֆ արին: Մղդսին Գալո քեհյին աջ կողմը նստեցրած, ամեն մի լավ պատառը կիսում էր նրա հետ և ամեն մի թասին մի-մի խոսք էր զգում, նրա հետ ժառանգական բարեկամությամբ կապված լինելու ցանկությունը արտահայտելով: Գալո քեհյեն հասկանում էր նրա մտադրությունը, բայց փախչելու, ազատվելու հույս չուներ: Սեղանից հետո, երբ արդեն հավաքել էին ամեն բան, մղդսի Կյուրեղը ասաց.

— Ախպրտա՛նք, ես ուզում եմ քեֆը առաջ տանել. մինչև իրիկուն մեր տանը քեֆ արինք: Արեք այստեղից էլ գիշերս էրթանք ախպորս՝ Գալո քեհյի տունը, շարունակենք մեր ուրախությունը:

— Երթա՛նք, երթա՛նք, — ձայն տվին ամեն կողմից:

— Արա՛ղ, ախպեր, դեռ մեր տկճորը կիսատած չի լինիլ, չորս օր էլ որ խմենք, չի պարպիլ, հինգ վեղրո բան է. քաղաք մարդ ուղարկելուց ավելի լավ է մենք շալակենք տկճորը, հետներս տանենք: Գիտեմ թե, Գալո քեհյա ջան, մեր մեջ իմ ու քու չպիտի լինի. քյոհլանս չընդունեցիր, արաղս պիտի ընդունես...

— Կընդունի՛, կընդունի՛, — աղաղակում էին ամեն կողմից:

— Տղերք, մաշալեքը վառեցե՛ք:

Քսանի չափ միջահասակ և հասակավոր համբաներ շրջապատած մղդսի Կյուրեղին և Գալո քեհյին, դիմեցին վերջինիս տունը: Նրանց առաջից և կողքերից չորս-հինգ մաշալլաներ, վառած, երեխեքը տանում էին: Արդեն մի երկու ճարպիկ տղա վազել, ժամանակին հյուրերի գալուստը իմացրել էին քեհյի մեծ որդուն՝ Թոմասին: Երբ մոտեցան անկոչ հյուրերը քեհյենց դռանը, Թոմասը հրամայեց մորթել մի գեր ոչխար: Նրա առատասրտությունը գովեց մղդսի Կյուրեղը և եղբոր՝ Պետոյի, ականջին ասաց, որ գնա ֆարաշը Մուքեի հետ ուղարկե քեհյենց տունը: Սա մի կաշառք էր, որ տալիս էր մղդսին Թոմասին, գիտենալով, որ նրա կամքից կախված էր ամեն բան:

Օղան նստած, ուրախությունները շարունակած միջոցին Թոմասի ու Մուքեի վեճի ձայնը հասավ Գալո քեհյի և մղդսի Կյուրեղի ականջը: Գալո քեհյեն երբ ուզում էր դուրս գնալ, մղդսի Կյուրեղը նրա թևից բռնեց ու նստեցրեց քովը՝ ասելով.

— Ախպե՛ր, նստի՛ր, քեզ ի՞նչ:

Այս միջոցին ներս մտավ մի երեխա և քեհյի ականջին մի քանի խոսք ասաց:

— Ախր, ինչի՞ այդպես բան եք անում, մղդսի, ֆարաշն ինչի՞ են բերել:

— Այդ քու գործը չէ, ես բաշխել եմ Թոմասին:

Ճարահատյալ Թոմասը ախոռը կապեց քյոհլանը և եկավ շնորհակալությունը հայտնեց: Հետզհետե հրավիրյալները շատանում էին: Այդ միջոցին Կարնի գաղթական աղաներից և սարրաֆներից մի քանիսը ապրում էին Ղարաքիլիսա: Գյումրին քաղաք դեռ չէր դարձած, նրանց էլ հրավիրեցին: Սրանց հետ եկան սազանդարները, որոնք իրենց երգերով և նվագածությամբ ավելի բորբոքեցին այդ ուրախությունը:

Այդ միջոցին ուրախության լրումը պահանջեց մղդսի Կյուրեղը. նա խնդրեց Գալո քեհյի աղջկա ձեռքը յուր որդու՝ Մուքեի, համար: Երկար ձևական խնդրվածքներից հետո համոզեցին հորը և Ասլիին նշանեցին Մուքեի հետ: Տեր Մլեն, որ սեղանակիցների թվումն էր, նշանը օրհնեց, և հանդիսականների հետ մինչև լույս շարունակեցին ուրախությունը:

Ասլին նշանդրեքից հետո սկսեց օրեցօր մաշվել: Նա քանի որ Եղիկին հիշում էր, աչքերը մթնում էին, կրակ էին կտրում և անընդհատ հառաչանքներով աշխատում էր մի կերպ սիրտը հովացնել: Բայց զուր, ո՛չ մի րոպե ցերեկը Եղիկի պատկերը չէր հեռանում նրա մտապատկերներից և ո՛չ քնած ժամանակը երազից: Հերիքնազը՝ պառավ մայրը, տեսնում էր աղջկա մաշվելը, բայց անճարացած էր՝ ո՛չ մարդուն կրնար խոսք հասկացնել, ո՛չ էլ տղին:

— Ա՛յ կնիկ, ի՞նչ ես ասում, ի՞նչ, ուզում ես, որ գդակս վար դնե՞մ, թքածս լիզե՞մ, ասեմ կնիկս համաձայն չէ՞: «Աղջիկս մղդսի Կյուրեղի տղին չի՛ առնում», ասում էր ամեն անգամ Գալո քեհյեն, երբ Հերիքնազը մի կերպ բացատրում էր աղջկա վիճակը: Ի՞նչ է, ուզում ես, որ ողջ Շյորագյալում ծամոն դառնամ, ամենքը թքեն իմ երեսին, որ այդպիսի անկոտրում աղջիկ եմ մեծացրել. իմ օջախի անունը հողի հետ հավասարեցնեմ, աշխարի խոսի, թե հերը տվեց, աղջիկը չառա՞վ:

Հերիքնազը լռում էր և ուրիշ պատասխան չէր գտնում, միայն ասում էր միշտ, առանց պատասխանը լսելու.

— Քեզ ո՞վ ասաց այդքան շուտ իմ աղջիկը նշանել:

Գալո քեհյեն ավելի խոսակցության չբռնվելու համար երեսը առնում փախչում էր, բայց իսկապես նրա սրտովն էլ չէր Մուքեի նման փեսա ունենալը. նամանավանդ, որ նա էլ շատ բարեսիրտ մարդ էր, աղջկան այդ դրությամբ նկատելիս սիրտը կտրտվում էր: Բայց որ խոստացել էր այն համբաների, կարնեցի աղաների և քահանայի ներկայությամբ, խո չէ՞ր կարող խոստումը ետ առնել:

— Աղջի՛կս, — ասում էր Հերիքնազը շատ անգամ զաղտնի, նրա արտասվելը նկատելով, — լացով մեռելը կառողջանա՞, մեռելի ետնից կընկնե՞ն, կմեռնե՞ն: Խելքի արի, քու հայրդ, քու եղբայրդ, ես, մի՞թե քու գեշը կուզենք: Մոռացի՛ր ամեն բան և ծնողներիդ օրհնանքը ստացիր:

Ասլին լռում էր և մի կերպ երեսը պահում մորը չպատասխանելու համար: Բայց յուրաքանչյուր անցած օրը նրա իրանից մի-մի շապիկ հաստություն տանում էր, գույնը թառամում, երեսը թոշնում, աչքերը կարմրում ու կծկվում, նվազում էին: Որպես նշանված աղջիկ, տանից էլ քիչ էր դուրս գալիս, որով ավելի գույնը սկսեց դեղնել և այտերի վարդագույնը թափվել: Նրա բարձր հասակը, երկար վիզը, առույգ կազմվածքը, խրոխտ հայացքը, սև ու հրացայտ աչքերը, սաթի նման մինչև ծնկները հասնող մազերն էլ այն գրավիչ տպավորությունը չէին թողնում. էլ ամեն րոպե չէր լսվում նրա քաղցր ձայնը, յուր ճկուն և ոլորուն ելևէջներով. նրա յայլիներով է՛լ չէին պարում գյուղի հարս ու աղջիկները, նա միայն առանձնության մեջ վիճակն էր ողբում աղիողորմ մանիներով, որոնց հազարը միանգամից իրար ետևից շարում, ասում էր, հառաչում, հեկեկում և վայր ընկնում մեռելի նման անձայն, անզգա:

Թեև լաց էր լինում, թեև սգում էր, բայց Ասլիի հավատալը չէր գալիս, որ Եղիկը մեռած լինի, որ յուր առյուծասիրտ և այնքան արագաշարժ Եղիկը դնդրշկած Մուքեի գնդակից մեռած լինի: Այդ հույսը նրան քաջալերում էր ապրելու, մի օր Եղիկին կրկին հասնելու տենչանքով: Եկավ վերջապես որոշված շաբաթ գիշերը. հասավ որոշված ժամը, բայց Եղիկը չեկավ, չեկավ, թեև մինչև լույս անքուն և անհանգիստ, սրտատրոփ սպասեց նրան Ասլին: Այս թեև բավական մեծ հարված էր, բայց նա խոստացել էր շաբաթ կամ կիրակի գիշեր գալ, հետևապես սպասեց և հետևյալ գիշերը: Իսկ Եղիկը, ինչպես տեսավ ընթերցողը, այդ պայմանավորյալ գիշերը անցկացրեց Մեդեդ բեգի ախոռում շղթայակապ, հառաչանքներով, այնպես, ինչպես նրան սպասողը:

Իսկ այդ գիշերն էլ անցկացնելուց հետո Ասլիին տիրեց մի տեսակ հուսահատություն, նա եզրակացնում էր, որ Եղիկը կամ մեռած էր կամ մի փորձանքի մեջ, որ չվերադարձավ խոստացյալ ժամանակին: Երկու դեպքն էլ մահացու էր Ասլիի համար, որովհետև եթե մեռած էր, իրեն էլ ի՞նչ հարկավոր էր կյանքը, մի՞թե Եղիկի թշնամուն, նրան սպանող կարծվածին զգվելու, գուրգուրելու և հաճոյանալու համար: Եթե փորձանքումն էր, շուտով դարձյալ մեռնելու էր, որովհետև ո՞վ պիտի օգներ նրա նման թշվառ և անտեր մարդուն, ո՞վ պիտի պաշտպաներ, ո՞վ պիտի փրկեր:

Այս մտքերը նրան սկսեցին օրեցօր սաստիկ մաշել՝ նա մահվան դիմողի նման աշխատում էր ավելի շատ ժամանակ անցկացնել այն սիրելի վայրերում, որտեղ երկար ժամանակ էր անցկացրել յուր սիրեկանի հետ, ավելի շատ մնալ այն քիլարում, որը եղել էր նրանց առանձնարանը, որպեսզի մեռնելուց առաջ մի կարոտն առնի, հագենա և այնպես գնա, մտնի սև հող: Գալո քեհյենց քիլարը դարձել էր նրան ննջարան, առանձնարան, ամեն բան: Թեև անկողնում չէր, թեև ֆիզիկապես ցավ չուներ Ասլին, բայց հոգով տկար էր, սրտով, մտքով հիվանդ: Դարերից ավելի երկարացավ այդ քսան օրը Ասլիի համար, այդ օրերում շղթայակապ բանտարկյալ Եղիկը ավելի երջանիկ էր, քան թե Ասլին, նա գիտեր, որ Ասլին ապրում էր և իրեն սպասում, բայց Ասլին արդեն սկսում էր կասկածել, որ էլ հավիտյան վերադառնալու չէր յուր Եղիկը: Երազներով էր միայն մխիթարվում, որոնք միշտ իրեն խաբում էին:

Վերջապես, մի գիշեր լուսամուտի տախտակի բացվելը նկատեց Ասլին, ճչաց, բայց կարծում էր դարձյալ երազ է: Վայրկենական արագությամբ իջավ Եղիկը, գրկեց նրան, բայց նա ուրախությունից ուշագնաց մնաց նրա կրծքի վրա:

Մինչդեռ մութ քիլարում Եղիկը աշխատում էր մի կերպ սթափեցնել Ասլիին, պառավ Հերիքնազը, որ աղջկա այս տանջանքների շրջանում քունը բոլորովին կորցրել էր, խարխափելով ներս մտավ: Թեև Եղիկի համար այդտեղ՝ մթնումը, երրորդ անձի ներս մտնելը կյանքի և մահու խնդիր էր, բայց նա իրեն անձը մոռացած՝ գոռաց.

— Մի թաս սառը ջուր բեր:

Պառավը ցնորածի նման ետ վազեց, խոհանոցի միջով անցնելիս այնքան ուշքը գլխին չէր, որ կոխելով անցավ հատակի վրա պառկած երեխաների վրայով, որոնցից մանրները ցավից զարթնեցին և սկսեցին բարձր ձայնով լալ: Երեխաների ձայնը զարթեցրեց նրանց ծնողներին, որոնք հետաքրքրվեցան լացի պատճառն իմանալու: Պառավը մի կերպ ջուրը հասցրեց Եղիկին, առանց բացատրություն տալու որդիներին և հարսներին: Բայց Թոմասի կնիկը երեխաներին քնեցնելու պատրվակով վերկացավ, որոնց դեռ չհանգստացրած մոտեցավ քիլարի դռանը, լրտեսելու սկեսրոջ և տալի արարքը: Քիչ հետո մարդուն էլ կանչեց:

Պառավը, առանց իմանալու, թե ո՞վ էր աղջկա մոտ եկողը, մթնումը կատարում էր նրա բոլոր հրամանները, նա օգնում էր աղջկան և չէր կարող երևակայել անգամ, որ երդիկից մտած մարդ կար քիլարում: Ասլին վերջապես սթափվեցավ և, առանց գիտենալու մոր ներկայությունը՝ կակազեց.

— Եղի՛կ, դո՞ւ ես, խո երազում չե՞մ...

— Ո՛չ, ո՛չ, տե՛ս, ջուրը թրջեց քու շորերը, լսո՞ւմ ես իմ ձայնը: Ասլին երազներով այնքան խաբվել էր այդ օրերը, որ համոզվելու համար զգուշությամբ շփեց Եղիկի վիզը, գլուխը և երեսը: Հերիքնազը լուռ, ապշած, շվարած մնացել էր, չէր իմանում ինչ անել:

— Եղի՛կ, տա՛ր ինձ, Եղի՛կ, ազատի՛ր ինձ, — ասաց հառաչելով Ասլին, — այս անխիղճներն ուզում են ինձ քեզանից խլել, դնդրշկածի ճանկը գցել: Եղի՛կ, փրկի՛ր ինձ...

Եղիկի անընդհատ կրկնությունը սթափեցրեց պառավին, որը մոտեցավ, գրկեց աղջկան, մի կողմ քաշելով ասաց.

— Տո՛, տղա, տո՛, շան տղա, դուրս ելի՛ր, կորի՛ր, գնա իմ դռնից, թե չէ քեզ կտոր-կտոր կանեն իմ տղերքը:

— Քալա ջա՛ն, թող քու տղերքը ինձ կտոր-կտոր անեն, — ասաց Եղիկը, — քու տղերքը ինձ մորթեն, քերթեն, ետև իրենց քույրը մուրազի ձեռքից խլեն, տան դնդրոշկած Մուքեին:

— Ձենդ կտրե՛, նա իմ փեսեն է, դուրս կորի՛ր, հիմի կկանչեմ Թոմասին ու Բարսեղին, լեշդ փռել կտամ, դո՛ւրս կորիր, — ասաց, դուրս գալով, տանելով գրկում նվաղած աղջկան:

— Գո՛ղ ավազակի տղա՛, տղե՛րք, ելե՛ք, Բարսե՛ղ, Մարկո՛ս, Մուրա՛դ, Համբո՛, գող կա՝ ելե՛ք, ելե՛ք, — աղաղակը բարձրացրեց Թոմասը և սկսեց շորերը հագնել; Մինչև նրանք աբեթը և կայծաքարը գտան, Եղիկը տանիք բարձրացավ և ոլորվելով մյուս փողոցն անցավ, ձին նստավ, զենքերը քննեց և պատրաստվեց դիմադրելու յուր վրա հարձակվելու պատրաստվողներին: Ողջ գյուղը զարթեց այդ աղաղակից՝ շների ոռնոցն ու հաչոցը ոտքի հանեց բոլորին, և կես ժամ չանցած քեհյի և մղդսու բարեկամ երիտասարդներից երեսուն ձիավոր սկսեցին հալածել Եղիկին: Երբ ձիավորները մոտեցան Արփաչային՝ սկսեցին գնդակներ արձակել Եղիկի ետևից և իրենց բարձրացրած աղմուկը լսելով, սահմանապահ կազակները մոտեցան նրանց և իմանալով պատճառը նրանց հետ ութ-տասը կազակ էլ միացած, անցան սահմանը և, մի քանի ժամ զուր չարչարվելուց հետո, դատարկաձեռն վերադարձան:

Լուսադեմին Եղիկը անցավ Ալաջա սարի լանջքերի վրա ոչխար արածացնող քրդերի մոտից: Սաստիկ հոգնած էր և սոված: Ղոզլուճի մոտ առաջի պատահած երիտասարդ հովիվին ճանաչեց, որը յուր նախորդ տիրոջ որդին էր: Վերջինս մերժեց նրա խնդիրքը, չուզեց նրան կաթ և հաց տալ, դեռ մի քանի նախատական խոսքեր ասելուց հետո «մուրտառ-գյավուր» տիտղոսն էլ Եղիկի երեսովը տվեց:

— Կթանները քո՞ ւկն են, — հարցրեց հեգնությամբ Եղիկը, թե՞ հորդ:

— Իմ հորս է, Դահար բեգինն է, — պատասխանեց գոռոզությամբ:

Քիչ անցնելուց հետո ետ դարձավ հովիվը և ավելացրեց.

— Ինչի՞ ես մուրացկանություն անում, ինչի՞ թողիր մեր զառները ու փախար, ծո՛ւյլ կենդանի, գիտես թե չե՞մ ճանաչում քեզ, արի նորից զառները արածեցրու և՛ հաց, և՛ վարձք ստացիր: Չե՞ս ամաչում, ջահել տղա ես, բայց, ինչպես ասել եմ, երեսիցդ երևում է, որ մթրուբ (մուրացկանի սերունդ) ես:

— Ես ո՛չ ծույլ եմ, ո՛չ էլ մուրացկան: Անցորդ եմ սոված, որին ոչ ոք չի խնայում մի փոր հաց... Ի՞նչ է, ուզում ես, որ զամ դարձյալ երկու տարի ծառայեմ ձեր դռանը մի փոր հացով, հախս էլ կտրեք, վոնդե՞ք:

— Ասա՛ խաբեբա եմ:

— Ձենդ կտրե՛, մի՛ ինձ բորբոքիլ...

— Թե չէ... — ասաց հեգնությամբ քուրդը:

— Պատրաստվիր, ես չեմ ուզում անզեն մարդու վրա զենք բարձրացնել, — ասաց Եղիկը և դարաբինի բերանը բարձրացրեց:

— Կորոնիր, գյավուրը ինձ վրա տվեց, կորոնիր, հասեք, — սկսեց գոռալ քուրդը: — Հեռվից երկու հովիվներ իրենց մահակներով վազեցին օգնության Դահար բեգի որդուն: Մեկը մի քարի կողք անցավ և հրացանի փողը ուղղեց, որը Եղիկի կողքովն անցավ: Եղիկը, առանց ձիուց իջնելու, հրացանը ուղղեց և քարի ետև անցածի ուղեղը ցրվեց: Մյուս քուրդը սկսեց վազել դեպի չադրները: Եղիկը մինչև մի գնդակ էլ նրան հասցնելը, ետևից Դահար բեգի որդուն ուրիշ երկու քրդեր էլ օգնության հասան, որոնք դարաբինաներով հարձակվեցին եղիկի վրա: Ետ դարձավ Եղիկը և, ղարաբինան դատարկելով, գետին փռեց բեգի որդուն: Այս որ տեսան օգնության եկող քրդերը, սկսեցին փախչել: Եղիկը, ավելի մեծ խմբից չշրջապատվելու համար, նրանց հետևեց, բայց անկարելի էր շեշխանա թվանքը լցնել, փողը տաքացել էր, վտանգավոր էր իսկույն երրորդ անգամ լցնելը: Մինչև հրացանի սառչելը նրանք բարձրացան Ալաջի զագաթը, երկյուղից մինչև կեսօր այնտեղ պահվտեցան:

Եղիկը Դահար բեգի որդու ղավալը առավ և եղանակ աժելով հինգ հովվի կթանը հավաքեց, որոնց թիվը երեք հարյուրի մոտ էր, առաջը խառնեց և քշեց Տիկորի կողքից, անցավ իջավ ուղիղ Ծբնի: Մթան ժամանակ նա այդտեղից բարձրացավ դեպի Յաղլուճա և այնտեղ յանլա գնացող հայերին բաժանեց ոչխարը կիսովի պահելու: Այնտեղ գիշերը չկարողանալով հանգստանալ, ելավ հեծավ ձին, քշեց դեպի Քերս:

— Ա՛յ տղերք, — ասաց նրա գնալուց հետո ծբնեցի տերտերը, — այս մարդը խելառ էր, գող էր, կթան ոչխարը առանց գառի որտեղի՞ց բերեց ու ցրվեց քյասումի (կտրվածքով):

— Բան չունի՞ս, տերտեր, ամեն խեղճ տուն իրեն համար հինգ-տասը կթան ունի, նրանց գառներով դրանք էլ կկթվեն, թող աղքատ մարդիկ շահվին:

— Բան չեմ ասում, բայց...

— Երնի քեզ քիչ տվեց...

— Չէ, դուն էլ, Գոզոր ամի, մենք մերը շա՞տ շահեցինք. բայց ես վախենում եմ, որ էգուց կթանների տերերը գան ու մերն էլ հետը ետ տանեն:

— Ո՞վ գիտե, ո՞վ կարող է ճանաչել, գիշերս ամենքն էլ կխուզեն, էգուց քառասուն սատանա գա, չի ճանաչիլ նրանց:

— Աստված տա այդպես լինի, բայց վախենում եմ...

— Ես ու դու թե բան չխոսենք, վախենալու ոչինչ չի լինիլ. ամենից մեծ վախը մեր լեզվիցն է, — ասաց խոսքը կտրելով Գոզոր ամին:

— Գիտե՞ք ինչ կա, տերտեր, — մեջ մտավ մի ուրիշ ծերուկ, — այդ մարդու նստած ձին գիտես, թե մեր Մատո քեհյի իլխից փախցրած ձին է:

— Ես հավատացած եմ, որ այդ մարդը էլ ետ չի՛ գալ, — կրկնեց մի ուրիշը:

— Էհ, լավ կշինեք մեր տունը, «գիտես թե», «ինչի՞ մնաց», «վախենում եմ», «ես հավատացած եմ»... թողե՛ք, աստված սիրեք, այդպիսի ենթադրությունները, գործերից աշեցեք, — ասաց նեղացած Գոզոր ամին: — Չի՛ գալ, գլուխը քարը, թե չի գալ, մենք վնաս խո չե՞նք ունենալ: Փառք աստծու, մեր երեսուն աղքատ տանը ամեն, մեկին տասը-տասը կթան բաժանեց. էլ ի՞նչ կուզեք: Գիտեմ, ձեր քեֆով կլիներ, եթե բոլոր ոչխարը ձեր երեքին տար գնար... բայց իշտահիներիդ պրաս ջարդեցեք, մարդը արդար դատաստան տեսավ: Չտես մարդ եք, ի՞նչ պիտի լինի, փորերումդ մի գաղտնիք չեք կարող թաղել: Այնքան ծակաչք եք, այնքան նախանձ, որ էգուց գնացող-եկող քուրդին ու թուրքին այսօրվա բաժանած կթանի մասին կխոսեք, ձեր արմանքն ու զարմանքը ցույց տալով:

— Գոգոր ամին լավ է ասում, — մեջ մտավ մեկը, բերաններդ սրբեցեք, տներդ քաշվեցեք: Մի անգամ էլ փորձեցեք գաղտնիքը փորերումդ պահել, տեսնեք խո չի՞ ծակվի, թափվի:

Սարը փախած երկու քուրդ հովիվները երկյուղից այնտեղից դուրս չեկան մինչև իրիկուն: Գիշերը մթանը գնացին իրենց վրանները, և որպեսզի ընկերներից ու մեծերից չնախատվին՝ խաբեցին, որ տասը-քսան ձիավոր թյարաքամա իրենց հետ կռվել, ընկերներին գնդակահար արել և ոչխարն էլ քշել տարել էին դեպի Չըլդըր: Քուրդերը հավաքվեցան, խորհրդի նստան և ձիավորներ հանեցին դեպի Չըլդըր, բողոքեցին փաշային ու ղայմաղամին, բայց ոչխարի հետքը չգտան:

Ծբնեցիք մարսեցին կթանները:

Ծբնու յայլեցիք դեռ չէին ցրվել, հանկարծ մի աղմուկ բարձրացավ և տասնի չափ ձիավորներով Մաղո բեհյի տղան՝ Վարդգեսը, մտավ յայլա: Բոլորը շրջապատեցին նրան, և նա, առանց ձիուց իջնելու՝ հարցրեց.

— Տերտե՛ր, մի ձիավոր չոբան այստեղ է եկել, ո՞ւր է:

— Որդի՛, Վարդգե՛ս, — ասաց տերտերը, — մի ինչ-որ չոբան յուր կթանները բերեց քյասումով բաժանեց ու գնաց:

— Ո՞ր կողմը գնաց:

— Չգիտեմ, բայց կես ժամ հազիվ կա նրա գնալը:

— Ո՞ւմ բաժանեց կթանը:

— Խեղճերուն, որոնք չունեին, ասաց չունևորներին տամ, որ լավ պահեն ապրանքս:

— Ի՞նչ ձի էր նստել, տեսա՞ր:

— Բաց կապույտ ձի էր, լավ չաշեցի:

— Վարդգես ջան, — մեջ մտավ մի գյուղացի, — գիտես, թե ձեր քյոհլանն էր:

— Տեսաք ու չբռնեցի՛ք նրան, ինձ իմաց չտվի՛ք: Իմացա՛, իմացա՛, տերտեր, դո՛ւ եղել ես յաթաղ[51], ամեն գող քեզ մոտ է վար գալիս: Գյուղացու էլ բերանը կապելու համար տունգլուխ տասը-տասը կթան ես բաժանում: Էգուց Մեղեդ բեգին դու պատասխան տուր: Տղե՛րք, քշեցեք, հալբաթ տեսնող չեղա՞վ, որ կողմը գնաց:

— Մութ գիշեր, ո՞վ է իմանում, բայց այդ խոսքերդ լավ միտքդ պահե, գնա ձիդ տանողի ետևից, բայց մի՛ մոռանալ, որ ասածներդ հաստատելու ես, — ասաց տերտերն ու հեռացավ:

— Քեզ հետ Մեղեդ բեգի քով կխոսիմ, տերտեր: Տղե՛րք, քշեցե՛ք, — ասաց ու առաջ անցավ Վարդգեսը:

---

[51] Իջևան պահպանող:

— Մեղեդ բեգեր շատ է տեսել տերտերն ու Ծբնին. դու գնա նրա ոտքերը լիզե, տեսնենք կարո՞ղ է առանց ինձ հորդ միշտ քեհյա պահել, որ դու էլ բրդբրդաս: Գնացե՛ք տները, թե մեկը մի խոսք կասե, ասեք տերտերն առավ ոչխարը, մեզ պահ տվեց:

— Աստված կարգին հաստատ պահե, տերտեր ջան, — ասաց մի ծերուկ, — դու որ մեզ հովվես, հովանավորես, էլ մեր ի՞նչը կպակսի:

Վարդգեսը յուր ձիաներով ճանապարհի հովիվների մոտից անցնելիս հարցնում էր՝ խո չէի՞ն տեսել ձիավոր:

— Վարդգես ախպեր, — ասաց մի զոչեցի հովիվ, — նոր մի ձիավոր Բվիկի կողմը գնաց:

— Բվի՛կ, — ասաց ու գոռաց, — տղե՛րք, քշեցե՛ք, բռնենք այդ անիծածին:

Ղաթար-ղալա ավերակների մոտ նրանք հասան Եղիկին: Վերջինս, հասկանալով, որ իրեն են հետևում, մտավ ավերակների մեջ և ձիուց իջնելով նրան մի պատի ետև կապեց, ինքը հրացանը առած անցավ մի ուրիշ պատի տակ և մթնումը բավական դիտելուց և նրանց բարձրացրած աղմուկը լսելուց հետո նկատեց, որ խմբով, մեծ արագությամբ գնում են ճանապարհով:

— Տղե՛րք, — գոռում էր Վարդգեսը, — հասե՛ք, շտապեցե՛ք հասնենք:

— Կհասնեք, — գոռաց Եղիկը և հրացանը դատարկեց:

— Վա՛յ, — գոռաց մեկը, ընկավ ձիուց: Մի քանիսը նրան շրջապատեցին: Վարդգեսի խումբը շվարեց և չկարողացավ իմանալ, թե որ կողմից եկավ գնդակը: Մինչ նրանք շփոթության մեջ էին, Եղիկը սառեցրեց, լցրեց թվանքը և տեղը փոխելով, երկրորդ գնդակը արձակեց իրեն հետքը փնտրող մի ուրիշ խմբի մեջ:

— Վա՛յ, մեռա՛, — գոռաց մի ուրիշն ընկնելով:

— Տղե՛րք, այդ գյուլլեն ուրիշ տեղից եկավ, — ասաց մի ուրիշը, — այս խարաբում շատ մարդ կա, փախչենք:

Եղիկը տեղը փոխեց և կրակեց լեզգու փշտովը, որը նույնպես վիրավորեց մի երրորդի:

— Կրակեցե՛ք, — գոռաց Վարդգեսը: Չորս հրացանավորներ միասին կրակեցին, և գնդակները թաղվեցան Ղաթար-ղալայի ավերակների որմերի մեջ: Եղիկի ուզածն այդ էր. նրանց հրացանները մինչև կրկին անգամ լցնելը, նա կարող էր չորս կրակ էլ անել, ուստի համարձակ գոռաց.

— Մի՛ վախենաք, վախկոտներ, ձեր դեմ մի՛ հայ է, ձեր տասը ձիավորի դեմ դնողը ղարաքիլիսեցի Եղիկն է:

— Տղե՛րք, վրա տվեք, — գոռաց դարձյալ Վարդգեսը, — տո՛ մեր մշակն է, տո այն սատկած Եղիկն է, ձայնից ճանաչեցի, վրա տվեք:

— Տղոց արյունը մի՛ մտնիլ, դու առաջ արի, Մատո քեհյի տղա, մի՛

թուլանալ, քու դեմ կանգնած է այն մշակը, որի մի տարվա հախը կուլ տվիր, — ասաց և հրացանը ուղղեց Վարդգեսի կողմը: Վարդգեսը հրացանը դատարկելու չմնաց, ձեռքից ընկավ, ինքն էլ ձիուց վայր ընկավ: Մի ուրիշ քաջասիրտ առաջ անցավ և գոռաց.

— Թե դոչաղ ես, դուրս արի, խարաբաների ետնից անսիրտ կնկտիքն են կռվում:

— Քսան հոգով մի ավանի դեմ էլ որ դուրս գան, նա էլ կփնտրե իրեն համար մի ապահով անկյուն, — ասաց, և երբ պատասխանում էր առաջինը, հրացանի գնդակը նրան էլ գլորեց:

— Տղե՛րք, — գոռաց մի՛ ուրիշը, որ մինչև այդ ժամանակ նախկին ընկնողի քովն էր, — դարձե՛ք, ետ դարձե՛ք, — և ինքը ձին մտրակեց:

— Ձիերդ թողե՛ք, թե չէ ո՛չ մեկդ չեք ազատվիլ իմ գյուլլուլից, — գոռաց Եղիկը:

— Արի տա՛ր, — գոռաց փախչողներից մեկը: Եղիկը մի գնդակ էլ հասցրեց: Նրանց խումբը մեծ էր, մեկն ու մեկին հասնում էր գնդակը:

— Քշեցեք, տղերք, քշեցե՛ք, մի՛ վախենաք, — գոռում էին իրար սիրտ տալով և փախչում մնացյալ երեքը, առանց ետևները մտիկ տալու:

Եղիկը ձիերը հավաքեց, իրար կապկպեց, մեռածների զենքերն ու զարդերը նրանց վրա բարձեց, առաջը խառնեց և մինչև արշալույս մտավ Քերս, առանց դժվարության գնաց մտավ Միրզայի տունը՝ ջրաղացի մոտ:

Եղիկը, գիշերը սաստիկ հոգնած լինելով, ընկավ և խորդալով քնեց: Կեսօրից մի երկու ժամ անցնելուց հետո նա դարձյալ խռկում էր: Միրզան ջրաղացի ներքնատանը որդու հետ երկար աշխատանքով հազիվ կարողացան մի կերպ թաքցնել ու ծածկել Եղիկի բերած զենքերն ու զարդերը, իսկ ախոռի երդիկը լավ կապել էին, որ եթե հանկարծ մարդ ներս մտներ, ոչինչ չնկատեր: Ողջ օրը հսկում էր Միրզան ճանապարհները և ամեն անցորդ նրա սիրտը խռովեցնում էր, հազար ու մի կասկածներ բարձրացնելով: Նախկին վաճառական չարչին մտքովը հաշվում էր ձիերի գինը, զենքերի արժեքը և նրանց վրա գտնված ոսկու և արծաթի կշիռը, նրանց վաճառելու եղանակը, ձեռք բերելիք դրամը և դրանով ձեռնարկելիք նոր-նոր գործերը, որոնք խոստանում էին մի քիչ բարվոքված ապագա: Միրզան անհամբեր սպասում էր գիշերվա գալուն, բայց արեգակը համառվել, ծանր էր հեռանում: Մեկոն՝ վաճառականի որդին, զենքերով էր զբաղված, նա արդեն նրանց միջից ամենաընտիրները իրեն բաժին էր դուրս բերում և երևակայում էր դրանցով զարդարված, գլուխը գույնզգույն աղլուխներով կապված քոլոլ դրած, ձեռքին երկար նիզակ, քյոհլանը տակին, սարերի և ձորերի մեջ ազատ, ինքնիշխան և քուրդն ու զաբիթը (ոստիկան) առաջը խոնարհած: Նա երևակայությամբ գնում էր Բիթլիզ և պատրաստվում էր հոր տունը քանդող բեգերից և էֆենդիներից վրեժ լուծելու:

Այդ միջոցին հեռվից երևցան երեք ձիավոր հայեր, որոնք ուղղակի

դիմեցին գյուղ քեհյի տունը: Միրզան դողում էր, նրա կյանքը մազից էր կախված, բավական էր, որ նրա տունը մեկը քններ այդ ժամին, բավական էր, որ ջրաղացում աղացողները լսեին մի որևէ ձիու ոտնաձայն կամ խրխնջոց: Բարեբախտաբար ջրաղաց եկողներից ոչ ոք չէր հեռանում յուր ցորենի կամ ալյուրի պարկի մոտից, իսկ աղորիքների բարձրացրած աղմուկը խլացնում էր նրանց, ուրիշ ձայն լսելու անկարող էին:

— Տո՛, տղա՛ Մելո՛, գնա քեհյենց տուն, տես այս ձիավորներն ի՞նչ կխոսին, — ասաց Միրզան որդուն և ուղարկեց լրտեսելու. Մելոն սլացավ: Հինգ վայրկյան չանցած նա մտավ քեհյի օդեն, երբ դեռ նոր էին ձիուց ցած գալիս ճանապարհորդները:

— Բարի հաջողում, խե՞ր է, բարի հրամեցեք, — ասելով քեհյեն վեր հրամցուց ձիավորների առաջնորդին:

— Խերն ու չարը աստված գիտե, քեհյա ջան, ո՞վ գիտե, իրիկունը մի մեծ փորձանք է պատահել, մեր մի քանի տղերքն ընկել են, մեկ-երկուսը գլուխները հազիվ են ազատել:

— Ձիավորները առավոտ մեզ էլ իմացուցին, բալը տեղով չիասկացանք, թե ի՞նչ բան է:

— Մի ինչ որ ավազակ, մեր Մատո քեհյենց անցած տարվա մշակը, մի նիհար, կարճ, քոռ, սատկած լակոտ փախել է ուռուսի հողից, ընկել է սարեսար, գյուղեգյուղ, չարած փչությունը չմնաց:

— Ախր մեկ սաս՛, ի՞նչ է արել:

— Երեկ մեր տղերքը տեսել են նրա տակը խնամուս՝ Մատո քեհյի, քյոհլանը, որը սրանից ութ-տասն օր առաջ իլխից փախցրած է եղել, ընկել են ետևը, բերել նեղն են զցել Ձաթար-ղալայի մոտ: Անիծածը մի աչք ունի, բայց որ մթնումն էլ է տեսնում, մեկ-մեկ վեց–յոթ մարդ կոտորել թողել է, քեհյի տղեն՝ Վարդգեսը, ընկել է: Ողջ գեղը սուգ ու շիվան է ընկել, անիծում են ամենքը մեր քեհյին, որ իրենց տղերանց մեռնելու պատճառ է դարձել:

— Ո՞վ է այդ ղոչաղը, թե հոգիդ սիրես:

— Մի լպուզ լակոտ, տեսնե՛ս, երեսը չես թքի, ձեռքդ վրան բարձրացնես՝ հոգին կտա: Մի քաղցած խոզարածի մեկը: Տ՛ո, մարդս էլ մարդ լինի, տղամարդու շնորհք ունենա, ցավ չի գալ: Եղիկ է անունը, բայց Քոռ-Եղիկ են կանչում:

— Հերիք չէր մինչև օրս եղած ղաչաղները, թարաքյամաները, քրդերն ու բեզզադաները, այդ էլ ավելացավ:

— Այդպես սատկած մի ղաչաղ, այն էլ հա՛յ... Տո՛, թե դա մի կատարյալ տղամարդ լիներ, աշխարհ պիտի քանդեր:

— Սխալ ես, խնամի Ասատուր, դու միշտ վախեցի՛ր կույրերից, կաղերից, չոլախներից, կուզերից, քաչալներից... այդպիսի մարդիկ հազար անգամ ավելի ճարպիկ են, քան քու սովորական տեսքով մարդիկը:

— Այս կողմերը, խնամի, այսօր եկող կամ այդպիսի ձիավորի տեսնող, կամ ձիաներ բերող չե՞ք իմացել:

— Ոչի՜նչ ո՛չ մի բան: Դու խո գիտես, Քերսում մի ճնճղուկ էլ որ թռչի, խաբարը իմ ականջին իսկույն կհասնի: Ուղիղ է, ես մեր տան կտուրին եմ միշտ նստած լինում, բայց յոթ սարից այն կողմը քրդերի չադրաներում ի՛նչ էլ որ պատահի, իսկույն իմանում եմ:

— Ոսկի ճնճղուկ ունիմ, ինձ խաբար է բերում: Ձեր գեղը այս խաբարը չիմացած, ես արդեն ամեն բանից տեղյակ էի: Էգուց կամ մեկել օր ինձ տեղեկություն կբերեն, թե որտե՞ղ են ձեր նժույգները, եթե ռուսի մեջ չանցնին: Տղե՛րք, հաց բերեք խնամիներուն:

Մինչ տղերքը պատրաստվում էին սեղանը սարքելու, Մելոն լուրը տեղ հասցրեց: Միրզան որ լսեց, երկյուղից շրթունքները ճաքեցան, նա գժվում էր մտածելով: Մելոն ուրախ էր և նախանձում էր իրենց բարերար փոքրահասակ, կույր ու վտիտ Եղիկի վրա: Ողջ գյուղը նրա արկածներն էր խոսում, ամեն բերան նրան էր գովում, ամեն տեղ հետաքրքրվում էին այդ հարցով, որ հանդգնել էր քրդերին գնդակահար անել, կթան ոչխարները հափշտակել, հայերին բաժանել, կապված ախոռներից բխոված քյոհլաններ փախցնել, յուր անունով սարսափ գցել: Մելոն խո դեռ շատ բան էլ էր լսել. նա գիտեր Եղիկի հովիվ ժամանակ պատահած արկածները, կրած զրկանքները:

— Եղի՛կ ախպեր, ինձ էլ հետդ տանես, ես զզվել եմ, էլ չեմ ուզում տանը նստել, — ասաց Մելոն իրիկվա հացից հետո, երբ առանձնացած նստած էին: Եղիկն էլ նույն պահուն մտածում էր յուր մենակության մասին և չէր իմանում ինչպես ճար գտնել: Մելոյի խոսքերը նրա մեջ նոր մտքեր ծնեցին, բայց նա կասկածում էր պատանու վրա, որը դեռ տասնութ տարեկան էր: Նա շվարած մնաց, չէր իմանում ինչ պատասխանել:

— Մի՛ վախենալ, Մելոն վախկոտ չէ, երեխա չէ, այսպես ապրելը չապրելուց ավելի վատ է ինձ համար:

Եղիկը՝ խորասուզված, կարծես բոլորովին չլսեց այս վերջին խոսքերը, Մելոն՝ աչքերը հառած նրա երեսին, պատասխանի էին սպասում:

— Այս սրտիս վրա այնքան վերքեր կան, այնքան խոցեր կան, որ երեք հարյուր տարի էլ դեղ անեն՝ չի բուժվիլ, միայն սարն ու թվանքը կհովացնեն, կհանգստացնեն: Տա՛ր ինձ քեզ հետ, հետո լավ կճանաչես Մելոյին: Այնքան լացով ու հառաչանքով ողջ գիշերներ քաղցած եմ անցկացրել, պատառոտած շորերով գիշերները բաց օդում սրա-նրա մարագում կամ հավանոցում այնքան զնգզնգացել եմ, այնքան ծխաններից եմ իջել մի փոր հացի համար, որ ամեն նեղությունների դիմանալու սովորել եմ, մարդու բեռ չեմ դառնալ, ո՛չ հարստանալու աչք ունիմ, ո՛չ էլ փաշա դառնալու եմ, մեկ այս բորբոքված սրտիս կրակը մարեմ, նրանից հետո մեռնելը մեծ դարդ չէ:

Եղիկը ապուշ-ապուշ նայում էր Մելոյի երեսին և չէր կարողանում պատասխանել: Նա լամձները և յուր ծրագիրը կազմելու հետ էր: Մելոն էլ լռեց և մտքովը զայրանում էր անգամ, որ Եղիկը իրեն արհամարհում էր, իրեն խակ տղի տեղ էր դնում: Բայց բարկությունից երկար չկարողացավ զսպել ինքնիրեն, ասաց վրդովված.

— Ինչի՞ չես պատասխանում, Եղիկ ախպեր, կասկածո՞ւմ ես ինձ վրա:

— Ո՛չ կասկածում եմ, ո՛չ էլ մերժում քու խնդիրքը, ուզում ես կարող ես գալ, դու ինձ բեռ չես դառնալ: Բայց թո՛ղ ինձ, ես դեռ քիչ էլ մտածեմ:

Մելոն ուրախությունից զրկեց նրան, այնպես սեղմեց կրծքին, որ կարծես յուր պաշտած սիրականը լիներ, որի կարոտը յոթ տարի քաշելիս լիներ: Եղիկին թեև Միրզան յուր վշտերը պատմել էր, բայց նա նկարագրել էր յուր տեսակետով փողերի, մյուլքերի և այգեստանների կորուստն էր ողբացել, որոնցից իրենց զրկել էր մի անգութ ղադի, բայց Մելոյի խոսքերից երևում էր, որ դեռ շատ նեղ օրեր էլ տեսած էին եղել, որոնք այնքան չէին վրդովել ոսկեպաշտ չարչուն:

— Ի՞նչ է դիտավորությունդ, ինչի՞ ես այդքան ուզում ինձ հետ գալ, — ասաց Եղիկը քիչ հետո:

— Ես մի ժամ առաջ լսեցի քեհյի օդայում, թե ինչպես էին խոսում քո քաջությունների մասին, ինչպես էին ծաղրում այն սուտ բեգերին, որոնք ոչխարը թողել փախել էին քու առաջից: Իմացա, թե դու ինչպես վրեժդ լուծում ես թշնամիներից: Ինձ էլ այդ է հարկավոր, ե՛ս էլ, մե՛նք էլ ունենք թշնամիներ, մի օր, մի ժամ ֆրսանդ ընկներ ձեռքս, Ջավո բեգին, Աբդուլլահ էֆենդուն և Բեքիր աղայի արյունները խմեի, նրանց տղերքն էլ մեր օրը՝ քաղցած, մերկ, ուրիշների դռները զցեի, հետո մեռնեի:

— Այդ մարդիկը ձեզ ի՞նչ են արել:

— Հորս, պապիս, հավիս օջախները քանդել են, մեզ բոլոր կարողությունից զրկել... թողել ենք մեր պապերու գերեզմանները, մեր տներն ու մեր այգիք, եկել ընկել ենք Ղարս ողորմություն մուրալու: Դեռ հելե...

— Ուրիշ էլ ի՞նչ:

— Չասվելու, չխոսվելու շատ ու շատ բան, որոնք քեզ ճանապարհին կասեմ: Ողջ հայ, թուրք նախանձում էին մեր ունեցածին, հորս ապրանքների քարավանների մեկ ծայրը Տրապիզոն էր, մեկը Թավրիզ, մեր սուրիները Հալեբ ու Շամ էին, նախիրները Ղայսարի ու Անգյուրի... այդ բոլորը տարան, այդ բոլորի մասին երբեք էլ չեմ մտածում, բայց երբ միտքս է գալիս մորս գլխուն խաղացած խաղերը, ինձ տված տանջանքները...

Եղիկը դառն մտածությունների մեջ ընկավ, նա զգաց, որ Մելոն էլ եթե ոչ իրեն չափ, գոնե իրեն նման տանջված էր և անհաշտ թշնամի էր էֆենդիների, աղաների, բեգերի, որոնք թունավորել էին չարչու ընտանիքի կյանքը:

— Ա՛խ, մեկ Բիթլիզ ընկնեինք, մեկ ես այդ անօրեններին ձեռքովս կտրատեի, նրանից հետո...

— Լա՛վ, Մելո, մի վախենալ, քանի որ հաստատապես միտքդ դրել ես վրեժդ լուծել, կհասնես նպատակիդ, այդ մասին խոսելդ գործը կխանգարե: Գործողը գործը կկատարե, անելիքը չի խոսի: Ձիերը պատրաստ են, թամբքերը զարկ, զենքերից լավերը ջոկե քեզ համար, կեսգիշերին ճանապարհ ընկնենք:

Երեք օր հետո Եղիկն ու Մելոն Էրզրումում ձիերը ծախելուց հետո ճանապարհ ընկան Հասան-ղալայի վրայով դեպի Ալաշկերտ: Ուրախ գնում էր Մելոն, նա ըղձալի ասպարեզի վրա էր կանգնած, զարդարվել էր Էրզրումում ձեռք բերած զենքերով ու շորերով և ազատ դաշտերում, ձորերում ու սարերի վրա մտրակում էր ձին:

Եղիկը մտախոհ նրան էր հետևում: Ոչ մի բան նրա աչքից չէր հեռացնում Ասլիին. գիշեր-ցերեկ Ասլիի մոտ էր: Ո՞ւր տաներ Ասլիին. Քերսում նրան արդեն կարող էին մատնել, Շյորագյալում նրան բոլորը ճանաչում էին. ո՞ւր գնար, որ կարողանար երևակայած խաղաղ կյանքը գտնել: Այս մտածմունքները ժամերով նրան տանջում էին և ապահով կյանքի մի ապահով անկյուն նա չէր գտնում աշխարհում, ամեն տեղ երևակայում էր հարստահարողներ, կեղեքիչներ և թշվառի վարձը կուլ տվողներ:

Նա չէր կարող գողանալով ապրել, նա չէր ցանկանում ուրիշի վաստակածը հափշտակել, նա գիտեր, թե որքան ցավալի է աշխատողի համար յուր ամեն մի կոպեկից զրկվելը, նա գիտեր, թե ի՞նչ անտանելի վիշտ է դատողի համար տեսնել յուր դառն աշխատության ձեռք բերած բարիքներով իրեն կողոպտողի արած շռայլությունները, զեխությունները: Այդ կասկածները յուր կաշու վրա էր փորձել և այդ վերքերի սպիները սրտի վրա թարախոտվում, մաղձոտվում էին: Քսաննհինգ տարեկան էր, քսանհինգ տարին էլ տանջանքով ու զրկանքով էր անցկացրել, յոթ տարեկան հասակում վարձող ծառայության էր մտել, տասնևութ տարի ուրիշի դռանն էր ծառայել, տիրոջ՝ իրեն վարձողի դարդ էր քաշել ու միշտ զրկվել, անարգվել, հառաչել և ցանկացած վայելքների կարոտը քաշել:

Եղիկը մտածում էր՝ ինչպե՞ս ապրել այնպիսի դրացիներ հետ, որոնք գիշեր-ցերեկ աչք ունեին մեկը մյուսի ստացվածքի վրա, իրար շողոքորթում էին, ոտքերը լիզում, օրական հազար անգամ երդվում իրենց անկեղծ բարեկամության մասին, մեկը մյուսի համար կյանքերը զոհելու պատրաստականություն էին ցույց տալիս, բայց ամեն րոպե պատրաստվում էին իրար գլուխ փշրելու, փորը թափելու և արյունը ծծելու, պատեհ առիթ ձեռք ձգելուն պես:

Նա, որ ո՛չ կարող էր շողոքորթել, ո՛չ խաբել, ո՛չ էլ զրկել, ինչպե՞ս յոլա երթար այդպիսի դրացիների հետ: Այս մտածություններից երբեմն-

երբեմն նրան սթափեցնում էին Մելոյի զնդակները, որոնք որոտալով գլորում էին այս ու այն կողմը զանազան որսեր:

Ո՞ւր էր գնում Եղիկը, ինքն էլ չգիտեր, միայն նրա բոլոր մտածմունքները կենտրոնացած էին Ասլիով, որը մագնիսի նման իրեն էր քաշում: Էրզրումից նրա համար դարձյալ նոր-նոր զարդեր ու շորեր էր առել, դրանք մտածում էր մի կերպ տեղ հասցնել: Բայց չէր կարողանում վճռել հեռացնելու Ասլիին հոր բնակարանից, որտեղ խղճալին ալեկոծված նավի նման տատանվում, ծփում էր ամեն ժամ ապառաժների բախվելու զարհուրելի երկյուղից:

Երբ Ալաշկերտի գյուղն անցան, մտան Գելիձոր, նրանք պատահեցան մի հիսուն ձիուց բաղկացած քարավանի, որը Տրապիզոնից ապրանք էր տեղափոխում Պարսկաստան: Ամենանեղ կիրճում նրանք իրար դիմավորեցին:

— Բարի հաջողում, — ասաց Եղիկը, ձին առաջ քշելով ղաթրջի բաշուն[52] :

— Աստծու բարին, — պատասխանեց զաթրջի բաշին, — ձեզ էլ բարի հաջողում:

Երբ քսան քայլի չափ հեռացան: Մելոն ասաց Եղիկին.

— Նա՛ է:

— Ո՞վ է:

— Այն փուչ Օսման-Ղավազը, որ միանալով Ջավո բեգի, Բեքիր աղայի հետ, մեր հարյուր բեռ ապրանքը կուլ տվեց և սուտ վկաներով հաստատեց, որ իրեն կողոպտել են:

— Ի՞նչ անենք:

— Զոհի փոխարեն զո՛հ, կողոպտենք ապրանքը:

— Գուցե ապրանքը թշվառ և բարի մարդկանց է պատկանում, որոնք հավիտյան կտանջվեն, եթե կորցնեն այս կարողությունը: Բայց գուցե սխալվում ես, լավ տեսա՞ր:

— Մի՞թե քեզ չեմ ճանաչիլ, եթե սրանից տասը տարի էլ անցնի: Կուզե՞ս խոսեցնեմ:

Մելոն ետ դարձավ, մոտեցավ ղաթրջուն:

— Օսման-Ղավազ, — ասաց, — այս ապրանքը մերը խո չէ՞:

— Ես քեզ չեմ ճանաչում. ապրանքը Հյուսեին Ալի խանինն է, Իրան ենք գնում: Որտեղի՞ց եք, ո՞վ եք դուք, աղա՛:

— Որ չես ճանաչում, էլ ինչի՞ ասեմ, մի՞թե մեր ապրանքը ավելի քիչ անգամ եք կրել, քան թե Հյուսեին Ալի խանինը, — ասաց ձին մտրակելով:

— Ծանոթս գալիս եք, բայց չեմ հիշում, — պատասխանեց ղաթրջին, որի բառերը հազիվ թե լսեց Մելոն:

---

[52] Քարավանապետ:

— Եղիկ, — ասաց մոտենալով Մելոն, — ապրանքը թավրիզցի Հյուսեին Ալի խանինն է եղել: Ճանաչո՞ւմ ես այդ մարդուն:

— Լսել եմ: Մի ժամանակ ղաչաղ-ավազակ է եղել Գյանջայում, Ղարաբաղում: Հարստացել, փախել է Թավրիզ, թյուջեր[53] ու խան է դարձել: Ձիդ քշե, գնանք Յուչքիլիսեի[54] վանքը անցնենք, բարձրանանք Դիադինու ետևը ձորի մեջ, ճանապարհները կտրենք:

Օսման-Ղավազը, զինված ձիավորները տեսնելիս, սկզբում քիչ կասկածեցավ, բայց երբ նկատեց և իմացավ նրանց հայ և մանավանդ վաճառական լինելը՝ աներկյուղ առաջ գնաց: Հետինքը անցել էր, երբ քարավանը սկսեց մտնել ձորը: Ղաթրջի բաշին՝ Օսման-Ղավազը, պաշարով բեռնավորված ձիու վրա նստած, հրացանը ուսին, չիբուխը ծխելով առաջ էր վարում քարավանը, երբ Մելոյի գնդակը նրա գլուխը ցրվելով ձիուց վար գլորեց:

Գոռում-գոչյուն ընկավ տասնի չափ սեխիններու[55] և ծառաներու մեջ. քարավանը ակամա կանգնեց: Ծառաներից ո՛րը լավ էր համարում ճանապարհը շարունակելը, ո՛րը փախչելը և լուռ տանելը Դիադին, ո՛րը միացած կռիվ մղելը, վերջապես ծառաներից մեկը քաջություն ունեցավ տիրոջ ձին նստել և ետ քշել Դիադին, օգնության կանչելու հույսով: Մելոն ժայռի ետևից մի երկրորդ գնդակով գլորեց այդ արիասիրտ ծառային էլ: Ծառաները բոլորովին թուլացան, երբ իրենց ընկերն էլ գլորվեց:

— Որքան զենք որ ունիք, բերեք թափեցեք ջուրը, — գոռաց Եղիկը, — եթե չեք ցանկանում բոլորդ էլ կոտորվել:

Իսկույն զենքերը թափեցին վտակը:

— Քարավանի գլուխը դարձրեք դեպի Սարիբեգ, — հրամայեց Եղիկը երկու ծառաների, իսկ մնացյալներին մտցրեց վտակը և ջուրը լցրած զենքերը դուրս հանելով՝ դրեց բեռների վրա: Հետո մտցրեց նրանց ապառաժի մեջ մի այր, բոլորի ձեռքերը կապկպեցին, թողին և այրի բերանը մեծ քարով ծածկելուց հետո գնացին, մեջգիշերին մտան Սարիբեգ:

Այդտեղ Եղիկի մի ծանոթ ընկերը, որ ղաչաղլի[56] էր, մեծ ուրախությամբ ընդունեց նրանց, ձիերը և ապրանքը ապահով տեղ տեղավորելուց հետո խոստացավ նրանց օգնել՝ գյուղի մի քանի ուրիշ երիտասարդների միջոցով ապրանքը անցկացնել ռուսի հողը:

Ի՞նչ ասել կուզի, որ Եղիկը իշխանավայել առատությամբ վարձատրեց ոչ միայն իրեն օգնող, ապրանքը ռուսաց սահմանն անցկացնող երիտասարդներին, այլ գյուղի բոլոր աղքատ, թշվառ և

---

[53] Վաճառական:

[54] Ս. Հովհաննես:

[55] Ձիադարման:

[56] Կոնտրաբանտիստ:

կարոտ դասակարգը անխնա լիացավ ավարի առատությունով: Իգդիրում հայտնի մի ծանոթի տանը ապրանքները տեղավորելուց հետո մի մասը երկու ձիաբեռ ընտիր կտորները բարձած Եղիկը երեք ընկերներով դեմեց դեպի Գյոկչա: Եղիկը սովորած էր մեծամեծների դռներում ծառայելիս կաշառելու ձևերը: Նա մի համեստ հարկի տակ իջևանելուց հետո ապրանքից մի-մի խալաթացու ընտիր կերպասներ Հին-Բայազետի աղաներին փեշքյաշ տարավ և միջոցներ ձեռք առավ ոչ միայն նրանց հայացքին հաճոյանալու, այլ մինչև անգամ նրանց շրթունքները քաղցրացնելով, իրեն գործիք և զենք շինեց:

— Ա՛յ տղա, դու որտեղի՞ց ես, — հարցրեց այդ հին հաջի աղաներից մինը, որն իրեն ամիրաների, մելիքների ժառանգն էր համարում և արդեն ազնվականների մատյաններում էր արձանագրել տվել յուր տոհմանունը, Հին Հայաստանի իշխանական անուններից մինը Հայոց պատմությունից գողանալով:

— Քեզ ծառա՛, — ասաց Եղիկը, — Հին-Բայազետից, Մրտոյենց Սգոյի տղան եմ:

— Հա՛ն, գիտեմ որ այս թայ մարդ չես, շենք, շնորհք, մարդավարություն հասկացող էլ որտեղի՞ց, եթե ոչ Բայազետից: Է՛հ, ի՞նչ կա, ի՞նչ չկա մեր Բայազետում, հաջո՞ղ եք, լա՞վ եք:

— Լա՛վ, փա՛ռք աստծու, ամմա անօրեններից ազատվելիք չունենք: Տունս էլ լավ էր, տեղս էլ, գործս էլ, բայց ի՞նչ օգուտ, Շեյխ Սլոյի հետ թշնամացա, քանդեց, ավերեց, թե չփախչեի տնով-տեղով ինձ կործանելու էր:

— Աստված անիծե այդ անօրեններին, լավ ես արել: Ես քեզ այստեղ կամերալ գրել կտամ, եղիր մեզի ժողովուրդ, պրծիր, հետո, թե կուզե՛ս, էլի գնա Բայազետ, առուտուրդ արա՛, բայց երբ պասպորտ ունենաս, քու շվաքիդ չեն կարող մոտենալ:

— Իմ էլ խնդիրքս այդ է, հաջի աղա՛:

— Լա՛վ, լա՛վ, այդ հեշտ է, անունդ ի՞նչ է:

— Ղազա՛ր, քեզ ծառա:

— Ղազար ջան, այսօր ես պիտի մովրովի քով երթամ, դու միամիտ եղի՛ր, քեզ կազատեմ:

— Սեպե թե, հաջի աղա՛, ինձ եսիրությունից ես զնում ազատում:

— Դու մի՛ վախենալ, ինչ որ պետք է, աղան խո մեռած չէ, իրեն ժողովրդին ինչի՞ պիտի թողնի տանջվի: Հա՛, ասիր ապրանք ես բերել ծախելու:

— Հրամմեր ես, աղա՛, քիչ բան, մի չորս հակ ֆրանկի ապրանք:

— Դու միտք ունիս այստեղ խանո՞ւթ բանալ, թե...

— Ո՛չ, իմ ի՞նչ բանս է, աղա ջան, այստեղ ձեզ պես աղաների առաջ ոտք ձգել... այնպես բոլորը միասին միտք ունիմ թողնել մի տեղ ծախելու:

— Լա՛վ է, ես մեր Բաղդոյին կասեմ թող գին դնեն, վերցնեն,

— Աման, աղա ջան, մարդ չիմանա, մաքսից փախցրած եմ, գլխիս փորձանք չբերեն, — ասաց Եղիկը ավելի հրապուրելու համար աղային:

— Ձայնդ կտրի՛ր, չարն ու բարին ես նո՞ր եմ սովորելու: Դու քու բանիդ գնա, դու էլ իմս ես, ապրանքդ էլ... Ես խո քու երկու դուռուշ-հարյուր փարայիդ վնաս կթողնե՞մ հասցնեն: Ամբողջ կայքս կկորցնեմ, չեմ թողնի, որ իմ շվաքումս թառող թռչնի մի փետուրը թափվի: Գնա, գնա բանիդ և հանգիստ կաց:

Քիչ հետո Եղիկը Բաղդասար աղայի հետ գնաց Հաջի աղայի խանութը, որտեղ կամաց-կամաց ցուցակ կազմեցին, և երկու հազար մանեթից ավելի արժեք ունեցող ապրանքը հինգ հարյուր մանեթով տվեց: Հաջի աղան այնքան բարի եղավ, որ երկու հարյուր մանեթը կանխիկ վճարեց, իսկ երեք հարյուր մանեթին էլ վեց ամիս ժամանակ որոշեցին: Բայց սրա փոխարեն Եղիկը գյոկչեցի գրվեց և դրանից հետո ամեն տեղ սկսան նրան գյոկչեցի Ղազար կանչել:

Երբ այդ բոլորը կարգի դրեց Եղիկը, մնացյալ ապրանքներից մի մասն էլ Իգդիրից Երևան փոխադրեց, ծախեց և մի հազար ռուբլի կանխիկ փող ձեռք ձգելով, Մելոյի հետ Երևանից քշեցին ձիերը, Ապարաններով երկու օրում հասան Ղարաքիլիսա:

Մինչ այդ՝ Եղոն քարավանից վեր առած ավարի մի քառորդն անգամ չէր բաժանել, այնինչ դրանով հարյուր մարդու բախտավորել էր, մի քանի վաճառականների մեծ-մեծ պատառներ էր նվիրել, համարյա գիտությամբ և գրպանում բացի հազար ռուբլուց մի երկու երեք հարյուր ռուբլու ոսկի-գոհար, մարգարիտ ուներ, որը նշանածին՝ Ասլիին էր տանում, բացի հագուստի համար վեր առած ատլասն ու խասը, ընտիր ոսկեթել դիպակները: Երկու նժույգ էին նստած Եղիկն ու Մելոն, երկուսն էլ լավ զինված թարաքյամի կարգ ու սարքով, զենքով ու զրահով:

Գիշեր էր, երբ նրանք հասան Ղարաքիլիսա. ձիերից իջան խրամատում, և Մելոն ձիերի հետ այստեղ մնաց, իսկ Եղոն վազեց դեպի Գալո քեհյենց տան կողմը: Մութ գիշեր էր, աշնանային ցուրտը թեև զգալի էր, բայց Եղոն ներսից այրվում էր, ցուրտը նրան ե՞րբ կազդեր: Մոտեցավ սովորական կտուրին, վերցրեց տախտակը և սողալով վար իջավ: Բայց սիրեկանին՝ Ասլիին, չգտավ այնտեղ, ոչ էլ անկողին կար այնտեղ տարածված: Եղիկը մնաց շվարած. նա լսել էր, որ նշանել էին Ասլիին դնդրշկած Մուքեի հետ, բայց հարսանիքը պիտի բարեկենդանին անեին, յոթ շաբաթները չմտած աղջիկը խո չէի՞ն տանիր: Մոտեցավ դռանը, որ մտնի տուն (խոհանոց), բայց դուռը դրսից կողպած էր:

Նախորդ դեպքից հետո Թոմասը՝ Ասլիի եղբայրը, այլևս չէր թողնում, որ Ասլին քիլարում քնի և քիլարի դռանը պինդ ախ էր զարկել տվել ապահովության համար: Եղիկը գիտեր, որ չէր կարելի որևէ աղմուկ բարձրացնել, հակառակ դեպքում տնեցիք կզարթնեին, և նա ոչ միայն չէր կարող Ասլիին փախցնել, այլ նրան տեսնելու էլ չէր արժանանալ: Նա տան ամեն ծակը-ճյուղը ճանաչում էր իրենց տան նման, իսկույն դուրս եկավ և իջավ մեծ ախոռը, որտեղից ուղղվեցավ Գալո քեհյի ննջարանը, համոզված լինելով, որ ծնողները իրենց աղջկան իրենց սենյակից դուրս չէին թողնի: Նրա ենթադրությունը սխալ չէր: Ասլին այն սենյակումն էր: Դուռը սովորաբար բաց էր, բայց ծերուկն ու պառավը արդեն վաղուց իրենց հանգիստ քունը կորցրած էին: Եղիկի պատից իջնելը և բարձրացրած աղմուկը լսեցին, բայց կարծելով, որ մատակ գոմեշները իրենց եղջյուրները խփեցին պատերին, տեղերից անգամ չշարժվեցան: Եղիկը թաթերի վրա առաջ գնաց, սողալով ներս ստավ. մթնումը միակ աչքը չռեց և ոտքով շփելով Ասլիի անկողինը, գտավ: Եղիկը գիտեր, որ ծերուկն ու պառավը իրենց սովորական տեղը ցմահ չէին փոխիլ, ուրեմն շնչառության հետևելով, յուր շունչը խեղդելով, հասավ Ասլիի մոտ:

Խեղճ կույսը քնած էր, գուցե երազում էր: Հույսը կտրած, արդեն իրեն գերեզմանի ճանապարհին մոտեցած էր զգում կույր-կտրիճի սիրուհին: Մոլորվել էր Եղիկը, մի սովորականից բարձր աղմուկ, պառավները կարող էին իսկույն սթափվել, իսկ այդպիսի տարտամ դրություն անտանելի էր: Ալնորի հանգստությունը կարծես կտրված էր. նա անդադար հազում էր, իսկ յուրաքանչյուր հազի ձայնը շնչասպառ էր անում Եղիկին: Պառավը խռկում էր, խռմփում, նրանից շատ երկյուղ չկար: Քիչ խաղաղելուց հետո Եղիկը կամաց շրթունքները մոտեցրեց և մի համբույր դրոշմեց Ասլիի ճակատին: Անմեղ հրեշտակ, բոլորովին չիմացավ էլ: Գուցե երազեց, և երազում երջանկությունը գոնե վայելելու տենչով չէր ցանկանում սթափվել: Խորասուզված սիրահարը աներկյուղ երկրորդ համբույրը դրոշմեց: Բայց խեղճ աղջիկն ամբողջ օրը այնքան էր հոգս քաշել, այնքան էր չարչարվել և այնքան սգացել յուր վիճակը, որ բոլորովին չզգաց:

Դողդողալով կամաց կողքը հրեց և ձեռքը կրծքին դրեց. բայց զուր, տարբերություն չարավ. նա անվրդով շարունակում էր յուր քունը, յուր հանգստությունը: Քիչ մտածելուց հետո Եղիկը յուր դաշույնի արծաթյա սառը պատյանը դրեց Ասլիի կրծքի վրա, որը սրսփալով վեր թռավ և «վա՛յ, օ՛ձ, վա՛յ, օ՛ձ կա» — գոռգոռաց: Եղիկը մինչև նրա ականջում «մի՛ վախենալ, ես եմ» փսփսալը, ծերուկ Գալո քեհյեն անկողնից վեր կենալով ասաց.

— Ա՛յ կնիկ, քուքուրդն ո՞ւր ես դրել, ա՛յ կնիկ:

— Մարդու չես թողնի դադարի, — ասաց պառավը տրտնջալով, — էլի չիբուխիդ համար քունս կտրեցիր:

— Կնի՛կ, քուքուրդը, ձայնդ կտրիր, աղջիկը գոռում է, օձ կա, ինչ կա, դու քուքուրդի տեղն ասա՛:

— Օջախի թարեքի վրա է, ձեռքդ երկարացրու, վե՛ր առ:

Մինչ այդ, Եղիկը դուրս թռավ ախոռը և անմիջապես, երբ Գալո քեհյեն լուցկին խփեց ու վառեց, նա բարձրացավ կտուրը մրմնջալով.

Որտեղի՞ց այդ գյուտը հնարեցին ֆրանգները, որ իսկույն լուսավորում է և չի թույլ տալիս մարդկանց մթնումը իրենց գործերը տեսնելու:

Ասլին շատ ցավեց, բայց արդեն ուշ էր. հայրը ճրագը վառելուց հետո ասաց,

— Ի՞նչ կա, աղջիկս, ի՞նչ կա, Ասլի ջան:

— Բան չկա, տա՛ու, բան չկա, — կակազեց դողդողալով Ասլին, բայց դեմքն արդեն ցույց էր տալիս, որ տարօրինակ դեպք էր պատահել:

— Ի՞նչ օձ էիր գոռում, ի՞նչ էիր ասում:

— Բան չկա, երազումս էր, տացու, վախեցա և զարթնեցի:

Բայց ծերուկը չհանգստացավ, նա ճրագը ձեռքը դուրս եկավ ախոռը, բակը, հյուրանոցը, ամեն կողմը քննեց, երբ ոչինչ չնկատեց, սկսեց ավելի ուշադրությամբ կտուրի լուսամուտները քննել: Եղիկը շտապել էր և ախոռի կտուրի լուսամուտի տախտակը ծուռն էր դրել: Գալո քեհյեն իսկույն հասկացավ բանն ինչումն է ու գոռաց,

— Ասլի, այն շան կաթ ծծածը խո չէ՞ր:

— Ի՞նչ ես ասում, տացու:

— Եղիկը խո չէ՞ր քեզ զարթեցնողը, — ասաց Ասլիին մոտենալով և երբ նկատեց Եղիկի թողած կապոցով գոհարն ու ապրանքը, կանչեց, — Աղա Թոմաս, Բարսեղ, տո՛ ելե՛ք, տո՛ բարձրացե՛ք, տո՛ աբուռներս տարավ էս նյույուբաթը, տո հասեք, է՛, — աղմուկը զգեց ծերուկը, և մի քանի վայրկյան հետո ողջ գյուղը զարթնեց: Ընկան Եղիկի ետև, ո՛րը ձիով, ո՛րը հետի, շներն սկսեցին հալածել, բայց Եղիկը Մելոյի հետ նստան ձիերն ու դիմեցին դեպի Մոլլա-Մուսա, լույսը չբացված անցան Զոչին և կեսօրին մտան Քերս՝ Միրզի ջրաղացը, հանգստացան:

Հետևյալ առավոտ վաղ ձիեր նստան Եղիկն ու Մելոն և ճանապարհ ընկան: Մութնուլույսը դեռ չէր զանազանվում: Մելոն հետևում էր Եղիկին, բայց թե առաջնորդի միտքը ո՞ր կողմն էր, նրան հայտնի չէր:

— Գիտե՞ս, Եղիկ աղբեր, ի՛նչ կա, — ասաց Մելոն:

— Ի՞նչ, — ասաց մտախոհ Եղիկը:

— Իմ ձիս չի քայլում, քուկդ էլ մի բանի նման չէ, մեզ լավ խաբեցին անօրենները: Բեռկիրը քյոհլանի տեղ տվին մեզ: Ես այն ժամանակ զգացի, բայց միջամտելն ինձ չէր վերաբերում:

— Դու գիտես ես չճանաչեցի՞. խոսելու ժամանակ չկար: Ի՞նչ ես վախենում, կարծես այսօր լավ ձիաներ ձեռք չբերենք: Դու առաջ գնա:

Մի ժամանակ երկու ձիավորներն էլ լուռ առաջ էին գնում, երկուսն էլ մտախոհ, ծրագիրներ էին պատրաստում: Արշալույսին նրանք անցան Յաղլուճան, բարձրացան Հաջի-վելի սարահարթը, երբ նոր արեգակը ճառագայթները հորիզոնից սկսեց արձակել:

Երկուսն էլ մտախոհ, յորղա ձիերը տակները, քշում էին արագ-արագ: Եղիկը երկար-բարակ դիտելուց հետո հեռուն, սարի ստորոտում արածող ջոկը, ասաց.

— Մելո, քանի՞ մարդ ես նկատում իլխիի քով:

— Ո՞ր իլխիի, — ասաց Մելոն, աչքերը չորս կողմ հածելով:

— Ա՛յ, այն սարի տակը, — ասաց մատով նշան տալով Եղիկը:

— Է՛յ այն Մեղեդ բեգի իլխին է, կաշի կքերթե, հետո Շյորագյալի տերը: Զգույշ պետք է լինել, այդպիսի կծանների պոչը կոխելու չէ:

— Երեխա ես, դեռ չգիտե՞ս թե իմ նպատակս ինչ է, ես ինչ մտքի եմ ծառայում: Քշե՛, քշե՛ գնանք:

Ձոկին չմոտեցած, Եղիկը հրացանը լցրեց և ուղղեց ջոկի պահապաններից մեկի վրա, որն իսկույն ընկավ: Երկրորդ պահապանը ընկերոջ վրեժը լուծելու և կյանքը փրկելու հույսով անցավ մի քարի ետև և գնդակն ուղղեց Եղիկի վրա, բայց գնդակը նրա կողքով անցավ: Մելոն, նկատած լինելով ջոկի պահապանի քարի ետև պահվելը, հրացանը պատրաստեց և երբ վերջինս լցնում էր կրկին անգամ դատարկելու, արձակեց, որի գնդակը ցրվեց պահապանի ուղեղը: Մնացած երկու պահապանները այդ նկատելով խույս տվին և պահվեցին: Իսկ Եղիկը հարձակվեց նրանց վրա և մեկի ականջները կտրելով՝ ասաց.

— Գնա՛, Մեղեդ բեգիդ ասա, որ Քոռ-Եղիկը նրա իլխից երկու քյոհլանի պետք ունենալով, եկավ ջոկեց և տարավ, փոխարենը երկու ձի թողնելով:

Իսկույն երկու ընտիր նժույգներ ջոկեցին և իրենց ձիերի սարքը նրանց վրա դնելով, հեծան, ճանապարհ ընկան դեպի Չրփլի, որտեղից ջուրը զարկելով անցան ռուսաց սահմանը՝ արևը մայր մտնելուց քիչ հետո: Ձիերն ընտիր էին և օրվա մեծագույն մասը Ղոշավանքի ձորում արածել էին, այնպես որ Եղիկը որոշեց այդ իրիկուն ևս հարձակվել Գալո քեհյի վրա և Ասլիին փախցնել:

— Անխոհեմ է մտադրությունդ, — ասաց Մելոն, — երկու գիշեր առաջ դուրս եկանք մենք Ղարաքիլիսայից անպատվությամբ, ուզում ես կրկին անպատվելու գնա՞նք:

— Առավոտյան էլ եթե քու խոսքով գնայի, Մեղեդ բեգի իլխից ձի չէինք դուրս բերելու, բայց տեսա՞ր ինչ քյոհլաններ ձեռք բերինք:

— Բերելը բերինք և ես վստահ էի բերելու մասին, միայն հետևանքը վատ է, այժմ Մեղեդ բեգը կատաղեց քեզ վրա: Եթե մի օր ճանկն ընկնես խեղդել կտա:

— Եթե կընկնեմ, թող խեղդել տա, — ասաց Եղիկը ձին մտրակելով, — գնանք:

Նրանք ուղղվեցին Ղարաքիլիսա և մեջգիշերին հասան գյուղի սահմանը: Մելոյի սրտովը չէր, բայց Եղիկի կամքից դուրս գալ երբեք չէր էլ ցանկանում: Հասան ավելի մոտ և երբ ուզում էին դեպի խրամատը ծռվել, մի քանի տեղից շներն սկսեցին հաչել:

— Հավա՛ր, հասա՛ն, օգնեցեք, Եղիկը վրա տվեց, հասեք, յաման հասեք, տղա՛ք, հասե՛ք, — քառասուն տեղից ձայն դուրս եկավ:

Գյուղացիք գիշերվա պահապաններ էին դրել Եղիկի ահից, և նրանք իսկույն ողջ գյուղը ոտքի հանեցին:

Երկու հոգով գյուղի վրա տալ և հարյուրից ավելի զինված, պատրաստված մարդկանց դեմ դնելը խելքի բան չէր. նրանց ճանկից փախչել ազատվելն էլ մեծ շնորհք էր: Մութ գիշերը նպաստեց, և Եղիկը այնպես վարժվել էր խրամատի անցքերի հետ, որտեղ ինչ քար լինելը գիտեր և դրա համաձայն առաջ էր վարում ձին, իսկ նժույգները իրենց հատուկ ընդունակությամբ այնպես սահեցան, թռան, անցան, որ ոչ մի ձիավոր նրանց առաջը կտրել չկարողացավ: Մթնումը մի քանի գնդակներ արձակեցին դարաքիլիսեցիք, բայց ապարդյուն, միայն աղաղակը սաստկացրին այն գնդակները և ստիպեցին Եղիկին շուտով հեռանալ: Երբ արդեն հանդը դուրս եկան, Եղիկը շուռ եկավ և մի գնդակ ուղղեց գյուղացիներին, հուսալով, որ դրանով հրավիրե գյուղացոց իրեն հետևելու, բայց նրա ցանկացածը չեղավ, գյուղացիք շեմքից դուրս չեկան: Արդեն նրա գնդակի գիշերը գործած հրաշքների մասին առասպելներ էին պատմում Շիրակի բոլոր գյուղերում:

Ջուր քիչ դեսուդեն տատանվելուց հետո Եղիկը դեպի Ապարաններն ուղղեց յուր ձիու գլուխը: Արևածագին նրանք հասան Բաշ-Ապարան և ուղղվեցին դեպի Աշտարակ ու Իգդիր: Արդեն ունեցած-չունեցածը ցրվել էր Եղիկը, ո՛րը Միրզային էր տվել առևտուրը կարգի բերելու համար, ո՛րն էլ մահուդ և ընտիր ապրանքների ծախսից, ստացած գումարները քիչ-քիչ հավաքելով, պատրաստում էր մի ուժեղ հարձակումով առնել ու փախցնել Ասլիին:

Բայց կրակն առել ու բորբոքում էր Գալո քեհյին և մղդսի Կյուրեղին: Նրանք շվարել մնացել էին այս անզուսպ դաչաղի ձեռքին: Գիտեին, համոզված էին, որ Ասլիի պատճառով իրենց հանգիստ չէր թողնելու Եղիկը, և անպատճառ մեծ-մեծ վտանգների էին ենթարկվելու: Գալոն զղջացել էր, որ աղջկա կամքին հակառակ, կնոջ խոսքը կոտրելով, որդուն՝ Թորոսին, հետևելով մեծ փորձանքի մեջ էր գցել իր օջախը, բայց արդեն ուշ էր... տերտերը նշանն աշխարհի առաջ օրհնելուց հետո ինչպե՞ս կարելի էր գեղի մեջ, դաշտի մեջ խաղք ու խայտառակ լինել, տված էր ու պրծած... Թող այս աղջիկն էլ զոհ գնար հոր անունի ու նամուսի համար: Բայց այնքան աղջկա համար չէր մտածում, որքան խորհում էր տան գլխին գալիք որևէ փորձանքի համար: Եղիկն ու նրա կույր գնդակը հանկարծ կարող էին Գալո քեհյի տան սյուներից մեկն ու մեկը գլորել, սարի նման կտրիճ որդիներից մեկը կարող էր նրա անգութ վրեժին զոհ դառնալ և հավիտյան իրեն սգի, հարսներին, թոռներին ողբի և թշվառության մատնել:

Մղդսի Կյուրեղն էլ պակաս չէր տանջվում. նա համոզվեց, որ Ասլին իրեն տան հարս չի դառնալ, դեռ ո՞վ գիտե, գուլպայի քանդուցքի նման յուր այնքան տարվա աշխատած կարողությունը ետ պիտի քանդե: Նա էլ մտածում էր, որ սխալ էր այդ իրեն արած քայլը, օձի պոչը կոխելու չէր, բայց բանը բանից անց էր կացել, արդեն Եղիկին սրտից էր խոցել, այժմ պետք էր պաշտպանության մասին մտածել: Գյուղի ջահիլները շատ ուրախ էին Եղիկի արարքի մասին, ոչ ոքի սրտովը չէր, որ Ասլիի նման մարալ աղջիկը դնդրշկած Մուքեի բաժին դառնա և ամենքի աչքը նրա վրա էր, իսկ Եղիկի նման ղոչաղին շատ չէին տեսնում:

Բայց ոչ ոք չէր հետաքրքրվում, թե Ասլիի սրտում ի՞նչ էր կատարվում: Խեղճ աղջիկը վայ էր կարդում յուր գլխին, որ երկու անգամ իրեն քնածության պատճառով խանգարել էր Եղիկի ձեռնարկությունը: Դրանից հետո էլ զգաստ էր, ցավը, մտածությունը նրան ստիպել էին, որ ուշքը հավաքե. վիշտը կորցրել էր նրա քունը, նա գիշերները արտասվալի աչքերով լուսացնում էր, հալվելով, մաշվելով, բայց ուշ էր՝ տունը, տեղը, ամեն կողմը ամրացրել էին, պահապան շներով դուռ ու երդիկ ապահովել, իրենք էլ տնով-տեղով աչք ու ականջ էին դարձել, որ սևերես չմնան դուռ-դրկցի առաջ: Եվ այս բոլորի մասին տեղեկություն էին հասցրել Եղիկին, այնպես որ այլևս այդպիսի հարձակումից օգուտ չլինելը նա հասկացել էր:

Ասլիի սերը օրեցօր բորբոքվել էր. օրեցօր նրա առաջ ավելի հզորացել էր յուր սիրեկանը և բարձրացել: Եղիկի արարքների պատմությունը գյուղից գյուղ, գավառից գավառ, ամեն տեղ տարածվել էր. ամեն ախոռի օդայում, ամեն եկեղեցու բակում ու ամեն կալի մեջ, որտեղ որ գյուղացիք հավաքվեին, քաղաքացիք բոլորվեին, Եղիկի արարքները մեջտեղ կգար: Սրախոսները, շաղակրատները ամեն մինը մի-մի հավելվածով և զարդարանքներով կսկսեր պատմել:

— Աղա՛ ջան, անցած օրը անիրավը մտել էր Մեղեդ բեգի իլխիի մեջ, — ասում էր Գյումրի ղայֆախանում աղաներից մեկը, — սրան կհավանե՞ս, թե նրան, մեկ ժամ ջոկելջոկջկել, հինգ-տասը քյոհլան է դուրս բերել, որ ամեն մեկի գինը երկու-երեք հարյուր մանեթ, ախպերն ախպորը չի տալ: Ութ-տասը մարդ զարկել, կոտորել, անցել է:

— Տո՛, մարդն էլ մարդ լինի՛, մի աչք ունի, էն էլ թքնես, կքոռանա, վրան հալ չկա, փչես գետին կընկնի, բռնած գործերը... արմանք ու զարմանք է աշխարհի բաները:

Գնում էին երկու ձիավորներ՝ Եղիկն ու Մելոն, Աշտարակից դեպի Օշական: Հանկարծ ձորում նրանց առաջը կտրեցին երկու ձիավորներ, որոնցից մինը կանչեց:

— Ձեռքերդ թափեցե՛ք, թե չեք ուզում գյուլլուլա պաղեցնել:

— Արի՛ տար, — գոռաց Եղիկը, անվրդով ճանապարհը շարունակելով, — թե քաջ ես առա՛ջ անցիր, մի մեկ կողմը քաշված կանգնիլ տմարդու նման:

— Առաջ մի՛ գաք, թե չէ Եղիկի գյուլլեն զուր չի անցնիլ:

— Ախպե՛ր, թե դու Եղիկն ես, հանձնվում ենք, — խղճալի կերպով պատասխանեց Եղիկը և կանգնեց, ծիծաղը չկարողանալով զսպել:

— Եղի՛կ ախպե՛ր, լավ է, քու անունով քեզ ուզում են վախեցնել, — ասաց Մելոն:

— Լավ է, թող շարունակեն, հիմի որտեղ ինչ ավազակություն, մարդասպանություն կատարվի Եղիկի անունը կխոսվի:

— Դեռ շա՞տ եք մեզ սպասեցնելու, — ասաց կեղծ Եղիկը, — զենքերդ, զարդերդ թափեցեք:

— Ա՛յ ղոչաղ, դու շատ ես լեզվիդ տալիս, առաջ արի, ահա այս գնդակը քու գդակիդ, գլուխդ մեղք է, շահել ես, կարելի է մեծանաս, պետքական մարդ դառնաս:

Եվ իրավի, Եղիկի գնդակը կեղծ Եղիկի փափախը իսկույն ծակեց ու անցավ: Մինչ նա ծխի մեջ կոլորված, հանկարծակիի եկած ուզում էր հրացանը ուղղել, Մելոն գոռաց շտապ-շտապ.

— Տղա՛, մեղք ես, տղա՛, զենքերդ թափե, արի անձնատուր եղիր Եղիկին:

Սրա վրա ձիավորը վար իջեցրեց թվանքը, թևերը թուլացան և մյուս ընկերը պատասխանեց.

— Լոռիից Եղիկին գտնելու ենք եկել, նրա գերին ենք, հանձնվում ենք: Եղիկը թող մեզ առաջնորդե, կուզե յուր ձեռքովն սպանե:

— Մոտ արե՛ք, մի՛ վախենաք, — գոռաց Եղիկը և գրկեց, համբուրեց նրանց:

Լոռեցիք մոտեցան, Եղիկի խումբը ուժեղացավ, չորս հոգի դարձան: Չորսն էլ գլխներից անցած, չորսն էլ վրեժի ծարավ, չորսն էլ հարստահարված, հալածված, զրկված և անարգված: Բոլորի սիրտը միևնույն կրակով էր բորբոքվել:

Լոռեցիների մեծի անունը Գրիգոր էր, փոքրինը՝ Մոսո, երկուսն էլ դսեղցի էին: Երբ ծանոթացան և ընկերական դաշն ուխտեցին, Եղիկն ասաց.

— Տղերք, ձիերդ քշեցեք, մինչև Իգդիր դեռ շատ ճանապարհ ունենք, գնանք, դեռ գործեր շատ ունենք:

Այնպես էին գնում, կարծես անցած սարերն այդ խմբերն ստեղծած լինեին, իսկ դաշտերը իրենց սեփականությունը, իրենց հարկատուները լինեին: Սլանում էին սրաթև թռչունի նման և ամեհի երիվարները որքան գնում էին, կարծես է՛լ ավելի բորբոքված առաջ անցնել էին փափագում:

Եղիկն անչափ ուրախ էր. արդեն խումբը պատրաստ էր նպատակը իրագործելու սկզբնավորությունն էր, կատարելագործության ծրագիր էր պատրաստում: Իրիկվան դեմ Իգդիրի մոտերքին պատահեցին մի քանի հայ գյուղացիների՝ վիրավորված, արյունաշաղախ. գնում էին մովրովի մոտ:

— Ա՛յ տղերք, էդ ի՞նչ է պատահել, — ասաց Եղիկը գյուղացիներին:

— Վա՛յ, ես քեզ մատաղ, Ղազար ախպեր (այդ սահմանում Եղիկին գյոկչեցի անունով էին ճանաչում), ոչխարս քրդերը տարան, անցկացրին օսմանլիի կողմը, ինչքան դեմ ընկանք՝ հնար չեղավ, երկու էլ ղազախի սպանեցին: Ղազախի ափիցերն էլ չթողեց անցնենք օսմանլիի կողմը, թուղթ գրեց, տվեց, ահա տանում ենք մովրովին, ինքն էլ գիր գրեց իրեն մեծավորին:

— Ամոթ չէ՞, գետին չմտա՞ք, որ թողիք քրդերին ձեր կթանը տանելու. անաբուռ մարդիկ եք, գլխներիդ կարծես կնկա լաչակ գցած լինիք:

— Ղազար ախպեր, արդար է խոսքդ, բայց ի՞նչ օգուտ, ուշ իմացանք, ուշ հասանք... մեկ էլ որ անօրենները առանց արգելքի անցան իրենց սահմանը, բայց մեր ղազախի մեծն չթողեց անցնելու, թե չէ կբերեինք:

— Լա՛վ, լա՛վ, հասեք, ուշ է, շտապեցեք:

Եղիկը ձին քշեց, նրան հետևեցին ընկերները, անցան: Նույն գիշերը Եղիկը չկարողացավ քնել: Ամբողջ գիշերը բորբոքված մտածում էր և ծրագրում: Մեջգիշերին ասաց. Մելո՛, Մոսո՛, ելեք ձիաների գարին կախեցեք:

Դեռ երկու ժամ լուսանալուն մնացած՝ ճանապարհ ընկան և արշալույսին անցան Պալակցիս լճի մոտով: Այն հրաշալիքներով զարդարված լեռներն ու լեռնագագաթները իրենց ձագարով արևագալի ժամանակները սքանչացնում էին անցորդին իրենց գույնզգույն տեսարաններով, բայց Եղիկը բոլորովին ուրիշ բանով էր հրապուրված: Սահմանը շրջվելուց հետո արդեն քրդական սև վրանները և քարուքանդ խարաբաները նկատվեցան: Աշուն էր, բայց մեղմ եղանակներին դեռ ոչխարն ու կթանը սարի միջին լանջերում, տեղ-տեղ ձորակներում ու արևի կողերում հանդարտ արածում էին: Հովիվները հարյուրներով առաջները խառնած՝ իրենց հոտերին մազլցեցնում էին քարափներից, ապառաժներից և հասցնում ճարակ եղած տեղերը:

Արդեն խաշները դուրս հանած էին, երբ որ Եղիկի խումբը դարիվար էր իջնում: Նախկին փորձառու հովիվը, աչքերը շուրջն ածելուց հետո, ձիու գլուխը դարձրեց, որին անմռունչ հետևեցին ընկերները: Կես ժամ հետո արդեն երկու հազար քայլ հեռավորության վրա կանգնած էին մի ընտիր հոտի մոտ, որը հինգ-վեց հարյուր գլուխ կթանից էր կազմված: Եղիկը գիտեր, որ քուրդը մինչև ուժ չտեսնի, չի զիջանի. այդ պատճառով մի գնդակ ուղղեց հովիվի մահակին, որը ձեռքից ընկավ: Հովիվը փոխանակ անձնատուր լինելու, հրացանը ձեռքն առավ և ընկերներին օգնության կանչեց: Գրիգորը, որպեսզի յուր ճարտարությունը ցույց տա, ասաց.

— Իմ թվանքս պատրաստ է. մինչև քու լցնելդ, քրդին գլորեմ, միջոց չունենա շարժվելու, — առանց պատասխանի սպասելու՝ արձակեց:

Քուրդը գլորվեց. ընկերը սկսեց գոռալ.

— Աղա՛, մի՛ սպանեք, ես ձեր ստրուկն եմ, — ու անձնատուր լինելու նշան ցույց տվեց: Եղիկը մոտեցավ, անշնչացածի շվին առավ և սկսեց նվագել ու ոչխարը հավաքել. քուրդը մնաց շվարած, կարծեց, որ Եղիկը քուրդ է ու ասաց քրդերեն.

— Տո՛ւնդ շինվի, կասկանցի Փրղո բեգի եղբորն սպանեցիր, շո՛ւտ արա հեռացիր, թե չէ հիմի կասկանցիները կթափվին, ու դու գլուխդ չես ազատիլ նրանց ձեռքից:

— Հա՛, քու կասկանցիներդ էլ կոտորվին, հայդարանցիներդ էլ: Զենքերդ տուր: — Այնպես մաքուր քրդերեն էր խոսում Եղիկը, որ քուրդը մնաց շվարած, չէր կարողանում բացատրել, թե ինչպես մի քուրդ՝ մի քուրդ Էլլիքի բեգի եղբորն սպանելուց հետո, լույս ցերեկով նրա ապրանքն էլ ուզում էր քշել տանել:

— Ահա՛, զենքերս, բայց կուռո, լավ բան չես անում, — ասաց տատանվելով հովիվի օգնականը:

Զենքերն առնելուց հետո ասաց.

— Դե՛ հ, ոչխարը բարձրացրու դեպի սարը: — Քուրդը հնազանդվեց: Մոսոն նրա հետ սկսավ բարձրանալ, իսկ Եղիկը ընկերներով գառների հոտի ետևից գնաց:

Առանց ընդդիմադրության գառներն էլ հանձնեցին, և Եղիկը շվին առած, ձիու վրայից ածելով հավաքեց բոլորին և կամաց-կամաց հասավ ոչխարին: Երբ արդեն բավական հեռացան, ասաց քրդի հովվին.

— Մո՛տ արի: — Քուրդը հնազանդվեցավ:

— Դե՛ հ, այժմ գնա, քու կասկանցիներիդ, քու հայդարանցիներիդ բեղերին ու աղաներին, օջախներին ու շեյխերին պատմիր, թե մի հայ՝ Քոռ-Եղիկը, նրանց կթանն ու գառները տարավ: Այս նրանց խրատ, ուրիշ անգամ մեր սահմանը չգան ու մեր ժողովրդին վնաս չհասցնեն:

— Աղա ջան, բեգը մեղք չունի, այդ անօրեն Սլոն էր ձեր ոչխարները բերողը:

— Դու խաբարը տար, թող Սլոյին ու Մլոյին խելքի բերեն, մեր ապրանքին չմոտենան: Դե՛ հ, բարի ճանապարհ:

Երբ նրանք ուրախ-ուրախ մոտենում էին սահմանին, հանկարծ նկատեցին ձիավորների մի մեծ խումբ, որոնք շտապում էին իրենց հասնելու: Եղիկը անտարբեր սկսեց ավելի դանդաղ շարժվել, ոչխարն արածեցնելով բարձրացնել: Քրդերը մոտեցան, այնպես որ գնդակ կարելի էր հասցնել:

— Ժամանակն է, — ասաց Գրիգորը, — դառնանք:

— Սպասիր, թող է՛լ մոտենան:

Քրդերը պատրաստության մեջ էին և զարմացած էին մնացել, որ չորս հոգին քառասուն ձիավորին մարդատեղ չէին դնում: Վերջապես ավելի երկյուղից, քան թե մի ուրիշ բանից դրդված, նրանք գոռացին.

— Այդ ո՞ւր եք տանում Փրղո բեգի կթանը, տմարդինե՛ր, անզեն հովվին ինչի՞ սպանեցիք:

— Սուտ եք ասում, — գոռաց Եղիկը, — ահա Փրղո բեգի եղբոր թվանքը, որն ավար առա:

Մինչ այս՝ մի գնդակ հասցրին քրդերը, Եղիկը ձին մեղմ առաջ

քշելով՝ ինքը ետ դարձավ ձիու վրա և մի գնդակ ուղղեց քրդի ձիավորների առաջնորդին, որը իսկույն գլորվեց: Գրիգորը չուզեց ետ մնալ և մի գնդակ էլ նա հասցրեց, որ տապալեց մի երկրորդին: Քրդերը քսան-երեսուն գնդակ իրար ետևից արձակեցին, բայց բոլորը զուր անցան: Մինչ այս՝ Եղիկը ոչխարը շվիով առաջ էր քշում, ինքն էլ թիկունքը ձիու կողմը, երեսը քրդերին դարձրած, կամաց-կամաց առաջ էր գնում: Մինչ քրդերի երկրորդ անգամ շեշխանները լցնելը, չորս ընկերները նորից կրակեցին, և երեք մարդ նորից գլորվեցին: Քրդերը պատասխանեցին, բայց միայն Մոսոյի ձիու գլուխը կերան, իսկ մնացյալները ազատ ձեռքները տարան լազզու փշտովներին: Թվանքները նորից լցնել չէր կարելի, պետք էր մի քանի րոպե սպասել: Քրդերի մեջ վլվլոցն ընկավ, յոթ հոգի, այն էլ առաջավորները, ընկել էին: Նրանք կանգնեցին: Եղիկը առաջ էր գնում անընդհատ ընկերների և հոտի հետ: Քրդերը երկար չհամբերեցին, մի քանիսը դիակների մոտ մնացին, մյուսները կատաղած առաջ ընկան: Մոսոն ոտով էր գնում, դեռ զենքերն էլ շալակը: Նա մի քարի ետև անցավ և հրացանը ուղղեց եկողներից մեկի վրա, որի անակնկալ ընկնելու վրա քրդերը թուլացան: Մինչ այդ Եղիկն ընկերների հետ մի-մի գնդակ էլ արձակեց, որը քրդերին հուսահատեցրեց: Երեք քրդեր նորից ընկան, այնինչ նրանց և ոչ մի գնդակը նպատակին չհասավ: Տղերքն այնպես արագ էին շարժվում, այնպես այս ու այն կողմն էին ձգձգում, որ քրդերը շվարեցան:

— Հրացաններդ լցրեք, — ասաց Եղիկը, — նրանց միտքը մոտենալ և սրի կռիվ սկսելն է: Պատրա՞ստ կացեք, սրի կռվում մենք նրանց չենք կարող հաղթել, նրանք շատվոր են:

Մինչ այդ քարի ետևից Մոսոն մի ուրիշի էլ գլորեց, որը սարսափ ազդեց քրդերի մեջ: Նրանք կարծեցին, թե շատվոր են ապաստանած քարերի մեջ: Քրդերը կանգնեցին, ո՛չ առաջ էին կարողանում գնալ, ո՛չ ետև, երկյուղն ու ամոթը կռվում էր նրանց մեջ, բոլորը կփախչեին, եթե մեկը մյուսից չամաչեր, և ոչ ոք առաջին փախչողը չէր ուզում լինել: Մի գնդակ էլ արձակեին քրդերի բազմությանը՝ մեկն ու մեկին դիպչում էր, այնինչ հայերը, երեք հոգի և ցրված, խույս էին տալիս նրանց նշաններից: Իսկ վերջին գնդակների վրա քրդերը սկսեցին փախչելու պատրաստություն տեսնել: Արդեն քրդերը ընկնողներին իրենց ձիերի վրա էին դնում կապում: Հրացանները մի–մի անգամ ևս լցրին, պատրաստ ձեռքերին հեռանում էին:

— Գրիգո՛ր Մոսոն առանց ձիի ինչպե՞ս պիտի գա, նրան ձի է պետք, — ասաց Եղիկը:

— Հավատացե՛ք, ես ձեզ հետ չեմ դառնալ, — ասաց Գրիգորը, — պետք է Մոսոյի համար մի ձի վեր առնել քրդերից: Այսքան վառոդն ու գնդակը մուֆթա խո չէ՞ր:

— Մելո՛, դու կամաց-կամաց ոչխարը առաջ տար, — ասաց Եղիկը:

— Հավատա, ես ոչխարի հետ գլուխ չեմ կարող դնել, — ասաց Մելոն, — այդ իմ բանը չէ:

— Մոսո՛, արի ոչխարը դու քշե, — ասաց Գրիգորը, — ոչխար շատ ես արածացրել, այդ քու փեշակն է:

Ճարահատյալ Մոսոն ոչխարն սկսեց քշել, իսկ երեք ընկերները ետ դարձան: Քրդերի ձիավորների մի մասը փախել, առաջ էր անցել, մյուս մասը սպանվածներին էր տանում: Սարսափելի էր կացությունը. նրանք, որոնց հետ կարելի էր ազատ կռվել, փախել էին, իսկ դիակներով բեռնավորվածներին ձեռք տալը տմարդություն էր: Եղիկը, քիչ մտածելուց հետո, քրդերեն գոռաց.

— Մի ձի փոխ տվե՛ք, մեր ընկերներից մեկն առանց ձիու մնաց: Պարտքս լինի մի ուրիշ անգամ նրա փոխարեն ձեզ երեք ձի վերադարձնեմ:

Քրդերը մնացին շվարած, չէին իմանում ի՞նչ պատասխան տալ:

— Ես ձեզ վրա գնդակ արձակողը չեմ. դուք առաջին անգամ եթե գնդակ չարձակեիք, այդ զոհերը չէիք տալ: Մարդկությունով մեզ մի ձի տվեք մեր ձիու փոխարեն:

— Արի տար, — գոռաց քրդերից մեկը:

— Փախչողները դուք եք, հետևաբար, մեր ծառայությունն էլ պիտի կատարեք, բերեք մեզ մոտ:

Քրդերը բավական վիճելուց հետո մի ձի ետ դարձրին, որին Գրիգորը մոտեցավ, բռնեց և ետնից քաշելով բերեց:

— Մարդավարի, քաջի վայել, թե որ մարդ տեսնեք, գնացե՛ք և այնպես խաբարը տարեք Փրդո բեգին: Ասեք մի կույր հայ էր ձեզ հալածողը:

Իրիկնադեմին, երբ ոչխարը մոտեցրին սահմանին, ղազախները հակառակեցան, չէին ուզում ընդունել սահմանից ներս: Եղիկը ձին առաջ քշեց, գնաց ղազախների զորականի մոտ, ասաց.

— Երեկվա քրդերի տարած, փախցրած ապրանքն է, գնացինք բերինք, խնդրում եմ թույլ տաք ներս անցկացնելու:

— Որ այդպես է, ապրի՛ք, անցկացրե՛ք:

Բայց երբ զորականը նկատեց հինգ-վեց հարյուր կթանը իրենց գառներով, ասաց.

— Երկրացի, լավ տոկոսով եք վերադարձրել, վաթսուն ոչխարի փոխարեն վեց հարյուր, ապրիք, լավ է, թող այդ անօրենները խելքի գան և մեր սահմանին չմոտենան: Դեռ ես նրանց փաշային կախել պիտի տամ, նրանք իմ երկու, կազակիս երեկ սպանեցին:

Երբ ոչխարը տեղավորեցին, ցրվեցին պրծան, Եղիկի իգդիրցի բարեկամն ասաց.

— Ղազարը ապրանքի նմուշները ճանաչել է, քեզ փնտրել է տալիս:

Հետևյալ առավոտ Եղիկը ընկերներով անցավ օսմանցու սահմանը և

այնտեղից քշեց դեպի Ալաշկերտ: Ճանապարհին ամեն տեղ մեկի կարողությունը կողոպտելով, անճարին հասցնելով, երկու շաբաթ սարսափ տարածեց Ալաշկերտում և Բասենում: Վերջապես հոգնած, դադրած, նամանավանդ Ասլիին կարոտած՝ մտավ Արաքսի ձորը և գիշերով հասան Քերս, Միրզի ջրաղացը: Այդ ապաստանում երկար հանգստանալ չէր կարելի, գիշերը քիչ քնելուց հետո դուրս եկան դեպի Շիրակ: Բարձրացան Ալաջի կողքերը, նրանց պատահեց մի ծերուկ, որ գալիս էր Թախտից և պիտի անցներ Արփաչայը: Ծերուկը ողորմելի պարկ ուներ ուսին և մի նեցուկ գավազան: Եղիկը հետաքրքրվեց, թշվառի վիճակը ուզեց իմանալ:

— Ափի, որտեղի՞ց ես, — հարցրեց:

— Աստված էլ կորցրել է իմ դավթարս, գիտե՞մ որտեղից եմ. մի ժամանակ արզրումցի էի, հետո ախլցխացի դարձա, հիմի էլ եկել Գյումրի ենք ապրում:

— Որտեղի՞ց ես գալիս, — ասաց Եղիկը:

— Արզրումից գնում եմ Գյումրի:

— Ինչպես երևում է, ընտանիքդ մե՞ծ է:

— Աստված տվել, չէ խնայել, յոթ աղջիկ ունեմ, գնում եմ մեծին կարգելու:

— Էրզրումից փող շատ բերած կլինի՞ս, ափ...

— Քանդվի այն Արզրումը, ինչպես քանդվել է, հարյուր քեսա առնելիք ունեմ, քսան դուրուշ չկարողացա ստանալ. ունեցած-չունեցածս էլ թողի, գնում եմ խայտառակ, չեմ իմանում ի՞նչ երեսով դուրս պիտի գամ մանր ու խոշորիս առաջ:

Մինչ այդ Եղիկը քսակը հանեց և երկնցուց ծերուկին, ասելով.

— Աստված մեծ է, ի՞նչ ես շատ դարդ անում, կհասցնե:

— Աստված մեկին հազար վարձատրե, — ասաց ծերուկը լացակումած, ձեռքն երկնցուց և քիչ էր մնում Եղիկի ձեռքը համբուրե, բայց նա չթողեց:

— Էհ, ուրիշ ի՞նչ կա, ի՞նչ չկա, — ասաց Եղիկը ծերուկից բան իմանալու մտքով:

— Կռվի տարին օսմանցու զորքին հարյուր բեռն Երևանա բրինձ տվի, տասն անգամ փաշաների մոտ գնացի և փողիցս գոնե մի ողորմություն անգամ չստացա: Բանակի հրամանատարի մուրհակն եմ ներկայացնում, ինձ ասում են՝ գնա, նրանից ստացի, ես այն գոռբեգյոռի թաղած տեղն անգամ չգիտեի, որ մի գնայի և սիրտս հովցնեի:

— Ուրիշ ի՞նչ են խոսում, կռիվ խո չկա՞:

— Այդպես բան չկա, բայց չեմ իմանում, թե ինչի Սթամբոլից Ղարս փող են ղրկում, մի ծածուկ բան կա, բայց ես չիասկացա:

— Ինչի՞ց իմացար, որ փող են բերելու Ղարս:

— Պարտեզում հիսուն ձիավոր սպասում են, որ Արզրումից եկող

չափարին առնեն տանեն: Դեռ խոսք եղավ, թե մի ինչ-որ ղաչաղ է դուրս ընկել Եղիկ անունով, նրանից վախենում են, այդ պատճառով էլ պատրաստություն են տեսել վաղօրոք:

Այս որ լսեց Եղիկը՝ փառավորվեցավ, և ընկերները ժպտացին:

— Ափո, — ասաց Եղիկը, — ի՞նչ տամ, որ ինձի տաս օսմանցու բանակի փաշայի հարյուր բեռն բրնձի մուրհակը:

— Որդի՛, ինչի՞ս է պետք, ա՛ռ քեզի. ո՛չ հաց կտա, ո՛չ ջուր:

— Քու ինչի՞ն է պետք, ես փաշաների հետ գործ ունիմ, հաշիվներ ունիմ մաքրելու, կարելի է պետք գա:

Եղիկը մուրհակը ծալեց, գրպանը դրեց և աչքով արավ Մելոյին, որը հարյուր մանեթ փող տվեց ծերունկին, և Եղիկը մնաս բարով անելով ծերունկին, ետ դարձան դեպի Թախթ: Եղիկը նպատակը չհայտնեց ընկերներին, բայց նրանք նկատեցին, որ հոգեկան ծանր մտածմունքի մեջ էր իրենց առաջնորդը: Երբ Սուբաթանի մոտով, Յահնիների կողքից անցան, հեռվից երկու ձիավոր նկատեցին, որոնք Ղարսից էին գալիս: Եղիկը ընկերներով մի կողմ քաշվեցավ, Մոսոյին ճանապարհի վրա թողեց, որ լրտեսե անցորդներին: Ճանապարհորդները գյուղականներ էին, որոնք ռուսների սահմանի մարդիկ էին, Ղարսից բան-ման առել, վերադառնում էին դեպի իրենց բնակավայրերը: Երբ սովորական հարցբարևները վերջացրին.

— Ո՞ւր եք գնում, — հարցրեց Մոսոն:

— Այն կողմը, Արփաչայից դենը, — պատասխանեցին: — Մեր գյուղում այս կիրակի հարսանիք կա, քիչ ռոմ, շաքար, ային-օյին ենք տանում:

— Խե՞ր է, ի՞նչ հարսանիք է:

— Մեր գյուղի համփան՝ քեհյի աղջկան, Ասլիին՝ Եղիկի նշանածին, տանում է յուր տուն: Ա՛խ Եղիկ, որտե՞ղ ես:

Մոսոն նկատեց, որ դրանք Եղիկի բարեկամ տղերք էին, բայց չէր իմանում ինչպե՞ս վարվի: Քիչ մտածելուց հետո՝

— Արեք գնանք Եղիկի մոտ, — ասաց Մոսոն, և ճանապարհորդները, թեև տատանվելով, վախենալով, հետևեցին Մոսոյին, բայց երբ հեռվից նկատեցին Եղիկին՝ հանգստացան: Նրանք գյուղական ընկեր տղերք էին և Եղիկի հետ միասին մեծացած, վստահ էին, որ նրանից իրենց վնաս չի հասնիլ, իսկ տեսնել այդ հերոս դարձած ընկերին, վաղուց փափագում էին:

Եղիկը փաթաթվեց նրանց, կարծես հարազատ եղբայրները լինեին... Խեղճը սրտակցից, հարազատից գաղափար չուներ, ինքը մոր մինուճարն էր, հայրն էլ մամի մինուճարն էր եղել: Բոլոր գյուղական բարեկամծանոթներին շատ բարև ուղարկեց, և ինքը մնաց մոլորված: Չգիտեր՝ դառնա՞ր դեպի Ղարաքիլիսա, թե շարունակեր յուր ուղին:

— Գրիգոր, այսօր ի՞նչ օր է, — հարցրեց նա:

— Հինգշաբթի, — ասաց Գրիգորը։

— Լավ է, — ասաց, — քշեցեք ձիաներդ դեպի Պարտեզ։ Նույն գիշերը հասան, բայց գյուղ չմտան, այլ առաջ գնացին դեպի անտառ։ Մինչև լույս անտառի խորքում կրակ վառեցին ու հանգստացան։ Լուսադեմին ճանապարհի նշանավոր կետերում զետեղվելուց հետո կարևոր հրամաններ տվեց ընկերներին Եղիկը և բարձրացավ Հարամ-Վարդանի բարձունքներից դիտելու ճանապարհների անցուղարձը։ Երկար չսպասեցին. տնանկ վաճառականի ասածն ուղիղ էր և Արզրումից մասնավոր չափարը[57] մեծ ձիավորների խմբով գալիս էր։ Եղիկը ետ դարձավ և ընկերներին հավաքելով անտառում մի կիրճի մեջ, որոշ տեղերում իրենց դիրքը բռնած՝ նստան։ Բավական ժամանակ անցնելուց հետո առաջավոր երեք ձիավորներ եկան անցան, որոնց հետևում էին երկու հազար քայլ հեռու ևս երեք ձիավոր։ Սրանց թույլ տվին անցնելու։ Իսկ սրանից քառորդ ժամ հետո եկան մոտ երեսուն ձիավորներ, ծանր քայլերով, հետները չորս ջորի, բեռնավորված փողով։ Եղիկը նշանը տվեց, և չորս գնդակները չորս գլխավորների գլորեցին։ Առանց սպասելու չորս էլ փշտովի գնդակ արձակեցին, որոնք նույնպես իրենց զոհերն ունեցան։ Չափարների գլխավորների գլորվելուց հետո արդեն հետևողները շվարեցան։ Ահագին անտառ, ծառերի միջից գալիս է գնդակը. ո՞վ գիտե, որտեղ են ապաստանած և քանի՛ հոգի են։ Մի քանի գնդակ արձակեցին չափարները, բայց զուր, ծառերի բներում մնացին այդ գնդակները։ Դրությունը սոսկալի էր։ Եղիկը երկրորդ, երրորդ անգամ լցրեց հրացանը և ամեն անգամ ճարպիկ ձիավորների վրա էր ուղղում գնդակը։ Գրիգորը, Մելոն ու Մոսոն նույնպես կրակ դարձած, իրար ետևից կարկուտի նման գնդակ թափեցին չափարի ձիավորների վրա, այնպես որ սրանք կարծեցին, թե անտառում առնվազն քսան-երեսուն մարդ է թաքնված։ Դրանից հետո մի քանի գնդակ էլ հասցրին ջորիներին, որոնք թավալվեցան իրենց զանձով։ Ճար չկար, միայն փախուստը կարող էր չափարի ձիավորներին փրկել, այդպես էլ արին, բայց Եղիկի և ընկերների գնդակները նրանց չէին թողնում խույս տալով մահից ազատվելու։

— Երեք հոգի մնացին սատկած ջորիների գլխին, — ասաց Եղիկը։

— Այդ ջորիների բեռները բարձեցեք ձեր ձիաներին, եթե մեռնիլ չեք ուզում։

Իսկույն հրամանը կատարեցին։

— Դե՛հ, ձեր զենքերը թափեցեք այդտեղ և բեռնավորված ձիերը քշեցեք այս կողմը։

Այդ էլ կատարեցին, և երբ բավական հեռացան, ասաց Եղիկը.

---

[57] Սուրհանդակ։

— Այս օրդու մյուշյուրի[58] սերքին տարեք Ղարս, փաշային տվեք և ասեք կռվի տարին զորքին տրված հարյուր բեռն բրնձի փողը եկավ տարավ Քոռ-Եղիկը: Այս սպանություններն էլ նրա համար կատարվեցին, որ փաշաները, տասը տարի է հարյուր անգամ նրանց խնդիր տրվեց, և չկատարեցին աղքատի, թշվառի խնդիրը: Թող ուրիշ անգամ ժողովրդին չկողոպտեն և անմեղների կոտորածի պատճառ դառնան:

Չափարները ետ դարձան հետի, իսկ Եղիկը և յուր ընկերները Սողանլու անտառների խորքերից առաջ գնացին դեպի Փանակի կողմերը, որտեղ երեք ձիաբեռն ոսկին թաղելուց հետո մի ձիաբեռը լցրին մաս-մաս չորս ձիու խուրջինները և Գյոլայի անտառով Արդահանի վրայով դիմեցին դեպի Ախալքալաք:

Կիրակի առավոտ Ախալքալաքից դուրս եկան. եղանակը ամպամած էր, և երբեմն մանր ձյուն էր բրդում, երբեմն էլ քամին մոլորեցնում էր: Արփա լճի մոտ քիչ մնաց նրանք մոլորվեին. ճանապարհից արդեն դուրս էին ընկել: Վերջապես զանգերու ժամանակ հազիվ հասան Շիշթափա: Թեև նոյեմբերի սկիզբն էր, բայց Գուգարքի սարերն ու սարահարթերը հոկտեմբերից ծածկվում են սպիտակ սավանով: Ձիաներին հարկավոր էր կեր տալ: Իջան, գյուղ մտան և մի երկու ժամ ձիերին կերակրելուց և երեքն էլ հանգստանալուց հետո, երբ մութը լավ ընկած էր, դուրս եկան: Աշնանային մառախլապատ մութ գիշեր և երկար ճանապարհ, հազիվ մեջգիշերին նրանք հասան գյումրի:

— Տղե՛րք, քշեցե՛ք, — ասաց Եղիկը, — քշեցեք, թե չէ հարսը տարավ մղդսի Կյուրեղը: Եվ ուղիղ: Հարսանիքը բռնել էին այդ գիշեր: Ողջ Ղարաքիլիսան հավաքվել էր մղդսի Կյուրեղենց տունը, էլ դափ, էլ զուռնա, էլ դահալ, էլ մեյ, ձայն-ձայնի էին տվել, երկինքը թնդացնում: Մղդսի Կյուրեղը արզրումցի աղաներին էլ էր կանչել, որոնց համար սազ-քյամանչա չէ, աշղներ ու ասողներ, մի խոսքով՝ իրար էին խառնվել:

Մինչև էրզրումցի աղաներին քառասուն տեսակ կերակրով, աշբազով ու չերեզբազով[59] ծանր ու բարակ հյուրասիրել էր մղդսի Կյուրեղը, մինչև ահագին բազմություն գյուղացիներին կշտացրել էր, մինչև խնամոնց և խաչախպոր դասին շահել էր, արդեն կեսգիշերն անցել էր: Մինչև դուրս եկան, մինչև հասան խնամոնց տունը, մի ժամ էլ այդտեղ կորցրին: Ասլին էլ մի ժամ ավելի տանջեց տալցուներին և ներցուներին, որոնց հազար ու մի տանջանքով, մոր, քրոջ, հարսի և մորաքրոջ աղջիկներին հազիվ զիջավ և մի կերպ հագնվեցավ հարսանեկան զարդերը: Լաց էր լինում, մռնչում էր, կատաղում էր Ասլին, բայց ճար չուներ:

---

[58] Բանակի հրամանատար:

[59] Խոհարար և կարկանդակագործ:

— Մենք էլ նազ անելով ենք հագել այդ շորերը, մենք էլ լացել ենք, բայց երկու օրից հետո ոչ միայն մոռացել, այլ անչափ ուրախացել ենք, — ասում էին ազգական տիկինները:

Վերջապես Ասլին, երկար մտածելուց հետո, վճռեց մտքումը՝ պսակվել, գնալ մղդսի Կյուրեղենց տունը, բայց ո՛չ նրանց հարս դառնալ, ո՛չ Մուքեին կնիկ: Նա համոզված էր, որ երբեք Եղիկը իրեն չէր մոռանալու և թողնելու ուրիշի դռանը:

Էլի փողերը հնչվեցան, էլի դուրս եկավ հարսնևորը, և թագավորն ու թագուհին թափորով կողք-կողքի գնացին եկեղեցի: Մուքեն երանության մեջ էր զգում իրեն, իսկ Ասլին չարչարանքի: Շատ հույս ուներ Ասլին, որ մինչև եկեղեցի մտնելը մի ճար կհասնի, բայց զուր: Երբ երգերն սկսեցին, երբ տերտերն Ասլու ձեռքը հանձնեց Մուքեին, սարսռաց խեղճ կույսը, բայց ակամա ձեռքը բաց չէր թողնում Մուքեն:

— Աչքալույս, հա, աչքալույս, — գոռում էին ամեն կողմից: Թափորը ետ շարժվեց, դուրս եկան եկեղեցուց և նույն եղանակով սկսեցին դիմել մղդսի Կյուրեղենց տունը: Հանկարծ երկու, երեք, չորս փշտովի կրակ իրար ետևից: Բոլորը կարծեցին, թե հարսնևորներն են, ջիրիդ խաղացող ձիավորները: Ասլին ցնցվեց, զգաց, հոտ առավ, որ մի բան պիտի կատարվեր, բայց սաստիկ զայրացել էր, որ այնքան ուշացել էր:

— Մեկ էլ գոռացին.

— Եղի՛կը, Եղի՛կը զենք առե՛ք, հասե՛ք, օգնեցե՛ք... — Մելոն մի քանի բուռ ոսկի սփռեց հարսնևորներին: Հարսնևորները խառնվեցան, վազեցին ոսկին ժողովելու, տակնուվրա եղան: Եղիկը ձին քշեց, Ասլիի թևից բռնելն ու թարքը գցելը մեկ եղավ: Ձին մտրակեց ու առաջ անցավ: Գրիգորը, Մոսոն ու Մելոն նրա քամակից հեռացան: Գրիգորը գոռում էր.

— Գյուլլա պաղեցնող չկա՛, հրամեցե՛ք:

Մելոն կանչում էր. ոսկի՛ ժողվողներ, եկե՛ք, թալան է:

Բայց ուշ էր:

Երրորդ օրը Եղիկը յուր Գյոկչայի տանն էր՝ Ասլիի հետ:

1898թ.

ՑԱՆԿ

ՏԺՎԺԻԿ 1
ԾՊՏՑԱԼ ՍՈՒԼԹԱՆԸ 6
ԹՈՒԼՈՒՄԲԱՋԻՆԵՐ 16
ՄԱՐԴԱՎԱՐԻ ՀԱՑ ՈՒՏԵԼ 26
ԾՈՄԱԲԱՑԻՆ 28
ԵՐԱԽՏԻՔ 31
ԳՈԴԱՎՈՐՆԵՐ 41
ԲԵՐՍԱՅԻ ԱՌԱՔԵԼԸ 61
ՈՐԴԵՍԵՐ ՀԱՅՐԸ 98
ՇԽՆՈՑ 134
ՔՈՌ-ԵՂԻԿ 180

www.ingramcontent.com/pod-product-compliance
Lightning Source LLC
Chambersburg PA
CBHW031247090426
42742CB00007B/348